U0139786

国家社科基金
GUOJIA SHEKE JIJIN HOUQI ZIZHU XIANGMU
后期资助项目

丧礼知识传统与礼俗秩序建构

The Tradition of Funeral Knowledge and the
Construction of Ritual Order

龙晓添　著

中国社会科学出版社

图书在版编目（CIP）数据

丧礼知识传统与礼俗秩序建构／龙晓添著 . —北京：中国社会科学
出版社，2023.6

ISBN 978 - 7 - 5227 - 1943 - 6

Ⅰ. ①丧…　Ⅱ. ①龙…　Ⅲ. ①葬俗—文化—研究—中国—古代
Ⅳ. ①K892. 22

中国国家版本馆 CIP 数据核字（2023）第 096322 号

出 版 人	赵剑英
责任编辑	吴丽平
责任校对	郝阳洋
责任印制	李寡寡

出　　　版	中国社会科学出版社
社　　　址	北京鼓楼西大街甲 158 号
邮　　　编	100720
网　　　址	http://www.csspw.cn
发 行 部	010 - 84083685
门 市 部	010 - 84029450
经　　　销	新华书店及其他书店

印　　　刷	北京君升印刷有限公司
装　　　订	廊坊市广阳区广增装订厂
版　　　次	2023 年 6 月第 1 版
印　　　次	2023 年 6 月第 1 次印刷

开　　　本	710 × 1000　1/16
印　　　张	20
插　　　页	2
字　　　数	358 千字
定　　　价	108.00 元

国家社科基金后期资助项目

出 版 说 明

后期资助项目是国家社科基金设立的一类重要项目，旨在鼓励广大社科研究者潜心治学，支持基础研究多出优秀成果。它是经过严格评审，从接近完成的科研成果中遴选立项的。为扩大后期资助项目的影响，更好地推动学术发展，促进成果转化，全国哲学社会科学工作办公室按照"统一设计、统一标识、统一版式、形成系列"的总体要求，组织出版国家社科基金后期资助项目成果。

全国哲学社会科学工作办公室

传统礼仪文化与当代中国礼仪实践
（代序）

萧　放

中国素称礼仪之邦，礼仪在传统社会生活中无处不在，传统礼仪形态丰富完整，是中国宝贵的历史文化遗产。在古今中西的文化激荡中，如何传承优良的传统礼仪文化，如何保持中华礼仪文化的独特性，同时如何以开放的姿态面对与吸收西方礼仪文化元素，复兴与重建我们的礼仪文化，是必须面对与思考的现实问题。

一　传统礼仪伦理的当代更新转化

中国是拥有悠久礼教文明的礼仪大国，有着丰富的礼仪文化资源，同时重视礼仪建设与礼俗教化。《周易·系辞》"观乎人文，以化成天下"，这里的"人文"，是敬天礼地、体现族群伦理与政教伦理等包蕴礼义核心的礼仪文化。如荀子在《礼论》中所说："上事天，下事地，尊先祖而隆君师，是礼之三本也。"强调"礼"具有调节人与自然、历史及社会三重关系的特性，换句话说，礼仪文化依循三大伦理原则，即与天地协调的自然伦理、以祖先纪念为中心的家庭伦理、推崇君师为政教的政治伦理，这三者是"礼"之核心内涵，是传统礼仪文化的根本性质所在。

当代社会是人民为主体的民主社会，新的社会生活自然需要与人民社会性质相适应的礼仪，传统礼仪遵循的三大伦理原则在当代社会自然要发生根本的性质变化。我们更强调人与自然的和谐的生态伦理，而不是被动的膜拜；更强调家庭社会的和谐的社会伦理，而不是上下尊卑的严格等级区分；更强调的是社会主义国家"人民为中心"的政治伦理，而不是居高临下的"牧民"统治。以新的伦理原则处理自然、社会与政教关系，既保留我们民族礼仪文化底色，又体现了礼仪文化融入当代社会的创新性发展。

礼仪伦理通过创造性转化、创新性发展实现重建与更新，是新时代精神文明建设和文化强国建设的重要内容。传统礼仪资源的活化利用，对于家国情怀的培育、社会文明的提升、民族凝聚力的增强、公民道德教育与新的伦理人格养成有着积极的促进作用。

二　传统礼仪文化的当代实践

中国传统社会是礼制社会，伦理传统是礼制社会的核心传统。当代社会是法制社会，传统礼仪如何进入当代社会，并服务与辅助我们的日常生活，促进社会稳定和谐，是我们需要认真思考的。我们从传统礼仪文化的当代实践中探讨其与当代社会对接和转化创新的路径。

第一，守望相助、相互扶持的人情社交礼俗传统的当代传承与转化。乡土文化是中国人的根性文化，乡土社会的生存方式与社会结构决定了乡民之间形成特定的自我组织、自我服务、守望相助的互惠关系，这种关系在宋人吕氏兄弟拟写、朱熹扩充的《蓝田乡约》中有生动体现，"德业相劝，过失相规，礼俗相交，患难相恤"。人们在乡土共同体中，在生计、伦理、规约、礼俗与患难等方面，相互激励、监督、交往、抚恤与救助。这样一种互助互惠人情交往方式是宋明以来中国乡村社会主流社交传统。但进入现代社会以后，社会结构发生重大变化，人们的生产与生活方式已经越过了家庭与村落范围，更多地将生活中心转移到社会，人际关系也就发生重大变化，人情礼俗传统随着城市化过程的加快与乡村治理方式的变化趋向淡化及新的变化。但无论城乡，特别是广大乡村红白喜事中的人情互惠传统还是普遍存在。在改革开放之初，乡里人情还曾经是沿海地区引进外资、开展商贸合作的重要方式，一些华人华侨对故乡的情感性投资与工业商贸项目引入，促进了沿海地方经济的发展。在东北重工业区企业改制的下岗潮中支撑困难职工生活的，除了国家救济扶持外，很重要的是家人亲情互助。这种礼俗相交，患难相恤的民俗传统，在民间社会仍然传承，民间自我组织与自我服务仍然是乡村社会治理的有效方式之一。当然，我们应该看到一些传统人情礼俗给现代社会生活带来了困扰，比如互相攀比、价码不断抬高的人情往来费用，因人情而滋生的干预社会公正的弊端，这些都需要我们在传承优良礼俗时予以抑制与避免。同时我们要重视以人情社交礼俗传统为基础，融合现代公益慈善与志愿服务精神，重建与增进我们家庭、村落、社区的亲密关系，特别是让远离故乡的新城市人，在城市住宅区，通过日常生活中礼仪传统现代转化，如传统节日的社区成员聚会、邻里间相互关爱等，创造凝聚业主的社交新礼俗，人们由此重新获得家园感。

第二，人生礼仪传统的当代传承与转化。人生仪礼是生命个体经过仪式洗礼的社会化的过程，也是人生命历程中的重要时间节点。围绕着个体生命历程的通过仪礼，在中国社会就是一个将自然生命纳入伦理文化规范的保障与教化仪式过程。我们看到在日常的家庭性的生命保育仪式上，传统表现十分活跃。诞生礼是人生经历的第一道仪礼，为了祝贺新生命的诞生与护佑新生命的健康，人们虽然因为医院生产不能行传统的"三朝礼"，但满月礼与周岁礼是少不了的，满月礼表达的是对新生命诞生的喜悦与祝福，周岁礼充满了对幼儿未来的满满期待。更重要的孩子的养成礼，孩子的养成与原生家庭关系十分密切，但今天的学校教育已经覆盖到幼儿，幼儿上学发蒙之际，要举办开笔礼与启蒙礼，这是人生第一课。在开笔礼上，幼儿学写的第一个汉字是"人"，撇捺之际支撑起一个堂堂正正的"人"，将教化的理念渗入礼仪中，这是真正的人生启蒙礼。

成年礼作为人生仪礼的一个重要环节。传统冠礼虽然大面积消失，但农村的成年礼俗还不同程度存在，比如广东潮州的十六岁"出花园"，福建泉州"做十六岁"等，依然是家庭大事。但我们看到当代社会的成人目标已经发生改变，生命个体的成长已经脱离家庭而面向社会。在城市中学，通行十八岁成年礼。作为个体生命走向社会生命的成年礼，它需要有特定的仪式时空，以文化象征的提示促成青年的自我觉醒，从而保障实现其人生通过的意义。传统冠礼举行的时空，以家族、自然时序为依据，一般正月新春在家庙举行，强调生命成长与天道节律的协调。在当代民族国家体制之下，成年礼举行的时空选择，自然要考虑培育新人的伦理需要与现实生活节奏需要，这同样符合传统"成人之道"。所以，成人仪式活动时间的选择主要有两个标准：一是特定历史事件的记忆时间，将受礼者个体生命的成长与国家历史命运的记忆相结合；二是适应学校教育的时间节奏，选择在三月的春天举行成人仪式。仪式空间的设置同样十分重要，成年仪式作为一种宣布告别青少年时期，迈入成年社会的过渡仪式，仪式的空间设置应该遵循一定的原则，要能够营造出神圣与庄严的仪式感，能够唤起受礼者对于民族文化和精神共鸣的情感，从小家庭走入大社会，成为社会的一员。所以，成年仪式可选择在地方公共文化空间中举行，具有特殊的历史传统意义、地标特征明显的纪念广场、孔庙、古迹遗产地、祭坛等。通过仪式互动，受礼者可以感知本民族文化的魅力，增进了民族文化认同感。"不负韶华，担责当行""十八而志，青春万岁"的成人礼刻在受礼人心版之中，是终生向上的精神动力。

婚丧礼仪是人生的重要礼仪。近代以来，婚丧礼俗成为主流社会特别关注的地方，是传统礼仪与当代社会生活融合转化的重要实践。传统婚丧礼仪基于传统家庭结构，重视家庭关系的缔结与慎终追远。当代社会婚丧礼俗中的家庭伦理原则与仪式主要环节大体仍然活态存在。当然，我们看到当代婚丧礼俗已经发生了变化，礼仪举行的时空已经与当代社会协调。村落社区大都建立了红白理事会，在婚事新办、丧事简办的现代社会治理原则下，烦琐与铺陈的传统仪式显著减少，在节约人力、物力，凸显现代文明礼仪上，各地有许多新尝试。当然婚丧礼仪传统中祝愿婚姻美好与庄重送别亡人情感仪式依然保持。在当代语境下，传统礼仪转化融合在现代生活场域与仪式环节中，传统符号的发明与利用，传统名号下的众多变化，都说明人生礼仪实践处于传统与现代融合的鲜活与多样状态。

第三，节日礼仪的回归与更新。节日礼仪是传统礼仪的重要组成部分。近代以来，因历法调整与社会时间设置理念问题，传统节日一度在国家生活中遭到冷遇。改革开放以来，传统节日适应人们精神生活的需要逐渐回归，特别是中央持续推动"我们的节日"建设，在政府、社会、媒体的共同努力下，传统节日礼仪重回日常生活。岁时节日为人们回归传统提供了时空平台，人们在节日礼仪中体认、享受与传承传统，传统也利用节日礼仪进行自我调整与更新。春节回家团圆、敬拜祖先，强化家庭伦理与情感传统，邻里互访，增进社区团结；清明祭祀先人与为国牺牲的烈士，通过虔诚的祭拜礼仪，感恩先人与先烈，传承家国情怀；端午以纪念屈原等爱国先贤的礼仪，强化人们历史伦理与爱国精神的认知；中秋是秋季大节，赏月与团圆庆贺礼仪主题让自然与人伦传统得到强化；重阳节是中国的敬老节，重阳敬老祈寿礼仪传统在当代具有越来越重要的现实意义，中国老年人在总人口中的比例逐年上升，关爱老人成为当代文明的重要指标。我们传承重阳敬老礼仪，在重阳节日期间，动员各方社会力量以实际行动表达对老年人的敬重与关怀，这种节日礼仪的关怀更能体现我们当代社会文明的温度与促进社会和谐稳定。

第四，当代公共生活中的礼仪传统的传承与创新。礼仪文化成为我们日常生活的秩序与精神传承的习俗保障。在今天的公共生活中特别是国家治理层面，礼仪文化同样十分重要。

我们有自先秦以来影响深远的完整的国家礼仪体系，有朝廷典礼，吉、凶、宾、军、嘉"五礼"，这是朝廷祭祀、吊问、外交、军政、庆典的标准礼仪类别。在国家重大政治生活领域与国家庆祝场合，传承与复兴传统礼仪文化，以展示社会政治伦理，汇聚民心，树立国家文明形象。国家是人民的共同体，在以人民为中心的国度，人民的礼仪文化传统就是国家层面的礼仪文化传统。"礼，以顺人心为本。"（《荀子·礼论》）国家在大政小情、内政外交上率先垂范，遵守、实践礼仪文明，不仅有助于在国内外树立良善的国家文明形象，而且充分体现国家的文化软实力。

党的十八大以来，十分重视国家公共生活中礼仪礼典建设，有任职的宣誓仪式；有元旦新年、春节新年的致辞与庆贺仪礼；有先烈纪念日的礼敬仪式，有清明祭扫英烈的活动等。特别是人民遭遇重大灾难时，举行全国哀悼活动，国家大礼肃穆庄严。2020 年中国遭逢新冠肺炎疫情，部分一线医护工作者与感染者失去了宝贵的生命，党中央与政府在传统的清明节举行了盛大哀悼仪式，追念祭祀亡人。这样"顺人心""合人情"仪式的举行，不仅为凝聚全国力量，共同抗击疫情提供了重要精神与情感助力，而且还极大地提升了中国国家文明形象。2019 年中华人民共和国成立 70周年庆典、2021 年中国共产党成立 100 周年庆典盛大庄严，"礼序乾坤，乐和天地"，充分体现了仪式感、参与感，由此可见，传统礼仪文化对于构建现代国家文明的价值与意义。

作为具有五千年文明的礼仪国度，我们有着制礼作乐的悠久传统。丰厚的礼仪文化理论积累与历代传承的广大民众的礼仪实践，构成了礼仪之邦的文化表征，同时也通过融合与转化的方式，构成了我们今天社会文化的重要组成部分。礼仪文化是自古及今中国社会整合与文明进步的文化要素，当代我们面临着建设文化强国的重大任务，优秀礼仪文化具有夯实当代中国文明与温润中国文化的重要作用，同时也是促进新时代文明实践与提升人类文明新形态的重要文化基础。

以上是我在《光明日报》理论版国家社科基金专版发表的专题文章，作为龙晓添博士著作的代序。

同时我觉得在本书出版之际，还需要再就本书说几句：

中国是有着悠久礼仪文明的国度，在传统社会，礼俗生活是中国人一般的生活样态，我们在今天的中国，我们的物质生活虽然非常现代，我们的社会生活也主要依从现代社会法则，但传统礼俗如影随行，依然活跃在我们的乡村城市日常生活中，不过有时采取了比较隐晦或者变形了的方式。总之，基于人性与人情的传统礼俗在中国历史社会是生活的基本模式，在今天中国社会依然具有积极与正向的作用，当然传统礼俗服务于今天的日常生活需要进行适当的调整与重构。

在当代社会文明建设与礼仪习俗传承中尤为急迫的是丧葬之礼,丧葬之礼是人生礼俗中的最传统也最有文化内涵的部分,对生命历程的终点关注是传统礼俗的重点,慎终追远的丧祭之礼在中国传统礼俗中有着特殊的位置,这是我们的文化传统也是我们培育孝亲意识与家国情怀的重要途径。但目前我们在殡葬管理改革中,重视社会过程操作,轻视文化传承,对生命个体尊重的伦理情感缺失。特别是城市社会我们的从业人员大多基于遗体处理的工作流程来对待亡人,虽然也有一些地方的殡葬行业吸收了部分地方礼俗传统,做得比较好,但更多的地方是丧葬礼仪的简化与流程处理,没有给予逝者应有的仪式与情感尊重,这是作为一个礼仪大国不应该出现的现象。珍重生命,尊重亡人,理应成为我们社会的公民必修课。龙晓添博士正是基于这样一种同情与学术热情,对此进行专门的调查研究。她在北京师范大学跟随我攻读民俗学博士学位期间,选择了以丧葬礼俗为博士论文题目,她试图从中国礼仪经典与民间礼书的研究中整理传统社会的丧葬礼仪观念与礼仪知识,同时选择湖南湘乡作为田野调查点,通过对礼生与道士对民间礼俗主持人的访谈与田野现场体验,提炼地方礼俗知识,关注丧葬礼俗与日常社会秩序的互动关系,将丧葬礼俗特点与地方文化传统进行整体讨论,呈现了可靠的社会事实,得出了诸多学术新见。对于我们今天在基层社会进行移风易俗与新时代文明实践建设具有重要的参考价值。我们如何继承与移易风俗,既是一个严肃的社会问题,也是一个深入的学术问题。因俗制礼,立俗施事,是中国古代治理社会的智慧,也值得我们今天借鉴。如果我们在进行风俗改革之前,有深入的文献搜集与调查研究,相信在社会治理上会有更妥当的方式,从而取得更持久、更积极的效果。从这个方面看,龙晓添的博士论文真的值得我们读一读,看一看。我想这也是龙晓添副教授能以本书申请到国家社科基金后期资助的理由,它也说明国家社会科学管理部门认识到了丧葬礼俗在当代社会的重要性。学术研究是无尽的事业,学术修行在于个人。作为龙晓添博士的导师,我对她毕业以后继续对本课题进行更广泛、更深入的探讨,并取得这样获得国家社科部门肯定的成果,感到的是欣慰与愉悦,期待龙晓添博士在未来的学术人生中有更丰盛的成果。

萧放,2022 年 3 月 5 日(惊蛰日)写于北京

自　序

　　波格莱里奇演奏的肖邦第二奏鸣曲第三乐章《葬礼进行曲》，被认为是将肖邦想表达的肃穆的浪漫极好地诠释出来的演奏曲。《葬礼进行曲》将"永别"优雅、轻柔、唯美地呈现出来，这与中国文化之大道至简的风格相契合。虽然我们将肖邦的音乐划归为古典音乐，认为这是古典的、高雅的，但音乐的内核是普遍性的，相信任何人都能从《葬礼进行曲》中感受到肖邦要表达的那种肃穆的浪漫，而波格莱里奇则用自己的音乐造诣巧妙地诠释这种浪漫，将人们的情绪、情感引导出来。音乐如此，仪式也是如此，民俗学以普通人的生活为研究对象，民俗学视角的礼俗，不是将"礼"与"俗"对立，而是将其视为多元交融的整体化生活，随着研究的推进，学者们意识到民俗的"民"是因时空差异中的"俗"而定义的范畴，但又始终能从差异中提炼出共性。

　　当下民俗学的研究重点放在日常生活范畴，但文献与田野始终是我们研究的去与归，民俗学者们由此途径，在历时线索中探索书写与生活的关联，在当下共时的维度中尝试以小见大达成对生活的阐释，在"上穷碧落下黄泉，动手动脚找东西"的过程中努力解答"生活"。那么，时代在发生变化，生活也瞬息万变，民俗学究竟着力于何方才更具解释力呢？与生活本身一样，作为一个以民众生活为研究对象的学科，也许正是要在"不变"中探寻"变"，又在变动不居中阐释那些恒定的主题。

　　传统的岁时节日将一年分成数节，人生礼仪将一生分成几段，于循环往复的生活中建构意义，获得希望，在仪式和节日中获得叙事的时间与空间，自我表达且被表达。民俗学研究的"民"为每个人提供一个触手可及的嵌于生活的"广大的世界"，在此层面中，被满足并不需要什么硬性的"标准"，"丰简由君""称家之有无"，四季的流转，物候的变化，食物的多样，生老病死，带着人们跟随生活的脉动起伏。"活着""过日子"是民俗学研究的主题与魅力，始终立足于生活本身的阐释。

　　随着时间的推移，生活方式固然将持续发生变化，在丰富多元的世界中，"民"在网络世界、次元文化中呈现多极化的发展，但生活始终是具体的，与时间空间深度关联以建构意义。人们始终需要找到情感的合适表述，或许更渴求过有仪式感的生活，民俗学的研究需要去阐释民众如何借由面对生活而面对自己的具体过程。

本书通过梳理不同层次、类型文献中的丧礼知识，力图在变化与传承中，呈现一条礼俗互动的脉络，表述丧礼知识传统的内涵；并通过当代湖南湘乡丧礼实践，礼生和道士对丧礼知识传承的描述与分析，来考察这一传统在当代社会的传承形态；将丧礼传统纳入湘乡礼俗生活中去探讨其社会价值和实践意义；然后对不同地域、不同民族丧礼知识传统与当代民俗实践的例子加以比较研究，阐释丧礼在时空上的变化，探讨礼俗秩序建构的方式与逻辑；最后，从牵制现代性焦虑的角度对丧礼的情感意义和生命观念展开讨论。本书认为"礼"作为长期以来的一种重要社会制度、理论，对中国社会的形成、发展有着根本性的作用，"礼"与"俗"始终在对话、互动，共同建构着生活秩序，体现一种独特的文化逻辑，丧葬礼俗作为其中关涉生命根本困境、价值的一类，更是长期以来凝结着礼俗的深度互动，关涉人类根本困境、社会交往、情感表述等诸多思考与智慧。

首置绪论，详细阐明研究问题的提出、选题目的和价值、相关学术史、资料系统和使用方法、研究方法，以及所用的主要概念和用语的说明。正文分为六章。

第一章，通过梳理与分析《仪礼》《家礼》，以及国家礼典、日用类书、家谱、礼生礼书、道士科仪中有关丧礼的撰述，呈现丧礼知识传统形成的逻辑与形态多样的传承脉络。丧礼知识始终以儒家礼仪为核心框架，又在不断民间化的过程中吸取多元复合的内容。

第二章，以湘乡丧礼作为理解传统丧礼知识运用的个案，对丧礼的仪式过程、构成、变迁展开深描与阐释。丧礼中儒家的人文关怀，道教的信仰，其他丧礼表演的娱乐性互为补充，在民间生活实践中，充分地满足各种需求，构成一个多层次的整体。

第三章，以丧礼中的礼生和道士这两类不同面向礼仪专家的丧礼知识及其传承为切入点，探讨他们如何参与礼俗秩序建构。分别阐释礼生和道士的丧礼知识传承，并探讨在仪式实践中丧礼知识的融合，及共同建构礼俗秩序的过程。尽管在信仰基础、师承模式、传承内容、礼仪实践上，礼生和道士有很大区别，各自传承着既有的知识传统，但礼生和道士在丧礼中却能各司其职，协调合作，共同完成丧礼仪式。

第四章，从礼俗秩序与日常生活的角度，探讨当代湘乡丧礼知识的传承与实践。从三个方面具体展开：丧礼实践与民间信仰的关系；"热闹"的白喜事；生活传承中丧礼的稳定与变化，从而阐释丧礼与湘乡礼俗生活的关系。湘乡的丧礼实践植根于当地的礼俗生活之中，信仰是日常生活的常识，是社会心理、社会意识的基础或基本内容；"热闹"是对丧礼理性而实际的民俗选择，充分表达悲痛的同时，有节奏地满足其他需求；而随着身份和社会情境的变化，民众对待复合型"丧礼"的认知和态度也会发生变化，当代传统丧礼的实践，既表述了礼仪文化与民间风俗的融合，也呈现了现代化过程中礼仪传统的断裂。

第五章，将丧礼在当代民间的生活实践置于更广阔的视野中，呈现不同地区、不同民族的当代丧礼实践，并将其与湖南湘乡进行对比。探讨不同地区、民族的丧礼知识传统传承的历史脉络与当代社会发展情况，比较差异，阐释共性，综合对比研究。通过描述与分析山西闻喜、湖南安化、广西全州的丧礼知识传统与当代民俗实践，试图呈现中原、湘楚、岭南丧礼知识与礼俗秩序建构在时空上的关联与差异。

第六章，探索如何在现代生活中理解丧礼知识传统与礼俗秩序建构的关联，讨论传统礼仪建构良性社会秩序功能的当代转化。从世代生成的视角去看待丧礼，探寻其提供的认同感与归属感；以丧礼"生死"空间建构为切入点，讨论丧礼所呈现的中国人对生命的理解；从情感层面探讨传统丧礼中的爱与敬的表达，在现代语境中阐释其对焦虑的牵制作用，挖掘其当代意义与价值。

论文尾置结语，尝试通过探讨礼俗知识的生成，以及知识实践与秩序建构的关系，基于前文的研究阐明知识与生活的互动与关联。

目　　录

绪　　论

一　研究缘起、目的与价值

人生礼仪作为生命转折的重要仪式，连接着个人、家庭、家族、社区、社会，一直以来备受重视，而丧葬礼俗则是人生礼仪中重要而特殊的一部分。传统丧葬礼俗不仅受灵魂不灭观念影响，贯穿着生者对死者的真诚哀伤与思念，也深深地渗透着儒家孝道思想和家族伦理观念。①

第一，中国历来有丰富多元的丧礼撰述，为民众日常生活提供指导，并为礼俗秩序的建构提供必要依据。

先秦圣人制礼为社会初构提供了必要的规范系统，春秋战国的动荡对"规范"提出了新的要求，"礼"也有所变化。孔子试图"复礼"以恢复社会秩序，虽然此后社会经历巨大变化，但是"三礼"的丧礼礼义及其实践规则成为后世典范。

唐宋儒者将礼仪世俗化、平民化，以实践于民间而规范生活秩序，也使得礼俗的互动进一步加强，虽有差异却始终共同规范着社会各阶层的生活。司马光《书仪》以《仪礼》等儒家经典为基本依据，参阅刘岳的《书仪》佚文等材料，又充分考虑当时的丧礼实践，综合地融通古今仪式。②《书仪》通过礼仪书写，尝试将其世俗化，但于民间流传时仍显烦

---

① 钟敬文主编：《民俗学概论》（第二版），高等教育出版社 2010 年版，第 144 页。
② 〔日〕木田知生：《略论宋代礼俗思想——以司马光〈书仪〉和〈家苑〉为主》，载《宋史研究论文集：国际宋史研讨会暨中国宋史研究会第九届年会编刊》，河北大学出版社 2002 年版，第 493 页。

琐。于是朱熹为建构"庶民之礼"做了进一步尝试，以司马光《书仪》为底本，删减修编成《家礼》。① 朱子《家礼》出现之后，取代了司马光《书仪》，尝试以"家"为礼仪实施的基本单位，从而由家及国，推崇礼制。在朱熹看来礼仪具有极强的传承性，虽然礼仪传统影响深远，但古礼却应继承礼仪传统，而适应于民众生活，因而广泛传播并以为礼仪蓝本。② 司马氏《书仪》和朱子《家礼》的影响深远。南宋以来，日用类书成为四民大众读物，而其丧礼撰述也开启了丧礼知识传承的另一种模式。明代丘濬、吕坤，清代陈确、王复礼、毛奇龄的丧礼撰述也深受《家礼》撰述传统影响。这种礼仪的变迁也呈现在历代国家礼典中。《大唐开元礼》《政和五礼新仪》《大明集礼》《大清通礼》的丧礼撰述与一般的礼仪书写不同，具有更刚性的规范作用，但历代礼典也在不断适应社会变化中呈现礼与俗的对话。

但到民国时期，传统礼仪成为社会革新的重要对象，各地颁行各种废除传统礼仪的规定，礼仪撰述和礼俗实践都曾一度中断了，而礼俗秩序也由此发生重大变化。新中国成立后，殡葬制度改革深刻影响着丧葬礼俗，改革开放以来，传统丧葬礼俗也在不同的社会空间中以不同的形态变迁。

然而，无论时代如何变化，丧礼基于"慎终追远"的基本原则而呈现的对孝悌的重视、对生命的关怀却一直没有改变。丧礼以民众生命认知为根本，能有效地实现情感转化，建构归属感。由上至下，由古至今，各种多样的文献撰述与长期以来礼俗秩序的建构间有着复杂密切而有机的关联。

第二，民众的丧礼实践依赖于丧礼撰述的指导，而长期以来的丧礼实践又深深地影响丧礼撰述，生活与书写相辅相成，互相影响。礼仪专家以丧礼撰述为仪式实践的指导；而礼俗实践又反过来影响其书写。而恰恰是在这个过程中，礼俗秩序被动态地建构着，在此维度上推动着社会发展。本书的核心田野调查点是湖南湘乡，并将山西闻喜、湖南安化、广西全州的田野调查融入其中，共同呈现丧礼知识传统延续的脉络、多元的构成，以及多样而复合的民俗实践。由此，综合民俗学、历史学、宗教学、社会

---

① 朱杰人、严佐之、刘永翔主编：《朱子全书》第七册，上海古籍出版社、安徽教育出版社2002年版，第858页。

② 安国楼：《朱熹的礼仪观与〈朱子家礼〉》，《郑州大学学报》（哲学社会科学版）2005年第1期。

学、人类学等多学科的理论与方法，去探讨丧礼知识传统与礼俗秩序建构的关系、逻辑与过程。

具体而言，本书目的包括：第一，从民俗学的角度，整理《仪礼》《家礼》、国家礼典、日用类书、家谱、民间礼书等丧礼文献，梳理一套一以贯之而形态多样的丧礼知识系统，探讨其如何指导仪式实践，并在撰述中反映由社会变迁引起的仪式实践的变化；第二，民间丧礼文献的搜集、整理与阐释；第三，通过田野调查资料呈现丧礼知识的民俗实践形态，并阐释其缘由；第四，将丧礼知识系统撰述与民众生活实践综合阐释，探讨丧礼知识传统所蕴含的礼俗秩序建构过程、逻辑与变化。并在现代生活语境中，讨论丧礼传统的转化，如何将其内在价值作用于现代生活。

本书价值体现在以下几个方面：第一，阐发丧礼撰述的历史民俗学价值，在历史时空中结合多元文化背景，探讨撰述与生活的关联；第二，深描立体的丧礼民俗实践，阐释礼俗秩序的建构过程；第三，搜集、整理、保存地方丧礼文献；第四，探索当代礼俗生活的发展与传承的方向及具体操作方式。

二　相关学术史的回顾

人生礼仪以人的生理属性为基础，结合文化时空标注生命历程，因此是民俗学研究的重要对象，而丧礼又是人生礼仪中特殊而重要的组成。因为丧礼不仅关联社会结构、文化信仰、民族传统，而且"死"在中国文化中更多地被视为由生命终结而达成的转化，各学科相关研究因此而非常丰富。

仪式研究的西方理论为我们研究丧礼提供了必要的理论工具。从相近学科的死亡仪式研究看来，有的从死亡与神话的关系视角切入（安德鲁·兰、弗雷泽、列维－斯特劳斯、弗兰茨·博厄斯）；有的从死亡仪式与宗教的关系入手（涂尔干、马林诺夫斯基、埃文思·普理查德）；有的从死亡仪式与社会结构的视角展开（阿诺尔德·范热内普、埃德蒙·利奇、维克多·特纳、安东尼·吉登斯）。

而中国丧礼的研究也从很多方面展开。

第一，从典籍、文献、方志中钩沉历史材料，着眼于传统"礼制"的思考（张亮采，1910①；冯友兰，1928②；娄子匡，1932③；杨树达，1931④；陈怀祯，1934⑤；邓子琴，1947⑥）。20世纪80年代以后，丧葬史的研究丰富起来（李玉洁，1991⑦；张捷夫，1995⑧；雷绍锋、张俊超，1998⑨；徐吉军，1998⑩；万建中，1998⑪；丁凌华，2000⑫；李如森，2003⑬）。第二，丧礼民俗的描述性研究，如丧俗调查（顾颉刚、刘万章，1928⑭；崔载阳，1928⑮）、民俗学视角的丧俗研究的拓展（郭于华，1992⑯；何彬，1995⑰）。第三，丧礼与社会结构的研究，通过丧礼阐释社会网络、文化形态（华琛、罗友枝，1988⑱；吴秋林、靖晓莉，1997⑲；曾祥委，2005⑳；欧爱玲，2013㉑）。第四，社会变迁视角的丧礼研究（罗梅君，2001㉒；钟鸣旦，2009㉓）。第五，礼仪制度视角的丧礼研究（章景

---

① 1910年的版本暂时没有找到，所以采用比较晚一点的1935年的版本。张亮采：《中国风俗史》，商务印书馆1935年版。
② 冯友兰：《儒家对于婚丧祭礼之理论》，《燕京学报》1928年第3期。
③ 娄子匡：《土葬风水源流考》，《大陆》1932年第1卷第4期。
④ 杨树达：《汉代婚丧礼俗考》，上海古籍出版社2000年版。
⑤ 陈怀祯：《中国婚丧风俗之分析》，《社会学界》1934年第8卷。
⑥ 邓子琴：《中国礼俗学纲要》，中国文化社1947年版。
⑦ 李玉洁：《先秦丧葬制度研究》，中州古籍出版社1991年版。
⑧ 张捷夫：《中国丧葬史》，文津出版社1995年版。
⑨ 雷绍锋、张俊超：《汉族丧葬祭仪旧俗谭》，武汉出版社1998年版。
⑩ 徐吉军：《中国丧葬史》，江西高校出版社1998年版。
⑪ 万建中：《中国历代葬礼》，北京图书馆出版社1998年版。
⑫ 丁凌华：《中国丧服制度史》，上海人民出版社2000年版。
⑬ 李如森：《汉代丧葬礼俗》，沈阳出版社2003年版。
⑭ 顾颉刚、刘万章：《苏粤的婚丧》，国立中山大学语言历史学研究所1928年版。
⑮ 崔载阳：《野人的生与死》，《民俗》1928年第13、14期。
⑯ 郭于华：《死的困扰与生的执着：中国民间丧葬仪礼与传统生死观》，中国人民大学出版社1992年版。
⑰ 何彬：《江浙汉族丧葬文化》，中央民族大学出版社1995年版。
⑱ James L. Waston, Evelyn S. Rawski, *Death Ritual in Late Imperial Modern China*, Berkeley: University of California Press, 1988.
⑲ 吴秋林、靖晓莉：《居都：一个仡佬族文化社区的叙述》，贵州人民出版社1997年版。
⑳ 曾祥委：《田野视角：客家的文化与民性》，黑龙江人民出版社2005年版。
㉑ 〔美〕欧爱玲：《饮水思源：一个中国乡村的道德话语》，钟晋兰、曹嘉涵译，社会科学文献出版社2013年版。
㉒ 〔德〕罗梅君：《北京的生育、婚姻和丧葬：19世纪至当代的民间文化和上层文化》，《导言》，王燕生等译，中华书局2001年版。
㉓ 〔比〕钟鸣旦：《礼仪的交织：明末清初中欧文化交流中丧葬礼》，张佳译，上海古籍出版社2009年版。

明，1981①；韦政通，1992②；冯友兰，1990③；陈戍国，1998④；陆建华，2008⑤），也有在礼制的视野内结合民众生活探讨生死观念的研究（宋抵，1993⑥；林素英，1997⑦；林素英，2000⑧；丁鼎，2003⑨）。

总之，丧礼多重视角的研究源于其内在的多样与复杂性，在民众日常生活中，丧礼作为自然生命时间的重要标尺，关联着具体而生动的个人生命史和整体历史文化脉络。丧礼关联撰述与实践、传承与变异、传统与现代，可在个人生命史中见证社会、历史的宏观发展，反之亦然。同时，丧礼研究也需要整合上述各种类的两端，才能有效地实现对这一复杂的民俗事象的阐释与理解。因此，有必要更开阔而有针对性地梳理相关研究的学术史，以实现本书探讨之"丧礼知识传统"与"礼俗秩序建构"的有机关联。

（一）丧礼"知识"研究的可能

丧礼"知识"既包括仪式过程的行动指导，仪式中"物"的制作等；也包括仪式实践所涉及的各种深层的元素，历史传承脉络、地方文化传统、社会组织结构、社会网络体系，以及有关的意识、观念等。为了更好地理解和阐释"丧礼知识"，以下首先对西方理论中的"知识"进行梳理。

20 世纪 20 年代马克斯·舍勒（Max Scheler）基于特定的情境和背景提出"知识社会学"以尝试获得超越历史与社会相对性的研究工具。⑩ 舍勒通过研究群体"精神"阐释各群体、各阶层"知识"的分布与调控过程，指出知识的社会学本性的确定性，知识被获取的"形式"受制于社会结构。⑪ 卡尔·曼海姆（Karl Mannheim）"知识社会学"则力图基于经验

---

① 章景明：《儒家对于丧礼的基本观念与态度》，载李日刚等《三礼研究论集》，黎明文化事业股份有限公司 1981 年版。

② 韦政通：《荀子与古代哲学》，台湾商务印书馆 1992 年版。

③ 冯友兰：《中国哲学史》，上海书店出版社 1990 年版。

④ 陈戍国：《中国礼制史·隋唐五代卷》，湖南教育出版社 1998 年版。

⑤ 陆建华：《先秦诸子礼学研究》，人民出版社 2008 年版。

⑥ 宋抵：《社会反三和弦：民族、民俗与中国政治》，吉林教育出版社 1993 年版。

⑦ 林素英：《古代生命礼仪中的生死观：以〈礼记〉为主的现代诠释》，文津出版社 1997 年版。

⑧ 林素英：《丧服制度的文化意义：以〈仪礼·丧服〉为讨论中心》，文津出版社 2000 年版。

⑨ 丁鼎：《〈仪礼·丧服〉考论》，社会科学文献出版社 2003 年版。

⑩ 〔德〕马克斯·舍勒：《知识社会学问题》，艾彦译，译林出版社 2012 年版，第 7—9 页。

⑪ 〔德〕马克斯·舍勒：《知识社会学问题》，艾彦译，译林出版社 2012 年版，第 69—73 页。

研究解决现实问题，认为社会环境既有的思维和行为模式决定了社会成长。[①] 实证主义认为，知识价值在于描述、说明和解释外在"世界"；而建构主义视"知识"为"积极的知识行动者"变革的媒介。[②] 米歇尔·福柯（Michel Foucault）认为知识自我建构体系，而不是客观现实，从而解决了建构主义"知识"规范的困境。满足一定的条件话语便可以转化为权力，而"知识"的干预就是促成权力的一种可能。[③] 福柯认为"知识"作为话语体系，同时作用于日常生活领域和社会历史层面，但其创新的研究方法，被认为忽视了日常生活实践的复杂性。像布迪厄所说的那样，虽然知识形成于人们实践过程中，但却并不能时刻指导实践活动，后者更多情况下是种"习性"。[④] 福柯建立的社会—历史分析模式，切断了知识间借助记忆建立的连贯性。[⑤] 而现象学的知识研究则转向关注福柯所忽视的日常知识和个人知识，并从此角度探讨社会建构的问题。彼得·伯格（Peter Berger）、托马斯·卢克曼（Thomas Luckmann）提出"社会"具有"客观的事实性以及主观意义的双元性质"。[⑥] 他们认为通过认识、阐释生活世界中的自己、他人，形成有意义的知识。而从此角度理解的社会，即具有客观意义，通过传播和传递，"真实"被接受。[⑦] 而知识社会学就是要通过探讨"日常知识"的形塑，来解释主体认识和各种知识体系建构社会"现实"的"真实"过程。[⑧]在现象学社会学看来理解建立于知识的互易性或互主体性，而在此预设下的认识活动，是在头脑中既存知识的基础上形成的，即来自对前人的继承和生活经验的不断积累"手边知识库"。[⑨]

---

① 〔德〕卡尔·曼海姆：《意识形态与乌托邦》，黎鸣、李书崇译，商务印书馆 2002 年版，第 2—3 页。

② 〔英〕帕特里克·贝尔特：《二十世纪的社会理论》，瞿铁鹏译，译林出版社 2005 年版，第 93—95 页。

③ M. Foucault，"The Order of Discourse"，in M. Shapiro，eds.，*Language and Politics*，Oxford Basil B lackwell，1970，p. 109.

④ Bourdieu，P.，*The Logic of Practice*，Stanford University Press，Stanford，CA. 1990，pp. 52 – 65.

⑤ M. Foucault，*Language，Counter-memory，Practice*：*Selected Essays and Interviews*，Basil Blackwell，1977，p. 113.

⑥ 〔美〕彼得·伯格、托马斯·卢克曼：《现实的社会构建》，汪涌译，北京大学出版社 2009 年版，第 20 页。

⑦ 赵万里、李路彬：《日常知识与生活世界：知识社会学的现象学传统评析》，《广东社会科学》2011 年第 3 期，第 199—200 页。

⑧ 〔美〕彼得·伯格、托马斯·卢克曼：《现实的社会构建》，汪涌译，北京大学出版 2009 年版，第 3—4 页。

⑨ 〔挪〕亚佛烈德·舒兹：《社会实在问题》，霍桂桓、索昕译，华夏出版社 2001 年版，第 284 页。

本书要对地方丧礼文献进行整理，并通过田野调查获取研究资料，地方文化的形成既受整体文化脉络的影响，又有自身的生成逻辑，独具特色。最早是格尔兹在耶鲁大学斯托尔斯讲座上发表的论文《地方性知识：比较观点下的事实与法律》中。格尔兹"地方性知识"（Local Knowledge）综合了"文化的解释""脉络化"（contextualization）的特点，反对"普世知识"（universal knowledge）和"唯科学主义""泛科学主义"，认为"地方性知识"以文本性、制度性、生命性的形态存在，融合"传统"与"现代"。①

地方性知识维系当地民族人群的历史记忆，而历史记忆是构建族群认同的有效方式，因为其既有历史延续性，又拥有被阐释的历史意义。通过历史记忆可以探讨过去的"事实"，更能在当下理解"过去事实"，其本身就是一种历史与文化的建构过程，是一种对历史记忆的本土阐释。而文本书写对历史叙述而言有重要意义，使得更多的文化意义得以解释，文化传承得以可能。② 海登·怀特认为所谓历史是一种只能通过"文本性"的作品才能指涉的。③ 因此历史存在的重要方式和重要属性即"文本"，书写能突破空间和时间的限制，促成"地方性知识"更大范围的认知和延续。库恩关注知识实际生成和辩护的过程，认为任何科学共同体都带有历史的成见，因而都置身于局域的情境。还认为描述特定历史情境，探讨情境中的实际范例，比分析普适的方法更重要。④

渡边欣雄在《民俗知识论的课题》⑤ 中提到"民俗知识"，认为民俗知识具有"层积性"，存在客观秩序主观化的差异，以共同体内部知识抗衡为基础，且个体层面具有可变性。⑥"民俗知识"无疑对民俗学研究具有建设性的价值。⑦

---

① 巴战龙：《地方知识的本质与构造：基于乡村社区民族志研究的阐释》，《西北民族研究》2009 年第 1 期，第 162 页。

② 盛晓明：《地方性知识的构造》，《哲学研究》2000 年第 12 期，第 27 页。

③ 〔美〕海登·怀特：《形式的内容：叙事话语与历史再现》，董立河译，天津出版社 2005 年版，第 279 页。

④ 〔美〕托马斯·库恩：《科学革命的结构》（第四版），金吾伦、胡新和译，北京大学 2012 年版，第 2—4 页。

⑤ 〔日〕渡边欣雄：《民俗知識論の課題——沖縄の知識人類学》，日本東京：凱風社 1990 年版，第 13 页。

⑥ 〔日〕渡边欣雄：《民俗知识的动态研究》，梁景之译，色音校，《民族译丛》1994 年第 6 期，第 46—47 页。

⑦ 周星：《乡村生活的逻辑：人类学视野中的民俗研究》，北京大学出版社 2011 年版，第 118—119 页。

"丧礼知识"是基于以上理论的可能，以此梳理历史文化脉络中"文本性"的丧礼撰述，在田野调查中搜集民间口头化的丧礼知识，于仪式实践中理解丧礼知识由个人的差异化及其社会化的形塑与实践，而厘清礼俗秩序的建构过程与逻辑，从而以丧礼撰述与礼俗秩序的视角更好地阐释、理解中国社会的构成与发展。

（二）"礼俗"研究

"礼俗"可作为一种研究社会的视角，以贯通历史与当代、整体与局部。在当代日常生活中，探讨、阐释民间礼俗秩序，有助于理解社会多元的形态与建构方式。

1. 中国学者的"礼俗"研究

费孝通以"礼治"来替代法学家所说的"人治"，说这个形容更准确。① 梁漱溟将礼治看作中国社会普遍的道德价值标准和行为规范，认为："此其社会秩序，殆由社会自己维持；无假于外力，而基于各方面或各人之自力；是礼俗之效，而非法律之效。"②"礼俗"在中国文化视野中是一个复杂的系统，既有由上而下的"礼"的研究、理论体系，又有复杂浑融的"俗"的实践，礼与俗交融在一起共同规范着民众多层面的日常生活。丧礼知识传统依赖的是文字的书写，承载的是由文字而阐发的礼仪理想与价值，而又始终与"俗"保持对话，下沉于复杂多元的生活。因此，从生活的角度而言，并不存在一个纯粹的"礼"，礼与俗始终是对话的。而学者们也一直在努力阐发礼俗之间的复杂关系，将之作为理解中国社会的重要视角。对"礼俗"有所梳理与辨析，为"社会理论"视角的礼俗研究奠定重要的基础。

柳诒徵《中国礼俗史发凡》涉及礼俗的研究材料和方法、礼与俗的关系、礼俗"秩叙"等，从国家社会发展的角度去思考礼俗。认为研究礼俗的材料非常广泛，经典礼书、史书、地方志等皆可为材料："然吾民族之根本精神，仍在在与周公孔子之微言精义相通，用以保世滋大，不可徒囿于形式节目以论史也。以俗教安，次于礼仪。其安万民，则以本俗。故言礼而不言俗，未为知礼。时之国风，即礼俗史之权舆。后之良史，类能探民俗之原。"③ 关于礼与俗的关系，柳诒徵认为礼是由俗而起，"礼俗之界，

---

① 费孝通：《乡土中国》，生活·读书·新知三联书店 1985 年版，第 60 页。
② 梁漱溟：《梁漱溟全集》（卷二），山东人民出版社 1990 年版，第 180 页。
③ 柳诒徵：《中国礼俗史发凡》，《学原》1947 年第 1 卷第 1 期，第 20—21 页。

至难画分"。①而随着时间的推移很多礼变成了俗，很多俗又被规约为礼，礼俗之间一直持续互动，共同建构着社会秩序。一方面，礼俗之间看似疏远却有所关联，并以祭祀、跳月、跳丧为例加以说明，"后世之礼，不必一准古俗。……礼俗之演变，古今不隔也"。②另一方面，礼又不断在规约着俗，"礼非尽循俗也，俗之甚敝，不可不革，而又不能尽革者，则有礼以适其情而为之坊"。③并以乡饮酒礼的变迁加以论证。而蜡祭则以俗为礼又流变为俗，指出礼的发展本身也是有波动的，"礼有行于古而中废，迄今复兴之者"。④还以《周官》冢人，墓大夫掌公墓及族葬之礼的相关记载讨论"公墓"曾经是礼，而随着堪舆之说的兴起而衰落，但民国时期的公墓却可以视为此礼的复兴。基于礼俗的互动与演变，柳诒徵进一步讨论了礼俗的"秩叙"，探讨了礼俗对于规范社会的价值，"求其条理，定为秩叙。括之曰礼"。⑤认为这种秩序的建构是基于人的性情、社会发展的基本规律的。⑥并将人伦社会的情谊融于"礼"的制定，社会规则与人际情感和谐不悖，"以义笃情深，超轶流俗，特致敬礼，以励凉薄，道并行而不相悖也"。⑦同时指出，不应该以其时礼俗的形态而否定礼俗在中国社会中的价值。

邓子琴在1947年出版的《中国礼俗学纲要》中对"礼俗"有更详细的辨析与讨论，为此后的礼俗研究奠定了重要基础。在自序中邓子琴阐明了"礼俗"之论的古今差别，"今吾之治斯学，则以经证史，以礼证俗，从今而言也。盖吾尝留意于吾民族日常生活行用之方式，而探其来源。乃取证历史，而最后归本于群经。其脉络本贯通，其演变之迹，犖然可寻"。⑧认为人类进入群居社会以后渐渐建构出制度，最开始的制度是"为神道，恫以祸福"，再逐渐到更复杂的秩序，而"礼仪"是一套理性自发而成的，以"敬让"为特征的自正自制的社会制度，并比较了礼仪与法权，想要"以中国文化观点而治礼俗，求知之意，重于行也"。⑨正文部分分为绪论和六礼（冠、婚、丧、祭、乡饮酒礼、相见礼）大要，在绪论中

①　柳诒徵：《中国礼俗史发凡》，《学原》1947年第1卷第1期，第21页。
②　柳诒徵：《中国礼俗史发凡》，《学原》1947年第1卷第1期，第21—22页。
③　柳诒徵：《中国礼俗史发凡》，《学原》1947年第1卷第1期，第22页。
④　柳诒徵：《中国礼俗史发凡》，《学原》1947年第1卷第1期，第23页。
⑤　柳诒徵：《中国礼俗史发凡》，《学原》1947年第1卷第1期，第24页。
⑥　柳诒徵：《中国礼俗史发凡》，《学原》1947年第1卷第1期，第24页。
⑦　柳诒徵：《中国礼俗史发凡》，《学原》1947年第1卷第1期，第25页。
⑧　邓子琴：《中国礼俗学纲要》，中国文化社1947年版，《自序》第1页。
⑨　邓子琴：《中国礼俗学纲要》，中国文化社1947年版，《自序》第2页。

对礼俗的概念、风俗与民俗的关系、礼俗的起源、与礼有关的学问、礼俗与伦理、礼俗在中国文化上的价值、礼俗变迁、研究礼俗的注重点和研究方法展开了阐释。首先，界定了"礼俗学"的概念，认为其早已见诸古籍，是中国文化的骨干。为了在现代语境中更好地解释而将古籍中的礼俗分为"名者"与"实者"，郑玄的观点为前者"既为礼，又为俗，始可以当礼俗二字之称。因此礼俗自是一物"；孙诒让根据《礼记·曲礼》《周礼》的记载将礼俗视为两个各有内涵的"实"；邓子琴认为若是析名谈理，礼俗确是二实，但是礼是体、履、理的结合，并由此绀绎出俗的三种互相通贯的"顺遂情感，不自觉悟"的"俗"，即地方的（郑注所谓"土地所生习"）、常恒的（郑注所谓"常所行"）、感情的（《汉书·地理志》所谓"好恶取舍，随君上情欲"），因此"礼俗学"是探究礼俗一切内容，以指导"吾人的生活之学。盖学而兼术，知识的而又兼规范的者也"。①

邓子琴认为，从整个中国社会制度历史发展的视角来看，礼与俗实在是浑融一体难以彻底分离，礼俗所呈现的这种理性是主客统一的理性，人的这种理性正是人之为人的可贵之处"灵明""天真"，因此方言"反身""求诸己""万物皆备于我矣"，人生价值即发固有理性，而所谓天叙天秩，即是人类固有理性。邓子琴从中国文化理性之特点阐发"礼俗"的价值为其研究拟定了一个非常有效的研究框架，礼俗可以融摄学术思想、政治制度、生活需要，同时礼又是自发的协调，反观默察，注力自己，有敬让之德，调协之美，礼俗是中国文化精神的显现。② 礼俗的研究方法，指出关于礼俗之大义除三礼，孟、荀、管、庄、贾、董诸书外，郑玄的注释，汉唐儒先之注疏，宋明儒者之学说都应该采录。朱熹、王充、顾炎武有关礼俗的讨论也很有见地，并且有超越时代的价值，而西方哲学、伦理学、社会学等有关礼俗大义的也可以参证。礼俗是生活方式，因此也需要以生活为资料展开阐述。③

何联奎在 20 世纪 80 年代也以"礼俗"为研究主题，《中国礼俗研究》开头便提出了一系列关涉"礼俗"内涵的问题，指出礼是社会的行为规范，俗是民间的生活习惯，礼俗则是人类生活习惯中的行为规范。④ 认为"俗先于礼，礼本于俗"，礼以俗为基础，而若俗有礼的成分则成礼俗。因而基于中国礼俗的特质，礼俗研究应从文化、社会、伦理，以至器物等方

---

① 邓子琴：《中国礼俗学纲要》，中国文化社 1947 年版，第 3 页。
② 邓子琴：《中国礼俗学纲要》，中国文化社 1947 年版，第 37 页。
③ 邓子琴：《中国礼俗学纲要》，中国文化社 1947 年版，第 41 页。
④ 何联奎：《中国礼俗研究》，台湾中华书局 1983 年版，第 1 页。

面作客观的探索和科学的研究。①

王贵民《中国礼俗史》中也有详尽的"礼俗"阐释，指出"礼俗"一词先秦时就已出现，早已完善成为一个完整的、确切的词汇，是一个科学的概念，并从现代学术语境中阐明"礼俗"的研究范畴，探讨了礼俗与文化的关系，指出礼俗的研究对象是礼俗文化事象，经过深切观察而有深切认识，通过分析推理成概念，综合概念而成理论。② 该书分别论述了俗与礼之后，对"礼俗"展开的阐释，认为"俗，只是具有社会习惯的本质，和礼发生密切的关系，这就是礼俗。……以礼节俗，则为礼俗"。③

此后，在民俗学研究领域中"礼俗互动"频繁出现，成为学者思考研究民俗生活的重要视角。徐杰舜、周耀明从礼俗互动的视角总结了汉族风俗的特点，认为礼与俗相辅相成，又相斥相反，"社会上流行的风俗总是想寻找自由发展的条件和空间，而作为规范风俗的礼，则欲将'俗'严格地控制在所给定的有限范围内。这种'礼'和'俗'的互动，贯穿于整个汉族风俗形成、发展和演变过程的始终"。④ "礼俗整合的效果，使得礼中有俗，俗中有礼，礼和俗相互依存、胶着，双向地增强了上层文化与下层文化，精英文化与民间文化的渗透。"⑤ 有学者指出，"礼俗互动是中国风俗礼仪发展变迁的重要特点，以礼化俗是传统社会中有效的社会控制手段。礼俗教化沟通着政府与民间、精英与民众，树立了许多为社会各阶层共享的价值观念。……相应的，民间的风俗也会影响上层礼制的建立和调整"。⑥ 赵世瑜、李松、刘铁梁在对谈中指出，"民间的礼俗，作为基层社会中用于维持生活秩序的政治文化传统，对于国家礼治目标的实现具有决定性作用"。⑦ 张世闪等学者持续关注礼俗互动在民俗研究中的价值，指出"中国传统社会对官方之'礼'的推行，一向讲究与民众之'俗'相结合，使其在日常生活中扎根，在不断地礼俗互动中，共同构建起社会价值与国家认同"。⑧ 他们认为："长期以来，中国社会经过长期的礼俗教化，形成了基于农耕经济的良好共享性传统，它以社区公共利益的高度共享来

①　何联奎：《中国礼俗研究》，台湾中华书局 1983 年版，第 15—18 页。

②　王贵民：《中国礼俗史》，文津出版社 1993 年版，第 14 页。

③　王贵民：《中国礼俗史》，文津出版社 1993 年版，第 15—18 页。

④　徐杰舜、周耀明：《汉族风俗文化史纲》，广西人民出版社 2001 年版，第 28—29 页。

⑤　刘志琴：《礼俗互动是中国思想史的本土特色》，《东方论坛》2008 年第 3 期，第 5 页。

⑥　王辉编著：《中国古代民俗》，中国商业出版社 2015 年版，第 22 页。

⑦　赵世瑜、李松、刘铁梁：《"礼俗互动与近代中国社会变迁"三人谈》，《民俗研究》2016 年第 6 期，第 6 页。

⑧　张士闪主编：《中国民俗文化发展报告·2014 版》，山东大学出版社 2015 年版，第 14 页。

实现地方社会秩序的长期稳定……梳理中国文化的民间传承形式，总结其制度机制、道德规范和技术手段体系，可收'古为今用'之效。"① "礼"与"俗"在中国社会语境中既是社会现象，也是话语形式，是"理解中国"的基本视角。② 礼与俗的互动建构了一个复杂的社会整体，在悠久的历史文化传统深厚的影响下，在当代社会发展语境里，礼与俗依然是思考、研究中国社会的有效视角，有待更多的成果将"礼俗"研究继续推进。

2. 西方学者的中国礼俗研究

拉德克利夫－布朗认为，古代中国礼仪思想强调人的行为而非信仰，后来华琛、罗友枝等的研究结论也认为对中国人而言仪式中动作比信仰更重要，而本书所谈论之"丧礼知识"与"礼俗秩序"的关联正是由此阐发。从社会学解析"宗教"，认为，宗教是行动中的事物，而行动又受情感约束，表达和维持人与人之间的依赖性，因为"研究任何宗教，我们都必须首先考察具体的宗教性的行动、礼仪及集体性或个人性的仪式"。③ 布朗阐释了儒家以礼仪作为独立而有效的信仰，强调其社会功能。认为礼仪调整个人的行为，从而使得社会生活有序进行，维系稳定的社会结构，而且"礼"作为社会理论是具有世界性的解释力。④

其后格拉克曼和特纳从不同角度，论证了礼仪观念的世界意义。⑤ 格拉克曼用布朗"礼"的理论，通过考察非洲"习俗"构建了"以礼为法"的文化解释体系。⑥ 特纳关注仪式过程，认为仪式使得人们聚在一起，反思社会分化，沟通并重新确定依赖关系和感情。礼仪是一种能平复、融合、感召人的力量。⑦ 格尔兹描绘仪式时是将之等同于不可分割的"文化"，一种有丰富形式的、意义深厚的生活逻辑。⑧

---

① 张世闪、李松主编：《中国民俗文化发展报告·2016 版》，山东大学出版社 2018 年版，第 3 页。

② 张士闪：《礼与俗：在田野中理解中国》，齐鲁书社 2019 年版，第 1 页。

③ A. R. Radcliffe-Brown, "Religion and Society", in Adam Kuper ed., *The Social Anthropology of Radcliffe-Brown*, pp. 126 – 127, London; Boston; Routledge&Kegan Paul, 1977, pp. 126 – 127.

④ A. R. Radcliffe-Brown, "Religion and Society", in Adam Kuper ed., *The Social Anthropology of Radcliffe-Brown*, pp. 126 – 127, London; Boston; Routledge & Kegan Paul, 1977, p. 110.

⑤ 王铭铭：《从礼仪看中国式社会理论》，载《经验与心态：历史、世界想象与社会》，广西师范大学 2007 年版，第 242 页。

⑥ Max Gluckman, *Politics, Law and Ritual in Tribal Society*, Oxford; Basil Blackwell 1965.

⑦ 〔英〕维克多·特纳：《仪式过程》，黄剑波等译，中国人民大学出版社 2006 年版。

⑧ 〔美〕克利福德·格尔兹：《文化的解释》，纳日碧力戈等译，上海人民出版社 1999 年版，第 471—521 页。

丧礼是个人行动与社会结构的深刻展现，是探讨、理解社会文化、群体关系等的重要切入点。华琛（James L. Waston）以礼仪为切入点关于结构与内容、象征与信仰的讨论，认为标准化的仪式，建构了一统的中国文化。① 还认为，丧礼中动作比信仰更重要。但是，华琛的"标准化""正统行为"概念受到杜赞奇（Prasenjit Duara）、康豹（Paul Katz）等学者的质疑。2007 年苏堂栋（Donald S. Sutton）等对华琛提出的概念进行全面的修正。② 此后科大卫（David Faure）、刘志伟又对苏堂栋等人的观点提出了商榷和质疑。③ 他们总结了文化大一统"标签"传播的三种途径：师傅关系、文字传播和国家力量推行，并强调将"正统化"概念置于历史脉络中去理解。

基于以上的学术史梳理，本书技术层面的研究方法按以下方式展开。

三　研究问题

为了厘清丧礼传统的传承脉络，本书尝试从长时段的、多层次的历史文献中钩沉丧礼书写，以理解丧礼知识传承的形态与逻辑，并通过当代特定空间的仪式观察、理解丧礼知识的传承及其实践，以文献书写与仪式实践相结合的复杂、立体形态去理解长期以来各层次各地区各民族建构统一化礼仪秩序的过程。因此研究从以下几个方面展开。

首先，以《仪礼》《家礼》为研究对象，梳理经典文献的丧礼知识书写；以各朝代有代表性的国家礼典为研究对象，梳理其中的丧礼知识书写；以日用类书、地方家谱、民间礼书为研究对象在民间文献层面搜集、整理丧礼知识的书写，力图呈现一个立体的丧礼知识文献体系。其次，以湖南湘乡为核心田野调查点，深描丧礼传统与当代实践，在礼俗生活中探讨其复合形态与变迁，并对礼生和道士的丧礼实践进行比较研究。再次，尝试结合山西闻喜、湖南安化、广西壮族自治区一地的文献整理与田野调查，梳理一条由中原而逐渐延绵至岭南的礼仪传统，呈现地方、民族交往交流交融中礼俗秩序的建构过程。最后，基于以上的研究与讨论，阐发丧

---

①　〔美〕华琛：《中国丧葬仪式的结构——基本形态、仪式次序、动作的首要性》，《历史人类学刊》2003 年第 2 期，第 99 页。

②　*Modern China*，vol. 33，no. 1，Jan. 2007.

③　科大卫、刘志伟：《"标准化"还是"正统化"？——从民间信仰与礼仪看中国文化的大一统》，《历史人类学刊》2008 年第 1、2 期合刊。

礼传统的当代价值。

通过文献的钩沉、搜集、整理，田野调查的资料，在理论的指导下，研究问题如下。第一，各类各层次文献虽然性质各异，但针对不同的受众，基于社会秩序的需要以不同的形态共同形成了一套礼俗知识传统，文本作为仪式的指导和实践的记载，其依照"代代重构"的形式存在，浸润着"礼"的理想和"俗"的考量，凝结着世代的集体记忆。第二，各地各民族民间丧礼仪式均以复合的实践形态呈现，民众依据当地的文化传统在基本的礼仪框架中融入满足其需求的元素，建构出不同的仪式形态，但基本的丧礼框架却是一致的。第三，虽然风土相异，从中原到岭南，丧礼形式有所不同，但是礼俗混融却呈现一脉相承的统一性，礼俗以"相宜"的形态，柔软地、有弹性地广泛适用各地区各民族，并始终有效地建构着中华文明多元一体的文化与传统。第四，丧礼传统的当代传承在于挖掘文化传统中延绵的面对生命绝对性的认知力量与情感价值。

四 资料系统、使用原则和研究方法

（一）资料范围和使用原则

1. 历史文献资料

文人礼仪范本：《仪礼》，司马光《书仪》，朱子《家礼》。国家礼典：《大唐开元礼》《政和五礼新仪》《大明集礼》《大清通礼》。日用类书：《事林广记》《居家必备》《三台万用正宗》《万宝全书》《五车拔锦》。地方史志：《同治刊湘乡县志》《湘乡县志》《中国地方志民俗资料汇编·中南卷》《湖南省志》《闻喜县志》《广西通志》《全州县志》《中国县情大全·中南卷》《中国地方志集成·湖南府县志辑·同治安化县志》等。家谱：国家图书馆共藏有湖南湘乡家谱75种，有部分由于各种原因不对外借阅。笔者整理了能够借阅的所有家谱，将其中的丧礼书写都做了整理。民间礼仪专家所使用的礼仪撰述：《礼文汇》《礼文备录》《儒礼仪文新编》《过山榜》《壮族麼经布洛陀》以及道教科书、法书等。

2. 田野调查资料

笔者在湖南湘乡参与观察丧礼仪式过程，参与湘乡礼俗生活，访谈礼生和道士，撰写系列调查报告、田野日记，照片、访谈录音、仪式录音录像，并搜集到《礼文汇》《礼文备录》《儒礼仪文新编》等民间文献。除了湖南湘乡为主要田野调查点，在山西闻喜以小组、个人深度访谈、参与观察的方式进行田野调查，获得闻喜县南垣、北垣、东乡、西乡礼宾先生访谈资料，民俗礼仪文化研究对小组访谈资料，参与观察丧礼仪式过程，撰写相关调查报告、田野日记，拍摄照片、访谈录音、仪式录音录像，并搜集到当地内部交流的礼仪文本、拍摄礼宾先生并整理剪报集。湖南安化以礼生为主要切入点进行调查，深度访谈当地大礼生及其徒弟、当地居民等，撰写系列调查报告、田野日记，拍摄照片、访谈录音，并搜集到《礼文汇》。广西全州的调查，访谈师公、儒教师傅等礼仪专家，参与观察丧礼仪式过程，撰写系列调查报告、田野日记，拍摄照片、访谈录音、仪式录音录像，并搜集到礼仪文献与当地碑刻资料。

3. 使用原则

各种礼仪文献类别繁多，本书无法详细介绍和梳理，仅能在丧礼知识传承的各个重要节点上，选取有代表性的文本，力图呈现文献体系的相对的整体性。田野调查以湖南湘乡作为整体性的研究对象，尝试构建较完整的资料框架，而第五章的田野调查以线索钩稽为主，展开比较研究。

（二）研究方法

本书主要运用的研究方法包括文献研究方法、田野调查法。

第一，主要在民俗学的框架下对丧礼文献进行整理研究。

第二，通过田野调查对丧礼实践进行研究。

三个多月在湖南湘乡的田野调查，笔者与礼生、道士一起参加仪式，全程参与观察丧礼。平日则访谈礼生、道士、普通民众，参与各种日常生活、节庆活动等。2012 年 7—8 月，笔者进行了 20 天的初步调查，建立田野关系、了解仪式基本情况，访谈礼生和道士，搜集到《礼文汇》文本。2013 年 3 月至 5 月初，笔者进行了两个多月的深入田野调查，进一步熟悉、了解丧礼仪式过程、基本构成，访谈礼生和道士，参与湘乡礼俗生活。除了湖南湘乡为主要田野调查点，还对山西闻喜、湖南安化、广西全州展开了丧礼知识传统与礼俗秩序建构的田野调查。2015 年 7 月 14 日到 17 日，笔者对闻喜县丧葬礼仪传统及其当代传承做了调查。调查以闻喜县东南西北四个区域的丧礼为主要对象；调查主要以小组深度访谈、参与观察的方式进行，并辅以各类文献资料，访谈的对象主要是闻喜县南垣、北垣、东乡、西乡最有声望的礼宾先生们。2015 年 8 月，笔者前往湖南安化进行丧礼仪式传统及其当代礼俗秩序的调查，以礼生为主要的切入点。发现当代湖南安化的丧礼实践中有以礼生、和尚、道士为主持的，多元面向共同存在的仪式呈现。2016 年 7—8 月，笔者前往广西全州调查丧葬仪式，接触到了师公、儒教师傅等礼仪专家，试图通过礼俗时空秩序的建构来呈现这个连接着荆楚与岭南文化走廊最北端地区的仪式传统与实践。具体的资料包括：民间流传的仪式文本；仪式照片；礼仪专家访谈录音等。

一方面，在仪式实践中关注于礼仪专家如何使用文献，如何将撰述的丧礼知识应用于生活，由此探讨撰述与生活，传统与现代的关联。另一方面，在仪式实践中整体化地深描、阐释、研究丧礼的文化形态、社会功能等。

五　主要概念和用语的说明

丧礼：作为人生礼仪重要环节的民俗学意义的丧礼，从初终、小殓、大殓、出殡、落葬、葬后祭等的完整仪式过程。

丧礼知识传统：指与丧礼有关的知识传统，既包括具体操作过程的知识，也包括丧礼中所用到的各种文书，还包括丧礼理论知识。具体而言，包括历史文献和地方文献；口头传承的丧礼知识；民众日常生活实践中的知识传承。

礼生：当代民间礼俗生活中依靠有谱系的，世俗化的儒家礼仪知识，传承丧礼知识、指导仪式实践的礼仪专家。

道士：湖南民间仪式专家，正一派火居道士。

道公：广西民间仪式专家，有学者指出虽然"道"公与中原道教既有联系又有所区别。奉"老子一气化三清"的原始天尊天宝君、灵宝天尊太上道君、道德天尊太上老君为始祖神，奉茅山的茅盈、茅固、茅衷三兄弟为教主，但有的地区道公把巫、道、师三教之神混杂。①

师公：广西民间仪式专家，俗称"尸公""鬼师"等，须经一定受戒仪式才能得到此称谓，广西壮族自治区各地各民族均有师公，但传承谱系有所不同。

礼俗：指中国文化视野中一个复杂的系统，既有由上而下的"礼"的研究、理论体系，又有复杂浑融的"俗"的实践，礼与俗交融在一起共同

---

① 李德洙主编，梁庭望分册主编：《中国民族百科全书·壮族、黎族、仫佬族、毛南族、京族卷》，世界图书出版西安有限公司 2015 年版，第 269 页。

规范着民众多层面的日常生活。

礼俗秩序：指传统社会生活中被不断建构的，以礼俗实践为呈现的社会规范、规则、逻辑与过程。通过丧礼文本书写与仪式生活实践的对话，传统与现代的交融，礼与俗的互动，礼俗秩序得以实现，社会秩序得以维持。

第一章　丧礼知识传统的建构

"养生者不足以当大事，惟送死可以当大事。"（《孟子·离娄下》）"死亡"作为人类的根本困境，既关乎个人、家庭、家族、社区和社会，又与认知、情感等复杂的体系深度关联。于是，长期以来精微的仪节、深奥的礼义构筑了复杂的丧礼。儒家经籍、文人礼书、国家礼典、日用类书、家谱、地方史志、民间礼书从不同的层面、视角撰述丧礼，共同指导礼俗实践，安抚人心、巩固家族、维持社会稳定。而丧礼撰述又不断地在书写中呈现生活实践对其的影响。以下从《仪礼》到《家礼》建构的礼仪秩序体系，国家礼典丧礼知识与秩序建构，日用类书丧礼知识的传播与实践，民间礼书丧礼知识的形态与内涵四个部分展开。

第一节　《仪礼》《家礼》的丧礼书写与礼仪理想

儒家礼仪文献为中国长期以来的礼仪实践提供了基本的前提，是礼仪研究的重要参考资料。从《仪礼》到《家礼》，历代有关礼学的著述，讨论丧礼、丧服的篇卷众多。这些经典的丧礼记述，成为丧礼知识传承的重要依据。《仪礼》化俗成礼，制定了一套复杂的士大夫及以上阶层的礼仪制度。且成为后世制定礼典、传承礼仪的基本依据。而随着时代的发展，《仪礼》不能满足更广泛的社会需要，朱熹试将其删繁就简，尝试在更大范围内推行儒礼，《家礼》又逐渐成为后世礼书的基本模板。《仪礼》《家礼》作为儒家重要礼仪文献都呈现出一脉相承的丧礼书写特点：以"慎终追远"为丧礼的基调，以别亲疏、贵贱为制礼的基本原则，倡导有节制的、周全的情感表达。

一　《仪礼》的撰述

《仪礼》丧礼撰述包括《丧服》《士丧礼》《既夕礼》《士虞礼》。《丧服》记述天子以下，死后致哀的礼仪。《士丧礼》是"士"始死至殡的礼仪。《既夕礼》可视为《士丧礼》的续篇，记述先葬二日既夕哭时与葬间一日之仪节。《士虞礼》是丧礼的延续，祭礼的开始。

（一）服制

《仪礼·丧服》篇，分阶层、角色、时间、男女、年龄，依照贵贱亲属非常精微地叙述了丧礼服制，被认为是现存的最早的完整的丧服制度的书写，也成为其后历代撰述的模板，礼仪实践的依据。[1] 丧服制度对外通过形貌传达信息，对内充分体达悲伤的情绪，对整个家庭、家族来说固然有无法替代的意义，"斩衰、齐衰、大功、小功、缌麻"构建的"五服制"成为长期以来中国人区别亲疏远近，权衡礼仪实践的基本规则。对个人而言，所穿着的丧服能将面对"死亡"的情感充分地传达出来，真正意义上实现"以貌表心，服以表貌"。

斩衰三年，服丧范围包括：子为父、诸侯为天子、父卒然后为祖后者为祖、父为子（女子子在室，子嫁反在父之室为父与男子同）、妻为夫、妾为君、父为长子。齐衰分三年、杖期、不杖期和三月，其中齐衰三年服丧范围包括：父卒为母（慈母如母、继母如母）、母为长子；父在为母、出妻之子为母、继母嫁从为之服。大功包括殇九月、七月和成人九月。小功分七月和三月。缌麻三月。[2]

（二）仪式过程

1. 初终

死于适室，用敛衾盖。并对尸体进行初步的处理，以角柶楔齿，以备饭含。还要用燕几缀足，以脯醢、醴酒初步设奠，小敛一豆一笾为奠，大敛两豆两笾。并为亡者招魂。然后报丧于君，君要派人往。[3] 然后是朋友和亲人弔[4]并襚。设铭旌，书"某氏某之柩"。[5]

2. 小敛[6]

小敛是为亡者换衣的仪节，先要为亡者沐浴、饭含。沐浴的水是管人

---

① 林素英：《丧服制度的文化意义：以〈仪礼·丧服〉为例》，文津出版社 2000 年版，第 3 页。

② 李学勤主编：《仪礼注疏·丧服第十一》，北京大学出版社 1999 年版，第 554—656 页。

③ 襚指的是赠送的衣、被，《穀梁传》曰"乘马曰赗，衣衾曰襚，贝玉曰含，钱财曰赙"是也。并在堂上张起帷幕。

④ "弔"通"吊"，此处用原文献中的"弔"，下文中使用此字时亦根据相应文献来表述，不作统一，特此说明。

⑤ 李学勤主编：《仪礼注疏·士丧礼第十二》，北京大学出版社 1999 年版，第 660—666 页。

⑥ "敛"通"殓"，此处用原文献中的"敛"，下文中使用此字时亦根据相应文献来表述，不作统一，特此说明。

从井中所取，并由祝用水淘米，淘米后的井水被称为"潘水"，管人将"潘水"煮开方为沐浴之水。沐浴时主人都要离开，由外御为亡者洗头、梳头，用巾洗澡并用浴衣擦干。沐浴后为亡者修胡须、剪指甲、束发髻，换明衣裳。主人回来后再由商祝为亡者用贝饭含，然后用掩将亡者头裹住，系结在颐下，并将新绵充耳朵，幎目覆面，穿上屦，依次一层层穿上爵弁服、皮弁服和褖衣，束缁带插竹笏，决套右手拇，握手安置双手，最后裹冒盖上被子。① 小敛后设奠，入夜需于庭燃大火把。

3. 大敛

小敛次日举行大敛。首先要准备好物品，设奠，仪式进行主人不拜往弔者。入敛时，士先尸体抬至敛席，帷帐起后主人、主妇踊，士抬尸，主人们在两旁捧尸，放入棺中。盖棺后将焙过的黍稷撒棺四周，堆树枝在棺上，用泥封棺。封棺后将铭旌放棺前设奠。②

4. 成服

第三天举行成服礼。五服之内亲属都要按规定穿好相应的丧服，主人们前面三天不能进食，此日方能食粥。③

5. 朝夕哭

大敛后每天早晚，主人们、亲友们都到殡宫哭。朝夕哭所设奠即朝夕奠。妇人在堂上哭，丈夫在门外哭。妇人踊，丈夫踊。祝用醴、酒、脯、醢奠。④

6. 迁柩、祖奠

根据《仪礼·既夕礼》，"既，已也。谓先葬二日，已夕哭时，与葬间一日，凡朝庙日，请启期，必容焉"。夕哭之后，主人需要告知宾客启殡日期。第二天在祖庙陈设奠物，将小敛时燃起的火把熄灭，撤奠迁祖奠。⑤

7. 发引、窆

发引前先将所获赠的助葬物品，陈列在家庙门外，"乃代哭如初。宵，为燎于门内之右"。⑥ 第二天黎明，在庙门外陈五鼎，鼎陈放的位置如同大敛奠时在门外陈鼎那样。⑦ "其实，羊左胖，髀不升，肠五，胃五，离肺。

---

① 杨天宇：《仪礼译注》，上海古籍出版社 2004 年版，第 351—353 页。

② 杨天宇：《仪礼译注》，上海古籍出版社 2004 年版，第 361—363 页。

③ 李学勤主编：《仪礼注疏·士丧礼第十二》，北京大学出版社 1999 年版，第 709 页。

④ 李学勤主编：《仪礼注疏·士丧礼第十二》，北京大学出版社 1999 年版，第 710—712 页。

⑤ 李学勤主编：《仪礼注疏·既夕礼第十三》，北京大学出版社 1999 年版，第 740—742 页。

⑥ 李学勤主编：《仪礼注疏·士丧礼第十二》，北京大学出版社 1999 年版，第 748 页。

⑦ 杨天宇：《仪礼译注》，上海古籍出版社 2004 年版，第 385 页。

豕亦如之，豚解，无肠胃。鱼、腊、鲜兽，皆如初。东方之馔：四豆，脾析、蜱醢、葵菹、蠃醢；四笾：枣、糗、栗、脯；醴、酒"。① 然后陈明器。参加葬礼的宾进庙，主人行拜礼。彻奠者将奠物彻下摆设在柩车西北边。然后开始设葬奠。奠者出后，主人要有节而踊。② 到达下葬地点以后，由商祝执功布御柩。主人袒行，踊无筭。出宫，踊，袭。到达墓圹时，在道路东西两侧面北陈器，此时主人和随行亲友均不哭，下葬以后主人哭，踊无筭，拜稽颡后，踊如初。接着主人、主妇拜宾。即位。拾踊三。拜送宾。实土三后，主人拜乡人。即位。踊，袭，如初。③

8. 反哭、虞祭、卒哭

下葬后众人返回祖庙哭为"反哭"，此后跟朝夕哭一样不奠而哭以为虞祭礼。虞祭后的祭祀是"卒哭"。所谓虞祭之"三虞"即柔日、刚日、柔日，再换刚日、柔日、刚日，以为祭祀的间隔。④

9. 祔、小祥、大祥、禫

卒哭第二天祭祀名为祔。一年期祭祀为小祥，又期祭祀为大祥，大祥后一月的祭祀为禫。

从初终到禫，《仪礼》详细规范了整个士丧礼的仪式过程，并有具体的物用仪节的解释。

（三）器物、方位、动作、性别

《仪礼》士丧礼器物、方位、动作彰显着仪式进程，贵贱、亲疏等级、男女、内外之别。"器以藏礼"，制礼以适度为原则各就其位，各司其职，器用与身份相称。

丧葬用品包括：敛衾、铭旌、掩、冒、瑱、幎目、握手、决、贝、重木、夷衾、井椁、轴、明器。

祭品包括：脯、醢、醴、特豚、葵菹芋、蠃醢、脡、腊、苴、醢、屑、脾析、蜱醢、糗、干、胳、肩。

所用礼器包括：豆、笾、鼎、甒、觯、俎、敦、豚、缫爵。

赠物包括：襚、赗、赙、赠。

仪式中的方位也是非常值得关注的，《仪礼》丧礼撰述了站位，包括不同仪式参与者、主人、宾客、礼仪专家、辅助人员的站位、空间流动线路、面向等细节，从中呈现出亲疏、贵贱、男女的差异。丧礼中的

---

① 李学勤主编：《仪礼注疏·士丧礼第十二》，北京大学出版社 1999 年版，第 749—751 页。
② 杨天宇：《仪礼译注》，上海古籍出版社 2004 年版，第 385—386 页。
③ 杨天宇：《仪礼译注》，上海古籍出版社 2004 年版，第 387 页。
④ 李学勤主编：《仪礼注疏·既夕礼第十三》，北京大学出版社 1999 年版，第 764 页。

"东西"（"左右"）既是分类概念更是象征符号，并被用来诠释人文社会，建构伦理秩序。① 男女同在一个难以区隔的空间中（如室中、堂上或墓地）则男在东，女在西；男在堂下，女在堂上；男在门外，女在门内，仪式过程均有所区隔，一般情况下女西面，男东面，送宾客男出门，女不出门。② 东西（左右）也呈现亲疏贵贱，一般将东让于尊贵和亲近的人。

丧礼有一套贯穿始终而内涵丰富的动作：哭、踊、稽颡。哭，是表达悲伤哀悼最常用的，但"哭"在士丧礼中有周详的规定，是有节奏、分时间、依亲疏贵贱而有清晰分别的。小敛前，猝不及防，悲痛欲绝，"哭无时"。小敛"乃代哭"，代就是轮流的意思，使得哭声此起彼伏，由不同的人完成。初终三日后入殓前、大敛后下葬前均"哭无时"。可见，哭分时间、有节奏，除了在仪式进程中进行调节，还以不同的哭区分男女、亲疏、贵贱。稽颡是稽首之拜，触地无容即谓稽颡。《仪礼》中"稽颡"是主人向"君之使者"或"众宾之长"所行之礼。③

据学者考证丧礼中"踊"的具体动作应该是引身向上跳跃，被视为丧礼中悲伤的最高表达方式，捶胸号泣的"辟"次之。踊根据程度差异分为"绝于地"（双脚离地）和"不绝地"（双脚不离地），依照男女、亲疏、仪式进程而区分。④

《仪礼》丧礼性别角色定位都是以父、夫、子为标准，以此维护以父系继嗣为基础的社会的稳定，通过严密的等级和差序来实现社会整合，维护社会秩序，避免社会越轨。⑤

1. 以父、以夫为中心的亲疏差序

顺应当时社会发展的产物，同时也是稳定、巩固当时的社会而建立的一种社会模式。女性作为"他者"在其中融化成巩固社会正常运动的要素。此亲疏差序结构主要体现在《仪礼·丧服》部分。

---

① 彭美玲：《古代礼俗左右之辨研究：以三礼为中心》，"国立"台湾大学出版委员会1997年版，第21页。

② 李学勤主编：《仪礼注疏·士丧礼第十二》，北京大学出版社1999年版，第741、704—705、718页。

③ 李学勤主编：《仪礼注疏·既夕礼第十三》，北京大学出版社1999年版，第695、706—707、744、763页。

④ 杨华：《踊辟礼综考》，载冯天瑜主编《人文论丛》（2001年卷），武汉大学出版社2002年版，第129页。

⑤ 龙晓添：《丧礼中的女性——以〈仪礼〉〈朱子家礼〉记述为例》，《广西师范大学学报》2013年第2期，第54页。

以父为至尊。《仪礼》制定的年代，随着社会的发展，男性成为生产主力，地位逐渐跃居社会的中心。于是，在家庭中"父"也成为一家之主与一家至尊，因而父亲的亡故则代表着最重的丧服制，而母之丧虽是"至亲"之体现，但也要呈现出与"至尊"的差异。① 为父服丧斩衰三年，因为父至尊。而为母齐衰三年，前提条件还必须是"父卒"，且"父"是唯一，而继母如"母"，慈母亦如"母"。可见，母与子的关系是由至尊的"父"来限定，"母"是一个角色位置，只要占据且在名义上行使了角色义务，是否有血缘关系并非决定性的因素。如果父亲尚在，则为母只能服齐衰期年。虽然父为了"达子之志"要三年然后才能再娶。母亲是至亲，父亲却是至尊，"家无二尊"，"亲"是家族基本的联系，"尊"却是维系整个社会运行的关键要素。至于母为长子，则以长子继体承重之故，因而为之服齐衰三年。② 由此贯彻以父系为尊、为主而"定于一"的家族结构方式，且以此奠定父尊的理念，达到凝聚家族成员的向心力，进而稳定家族组织，具有往外发展的潜能与力量。"父"处于家族中最为尊贵的主要核心地位。凡此差次等级区分，虽有仅在毫厘之间者，然而家族成员间之尊卑等次与亲疏远近之关系，即可因为在加隆至尊之父为斩衰三年之后，增加更大的空间以区分各级亲属之间的关系，缔造结构严谨、疏密有秩的亲属体系。③ "母"虽然居至亲的地位，但是为了维护父的至尊，对"母"的情感和责任是必须被一定程度抑制的。"母"相对于"父"是碎片性、附着性的。

重父族轻母族。《仪礼·丧服》对父族和母族的服丧等级是有很大的差异的。一个男子，不论婚否对父族服丧的对象既包括直系亲属也包括旁系亲属。而为母族服丧的只有外祖父母、从母、从母昆弟、舅和舅之子及甥。服丧范围不但极窄而且极轻。④ 商周之间的社会形态，正处于母系社会与父系社会势力发展转型期。当周代大肆发展农耕时，连带特别注重男性的地位；进而渐趋先稳定家族成员，再区分亲疏远近关系，以凝聚彼此的亲情，不但可以自然顺当，而且还助于妥善规划日渐复杂的人际关系，

---

① 林素英：《丧服制度的文化意义：以〈仪礼·丧服〉为讨论中心》，文津出版社 2000 年版，第 271—272 页。

② 李学勤主编：《仪礼注疏·卷第三十》，北京大学出版社 1999 年版，第 553—569 页。

③ 林素英：《丧服制度的文化意义：以〈仪礼·丧服〉为讨论中心》，文津出版社 2000 年版，第 285 页。

④ 焦杰：《性别视角下的〈易〉、〈礼〉、〈诗〉妇女观研究》，中国社会科学出版社 2011 年版，第 118 页。

于是以父系为本，且组织亲疏有序的亲属结构得以成立。① 服丧制度的这种重父族轻母族的规定，无疑是想由此减少母族对父族统治的干扰，维护父系继嗣体制的稳定。

以夫为纲。《仪礼·丧服》中的"女子子"由于婚姻的变化分为三种：女子子在室、女子子适人以及女子子反在室。女子待字闺中时服丧的各项规定与男子无异；而一旦嫁人，则以"夫"为中心，被排除在了"父族"之外；而如果被出回到父家，其服丧的各项规定又会转换。所以"适人"与否是一个女性角色转变的最关键。妻为夫、妾为君都是斩衰三年，因为夫（君）至尊。贾疏："夫者，犹是妻之尊敬。以其在家天父，出则天夫。"但夫为妻仅服齐衰期年。②

以夫族为中心。出嫁女儿为父母、昆弟、为父后者都只服齐衰期年，因为妇人有三从之义。为维护继嗣制度正常运动，女子嫁人后就属于夫族，要以夫族的一切为规则，所以降低对父族的服丧。出嫁女子为夫家人服重服，以彰显亲疏远近，配合角色转换。妻要为夫之君服齐衰期年，原因是从夫之服。此外，妻还要为夫之昆弟之子，夫之祖父母，夫之世父母、叔父母等服不同程度的丧。不过同时也应该看到，当姑、姊妹适人者没有丧主的时候，男子需为他们服齐衰期年，因为"无主后者，人之所哀怜，不忍降之"。③ 无疑是父族对夫族的一种补充，是当夫族在服丧上出现无法弥补缺陷时的一种保障机制。

2. 以男性为中心的严密的两性区隔

《仪礼》旨在从伦理道德的范畴为社会建构一种理想和制度化的模式，因此在性别结构上强调男女之防，男尊女卑。这并非制礼者为禁锢人心、闭门造车的产物，而是为了适应农业生产需要，父系继嗣稳定而订立的。春秋时代男女奔者不禁，婚姻形态也较多样，但随着社会发展，这些现象开始变成阻碍。于是为了保障父系继嗣的正常运行和社会的稳定，需在生活细节中防止接触频繁而生淫佚之事，以免影响正常的夫妻关系，甚至于破坏和谐的亲族感情，紊乱人伦纲常。对原始文化遗风加以导正，导正之道，根本在于强调男女有别，更须严厉男女之防以杜绝弊端。④

① 林素英：《丧服制度的文化意义：以〈仪礼·丧服〉为讨论中心》，文津出版社2000年版，第284页。
② 李学勤主编：《仪礼注疏·卷第三十》，北京大学出版社1999年版，第556，570页。
③ 李学勤主编：《仪礼注疏·卷第三十一》，北京大学出版社1999年版，第584—585页。
④ 林素英：《丧服制度的文化意义：以〈仪礼·丧服〉为讨论中心》，文津出版社2000年版，第285—287页。

《仪礼·丧服》中有妻为夫之众亲属服丧的记载，但却没有为夫之昆弟服的记载，"嫂叔不通问"的限制，似不近人情。① 但嫂叔虽无服，却有设位以哭的记载，即可体会制礼者将嫂叔"推而远之"并非违背常理的设想，而是要遵正当时仍存在的男女混交习俗，防止人伦之乱。② 严守男女之防从生活中的各个细节中得以贯彻，礼制的规定也渗透在生活细节中，"不交爵""授受不亲"，以避免男女亲昵，防重入于母系时期混交淫逸的状态。③ 男女从出生开始就被赋予了不同的社会期许。为使男子进入社会后能迎接各项挑战、女子出嫁后能顺利操持家务，士以上的家庭，男女自十岁开始，所受的教育内容即截然不同。④ 男女有别各有所主的社会分工现象因而建立。因此女子自七岁起不与男子同席、十岁起教以妇道，乃至于成人结婚以后，几乎无社交可言。

丧礼中规定"男子不绝于妇人之手，妇人不绝于男子之手"⑤ 由内御者来处理女性死者临终、沐浴等事务。到了献祭时"尸"也分为男尸和女尸。⑥ 对死者的称呼也能最直接地分辨，初终派人向君报丧、招魂、袝祭称呼都不同。男女在丧礼中的差别还通过使用器物彰显男女差异。主妇虽与主人共同主持宗庙祭礼，但是在阴阳和合、同气相应的原则下，主妇所担任的工作，都居于辅助的地位，所献的祭品都以阴性植物或微小肉品为主。

二　《家礼》的变化与应用

随着社会的发展，《仪礼》过于繁缛，日常生活实践范围越来越小，于是给其他规范提供了可能，其中佛道仪式逐渐渗入民众的人生礼仪实践中。为了更好地整体化地规范社会秩序，"士庶通礼"便慢慢成为社会整合的基本诉求。朱熹《家礼》撰述借鉴了古今官私礼书，而与司马光的《书仪》的书写关联密切。日本学者牧野巽依据《书仪》《家礼》具体书写的区别，结合《续文献通考》载述的唐宋士人阶层、宗族形态、宗法理念变动的事例后，认为宋代是《书仪》体现的"大家族主义"转向《家礼》体现的"宗法主义"的时代，但中国学者多认为二者是贯通且共同体现了宋兴起的民众日常生活的共同需要。此后，水口拓寿、佐佐木爱、吾

① 杨天宇：《礼记译注·上·曲礼上》，上海古籍出版社 2004 年版，第 14 页。
② 杨天宇：《礼记译注·下·奔丧》，上海古籍出版社 2004 年版，第 755 页。
③ 杨天宇：《礼记译注·下·坊记》，上海古籍出版社 2004 年版，第 688 页。
④ 杨天宇：《礼记译注·上·内则》，上海古籍出版社 2004 年版，第 358 页。
⑤ 李学勤主编：《仪礼注疏·既夕礼第十三》，北京大学出版社 1999 年版，第 768 页。
⑥ 李学勤主编：《仪礼注疏·士虞礼第十四》，北京大学出版社 1999 年版，第 819 页。

妻重二开始检视"大家族主义"和"宗法主义"表里一致的问题。① 另外,《家礼》文本中很大程度上呈现了地方士大夫对礼仪设计的艰辛,很多学者的相关研究都集中在"祠堂"的设计与运用上。有学者指出要拓展《家礼》研究的问题空间。而梳理《家礼》的丧礼知识传统,并将之放置于历史生活中去考察则有利于细化、延伸《家礼》的研究。

朱子《家礼》是一部以士庶为对象的人生礼仪实用书,是中国礼仪发展史的里程碑。②《家礼》"代表知识分子维护儒家大传统的努力,但为了避免矫枉过正,对于通行的丧俗,在不违大礼的原则下,亦可融通,这就是私礼与官制丧礼不同之处"。③ 因此,一般民众则将规范仪式程序与佛道丧礼融合,不仅在民众层面促进了传统丧礼的延续,也建构了后来礼俗秩序多元融合的基本格局。

(一)服制

与《仪礼》撰述不同,《家礼》没有单列的丧服制度,而是将其列入"成服"中。《家礼》服制以《仪礼》为模板,充分地体现了应时而变的改动,减省了诸多环节,又对不符合礼仪要求的生活实践提出修正。比如对当时齐衰、大功、小功用布的修正,建议要充分体现出精粗差异,不可仓促而任意取用。④

斩衰三年包括:子为父,嫡孙父卒为祖,若曾、高祖承重者,父为嫡子,妇为舅,为人后者为所后父,为所后祖承重也,妻为夫,妾为君。齐衰三年:子为母,士之庶子为其母同,而为父后,则降也。嫡孙父卒为祖母,若曾高祖母承重者也。母为嫡子,当为后者。妇为姑。夫承重则从服也,为继母也,为慈母,谓庶子无母而父命他妾之无子者慈己也,继母为长子,妾为君之长子。齐衰杖期,用更次等生布。齐衰不杖期又用次等生布。大功九月,用稍微粗熟布,没有负版,衰辟领,首经五寸多,腰经四寸多。小功五月,用稍微熟细布,冠左缝,首经四寸多,腰经三寸多。缌麻三月,用极细熟布,首经三寸,腰经二寸,并且都用熟麻,缨也是如此。⑤

① 周鑫:《〈朱子家礼〉研究回顾与展望》,载常建华主编《中国社会历史评论》第112卷,天津古籍出版社2011年版,第435页。

② 〔日〕吾妻重二:《朱熹〈家礼〉实证研究》,华东师范大学出版社2012年版,第11页。

③ 王明珂:《慎终追远——历代的丧礼》,载蓝吉富主编《中国人的精神生活与礼俗》,黄山书社2012年版,第237页。

④ (宋)黎靖德:《朱子语类·卷第八十四》,中华书局1986年版,第2198页。

⑤ 朱杰人、严佐之、刘永翔主编:《朱子全书》第七册,上海古籍出版社、安徽教育出版社2002年版,第908—912页。

（二）仪式过程

基于对《仪礼》生活实践的困境思考，《家礼》① 从民众需求考量对《仪礼》加以简化。

1. 初终

临终即将亡者迁到正寝，既绝乃哭，招魂，立丧主，治棺，讣告友。招魂由侍者取亡者生前上服，在屋顶向北面，呼"某人复"三次，招魂后将衣服盖在亡者身上。

2. 沐浴、袭 、奠 、为位、饭含

招魂后"执事者"用"帷"设置一个相对独立的空间，设奠，为亡者沐浴，为小敛做准备。沐浴先洗头发，并梳成发髻，沐浴后用巾擦干，并剪指甲。主人以下在自己位置上哭。

3. 小敛

第二天小敛。《家礼》小敛陈设衣衾比《仪礼》简略，小敛所穿衣服也依据亡者所有之衣服"随宜用之"。然后设新奠于阼阶东南。侍者为亡者小敛，覆以衾，设席枕，以白纩充耳，幎目覆面，纳履，袭深衣，结大带，设握手，盖被。

4. 大敛

第三天。天刚亮，执事者就开始准备大敛事务，先陈大敛衣衾，设奠具。大敛时，众人盥手后，掩首结绞，举尸入棺，亡者生前所落头发、牙齿，初终时剪下的指甲放棺内角。并将亡者衣服卷起来填满棺内的空隙，防尸体摇动，为防盗棺内不放金玉珠宝。最后将衾四角依次覆盖足、首、左、右。主人们凭哭尽哀，妇人退幕后，由匠人加盖、下钉、撤床、盖衣服于柩上。设铭旌于柩东，设灵座，两妇人守灵。设奠，主人以下各归丧次，止代哭者。

5. 成服、朝夕奠

第四天清晨举行成服礼，然后朝哭，宾客相吊。每天早上，主人以下都各服其服入就位朝奠，夕奠同之。朝夕奠，哭无时，朔日要在朝奠时设馔，有新物则荐之。

6. 吊、奠、赙

凡吊皆着素服，用香茶烛酒果奠，用钱帛为赙，入哭前以刺相通，吊则退。护丧要出门迎接吊客，宾客需说："窃闻某人倾背，不胜惊悼，敢

---

① 朱杰人、严佐之、刘永翔主编：《朱子全书》第七册，上海古籍出版社、安徽教育出版社 2002 年版，第 902—920 页。

请入酹，并伸慰礼"之类。吊客灵座前哭尽哀，拜焚香，跪酹茶酒。祝读祭文奠赙，毕，兴。

7. 治葬

"三月而葬"前期需择可葬之地，择日开茔域，祠后土，穿圹，用炭末、石灰、细沙、黄土等作灰隔，以两片石立为志石，落葬时将两石刻字面相对并捆绑，埋于圹前。

8. 朝祖、祖奠

发引前一日，朝于祖，代哭。亲宾致奠赙，陈器。日晡设祖奠，设馔，祝斟酒后相告吉辰迁柩。

9. 发引

祖奠次日早，执事者撤祖奠，迁柩就举，设同朝奠一样设遣奠。祝奉魂帛升车，焚香后妇人才盖头出帷。主人以下男女哭步从，亲友宾客按照尊卑长幼为顺序依次乘车马跟随，遇哀则哭。

10. 落葬

柩未到时执事者在墓道西设灵幄，其后于圹西设妇人幄，设奠。柩至主人们就位哭，宾客拜辞。落葬，主人赠，加灰隔，实土，墓左祠后土，藏明器，题主。

11. 反哭、虞祭、卒哭、祔

落葬后祝奉神主入，置灵座，主人以下哭，即反哭。其日中虞，主人以下沐浴，执事者陈器，具馔。面神主行三献礼。此后，逢柔日再虞，刚日三虞。卒哭次日祔。

12. 小祥、大祥、禫

期而小祥，不计闰，只要满十三月就请人卜日简易祭祀。再期则大祥，不计闰，二十五月，只用第二忌日祭。大祥小祥祭祀前主人以下均沐浴，当日清早设祭品举行三献礼。禫在前一个月下旬卜日而祭，具体仪节同大祥。

（三）器物、方位、动作、性别①

《家礼》器物与《仪礼》相比简略很多，内容变化也很大。例如，《仪礼》中没有"棺"的单独撰述，而《家礼》中说棺木的材料油杉最好，柏次之，土杉为下。形制方直内外都涂上灰漆，内以厚半寸以上沥青溶泻，然后厚四寸许炼热秫米灰铺底，加七星版。还有充耳、暝目、握

---

① 朱杰人、严佐之、刘永翔主编：《朱子全书》第七册，上海古籍出版社、安徽教育出版社2002年版，第903—933页。

手、灵座、魂帛、铭旌。

《家礼》所撰述丧礼动作也以哭为主，没有踊，但有擗，往往与哭同时出现。学者指出丧礼中踊的消失应该始于宋，而当代丧礼"捶胸顿足，呼天抢地"之至悲，也与此相关。因为元明以来，《家礼》是民间丧礼最大的文本资源。①

随着社会变化变迁，家居空间发生很大变化，《家礼》仪式方位也由此变化。祠堂也成为仪式的核心空间。但仪式面向的原则和内容没有很大变化。男右女左彰显仪式性别差异，同时根据尊卑亲疏位置由内而外。丧礼后期要把亡人供奉于祠堂。作为祭祀祖先的场所，是整个家庭和家族活动的中心，在《仪礼》中这个场所是祖庙和祢庙。《家礼》改称主要考虑社会中下层家庭的祭祖需要："古之庙制不见于经，且今士庶人之贱亦有所不得为者，故特以祠堂名之。"②

唐及五代，妇女地位相对比较高，至宋代妇女的社会地位呈下降趋势，是中国妇女的社会地位发生变化的转折过渡时期。《家礼》的丧礼严守男女之防，男女从服饰、站位、动作以及所用器物都有明显的区分。当匠人来处理大敛事务时，妇人依然要回避，在位置和行动上都不得超越于男子的丧次。女性继续服从男性为标准的尊卑贵贱，妻妾差异在丧礼中表现得很明显。妇人根据丈夫的贵贱在着装等方面都有明显的区分。

第一，服饰的变化。初终招魂时使用的是有官则公服，无官则襕衫、皂衫、深衣，妇人大袖背子。《仪礼》招魂时所用衣服是展衣、褖衣。初终复后，"乃易服不食"，规定"妻子妇妾，皆去冠及上服，被发……及女子已嫁者，皆不被发徒跣"。③《仪礼》中没有"被发"的记述，《家礼》中妇人要"被发"大概是要以原始混乱的样貌来表达死者去世猝不及防，并形容悲痛到了极点。但如果已出嫁，为了仪态庄重，则不"被发"，仅光脚来表达悲痛。在丧礼记述中频频出现妇人使用"盖头"，乃是受理学影响，对妇女束缚日深，要求妇女无故不出门，有事要出中门要用布蒙面，出门要戴盖头。④当妇人离开帷或者离开家门时都需要以此遮羞，管

---

① 杨华：《踊辟礼综考》，《人文论丛》（2001年卷），武汉大学出版社2002年版，第128页。

② 朱杰人、严佐之、刘永翔主编：《朱子全书》第七册，上海古籍出版社、安徽教育出版社2002年版，第875页。

③ 朱杰人、严佐之、刘永翔主编：《朱子全书》第七册，上海古籍出版社、安徽教育出版社2002年版，第902—903页。

④ 刘芳：《中西服饰艺术史》，中南大学出版社2008年版，第39页。

中窥豹，可见妇女当时之社会角色要求的变化。小祥时服饰发生变化，妇人要"截长裙不令曳地"，应服期的都改为吉服，只有妻还要服禫，到十五个月才能除去。但在丧礼中女性之美当然是需要收敛的，因此长裙不能拖地，以示庄严。直至大祥时"妇人冠，梳假髻，以鹅黄青碧皂白为衣履，其金珠红绣皆不可用"。①

第二，称谓的变化。于社会变动较多，担心出现变动无法准确找到坟墓，增加了降"刻志石"的要求。志石上刻写的内容男女有别：妇人夫在则云："有宋某官姓名某封某氏之墓"，无封则云"妻"，夫无官则书夫之姓名，夫亡则云"某官某公某封某氏"，夫无官则云"某君某甫妻某氏"。立神主牌，题主的内容也有性别差异。小祥初献祝云："孝子某谨以洁牲柔毛，粢盛醴齐，适于皇某考某官府君，陪祔孙某官，尚飨。"而内丧则云："皇某妣某封某氏，陪祔孙妇某封某氏。"②

第三，器物的变化。初终为了区分男女角色，男子坐在东北壁下"藉以席荐"，而妇人坐在床西"藉以槁"。及墓准备成坟时，在灵幄后，圹西专门有所谓的"妇人幄"。主人主妇进馔的东西相比《仪礼》变得更加简单"主人奉鱼肉，主妇盥帨，奉麦米食。主人奉羹，主妇奉饭以进，如虞祭之设"。小祥"主人以下沐浴，陈器，具馔"，"主人率众丈夫洒扫，涤濯"，而"主妇率众妇女涤釜鼎，具祭馔"。③

另外值得关注的是《家礼》丧礼撰述附上了各类仪式文书的范文，这也是《仪礼》中所没有的。丧礼文书在其后的日用类书、家谱和民间礼书中均可见。《家礼》撰有：致赙奠状、谢状；慰人父母亡疏、父母亡答人疏；慰人祖父母亡启状、祖父母亡答人启状三种。另撰有不少仪节中使用的文字，与其后日用类书、礼生礼书中的祭文相似。还有宾客往弔时说什么，主人答什么，迁柩时祝说的话等。

三　经典文献丧礼知识脉络与秩序建构

以儒家思想为主流的中国传统文化虽然成熟很早且一直不断变化，但"礼"的理论及其阐发始终是其中极其重要的一个部分。孔子"内发乎仁、

---

①　朱杰人、严佐之、刘永翔主编：《朱子全书》第七册，上海古籍出版社、安徽教育出版社2002年版，第927—928页。

②　朱杰人、严佐之、刘永翔主编：《朱子全书》第七册，上海古籍出版社、安徽教育出版社2002年版，第917，926页。

③　朱杰人、严佐之、刘永翔主编：《朱子全书》第七册，上海古籍出版社、安徽教育出版社2002年版，第924—926页。

外止乎礼"，以"仁"为内在制约，"礼"为外在规范，因而儒"礼"始终与社会制度紧密关联。有学者指出尽管在民众生活实践中早期礼仪规范一直很边缘，但儒家礼仪经典文本，却长期为礼仪实践提供基本前提。①所谓基本前提即基于一套由先秦而起，经历宋代改革的儒家经典礼仪知识体系。《仪礼》到《家礼》的丧礼撰述一以贯之以下三个基本原则，而且这些原则也在其后各种层次、地区、民族的丧礼撰述中得到充分的体现。

（一）"慎终追远"为基调

《论语》中记载曾子所说"慎终追远，民德归厚"被认为是儒家对待丧祭的基本态度。钱穆在《论语新解》中对此作了评注，从人类共同情感的角度阐发了中国死亡仪式的根本，即以"不忍之心"处理无可奈何之事，在人类终极困境"死亡"面前，儒者悬置神鬼之论，而立教于"人类心情深处"，以慎终追远为基。②

"慎终追远"既能真切地表达哀思，深情追忆，也深化"孝"的观念与内涵，建构并维护社会秩序的道德基础。以礼导民"抚世道而厚人心"。所谓慎于终，是要以形、以貌、以服、以容恰当地表达哀；也要有穷，有求弗得，有望弗至地、有节制地行礼。于是在礼仪实践中方可充分地呈现"仁者""强者"的品质。以慎终追远的礼仪实践实现"忠信孝悌"的社会秩序。一方面，礼仪对"爱敬之实"的践行成为传统继承弘扬的途径与动力。另一方面，"爱"与"敬"的教化在礼仪实践中进一步巩固社会秩序。

（二）制礼以别亲疏贵贱

丧礼撰述从服制、丧礼仪节等内容，以详细的等级差别来实现对社会秩序的建构与维护。《家礼·序》中阐明了制礼的理论依据及其表现形式，即"名分"，人的身份和地位，及相应的责任与义务，是维护社会秩序之根本。丧礼可以通过仪式实践深化、维护既有的社会秩序，并进一步明确"名分"关系。礼制的目的就在于杜绝有可能的僭越，保障并进一步巩固既有的权力和地位，维护社会秩序的稳定。

（三）有情有度的情感表达

丧礼中无论是服制、动作、色彩、方位，还是文辞，都是在渲染

---

① Patricia Ebrey, *Confucianism and Family Rituals in Imperial China：A Social History of Writing about Rites*, Princeton：Princeton University Press, 1991, p. 15.

② 钱穆:《论语新解》，巴蜀书社1985年版，第12页。

"哀"的主题，"礼"对情感表达的规范也非常有效，使人的感情秩序化。① 以哭、踊为代表的悲伤的动作都始终以"有节"为标准，礼以有节度的真性情流露为标准。冯友兰指出，礼之用体现在"合乎中"的恰到好处，以及对"性情之真"的以礼节之。② 以理智看，死不可复生，但从感情又极难割舍，若放任情感又恐难以自控。所以冯友兰认为，对待死亡要折中处理，兼顾情感和理智。③"慎终追远"在丧礼中需要充分满足，以服制、动作、色彩、器物"有情"地充分传达悲伤痛苦之。同时，又要根据亲疏远近、身份等级适度得体"有度"地践行。

第二节　日用类书丧礼知识的形态与传播

日用类书作为"将日常生活所需常识以分门别类方式加以刊载，提供人们随时利用的一种书籍，性质如同今日之家庭生活手册，或俗称之家庭生活小百科"。④ 在丧礼知识体系中日用类书扮演着非常重要的角色，为四民大众提供了方便查找、传阅的礼仪知识，也形塑着日常生活中礼仪实践的形态。吴蕙芳指出日用类书的受众超越了阶级，跨越了地域，并随着时代发展不断地与民众日常生活的变迁相适应，以提供日用类通用知识。⑤ 魏晋南北朝时类书中渐渐发展出一些刊载时事时物的内容，到南宋时发展为日常生活所用的"日用类书"，但仍偏重上层社会。到宋元之际，随着城市的繁荣，民众文化的提升，以及刻印书坊的应运而生，于是出现了一批文献价值很高的民间日用类书。但直到明万历年间，日用类书才真正在更广泛的民众生活中传播和使用。至此日用类书，既有综合性的，也有专门性的，内容包罗万象，门类齐全，通俗易懂，四民皆宜，而其撰述则是纂而不著，互相转抄。⑥ 并持续发展到清代、民国，乃至当代，虽名称各异，种类多样，但是均始终以为普通民

---

① 〔日〕吾妻重二：《朱熹〈家礼〉实证研究》，华东师范大学出版社 2012 年版，第 5 页。
② 冯友兰：《中国哲学史》，中华书局 1947 年版，第 411 页。
③ 冯友兰：《中国哲学史》，中华书局 1947 年版，第 418 页。
④ 吴蕙芳：《〈中国日用类书集成〉及其史料价值》，《近代中国史研究通讯》2000 年第 30 期，第 109 页。
⑤ 吴蕙芳：《〈中国日用类书集成〉及其史料价值》，《近代中国史研究通讯》2000 年第 30 期，第 109 页。
⑥ 张献忠：《日用类书的出版与晚明商业社会的呈现》，《江西社会科学》2013 年第 12 期，第 121—123 页。

众生活提供便利为宗旨。①

一　撰述与传播

　　《事林广记》作为一部日用百科全书型的古代民间类书，被认为是真正意义上的日用类书的渊源，南宋末年陈元靓编。宋季原本，今不可见，现存的是元、明的刊本，但撰述上均有所增广和删节。《事林广记》分门别类撰述了市井生活与日常知识，并附载插图，其中搜集的资料非常广泛，分类形式又以适应民众生活为特色。元代还有《居家必用事类全集》，现存元版为残卷，相对早的完整版本是明世宗嘉靖三十九年（1560）刊本，十集，丧礼在乙集家法、家礼部分。② 万历年间，随着经济发展、人口流动加速、城市生活繁荣，人们需要一些规范性的生活指导，而日用类书的撰述满足了这种需求，也因此得到发展。《五车拔锦》《万书萃宝》《三台万用正宗》《学海群玉》《文林聚宝万卷星罗》《万宝全书》《万用正宗分类学府全编》《积玉全书》《万锦全书》等逐渐成为雅俗共赏的生活文献。③ 印刷业的发展也为日用类书刻印的不断改进、变化提供了技术可能。经过一段时间的文献积累与生活实践，日用类书撰述的知识也成为民众生活的一部分。其呈现的知识体系以"日常生活"为内涵，结构与日常生活一样，错综无序，平行并列，异于学术知识结构。④

二　丧礼知识书写

　　以下梳理不同年代的几种日用类书，分别为《事林广记》《居家必用事类全书》《三台万用正宗》《万宝全书》《五车拔锦》，遵循其年代的变化进行辑要，简要呈现日用类书丧礼的撰述与变化。

　　《事林广记》⑤ 中与丧礼有关的撰述主要包括《居丧杂仪》《文公丧礼》《居丧仪说》三个部分，并附《本族服图》《妻党服图》《外族母党

---

① 吴蕙芳：《民间日用类书的渊源与发展》，《"国立"政治大学历史学报》2001 年第 18 期，第 1 页。

② 吴蕙芳：《民间日用类书的渊源与发展》，《"国立"政治大学历史学报》2001 年第 18 期，第 9 页。

③ 吴蕙芳：《民间日用类书的渊源与发展》，《"国立"政治大学历史学报》2001 年第 18 期，第 13—15 页。

④ Sakai Tadao, "Confucianism and Popular Education Works", in William de Bary, ed., *Self an Society in Ming Thought*, New York: Columbia University Press, 1970, pp. 338 - 341.

⑤ （宋）陈元亮编：《事林广记》，中华书局影印本，此影印本和在此采用的是元至顺间（1330—1333）建安椿庄书院刻木影印，此本题名是《新编纂图增类群书类要事林广记》。

（服图）》《妻为大党服制之图》《继父诸母服制之图》，作神主式的图，以及《伊川先生作神主说》、弔丧规范、《伊川先生葬说》《伊川先生柏棺说》，以及慰父悼亡文。

《居丧杂仪》延用《家礼》的撰述，《居丧杂仪》论及服制并加以说明，以《家礼》为依据，而五服时长则依据司马光《书仪》。根据《居丧杂仪》可知《事林广记》流传的年代服制变化很大，不再苛求精准的具体形貌，而是依据司马光《书仪》的规范，结合社会现实以大体上的亲疏尊卑差异来依次定衣物之粗细，并对"不得已"的情况也加以详细说明。

丧礼仪式过程以《家礼》为基本依据加以精简，仅选取主要仪节：初终—小敛（祖，括髮，免，髻，奠，代哭）—大敛—成服—朝夕哭奠—上食—治葬—迁柩—朝祖—奠—赙—陈器—祖奠—发引及墓—下棺—祠后土—题木主—成坟—反哭、虞祭、卒哭、祔、小祥、大祥、禫。没有详细仪注，没有"复"的内容，成服没有材质说明，只有简单形制。仪式进程中没有将器物、方位等纳入。

《居家必用事类全书》①相比《事林广记》撰述变得更加自由，已经逐渐不受传统知识体系框架的限制，变得更实用更通俗，以"民"为意。《居家必用事类全书》产生于元代，流行于明代。丧礼服制一开始便引《五礼新仪》《白虎通》撰述杖的使用，并在"成服"中介绍了五服制度，并分别加入了每一等级的义服、加服、降服、从服的规则，且附丧服图以清晰说明，还绘有斩衰、齐衰、大功、小功以下冠、首绖的形制。仪式过程的撰述大量引用了司马氏、程颐的礼仪观点，但是具体仪节不完整。

福建建阳刻书大家余文台的双峰堂于明万历二十七年（1599）刊印了《三台万用正宗》②，共四十三卷十册。其丧礼门包括丧礼仪节和服制，仪节撰述中有一则祭文式。服制撰述包括了条款歌（律内丧服条款歌妻为夫族服之歌、三父八母服之歌）和服制图（大宗五服之图、外亲服图、妻妾服图、三父八母服图）。

晚明《万宝全书》③继承了《事林广记》的撰述结构，但更实用、通

①　不明编者：《居家必用事类全集》，乙集，家礼，丧礼略，明隆庆二年（1568）飞来山人刻本，载顾廷龙主编《续修四库全书》（第1184册），上海古籍出版社2002年版，第372—383页。

②　〔日〕酒井忠夫监修，坂出祥伸，小川阳一编：《中国日用类书集成·4·三台万用正宗（二）·卷十六·丧礼》，汲古书院2001年版。

③　刘双松删补重编：《新板全补天下便用文林妙锦万宝全书·卷十六·丧祭门》，书林安正堂，明万历壬子年（1612）。

俗，适合普通民众阅览。① 丧礼撰述包括服制和各类丧礼文书，丧礼和祭礼同归于丧祭门。服制部分包括：本宗九族五服正服之图、妾为家长图、妻为夫族服图、外亲服图、三父八母服图、夫为妻亲图、出嫁女为本宗降服图，以形象地说明丧服服制，而没有文字表述。然后是丧礼辑宜，载有各类丧礼文书，包括：讣书式、报奠式、赙奠状式（孙代答疏）、慰丧母（答）、慰丧父（答）、慰丧妻（答）、慰丧兄弟（答）、慰丧子（答）、慰丧孙（答）、慰丧妾（答）、慰丧女（答）。

《五车拔锦》② 的丧礼撰述包括服制、数张丧服图（本宗九族五服正服之图、夫族服图、妻为外亲服图、妾为家长图、三父八母服图、夫为妻妾图、出嫁女为本宗降服图），以及丧礼文书范文 [讣书式、报奠式、唁书式、赙奠状式（孙代答书）、慰丧母（答）、慰丧父（答）、慰丧妻（答）、慰丧兄弟（答）、慰丧子（答）、慰丧女（答）、慰丧孙（答）、慰丧妾（答）、墓志状式]。

三 丧礼知识的特点与变化

从南宋到元明，日用类书丧礼知识撰述基于自身特色而有了很大的变化，在传承基本礼仪规范的基础上，更重视应用于指导民间生活实践。

第一，仪节进一步趋于简略。《事林广记》丧礼仪节与《家礼》一致，但删减了仪节注释，因此无法知晓具体的器物用度、动作规范等操作细节。《居家必用事类全书》有大部分的仪节，也跟《家礼》一样引用《书仪》的阐释和评价，而《三台万用正宗》仅仅撰述了小敛前仪节，且没有任何礼义和仪节的说明，《万宝全书》则在丧礼撰述中减省了所有仪节。究其原因，日用类书是为指导民众日常生活而撰述、刊印，只对仪式实践有工具性的价值，因此礼义的阐释就显得不重要。只要基本仪节齐全，民众就可以此为依据展开礼仪实践。就其纲要性撰述特点而言，省略掉细节，枝干式呈现丧礼知识才是最有价值和便于传播的方式。

第二，服制的简化。《事林广记》服制部分的撰述对各等级服丧人员仍有详细的说明，但对每一个等级的丧服形制仅有大概说明，没有具体记载，附有服制图加以形象呈现。《居家必用事类全书》丧服撰述既有简要的形制说明，也有各等级服丧人员的记载。而《三台万用正宗》只简单撰

---

① 吴蕙芳：《"日用"与"类书"的结合——从〈事林广记〉到〈万事不求人〉》，《辅仁历史学报》2005 年第 16 期，第 86 页。

② 〔日〕酒井忠夫监修，坂出祥伸，小川阳一编：《中国日用类书集成·4·三台万用正宗（二）·卷十六·丧礼》，汲古书院 2001 年版。

述各等级丧服形制，并通过一系列丧服图和丧服歌来解释。《万宝全书》则只用服丧图呈现，没有具体的服制文字解释。《仪礼》服制烦琐，《家礼》的简化后依然都难以真正意义上适应社会变迁的需求，"今布无升数且随精粗以意定之"方可行之有效，图说服制形象好理解，适用民众生活需求。

第三，丧礼文书撰述增加。《仪礼》没有撰述丧礼所用文书，从《家礼》开始有所载录，《事林广记》附有慰父亡文，《三台万用正宗》则有祭文通用格式，《万宝全书》收录了更多。仪节和服制对于丧礼实践而言涉及具体的生活调度，会随着社会发展而不断变化，因此相关撰述变化也比较大，保留基本的框架后具体细节就以生活需求的变化作为依据。但是文本的使用具有一定的稳定性，相对而言受生活的影响也没有那么直接，因此，随着社会变化的加剧，丧礼撰述中反而更重视以丧礼文本的稳定和规范来指导仪式的实践。

而日用类书为贴近民间，汇编大量各门类生活知识，具有知识工具书性质。日用类书丧礼撰述行文简练、明确，使得仪式框架直观而形象，一目了然。由此《仪礼》烦琐的仪式，经《家礼》删减后，在日用类书中呈现得更框架化。丧礼知识传统"框架性"地得以保留，从而使得在当代民俗实践中丧礼传统仍稳固、清晰。

第三节　国家礼典丧礼书写与礼制建构

国家礼典是建构礼仪制度的官方文本，在国家意志支配和影响下，有意识地将各类礼仪条理化、制度化，经过长期积累而内容庞杂，形式上却又统一、规整的文献。东汉章帝时期就有曹褒撰的《汉礼》，南北朝官修礼典传统进一步发展，并逐渐成为王朝政治的定制，也常常将指导民间礼仪生活的民间礼书、家礼、乡礼纳入其中，并反过来影响民间礼仪生活的形态。以下按时代选择几部《仪礼》关系密切且前后有承继关系的礼典，以管窥国家礼典丧礼书写及其建构社会秩序的设想与实践。

一　《大唐开元礼》：盛世礼仪原则

"在唐朝以前，礼典通常以《礼志》或《礼仪志》的形式保存在历朝史书中。这些史料究竟是从古籍里全文摘录的还是做了删节，我们现在已无从知晓，但就详尽程度而言，没有哪部《礼志》能比得上《大唐开元礼》。这部礼典详细记载了唐朝的典章制度，几乎囊括了先秦经典中记载的所有古礼，此外还吸收进一部分汉礼的元素，因此可称得上是一部集大成的著作，具有里程碑式的意义。"① 《大唐开元礼》② 是现存最早的官修礼典，历代所作五礼，只是根据现实而为的"一时之制"，非"长久之道"，不足为万古之训，与作为一贯和根本指导的礼经有着截然不同的体用之分。③ 而《大唐开元礼》，"从《贞观礼》《显庆礼》发展而来，也是秦汉王朝以来封建礼仪制度的总结。修撰时将《贞观礼》《显庆礼》加以'折衷'，择善而从，具有总结性、全面性、系统性，是封建礼制史上一部总结性法典，内容广博而全面，体例严密，条理清楚"。④ 《大唐开元礼》"是礼的一般性原则规定，在唐代受到礼经一样的尊重……它的基本原则和规定在唐代中后期是得到遵循的，而且对当时的国家礼仪生活仍然发挥着非常重要的作用"。⑤ 《大唐开元礼》被认为是盛世礼仪的代表和最高成就，实现了对《礼记》的改撰，一方面"作为'改撰'、取代《礼记》的中古礼典，像上古礼典一样被视作永恒的指导和参照；另一方面由于折衷《贞观》《显庆礼》及吸收现行格式制敕的实际方式，也使之具有相应的实用价值。但其内容本身对古礼仪式的某些因循抄袭，以及开元后期和天宝礼制的变革影响了它的具体作用"。⑥

《大唐开元礼》突出了皇权至上，在丧礼部分的书写中可见明确的皇室成员相关服制、仪式的规定。第五部分为凶礼，其仪十有八：一、凶年振抚；二、劳问疾患；三、中宫劳问；四、皇太子劳问；五、五服制度；六、皇帝位小功以上举哀；七、敕使吊；八、会丧；九、册赠；十、会葬；十一、致奠；十二、皇后举哀吊祭；十三、皇帝、太子举哀吊祭；十四、皇太子妃举哀吊祭；十五、三品已上丧；十六、五品已上丧；十七、六品已下丧；十八、王公已下丧。

---

① 〔荷〕高延：《中国的宗教系统及其古代形式、变迁、历史及现状》，芮传明译，花城出版社 2018 年版，第 212 页。

② 《大唐开元礼》部分内容依据"鼎秀古籍全文检索平台"整理，其所用版本为清文渊阁四库全书本《大唐开元礼》，笔者句读。

③ 吴丽娱：《唐礼撷遗——中古书仪研究》，商务印书馆 2002 年版，第 476 页。

④ 赵澜：《〈大唐开元礼〉初探——论唐代礼制的演化历程》，《复旦学报》（社会科学版）1994 年第 5 期，第 87 页。

⑤ 刘安志：《关于〈大唐开元礼〉的性质及行用问题》，《中国史研究》2005 年第 3 期，第 95 页。

⑥ 吴丽娱主编：《礼与中国古代社会·隋唐五代宋元卷》，中国社会科学出版社 2016 年版，第 84 页。

　　丧礼书写从卷一百三十二卷，凶礼的第二个部分开始。首先介绍五服制度。开头就介绍了五服制度的概况及具体服制安排。在每一个服制中一般设置正服、加服、降服、义服部分。服制的规定没有《仪礼》详备，但基本构成和规则却是一致的，每个等级分为正服、加服、义服三个部分书写相关内容，并对所有丧服人员的情况进行了解释，不仅详细介绍了服丧的范围，更将礼义渗透其中，反映了礼制的基本和具体操作，比如对慈母如母、继母如母、为人后者、女子子嫁反在室的相关服制，也呈现了时代变化导致的礼制的变化，比如齐衰三年正服"子为母"条解释云：旧礼父卒为母周，今改与父在同。在其后介绍丧服的制作与材质。在斩衰三年、齐衰三年的丧服等级后有"总论节制"，以规定丧服的依时间逐减的具体内容，斩衰、齐衰大纲如下。

　　斩衰三年。正服部分为：子为父、女子子在室为父、女子子嫁反在父之室。既虞而出则小祥亦如之，既除丧而出则已。加服的部分为：嫡孙为祖、父为长子。义服：为人后者为所后父、妻为夫、妾为君（妾谓夫为君）、国官为国君，布带绳屦既葬除之。

　　斩衰之服的各个组成部分在其中也分为衰冠、绖带、屦、杖、纮五个部分记述。

　　齐衰三年。正服，子为母、为祖后者祖卒则为祖母、为曾祖高祖后者为曾高祖母亦如之、母为长子。加服，继母如母、慈母如母。义服，继母为长子、妾为君之长子。

　　齐衰杖周。正服：父卒母嫁及出妻之子为母、父卒为父后者、为祖后者祖在为祖母、为曾祖高祖。义服：父卒继母嫁从为之服。

　　齐衰不杖周。正服：为祖父母、为伯叔父、为兄弟、为众子、为兄弟之子女、为嫡孙、为姑姊妹、女子子为祖父母、妾为其子。加服：女子子适人者为兄弟之为父后者。降服：妾为其父母、为人后者为其父母报、女子子适人者为其父母。义服：为伯叔父母、为继父母同居者、为继父不报、妾为嫡妻、妾为君之庶子、妇为舅姑、为夫兄弟之子、舅姑为嫡妇。

　　齐衰五月。正服：为曾祖父母、女子子在室者及嫁者为曾祖父母。

　　齐衰三月。正服：为高祖父母、女子子在室者及嫁者为高祖父母。义服：为继父不同居。

　　《大唐开元礼》以后丧服服饰制度最明显的变化就是逐步简化，随着社会流动的增加，汉魏六朝贵族化的丧服制度，逐渐在平民中流行，于是促成了其更深刻的变化，废止了斩衰服饰；受服简化，无既葬卒哭受服；

在郑玄降、正、义基础上分离出加服。①

《大唐开元礼》卷一百三十三凶礼部分有讣奏的内容，作为广博而全面的国家法典，书写与《仪礼》《家礼》相比有较大的差异，但对仪式过程有不同的书写方式，按照身份、品级，也按时间顺序，在皇室部分，依照讣奏、临丧、除服、敕使吊、赗赙、会丧、册赠、会葬、致奠展开书写，并在每一个里面按照对象与参与者不同进行分类。而其下为每个项目具体内容与规定，其中可见针对不同人的仪式基本过程的规定。并在其中可见仪式的器物、方位、官职、礼仪承办机构等。

以皇帝为例。讣奏部分分为：为外祖父母举哀、为皇后父母举哀、为诸王妃主举哀、为内命妇举哀、为宗戚举哀、为贵臣举哀、为藩国主举哀几个模式；临丧分为：临诸王妃主丧、临外祖父母丧、临皇后父母、临宗戚丧、临贵臣丧；除丧：除外祖父母丧、除皇后父母丧以其中"讣奏·为外祖父母举哀"② 为例。皇帝为外祖父母举哀服小功五月之服，举哀成服位"素褥床席"，方位为"南向"，百官文武位次如常，殿前设诸王三品以上的哭位，并均有设置"陪慰者"。仪式进行中文官武官分别在东西两侧北面而行；为首诸亲位列文武五品以下的站于阶下，北向，宗亲在东，异姓亲在西。文武百官到了以后才改服素服，仪式中的侍中立于殿东，北面，为百官奉衰服，并引导其举哀，俛伏兴。然后皇帝服素服御舆出升别殿降舆即哭位，南向坐，在侍中的带领下官员举哀，"皇帝哭十五举声，侍中跪奏，请哭止，成服俛伏，兴"。在通事舍人的引导下各地文武官员按照品级举哀，皇帝哭，哭止。最后，皇帝御舆降还，"日晡哭则晡前二刻奏严，一刻奏办。皇帝服衰服出，即位次哭如初（百官不集）自后朝晡凡三日而止"。

临丧包括皇帝临诸王、临外祖父母丧临皇后父母丧、临宗戚丧临贵臣丧等。以"皇帝临诸王"③ 为例，从仪式的时空转换看，礼仪的书写是以皇帝的出宫、临丧、回宫为节奏，每一个部分都有礼乐、跪拜等相应的详细规定，皇帝的服也有相应的变化，上车时"服常服，伞扇华盖"，到诸王宫下车时"变服素服"，离开时上车"即御座变服"。

皇帝出宫，"其日未出宫前四刻，侍中版奏请中严出宫，前三刻捶一鼓为一严，三严时节前一日侍中奏裁所司整设小驾卤簿于所出宫门外如常。四刻侍中版奏请中严出宫，前三刻，捶一鼓为一严，三严时节前一日侍中奏裁

---

① 丁凌华：《中国丧服制度史》，上海人民出版社 2000 年版，第 107—108 页。

② （唐）萧嵩：《大唐开元礼·卷一百三十三凶礼》，清光绪刊本，第 1489—1490 页。

③ （唐）萧嵩：《大唐开元礼·卷一百三十三凶礼》，清光绪刊本，第 1494—1497 页。

所司整设小驾卤簿于所出宫门外如常"。皇帝上车"出宫前一刻又捶三鼓为三严，侍卫之官诣阁奉迎如常，侍中版奏外办。……仪皇帝降舆升车，黄门侍郎当车前跪奏，称黄门侍郎臣某言请乘舆发，退复位。凡黄门侍郎奏请皆进跪奏称具官臣某言讫俯伏兴。……銮驾动，称警跸鼓吹不作，文武群官应陪从者乘马以从驾行至行宫门外，侍中进跪奏，请降车，俛伏兴，退复位"。皇帝到了以后"主人相引，主人内外五属之亲各服衰服就堂下外内位次哭……主人免绖去杖，司仪令引出大门外，望见承舆，止哭再拜迎，仍引主人先入门右西面立，不哭，其未殡则通拜迎，拜送于大门，内相者赞众主人以下皆止哭。皇帝至堂侍中跪奏，请降舆升，俯伏兴于所临丧者，非尊秋则御舆升堂，皇帝降舆升自东阶即哭位，坐巫祝各一人，先升巫执桃立于东南，祝执苿立于西南，相向。……侍中跪奏请哭，俯伏兴，皇帝哭……侍中跪奏请哭止，俯伏兴，皇帝止典仪称哭止，主人已下皆止"。拜、哭止后，"皇帝降御舆出，侍卫警跸如初。……帝降舆升车，黄门侍郎奏请及群官陪从，鼓吹不作，并如来仪，乘舆至殿前若阁外回车，侍中跪奏请降入，俯伏兴，皇帝降车御舆入，侍臣从至阁如初，侍中版奏解严将士各还其所百官退"。最后是皇帝除服的相关内容。

其后有诸王、王妃、东宫的仪式规定，到卷一百三十八开始三品以上丧礼的内容，依照传统礼书的仪式设置展开书写，与《仪礼·士丧礼》的基本框架一致，"三品以上丧"[①]：

> 初终、复、设床、奠、沐浴、袭、唅、赴阙、敕使吊、奠、铭、重、陈小敛衣、奠、小敛、敛髮、奠、陈大敛衣、奠、大敛、奠、庐次、成服、朝夕哭奠、宾吊（亲故同）、亲故哭、州县官长吊、刺史遣使吊、亲故遣使致赙、殷奠、卜宅兆、卜葬日、启殡、赠谥、亲宾致奠、将葬、陈车位、陈器用、进引、引辖、辖在庭位、祖奠、辖出升车、遣奠、遣车、器行序、诸孝从柩车序、郭门亲宾归、诸孝乘车、宿止、宿处哭位、行次奠、亲宾致赗、墓上进止、茔次、到墓、陈明器、下柩哭序、入墓、墓中置器序、掩圹、祭后土、反哭。

"王公以下丧通仪"[②] 书写上又有所不同，包括：

---

① （唐）萧嵩：《大唐开元礼·卷一百三十八凶礼》，清光绪刊本，第 1551—1575 页。
② （唐）萧嵩：《大唐开元礼·卷一百三十八凶礼》，清光绪刊本，第 1710 页。

闻哀、举哀、奔丧、三殇、殇丧、诸居、丧节制、初丧聚主、食饮节、哭节、居常节、不及期葬、外丧、讳名、追服、丧冠嫁娶、乐禁、主诸丧、婚遇丧、室次节　居重闻轻。

由于是国家礼典涉及各个地位身份阶层的仪式规定，因此器物、方位、动作和时间设置都要比《仪礼》的书写复杂很多，为免烦琐不再一一列举。出场的礼仪专家和相关的仪式工作人员非常多，侍中、通事舍人、典仪、巫、祝、赞者、卤簿者、司仪、执事、差、主丧本司、礼所司随职供办、尚舍直长等在仪式中起到引导（引、退、还）行礼者行礼，准备各种器用，或专门负责某个时间、地点的仪式流程。仪式过程中的主要动作包括：跪、拜偈伏，兴，哭，哭止，哭如初，成服，变服等。仪式方位与以往的仪式书写相似，在文章按照时间的顺序详细地呈现出乐仪式的空间变化，升降由阼阶，东西南北都是区分性别、亲疏、尊卑进行区隔。由于有皇家礼仪的内容，所以，在其中"南北"是一个特别强调的方位差异，皇室丧礼，仪式进行中文官武官分别在东西两侧北面而行；为首诸亲位列文武五品以下的站于阶下，北向，宗亲在东，异姓亲在西。文武百官到了以后才改服素服，仪式中的侍中立于殿东，北面，为百官奉衰服，并引导其举哀，偈伏兴。降哭位后南向而坐，皇帝为外祖父母举哀，"皇帝服素服御舆出升别殿降舆即哭位，南向坐"，为皇后父母举哀，"皇帝素服御舆复道以出从帏宫后门入之大次，降即哭位南向坐"。行礼的过程中，三品以上可以进入殿门内，四品及以下在殿门外，五品及以下在阶下。既要作为普通礼仪参与者进入仪式现场，又要保证皇帝的至尊身份，因此在普通的方位上特别强调"南北"尊卑之别。

二　《政和五礼新仪》的协调与革新

《政和五礼新仪》[①] 相比《大唐开元礼》简省了许多，从卷二〇七开始为凶礼，前三卷分别是"忌辰群臣进名奉慰仪""忌辰群臣诣景灵宫仪"；"赈抚仪"（"遣使赈抚诸州水旱虫灾"）；"问疾仪"（"皇帝遣使问诸王以下疾""皇帝遣使问帝姬以下疾""中宫遣使问诸王以下疾""中宫遣使问帝姬以下疾""东宫遣使问诸王以下疾""东宫遣使问帝姬以下

---

①　文献来自"鼎秀古籍全文检索平台"，（宋）郑居中等奉敕撰《政和五礼新仪/政和御制冠礼》钦定四库全书版。

疾"），卷二○十开始为"讣奏仪"（"皇帝为诸王以下丧举哀""皇帝为大辽国丧举哀""皇帝为蕃国丧举哀""皇帝为诸王以下丧举哀"）。

接下来卷依次书写了皇家、贵族、官员、平民的丧礼规范，但书写的内容侧重点不一样，皇室丧仪包括："临奠吊丧仪"（"皇帝临奠诸王以下丧""皇帝遣使吊诸王以下丧""皇帝遣使奠诸王以下丧"）；会丧仪（"皇帝遣百僚会丧""皇帝临奠诸王以下丧""皇帝遣使吊诸王以下丧""皇帝遣使奠诸王以下丧"）；"中宫为诸王以下丧举哀仪"（"中宫为祖父母成服仪""中宫遣使吊诸王以下丧仪""中宫为诸王以下丧举哀仪"）；"东宫为诸王以下丧举哀仪"（"东宫临奠诸王以下丧仪""东宫遣使吊诸王以下丧仪""东宫遣使奠诸王以下丧仪""东宫为诸王以下丧举哀仪"）；"东宫妃为祖父母以下丧举哀仪"（"东宫妃为祖父母丧成服仪""东宫妃为祖父母以下丧举哀仪"）。

品官丧仪按照仪节顺序书写：初终、小敛、大敛、成服、吊赙、启殡、葬、祭后土、虞、小祥、大祥、禫、祔、闻丧车、奔丧、三殇、改葬。相比《大唐开元礼》的书写，仪节明显减省，具体而言，没有将以下仪节单独书写：复、设床、奠、沐浴、袭、唅、赴阙、铭、重、陈小敛衣、敛髪、陈大敛衣、成服、亲故哭、州县官长吊、殷奠、卜宅兆、卜葬日、赠谥、亲宾致奠、将葬、陈车位、陈器用、进引、引辀、辀在庭位、祖奠、辀出升车、遣奠、遣车、器行序、诸孝从柩车序、郭门亲宾归、诸孝乘车、宿止、宿处哭位、行次奠、亲宾致赗、墓上进止、茔次、到墓、陈明器、下柩哭序、入墓、墓中置器序、掩圹、反哭。有些仪节被囊括在更具有节点性的仪节中，而有些仪节则删减掉了，整体而言，仪式变得简单了很多。

《大唐开元礼》没有记述庶人礼仪，但是《政和五礼新仪》已经有了比较详尽的庶人丧仪，也是按照仪节顺序书写：初终、小敛、大敛、成服、吊赙、启殡、葬、祭后土、虞、小祥、大祥、禫、闻丧、奔丧、三殇、改葬。

品官和庶人的仪节设置安排基本没有差异，但是庶人没有"祔"的内容。品官"祔"内容如下，书写得非常详细，时间、方位、礼仪专家等，并有祝文的基本格式。

祝进于神座之右，跪读祝文，曰：

维年月朔日辰某孙某官封某（各随其官爵称之）敢昭告于某祖某官封谥无官封谥（者云某祖之灵）谨以　清酌庶羞祇荐于某祖某官封

谥某妣某人某氏配余依此例考某封谥（若母先亡则云妣某人某氏配若
祔妣则曰某祖妣某人某氏余依此例妣某人某氏若同祔则如上仪皆言配
如母亡而父在更不祔止为他室祭之也）尚享①

《政和五礼新仪》作为国家礼典具有强制性，诏令通行："遇民庶之
家，有冠婚丧葬之礼，即令指受新仪。"② 但其编纂质量被质疑，朱熹认
为："政和间修五礼，一时奸邪以私智损益，疏略抵牾，更没理会，又不
如《开宝礼》。"③ 因其不适应其时的生活现实，民众在日常生活中难以依
照执行。学者指出，《政和五礼新仪》对历代礼仪和仪论进行了重新梳理
和评判，尝试协调历代礼仪、国家规范和民间礼俗，以建构新的意识形
态。在编纂中被征引最多、最关键的是《大唐开元礼》，虽然宋徽宗时向
民间推行遇到极大阻力，宣和初年朝廷放弃了对《五礼新仪》的推行，但
绍兴十年后的南宋，其影响力从朝廷到民间无处不在。④

三　《大明集礼》：随事而定的丧礼

明初，为重建德与礼，统治者开国就承袭古礼建构有特色的礼制体
系，侧重于国家政治层面的以祀典为重心的制礼。《大明集礼》短短数年
成书，制礼的过程是明代礼制的重要阶段。但事实上，《大明集礼》纂成
后未刊行，直到160年后的嘉靖八年（1529），才刊刻付梓。⑤《大明集
礼》的书写被认为呈现出明显的跨越元礼而接续唐宋礼制的倾向，与《大
唐开元礼》《政和五礼新仪》相承继，但与唐宋礼制相比礼仪趋向简化；
礼制地位与作用却有加强的趋势；帝王之礼扩张而官民之礼收缩，与集权
政治态势映照；内外朝礼仪分立，男女之防严密化。⑥

《大明集礼》⑦ "丧礼的议定，始于洪武元年十二月诏中书省会礼官定
官民丧服之制度。洪武二年十月，因大将常遇春卒，又定天子为大臣发丧

---

①　（宋）郑居中等撰：《政和五礼新仪/政和御制冠礼》，钦定四库全书版，第1744—1745页。

②　《宋会要》卷一六五，《刑法》二。

③　朱杰人、严佐之、刘永翔主编：《朱子全书》第十七册，安徽教育出版社2002年版，第
2882页。

④　吴羽：《〈政和五礼新仪〉编撰考论》，《学术研究》2013年第6期，第125—126页。

⑤　吴丽娱主编：《礼与中国古代社会·明清卷》，中国社会科学出版社2016年版，第5—6、14页。

⑥　吴恩荣：《明初"五礼"体系的重建与唐宋以来的礼制趋向》，《史林》2018年第6期，
第64—68页。

⑦　文献来自"鼎秀古籍全文检索平台"，（明）徐一夔，明嘉靖九年内府刻本。

礼"。① 卷三十六开始凶礼的书写，赈恤、问疾以后开始书写皇家国内和外交的相关丧葬礼仪："讣奏临吊会丧""乘舆为王公以下举哀""乘舆临王公以下丧""遣使吊赙王公以下丧""制遣百官会王公以下丧""遣使册赠诸王大臣""遣使致奠诸王以下丧""中宫为祖父母父母以下举哀""中宫遣使吊诸王以下丧""东宫为诸王以下举哀""东宫临诸王以下丧""东宫遣使吊赙诸王以下丧""东宫妃为祖父母父母以下举哀""东宫妃为祖父母父母成服"。并有"仪注"的内容，"遣使问王公大臣疾病仪注""乘舆为王公大臣举哀仪注""乘舆受蕃国王讣奏仪注""乘舆临王公大臣丧仪注""遣使吊王公大臣丧仪注""遣使赙王公大臣丧仪注""遣百官会王公大臣丧仪注""遣使册赠王公大臣仪注""遣使致奠王公大臣仪注""中宫为父母祖父母举哀""中宫为父母祖父母奔丧仪注""中宫为父母祖父母成服仪注"。"洪武朝凶礼的制定，一般有着随事而定的特征。"②

卷三十七开始书写"品官丧仪"，包括：

> 复衣、盘盆巾栉、袭衣、含、铭旌、小敛衣、大敛衣、灵座、棺椁、庐次、明器、下帐、墙翣、引披铎、纛、功布、方相、卤簿鼓吹、大轝、志石、碑碣、墓圹、赙赗、神主、奠祭器馔、始死奠、小敛奠、大敛奠、朝夕奠、朔望奠、祖奠遣奠、虞祭、卒哭祭、祔祭、小祥大祥、禫祭祥禫冠服、吊服、初终、小敛、大敛、成服、吊奠赙、择地告祭后土、葬、虞、卒哭、祔、小祥、大祥、禫、闻丧奔丧、改葬

接着是"庶人丧仪"仪节，包括：

> 复衣、盘盆巾栉、袭衣、灵座、铭旌、小敛衣、大敛衣、服次、明器、功布、大轝、志石、灰隔、墓圹、木主、奠祭馔具、祥禫冠服、初终、小敛、大敛、成服、朝奠之仪时物之荐如上食之仪、吊奠赙、择地祭后土、葬、虞、卒哭、祔、小祥、大祥、禫、哀送神主还于祠堂、奔丧、改葬

根据身份的差异，品官和庶人丧仪有所差异，庶人仪节由于身份地位

---

① 吴丽娱主编：《礼与中国古代社会·明清卷》，中国社会科学出版社 2016 年版，第 9 页。
② 吴丽娱主编：《礼与中国古代社会·明清卷》，中国社会科学出版社 2016 年版，第 30 页。

的差异，减省了以下内容："棺椁""庐次""下帐""墙翣""引披铎""纛""方相""卤簿鼓吹""碑碣""赗赠""神主""始死奠""小敛奠""大敛奠""朝夕奠""朔望奠""祖奠遣奠""虞祭""卒哭祭""祔祭"。但因为庶人没有祔祭的相关内容，不在祖庙举行葬后的祭奠，而代之以"哀送神主还于祠堂"。

皇室、品官、庶人的丧礼仪节之后是丧服制度，洪武一朝凶礼的完善体现了《孝慈录》带来的丧服制度的变革，《孝慈录》作为具有法典性质的礼书，借鉴古代的丧服礼制，为不同身份、亲疏关系的人制定丧服制，其为"斩衰三年"设置了十四项，首次将子为母服衰列入其中。学者指出《孝慈录》丧服制度的书写不仅影响了明代定制，也被清朝继承。[1]《大明集礼》的丧服制度也参照了《孝慈录》，但没有将子为母服设置在"斩衰三年"中，"斩衰三年图"包括，正服：子为父、女在室为父（已许嫁同）、女嫁反在父室为父（谓父丧期年内被出者）；加服：嫡孙为祖后者为祖（为曾高后者亦同）、父为嫡子；义服：妇为舅、为人后者为所后父、妻为夫、妾为主。子为母的丧服安排在"齐衰三年"中，正服：子为母、女在室为母（已许嫁同）、女嫁反在室为母（谓母丧期年内被出者）；加服：母为长子、为祖后者祖卒为祖母（为曾高后者亦同）；义服：妇为姑、为继母、为慈母（谓庶子无母而父命他妾之无子者慈已）、继母为长子、妾为主之长子、为人后者为所后母。

丧服制度在文字书写的同时还附上了《本宗五服之图》《三父八母服制之图》《妻为夫党服图》《外族母党妻党服图》《袭含哭位之图》《小敛图》《大敛图》，这些图以形象的方式标明了亲疏远近在丧礼仪式实践中的差异，也为仪式的空间秩序提供了重要参照。另外还附有配图辅助说明，包括《裁辟领四寸之图》《辟领四寸为左右适图》《裁衽图》《别用布横长一尺六寸广八寸塞阔中为领图》《反摺向前图》《两衽相叠》《衰衣前图》《衰衣后图》《裳制》《斩衰冠》《齐衰冠》《大功冠》《小功冠》《缌麻冠》《首绖·腰绖·绞带》《菅履》《疏履》《幎目》《握手》《含贝》《饭珠》《衾》《衿》《明衣裳》《铭旌》《苞·筲·瓮》《方相》《纛》《功布》《竹格》《翣》《大轝》，为仪式的传承提供了重要借鉴资料，这些图在其后的各种礼仪书写中也常常可见。

---

[1] 吴丽娱主编：《礼与中国古代社会·明清卷》，中国社会科学出版社 2016 年版，第 30—32 页。

四 《大清通礼》：详述的规制

《大明会典》和《大清会典》中的礼制部分是在《大唐开元礼》的基础上修纂完成的，《钦定大清通礼》也以其为蓝本。1736 年，高宗（乾隆）敕令重修礼典，以应本朝之需，这部礼典就是后来的《大清通礼》。《大清通礼》"凶礼"对各个社会阶层（天子、皇亲、诸卿和百姓）的丧礼规制都做了详细说明。那些用钱捐了爵位的人，就不算平民百姓了，在家里举行丧葬礼仪时，大多会仔细参考凶礼中的条文，照章办事，遵奉与自家贵族身份相应的礼仪，免得出什么差错。①《大清通礼》② 卷四十五开始凶礼的书写，首先是皇族丧仪，包括："列圣大丧""列后大丧""皇贵妃丧""贵妃丧""妃丧""嫔丧""贵人丧""皇太子丧""皇子丧""亲王以下丧""亲王福晋以下丧""公主以下乡君以上丧"。卷五十为"品官丧""庶士丧"。

具体而言，官员丧礼包括："初终""袭""小敛""大敛""成服""朝夕奠""亲宾吊奠赙""遣官祭奠""扶丧""治葬具""开兆祀土神""迁柩朝祖""祖奠""遣奠发引""窆""祀土神题主""反哭虞""卒哭祔""小祥""大祥""禫""忌日祭""拜埽"。

士丧礼包括："初终袭殓""成服朝夕奠""扶丧奔丧""启殡至葬""反哭至祔""祥禫""忌日奠""拜埽"。

庶人丧礼包括："初终袭殓""成服朝夕奠""启殡至葬""反哭虞祔""祥禫""忌日奠""拜埽"。

官员到士到庶人仪节逐步简化，与此前历代的礼仪规范基本形制一致，但是整体而言更简化了。而其中"忌日奠"是此前的礼典书写没有出现过的名词。

官员"忌日祭"③ 条云：

> 岁逢忌日，前期斋，厥明主人及子弟素服诣庙，设案于所荐神主，室前主人盥启室，奉主就案，焚香荐蔬果酒馔告曰："兹以某府君某官远讳之辰（妣称某封某氏），谨备庶羞清酌，恭伸追慕"。俯伏兴，及子弟皆再拜如时节荐新之仪礼，毕彻纳主阖室退。

---

① 〔荷〕高延：《中国的宗教系统及其古代形式、变迁、历史及现状》第 1 卷，芮传明译，花城出版社 2018 年版，第 213 页。

② 文献来自"鼎秀古籍全文检索平台"，《钦定大清通礼》清刻本。

③ 《钦定大清通礼》清刻本，第 1003 页。

士丧礼"忌日奠"①：

　　岁逢忌日，前期斋，厥明主人及子弟素服如寝堂，启室出，专荐之主于案焚香荐酒馔，读祝，行礼如时节荐新之仪，礼毕彻纳主阖室退。

庶人"忌日奠"②：

　　忌日，主人具馔羞羹饭，夙兴及子弟素服启寝室出，专荐之主于案焚香荐酒馔，行礼如常，荐仪毕，纳主阖室退。

　　根据前文的梳理"忌日祭"未曾作为单独的仪节出现在丧礼书写中，但在《家礼》小祥大祥中有关于忌日的记载，不计闰凡十三月，期而小祥。古者卜日而祭，今止用初忌，以从简易。再期而大祥。不计闰，凡二十五月，也止用第二忌日祭。③ 根据《朱子语类》："古无忌祭，近日诸先生方考及此，问忌日当哭否，曰：若是哀来时自当哭。又问衣服之制，曰某自有吊服绢衫绢巾忌日则服之，忌日须用墨衣墨冠横渠，却视祖先远近为等差墨布冠墨布缲衣，先生母夫人忌日着缏墨布衫其中亦然，友仁问今日服色何，谓曰：公岂不闻君子有终身之丧，忌日祭只祭一位。"④ 元代的日用类书也沿用此《居家必用事类全集·丧礼》"大祥条"："再期而大祥，自丧至此不计闰，凡二十五月亦止用第二忌日祭。……文公曰：某家旧时时祭外有冬至立春季秋三祭，后以冬至立春二祭始祖之祭，似禘先祖之祭似祫，于理似僭觉得不安遂已之至，于季秋依旧，祭称忌日祭。"⑤ 但《明集礼》依然没有将忌日祭作为单独的丧祭条目，只在"大祥"中按照此前的礼仪书写云："再期而大祥，丧至此凡二十五月亦止，用第二忌日，

① 《钦定大清通礼》清刻本，第 1011 页。
② 《钦定大清通礼》清刻本，第 1015—1016 页。
③ 朱杰人、严佐之、刘永翔主编：《朱子全书》第七册，上海古籍出版社、安徽教育出版社2002 年版，第 927 页。
④ 文献来自"鼎秀古籍全文检索平台"，（宋）黎靖德《朱子语类》明成化九年陈炜刻本，第 1875—1876 页。
⑤ 文献来自"鼎秀古籍全文检索平台"，（元）佚名《居家必用事类全集》，明隆庆二年飞来山人刻本，第 149—150、152 页。

祭前期一日沐浴陈器具馔。"① 清代黄本骥的《三礼从今》也云："家礼又有忌日祭墓祭之仪，通礼详于品官丧礼，然丧礼但及考妣，其高曾之忌祭、墓祭亦可仿而行之，通礼不及备，载士庶并同。"② 依照此书写传统，民国时期一些县志也在丧礼中记载了"忌祭"的内容，"邑丧礼虽不循古，至俭以败礼重以破家者无有，自此以往父母忌日祭、除夕、元日祭、七月望祭，皆于家庙前，清明十月朔祭于墓道，无敢无故而放废不祀者"。③ 可见礼仪逐渐简省，忌日成为葬后的重要祭祀节点。

五　国家礼典丧礼知识的特点

国家礼典以立法的方式规范礼仪实践，相对文人礼仪书写和民间习俗而言有更鲜明的强制性，尽管历代礼仪书写为适应时代而不断变化，不断地推出新的礼典，礼典也并非能够非常有效地被实践，但是国家礼典依然是我们理解礼俗秩序建构的重要视角，"一般而言，礼制包含两个方面的内容，一为国家政治生活方面的内容，一为人们社会生活方面的行为规范"。④ 因此，礼典的书写既要呈现出国家政治生活，也要成为规范社会生活的依据，其书写形式、内容都有自己的特点，但这种书写依然是在由经典礼仪书写建构的丧礼框架之中。

礼典书写以鲜明的制度性的角色为变化的依据。《仪礼》丧礼书写以"士"为基础，虽不及庶人，也未达皇族，以规范知识、官僚阶层的礼仪为宗旨，《家礼》书写努力将礼仪简化，以推及庶人，建构更广泛的礼仪规范体系，而国家礼典以皇族礼仪规范为起点，从仪式细节中可见皇族的层级、规模，既有礼仪表率之用意，也可见尊卑贵贱之根本。品官丧礼按官阶有所差异，呈现出品官所处的地位，从《政和五礼新仪》开始有了庶人礼仪规范，既更清晰地呈现出尊卑之别，也将国家礼典规范范围进一步扩大，《明集礼》已可见高度中央集权化在礼仪规范中的呈现。礼典的丧礼书写将人与人的关系嵌入更制度化、更复杂的体系中加以呈现。

---

① 文献来自"鼎秀古籍全文检索平台"，（明）徐一夔《明集礼》，明嘉靖九年内府刻本，卷三十七，第 160 页。

② 文献来自"鼎秀古籍全文检索平台"，（清）黄本骥《三礼从今》，清道光二十四年刻本，第 84 页。

③ 文献来自"鼎秀古籍全文检索平台"，（民国）鲁式穀编《民国当涂县志》，民国钞本，民政志，第 933 页。

④ 吴丽娱主编：《礼与中国古代社会·明清卷》，中国社会科学出版社 2016 年版，第 5 页。

礼典礼仪书写始终与各个层面的礼仪书写对话。"帝王们为各个阶层的丧礼制定出相应的规制，并将其写入礼典，令天下万民奉礼而行，任何人都不得逾制。所以，现存的各种礼典只不过是一些'节选本'，里面记载的仪式都是从古籍里摘抄过来的。"① 而礼典的成书又为此后的文人、地方、民间礼仪书写提供了新的依据，尽管经典礼书、文人礼书、民间礼书种类繁多，但是始终与丧礼知识书写交织在一起。

第四节　民间文献丧礼知识的种类与内涵

经典文献及其衍生撰述建构着"礼"的传统，而此传统在复杂的日常生活中纳入各种规范形态与元素，形成不同的丧礼知识系统。缘着丧礼知识传统的体系，以下结合具体的田野调查来整理民间礼俗生活中的文献。本书中所搜集、整理的民间丧礼文献包括湘乡的家谱、礼生所用的礼书以及道士的科仪文本。

一　湘乡家谱中的丧礼知识及其特点

家谱以记述血缘集团世系为根本，宋代祀制度严格，一般平民没有资格建立宗祠、家庙，所以没有全面的族谱修编。明代祀制废弛，庶族也逐渐建家庙、宗祠，兴修族谱，以至于其后有族皆有谱，有家皆有"生庚簿"。明清两代，湘乡谱牒超过两千种，每种印刷数十部到数百部。清末湘军将领及后裔为光宗耀祖，都争相建祠扩祠，修族谱。清末到民国中期，湘乡成谱在一千种左右，抗战后又修成百余种；另外有未能成谱的，大多变成"弘谱"（或红谱、墨谱）由主修人保存，大多亡佚。② 本书查阅了国家图书馆古籍馆所藏的湖南湘乡的族谱，将其中有丧礼知识记载的内容进行整理。这些家谱基本是民国期间刊印的，三修，四修，甚至五修，原版本一般是清代的，有宣统、光绪年间的，也有乾隆年间的。清代以及民国，中国家谱数量、质量、内容、卷帙都达到高峰期，基本内容、体例仍然是延续明代的，但最大特点就是普及。③ 家谱中的丧礼知识主要

---

① 〔荷〕高延：《中国的宗教系统及其古代形式、变迁、历史及现状》第 1 卷，花城出版社 2018 年版，第 213 页。

② 湘乡县志编纂委员会编：《湘乡县志》，湖南出版社 1993 年版，第 883 页。

③ 王鹤鸣：《中国家谱通论·绪论》，上海古籍出版社 2010 年版，第 16 页。

有丧礼仪节、服制，另外在家训、家规中还有一些丧礼实践的规则。这些家谱中完整收录丧礼仪节过程的并不多，大多仅有服制规定。

送死大事也，君子居丧未葬读丧礼，既葬都祭礼，惧礼之弗备也。孔子曰：丧与其易也，宁戚。又曰：丧具称家之有无，勿过，礼苟无矣。敛手足形还葬悬棺而封人，岂有非之者？由此观之治丧惟以衬身衬棺为慎，不拘拘于繁文缛节也。文公《家礼》虽从简便，亦未有书合时宜者，邱氏所增更为繁碎，如疾病迁正寝不利病者，属圹寝地与复近于迁缓，楔齿缀足近于忍情，饭用米具甚为无益，棺用铁钉镮于棺，不利圹中，尤不可藏明器。下帐苞筲罂酒脯醊醢侂纁等物，此系折衷。诸说斟酌时宜，去繁就简，不必尽泥于古可也。①

可见家谱既是对丧礼传统的继承，也讲究因时而变。

（一）丧礼礼义

家谱的社会规范、伦理教化功能，以家庭、家族为实践单位，礼义相关的撰述呈现在凡例、家训、家规、家劝部分，从理论的高度引导族人的礼仪实践，以维护社会秩序。

有的家谱训言中全面地阐明了举行丧礼的基本态度和实践规则。如：《湘乡泥湾晏氏三修族谱》（1948年），宗规十六条之四"礼当行"：

> 先王制冠婚丧祭四礼以为民生之用，后人师其意勿过乎情。……丧则竭力于衣衾、棺椁，哀泣成礼。棺内不得用金银玉器，吊者止钦茶，途远待以素饭，不设酒筵。服未除不嫁娶、不与宴、不听乐、不贺，衰绖不入公门。葬为择地避五患，累世不葬并盗葬不得侵祖葬不得水葬不得火葬，犯律重罪。②

《湘乡戴氏四修族谱》卷二"家规"第四条"谨丧葬"指出举行丧礼要符合家庭实际情况，谨慎处理。

丧葬称家有无，随力丰俭，此属定论，每见世之治丧者端事繁华，妆饰脸面，修斋设供，孝散流水帛送都城声名虽盛一时，父母究何所，实为自己计安全也。其有年久不葬，倘遇不测毁伤暴露，从得佳城罪将安赎。今且借为顶门一针，与其虚费于无益之地，不若从厚于棺椁窀穸之为善也。凡遇父母有疾宜先备棺木。慎终之礼一涉草率后悔何及。择地不宜过

---

① 《上湘大育乡视物冲郭氏三修族谱》，浣阊族公刊，1937年。
② 《湘乡泥湾晏氏三修族谱》，1948年。

信风水，取其风藏气聚不为道路所侵，不为耕犁所及，使父母之体魄得安寝，于泉坏足矣。至若掘人邱陇营我佳城，则不断乎不可，如有贫乏无力及期不能举葬者，当于祭田之内量拨余沥，稍为佐助，不惟上光宗祖而且下裨子孙良法矣。吾族子弟其以余言为不谬否。①

强调丧礼践行与家庭穷富相称的原则，于社会有利于维护基本的秩序；于家庭则能在恰当的承受范围之内达成礼仪实践。并主张正统的奠、祭仪式，劝诫不用浮屠、不开弔、不散帛、不宴宾客、不过信风水。反观可见，民间流行丧礼的基本形态，应该是既有佛道，又设奠礼，弔客云集，宴请宾客，呈现鲜明的复合性。

有的强调丧礼的重要性，《湘乡龙泉许氏五修族谱》卷一"家训"记载：

> 礼义为来身之具，人之于世也大而爱国、事亲、纲常、名教，小而视听、言功、周旋、晋接，莫不赖礼以范维。至于内而持身行己举念与作，外而处事待人行止取与，又贵以义为权衡，使轻浮躁率脱略。无□则失于野，胁肩谄笑卑躬屈节，则近于足智巧，自逞任侠强为则过于矫，因循苟且游移莫定则怜于浮，皆非知明处当者也。愿我族子弟动可争，退勿荡，检而逾闲，因时制宜，勿于典以取戾。长者先之，少者效之，讵不为世之有犹有守者乎。②

还有的家训中会强调在丧礼实践中，邻里亲友互助的重要性，帮助孝家渡过难关的同时也有效地实现了地方社会整合的需求。

（二）服制

家谱丧礼服制的记述，一般首先有一个关于服制的总体性的说明，即服制例或者服制纪总。

丧有正服、义服、加服、降服四等。正服者于情于分皆所当为之服，而不可以已，如子为父母服斩之类是也。义服者，亲虽异于所生而其分同，则以义为之服，如妇为舅姑服斩之累是也。加服者，本非其所服而礼主于进，故自轻以从重，如嫡孙为祖父母承重服斩之类是也。降服者，情不可杀而分有所制，故自重以从轻，如女子已嫁为父母降服期之类是也。③

---

① 《湘乡戴氏四修族谱》，1943 年。
② 《湘乡龙泉许氏五修族谱》，1932 年。
③ 《湘乡洞井刘氏三修族谱》，敦伦堂梓，1924 年。

有的则在此阐明宗族的亲属关系。还有的感慨古礼之废，其时礼仪的混乱，想借此正本清源，恢复传统的丧礼知识，比如：

> 古人之礼制至春秋时而多废，故孔门之言礼者亦多不合，无怪后世议礼者之纷纭聚讼也。民间行礼者非苟简则僭妄，又恶识礼之精意乎。四礼中冠礼之废久矣，即婚礼作谱家每多不及，惟丧祭二礼著于谱。丧则详服制，自己身上杀下杀旁杀，及义服、从服、报服、降服。祭则详冬至祀始祖，礼文凡陈设祭品、祭器、仪注并列焉。今仿之为服制图，使人知亲亲之道，为祀事式，使人深追远之思，述礼宜图说。①

接下来从斩衰、齐衰、大功、小功、缌麻五服之制具体撰述，很多家谱还有袒免和墨衰的说明，内容比日用类书详细，类似于《事林广记》的撰述，有的部分甚至更详细，像引子《家礼》和《书仪》。

最后，很多家谱配有服制图，一般包括《本宗九族五服正服之图》《出嫁女为本宗降服图》《妻亲服图》《妻为夫族服图》《妾为家长族之服图》《外亲服图》《为继父、诸母服图》。

有的服制图则能体现出仪式的变迁。

> 按服制图民国当有因革惟与军与未逞，人民多从习惯。虽云单行法左腕掇黑纱，究于全部细则尚无明文，待国宪根本大法颁布规定服制以后，下届续谱登入心图，其旧图仍存老谱，以备考察。②

（三）仪式过程

完整的丧礼仪式过程在家谱中非常少见，撰述详细的则比日用类书要复杂，内容上接近于《家礼》《书仪》。但撰述方式有更多的细节更偏向操作性，详细到奏乐的类目、顺序，行礼的位置、秩序，祭品的摆放，可直接作为丧礼实践的脚本，仅仅在仪节称呼上有变化，比如"祖奠"称为"堂奠"。这种撰述的方式可以理解为丧礼知识的进一步民间化，一目了然便于操作。同时，家谱丧礼撰述中又融入了许多民间习俗。如"化楮"的

---

① 《湘乡蜡子山谢氏续修族谱》，崧锡堂校刊，1916 年。
② 《和家埠王氏五修族谱》，1945 年。

内容。① 家谱中还有对丧葬礼俗的反思，比如对"买水"习俗的思考，"谨案沐浴，世俗有所谓请水者……此风甚陋。《吕氏新吾》《杨氏清江》皆辟之，知礼者当不为此"。②

整理丧礼仪式框架一以贯之。

《花桥张氏四修族谱》《湘乡华厦周氏重修族谱》等记述的丧礼仪节大同小异：初终，小敛，大敛，成服，朝夕奠，弔、奠、赙，治葬，发引、遣柩，朝祖、祖奠，窆，题主，反哭，虞祭、卒哭、祔，小祥，大祥，禫。③

而《湘乡华厦周氏重修族谱》《上湘大育乡视物冲郭氏三修族谱》丧礼仪节的记述却详细很多，细化到具体仪式。前者仪节一般先作总体陈述，然后是仪节细节，最后加上温公《书仪》作比较。以小敛为例：④

　　设小敛床布绞衾衣

　　仪节：设床（西阶之西）施荐席　施褥　铺布绞（先布横者于褥布上，布直者于横者上）　乃如衾加衣（衾上加衣或颠或倒，但取方正）　举敛床（升自西阶，置于尸南）　乃迁袭　奠（连桌迁之旁所，俟设新奠乃去之后，凡奠仿此）

　　遂小敛 仪节侍者盥手，举尸（安尸）于床，去枕。藉首补空（补两肩空处）　夹胫（卷衣以夹其两胫，取其正方）　掩尸（以衣掩尸，衽向左为死结）　裹衾　覆衾（别以衾覆之）主人主妇凭尸哭擗／主人西向主妇东向／袒括发免髽于别室/男子斩衰者，袒开上衣，始用麻绳括其散发。齐衰以下至同五世祖者皆袒开上衣，用布缠头或用布巾。妇人用麻绳撮髻，戴竹木簪。

　　迁尸床于堂中，乃奠/仪节撤帷　迁尸床　谢宾（主人降阶下拜与敛者）　拜兴拜兴哭踊 讫　袭衣（掩向所袒上衣）　具经带/开元礼小敛毕，敛者举尸床，男女从奉之迁于堂，仍覆以夷衾，哭位于室中，赞者盥手，奉馔至阶，升奠于尸东。

　　主人以下哭尽哀，乃代哭，不绝声。代非更代、交代，即不绝声之谓也。

---

① 《上湘大育乡视物冲郭氏三修族谱》，浣阆族公刊，1937 年。
② 张海瀛、武新立、林万清主编：《中华族谱集成》，《花桥张氏四修族谱》，巴蜀书社 1995 年版。
③ 《湘乡华厦周氏重修族谱》，乾隆壬寅（1782）敦伦堂梓，道光己亥重修版。
④ 《湘乡华厦周氏重修族谱》，乾隆壬寅（1782）敦伦堂梓，道光己亥重修版。

仪节与《家礼》基本一致，比《事林广记》详细，相对明代的日用类书要更复杂。

而《上湘大育乡视物冲郭氏三修族谱》的大敛仪节则包括行迎尸礼，辟路，封殡、灵座，灵位，魂帛，铭旌，讣告，迎驾，等等内容。而且每一个环节都有详细的操作记述。比如仅封殡部分就包括：①

  盖启（斯时孝子亲视殡殓，须于墙口用生漆和灰涂满，必使无隙。其棺口以新绸用生漆密涂封之，多层为妙，或用极细瓦灰和用生猪血如法封之，亦坚固也。无力之家有用生灰面、醋调搅匀厚，涂棺口，封以细布者。）

  陈设香案匕箸酒馔茶饭油香（匕即调羹，箸是筷子）

  行封殡礼　孝子就位　跪　稽颡四　起立　诣盥洗所　盥洗　毕　复位　诣香案前　三上香　三奠爵　献匕箸　进馔　陈餐　点茗　俯伏

  读文

  文曰：维某年某月某日维朔某某不孝男某某泣告于显考某公老府君之灵柩前，曰某衅积躬祸延吾。父母一疾遽撄九原弗起，兹焉盖棺间视而已，父母也天耶，胡忍至此，呜呼哀哉，尚飨！

  化楮　焚文　起立　力士排班　鸣金　左右绕棺三匝　申爆　封棺　孝子复位　跪　稽颡四　起立　平身　礼成

  主人以下凭棺哭，尽哀／孝子退归丧次（寝苦枕块，不离柩旁）／中堂陈设布帷（以幛内外）

另外，在家谱中常常有更详细的仪节的记载，这种细节不是《仪礼》中的依据等级、亲疏的细致烦琐，而是更具仪式实践性的细节，每个仪节都记录具体的步骤。有的丧礼则写得更加细致，以虞祭为例：

  （通赞唱）序立　出主　举哀（少顷）　哀止（引赞唱）　盥洗　诣灵座前　焚香　鞠躬拜兴拜兴平身降神　跪　酹酒　俯伏兴平身　复位　参神　鞠躬拜兴拜兴平身　祝进馔（列于灵座前桌子上，次二行空处）　初献礼（执事者取盘盏立主人左，主人斟酒于盏引）

---

① 《上湘大育乡视物冲郭氏三修族谱》，浣阖族公刊，1937年。

诣灵座前　跪　祭酒（三倾茅沙上）　奠酒（执事者受盏置灵座前）
伏俯兴平身（退稍后立）　跪（通）　主人以下皆跪（引）　读
祝（祝执版立主人右西向跪读之）　俯伏兴平身（通）举哀　哀止
（引）鞠躬拜兴拜兴平身（主人独拜）复位（通）亚献礼（引）诣灵
座前　跪　祭酒　奠酒　俯伏兴拜兴拜兴平身　复位（通）　终献礼
（引）诣灵座前　跪　祭酒　奠酒　俯伏兴拜兴拜兴平身　复位　侑
食（子弟一人执注就添盏中酒）　主人以下皆出（主人立于门东，西
向，卑幼丈夫在后门东向，卑幼妇女在后，尊长休于他所，俱肃以
俟）　阖门（无门下帘食顷）　祝噫歆（祝当门北向作欸声三）启门
　主人以下入哭　辞神（主人以下且哭且拜）　鞠躬拜兴拜兴平身
哀止　焚祝文　纳主　撤馔　礼毕①

　　家谱丧礼详细的撰述，使日用类书框架化工具性的丧礼知识又趋于立
体，是对民间礼俗生活的反映，也由此维系着礼俗秩序的建构。
　　（四）丧礼文书
　　家谱中也记载了很多丧礼文书，融合在整个丧礼的不同仪式中，如
《湘乡华厦周氏重修族谱》②。其中讣告式：

　　　　书式　某人以某月某日得疾，不幸于某月某日弃世，专人讣告
　　　　　　　　　月　日　哀子某人泣血（父亡称孤子）

治葬祝文：

　　　　祝文：维　几年岁次干支几月干支朔越祭日干支某官姓某敢昭告
于　土地之神。今为（某官姓名，母则某缝某氏）茔建宅，兆神其保
佑，俾无后艰，谨以清酌脯醢底荐于神。尚飨！

小祥祝文：

　　　　祝文维　年岁次月朔日辰（并同前但云）日月不居，奄及小祥，
夙兴夜处小心畏忌，不隋其身，哀慕不宁，敢用洁牲柔毛粢盛醴，齐

----

① 《湘乡华厦周氏重修族谱》，乾隆壬寅（1782）敦伦堂梓，道光己亥重修。
② 《湘乡华厦周氏重修族谱》，乾隆壬寅（1782）敦伦堂梓，道光己亥重修。

荐此常事。尚飨！

这些礼文跟仪式细节整合在一起，为礼生"喊礼"提供了依据，例如，《湘乡上湘大育乡视物冲郭氏三修族谱》朝奠礼中的奠文公礼的仪节和仪文：

> 行朝（中、夕）奠文公礼　放炮　发大通　鼓初严　金初匝　鼓再严　金再匝　鼓三严　金三匝　大通金鼓合作　奏大乐　伏小乐后学生率孝子　就位　孝子旁伏　跪　叩首三　兴　诣盥洗所　盥洗毕　复位　诣香案前　跪　上香三　俯伏　兴　复位　诣圣座前跪　献爵三　献匕箸　献肴馔　陈餐　点茗　止乐　读文（文列后）起乐　焚文　兴　复位　跪　叩首三　兴　皆兴　平身　礼成　大合乐
>
> 文曰：宋代隆盛治教休明会逢其适，夫子挺生圣经贤传，探索人精，阐发奥义，咳唾琼瑛，遵循莫逆，王侯公卿穷乡僻壤群式仪型。棘人我某氏，家奠某灵某等勤赞学，愧无成赖我。夫子道德高纯，正气凛烈，万古犹存精诚在上，获佑亡魂，菲仪敬献，伏维格歆。①

湘乡家谱丧礼的撰述紧紧围绕"家"展开；从礼仪实践的角度考虑，详细撰述仪式过程；不同家谱间详略差异较。

二　民间礼生的丧礼礼书

礼生是湘乡丧礼知识传承的重要实践者，在田野调查中笔者搜集到多位礼生所藏的礼书。在湘乡礼生间流传的主要丧礼文本是《礼文汇》和《礼文备录》。②

（一）《礼文汇》的丧礼撰述③

在湖南湘乡搜集到的《礼文汇》文本不全，也没有目录页，所以丧礼部分的信息也不全，无法知道其中是否有一些仪式过程的记录，也无法知

---

① 《上湘大育乡视物冲郭氏三修族谱》，浣阆族公刊，1937 年。
② 笔者在田野调查中搜集到的《礼文汇》《礼文备录》是湘乡礼生做礼的重要文本依据。王振忠将礼生文本归属于村落日用类书。但由于《礼文汇》和《礼文备录》是湘乡礼生做礼的重要文本依据，此处将之划归为礼生礼书一类。
③ 湖南韶山 SG 村 M 礼生收藏的《礼文汇》刻本共十四本，现存五本，是湘乡、韶山一带礼生行礼的主要文本依据之一，但不全，没有目录页，丧礼部分信息不完整。

道礼文的全部，笔者调查的礼生手中都没有完整的《礼文汇》，基本上使用《礼文备录》，因此，此部分仅摘录其中部分文本内容。《礼文汇》包括荐文类、荐灵类、福神祖宗类、司命门神类，例如：

朝奠荐文：

宗灵赫濯 祖泽汪洋 享祀千秋 他族无容 逼处垂怜 一脉骨月犹赖保全 今以我某弃世 停枢在堂 伏乞□禁不祥 屏除邪祟 免尸骸之渗漏 杜秽气之熏蒸 敬献朝餐不胜虔祷

夕奠灵文：

西山日暮倏又黄昏 魂兮陟降馨欸如闻 爰陈晚膳再奠中庭 杯盘仍旧肴核维新 灵兮不昧 鉴此哀情

释教后堂奠文：

痛惟我某□忽弃捐 想象徒殷胆依无 自谨遵治命既凭佛法以超升不尽哀思 复仗文光而祭奠虔陈不腆 敬告□灵朝夕享 将尚鉴馨香于没后 宾朋酢献如亲笑语于生前 在天有灵伏惟昭格

初招荐：

率亲率祖仁义昭彰 水源木本怀允不忘 痛惟我某倏尔云亡 遵行儒礼奠酒焚香 推所自出祖德流芳 设位追荐 迎迓无方或游地府或上天堂或守坟墓或虞宗祊 九围徧历三界翱翔 敬请我祖返斾家乡 相予肆祀锡福无疆护佑我某乐园徜徉

朝祖文：

嗟嗟列祖陟降在庭 出告反而礼所宜遵 今以云停枢中堂 虔卜翼日发引 安厝于某山之阳 谨奉魄帛 昭告维寅 伏乞宗灵默垂庇佑

安福神文：

恭惟福主在上 洋洋声灵赫濯降福无疆 今因我某捐弃阳光 举行家奠 鼓乐铿锵 呼号哭泣不少 惶迎神迓圣 鸾驾翱翔 或侵尊位或扰家堂 礼终奠 敬献酒浆 伏祈默佑鉴此一壶觞香烟结彩烛影呈祥 绥以多福俾炽俾昌

安祖宗文：

祖有德而宗有功 俎豆千秋勿替 孙为承为子为继 渊源百世常新 今遵儒礼祇荐亡魂 多赖先灵默为呵护 行礼已毕 安谢维寅 伏祈昭穆式凭 既有伦而有序 本根常庇亦俾炽而俾昌

安邻宅福神文：

惟神迪吉迎祥 家家咸沾福泽驱邪辅正 人人共沐神庥 今以棘人某遵行儒礼祇荐某魂 宾朋杂沓恐犯神□ 行礼已毕 安谢维寅 伏乞式依式凭南乡 安达阳之素以妥以侑西邻占受福之休

丧礼撰述内容既包括儒礼的，也包括民间信仰的，以及其他宗教丧礼仪式的文书，这是传统丧礼知识民间生活化的例证。

湖南安化搜集的《礼文汇》是完整的本子，是清同治甲戌楚沩愚谷居士编次的版本，① 安化愚江法霖重订。其内容包括冠婚丧祭，卷四是丧礼诸式类，卷五是丧礼奠灵类，卷六十是丧礼司命门类、外神类，卷七十是丧礼五方路神类、冥京类、血湖类等，卷八十是丧礼赈孤类，卷九是丧礼祭文类。第五章第二节将结合安化丧礼实践对这部分内容展开讨论。

（二）《礼文备录》的丧礼撰述②

《礼文备录》为光绪沩甯管窥居士所撰，《序》的部分开宗明义其撰述目的正是因为礼俗发生了变化，而导礼者又发现生活中缺乏相应的丧礼知识支撑，因此想要通过搜集、整理丧礼知识，以撰述来引导礼仪实践，"近世礼教盛行，惜少文词善本，潦草致祝，恫怨时招。……但从俗从宜，庇谬实伙"。也说明了礼仪撰述是承继了传统，"兹将原刻备□二录删洗增

---

① 结合湘乡礼生的访谈和类似的《礼文备录》的版本，安化流传的《礼文汇》与湘乡的《礼文汇》应该是同一版本，只是刊刻不一样。

② 《礼文备录》是湘乡礼生中最广为流传的丧礼文本，本书所用的《礼文备录》来自湘乡育塅乡 ZC 村的 F 礼生。

正，附刊称呼、挽联各种，以公同好"。

卷首包括：通用仪注注释、文庙仪注、大成殿、乡贤/名宦祠。其中通用仪注注释记述的仪式的细节，通用于所有的仪式。

仪节记述详细，便于礼仪实践。但是《礼文备录》偏重"礼文"而没有仪式过程的撰述，丧礼部分的内容是各仪节中的各类文书格式与内容：

> 卷一 冠礼，卷二丧，卷二丧礼相关分类如下：诸式类、丧礼仪注、丧变礼、告词；卷三 丧礼 迎灵类；卷四 丧礼，包括家神类、荐祖类、司命类、门神类、功曹类、土地类、庙正类、城隍类、文公类；卷五丧礼，包括文昌类、治丧各神类、五方路神类、水神类、元辰受生类、血湖类、冥京类、诸天类、告主类、化箓类、重丧类、出柩类、安葬类；卷六丧礼，包括存柩起攒类、改葬类、奠土类、虞卒祥禫类；卷七 赈孤类；卷八 丧 祭文类；卷九 丧礼 附录挽联；卷十 祈祷 包括星主类、禳灾类、禳蝗类、禳火类、祈晴类、祈雨类、治疯癫类、驱鬼类、治怪类 。卷十一祭礼。

每一个条目下又有相应的具体内容，可见具体的仪式过程、仪式细节。比如，卷二 丧礼，是丧礼的仪式过程和相关细节：

> 诸式类
> 讣闻式 承重孙讣文式 终于任所讣式 告老/假终于在籍讣式 嫡母在而生母死讣式 妻丧讣式 妾丧讣式 子丧讣式 媳丧讣式 伯/叔父母丧讣式
> 孝帖称呼
> 榜录本宗正服
> 哀启式
> 辞帖式 小祥辞帖式
> 请礼宾红帖式 自请赞礼帖式 讣帛白单帖式 复讣帛白帖式 亲/朋赗白单帖式 谢赗白单帖式 三牲祭礼帖式 魄帛式 木主式 杖式 铭旌式 功布式 翣式 文公幡式 赈孤旐式 招魂旐式 榜文式 遗裔簿式 各神赞卦式 押赞经式 写文式 行礼式 礼程 对联
> 丧礼仪注
> 初终三复 告祖 启诸神 奠文公 辞路 迎尸 保尸符 盖棺 文公掌诀 禳吉诀 封字诀 庚方书讳 七星砖式 □患诀 停柩诀 题魄帛 成服 孝子题主

请宾题主 朝祖 发引 遣奠
　　丧□礼
　　居丧遭丧 闻丧奔丧 返葬 路奠 □棺
　　附 棺出旐忌日 禳忌日法
　　告词
　　沐殓词 袭奠词 盖棺词 告灵朝祖词 招魂请灵词 请荐词 三招魂词
送诸神词 安诸神词

从卷三丧礼，可见丧礼使用的各种工具性文书，来配合仪式的进程，仪式过程也可见不同文化元素在其中浑融的现象：

　　□书类 告尸辟路文 给亡魂照 迎尸入棺问 殡奠文 盖棺文 题魄帛文 设灵座文 设灵位文 成服文 承重孙成服文 夫主妻丧成服文 招魂文外遣文 路奠文 亲朋路祭文 枢至山设奠文 归山后安灵文 招灵文 功据化赞文 安灵文 奠文 堂奠文 释教后堂奠文 荐父言念 荐母言念

从卷八丧祭文类，可见祭文是丧礼重要的应用文，对于民间仪式实践有着重要价值，包括：

　　祭祖文 祭祖母文 祭伯父文 祭伯母婶母文 祭兄文 祭弟文 祭妻文 哭子文 哭侄文 祭姊妹文 祭嫂文 祭舅氏文 祭岳父文 祭岳母文 祭外祖母文 祭师王公蔚堂文 祭男通用文 祭女通用文 祭男女通用文 祭曾文正公文 祭曾文正师文 告陆灵长文 祭吴素□文 祭姻太翁文 祭姻太母文祭邓军门太夫人文 祭朱母陈太君文 祭伯翁文（无嗣）祭表兄文（未娶）祭岳母文（用易经）祭妻舅文 祭谢母文 重阳祭母舅文 合祭母子文 祭朱云峰祖母文 祭陈母郭孺人文 祭岳翁李文顺公七十冥寿文。

《礼文备录》的书写还可见一个完整的民间信仰神的谱系，根据卷四、卷五丧礼过程中需要上给神的文，包括：

　　家神类（合告福神祖宗文 告福神文 告祖文 朝祖文 存枢告祖文 存枢朝祖文 起攒告祖文 启攒朝祖文 虞祭告祖文 卒哭告祖文 小祥告祖文大祥告祖文 禫父告祖文 禫母告祖文 升主告祖文 告迁旧主改题文 安迁旧主文 安五世祧祖文 合安福神祖宗文 安福神文 安临宅福神文 安祖

文）荐祖类（设荐总文 设荐父/母文 设荐祖文 设荐曾祖文 设荐高祖文 招荐文 奠文 撤荐文 荐据 附荐伯父文）司命类（启司命文 奠文 安司命文 安临宅司命文）门神类（启门神文 安门神文 安户雷门行暨护宅诸神文）功曹类（启功曹总文 启年/月/日/时功曹文 奠文 送功曹文）土地类（启土地文 启生处土地文 招魂送土地灯文 奠文 送土地文 送生处土地文 虞祥祭土地拨夫文）庙正（启庙王文 启生处庙王文 送庙□文 奠文 送庙王文 送生处庙王文 虞祥祭庙王文 望祭外省庙王文 合奠庙王土地文 启关圣庙王文 奠文 送关圣文）城隍类（启城隍文 望祭城隍文 奠文 送城隍文 虞祥望祭城隍文 望祭外省城隍文）文昌类（启文昌文 奠文 送文昌文）治丧各神类（启文公左右侍从文 送左右侍从文 设守幡力士文 撤守幡力士文 设荡秽将军文 洒净词 送荡秽将军文 设监钱神文 送监钱神文 启方相文 启魌颐文 出柩祭方相魌头文 合奠各神文 送各神告词 祷风伯雨师止风雨文）五方路神类（迎尸辟路文 五方词 五方文 招魂祭路神文 祭引魂奠文 开方文 五方词 五方文）水神类（请水文 告井文 水忏文 拯溺祭水神文）元辰受生文（设天京元辰文 望祭元辰文 设坤府受生文 望祭受生文 合奠文 送元辰文 送受生文）血湖类（启天大将军文 送天大将军文）冥京类（望祭冥京文 分祭十二殿朝王文 祭东岳大帝文 祭诏官文 祭赦官文）诸天类（望祭诸天文 分祭诸天词）

《礼文备录》撰述的礼仪基本框架与传统的规范性文本一脉相承，但跟家谱撰述一样，其中又将佛道和民间信仰的诸多内容融入其中。特别是卷四丧礼行礼式中记载的丧礼日程更是偏向于佛道的仪式过程，与传统规范文本出入甚大。

（三）《儒教经忏科》的丧礼撰述①

"经忏科"加上"儒教"的文本，可见《儒教经忏科》，该撰述是典型的儒释道丧礼实践的混合，其内容包括启家神（文）、迎亡人（文）、启司命（文）、启门神（文）、社稷（文）、启功曹文、城隍（文）、荡秽词、迎驾（文）、经堂条联、忏经文、血盆心经、缴经文、拜塔（文）、剖盆（文）、送驾（文）、拜塔词、开塔八方词、文凭、祭亡人文、朝奠文、中奠文、晚祀文、祝赞、路票、斩三妖、随身护照、差票、庙王文等文书。还附有剖盆拜塔图和随身护照中的符。

_____

① 由上花村的 X 礼生提供的手抄本。

三　作为仪式实践依据的道士丧礼科仪文本

湘乡丧礼中不同班派道士仪式过程基本一致，一般包括开坛、申奏、荡秽（有的观叫扫净）、辟五方、殓棺（炼棺）、解结、请光、请水报庙、拜桥破狱、化笼焚宅。而道士也会根据传承，以及实际的需要选择、调整仪式。

这些仪式都有科仪文本供参阅，也需要念经，道士们念的经基本相同，经文包括《度人上品妙经》《老君五厨真经》《三宫赦罪妙经》《升天得道真经》《救苦往生真经》《三元水忏》《生辰玉章真经》《慈悲升度法忏》《天堂地狱法忏》《十王减罪大忏》《青玄大忏》等。

以解结为例，使用的是《解结玄科》，仪式一般安排在大殓仪式中，紧接着道士的"殓棺"仪式举行。"解结"意在于亡者封殓之前，解除生时所结怨恨，轻松地实现生命历程的转化。《解结玄科》① 开篇就陈述了仪式的功能与价值。

> 超度三界难/地狱无苦免/悉皈太上尊/称念稽首礼/大圣/解冤释结天尊切以夙冤宿孽宁无已往之愆/今生今世必有故为之罪/幸我道讲慈（旁边加上的悲）之路/许众生诚忏悔之门/愿凭解结洪文/洗涤无边罪咎—解一结/忏逆十恶消除—赞—扬三灾八难俱解脱/恶果化为善果/孽因换作良因/克扶善愿心灭两殊一切事愆/各求解脱恭对道前皈依三宝

道士们引领着主家参与仪式，以绳索、铜钱等为道具，一边念诵，一边进行仪式。

> 大圣 解除罪犯天尊
> 父为天来母为地/世间为母为父不易/十月怀胎娘辛苦/行藏睡座身难起/临盆坐草脉无魂/似阴阳司一张纸/春三月儿尤自可/夏月炎天如炭火/秋月生人渐渐凉/冬月冷冻苦难当/身寒脚冷如冰霜/秽濯衣裳河下洗/冻得十指血鲜红/又洗秽濯江河水/母睡湿处子睡干/三年乳哺娘怀里/方行长大望成人/男习诗书女针织/善则聪明智惠人/恶则凶狂无依倚/不思报答养育恩/不思训诲生身义/或将恶口骂爷

---

① 湖南湘乡金鸡观科仪《解结玄科》。

娘／或媳抵抗公姑语／圣贤言语不差／移 教君去看檐前水／孝顺还生孝顺子／忤逆还生忤逆儿／且看先前行孝人／王祥卧冰得双鲤／郭巨埋儿天赐金／董永卖身配仙女／黄香榻枕彩云楼／戏彩老来扑跌地／下民恪意看前愆／一切罪說皆雪洗

　　是以仰凭清众恭对三殿宋帝王前与亡者 ΔΔ 念一声不孝父母罪消灭

如此一节一节，根据文本念诵引导仪式进程。

道士的仪式文本与礼生的虽然性质差异很大，但在丧礼中功能却是相似的。民众礼仪实践中综合礼生、道士的礼仪实践以满足各层的需要，但目的都是希冀一切顺遂，亡者安息，生者节哀，同时进行感恩教育。

四　民间文献的多元秩序建构

在此民间礼书指那些在民间生活中用于指导仪式实践的礼俗文书，包括前文梳理的家谱、礼生礼书、道士科仪等，这些文本形态非常多元，民间信仰、地方文化对其形态有重要影响。而在具体仪式实践中，在湖南湘乡这几个文本在当代的民间日常生活中被不断践行，礼俗秩序依照儒家下沉的"正统"，根据当地民众的需要加入各种内容。在民众日常生活的礼俗中，丧葬礼仪有一个复杂、多元的时空关系。

家谱中的丧礼知识基本延续用儒家经典的模式，以家族为单位，维护家族、地区的礼俗秩序，重在规范丧礼的基本仪节、进程；强调以服表心的丧服制度，以鉴别、规约；通过阐明丧义、家训来开宗明义。礼生礼书虽然从名义上而言是民间化的儒学仪式文本，也确实保存了大量珍贵的仪式文书，能通过各种祭文窥见民间仪式实践的过程；但也有大量民间信仰的书写，可见一个立体的民间信仰的神谱，繁复的信仰时空可见以整体化的认知、情感方式处理死亡危机、修复社会秩序的民间礼俗形态。而道士科仪文本作为长期流传且在当代仪式实践中使用的重要文献，则从民间道教的角度帮助我们理解礼俗秩序的建构过程，民众借助民间道教的"力量"引导生命的转接，并宣传善、孝这类符合儒家思想、家族伦常的观念。

在民间仪式实践中，礼仪文献以文字和口承共同补充、弥合，承载着多元立体的礼俗形态，并为可能的仪式实践提供重要依据。民间生活的复杂性造就了礼书的多元形态，当面对死亡危机时，生活中的礼俗实践始终是多层次、立体的。复杂生活需要多元的文本，同时多元文本的存在也为复合的礼俗实践提供了可能。

小结

　　本章通过梳理和分析各类文献中的丧礼知识，希望能够呈现出一条由古及今，由贵族到庶民的丧礼传承脉络。由此，丧礼作为一种社会设置，在不同的时期，长期实现着社会建构，通过规范性的仪式实践维护家庭、宗族、社会的基本秩序。不同的文本记述恰恰可以展现社会建构的历史过程，以及不同文化、不同阶层对其的影响。

　　本书所梳理的传统文献中的丧礼知识，包括《仪礼》《家礼》这样经典的儒家礼仪范本中的丧礼知识；国家礼典的具有强制规范性的丧礼知识；日用类书中工具性的儒家传统丧礼知识；家谱、礼生礼书中儒家丧礼与地方风俗、民间信仰结合的丧礼知识；以及佛道"超验"的丧礼知识。虽然各类文献撰述主体、目的、受众有一定的区别，但从社会秩序的整体而言，一个基本的儒家丧礼知识框架逐渐清晰，通过不断融入多元内容，丧礼实践呈现一个复合的模式，但其中核心的部分没有改变，且无法替代。高延研究厦门当代丧礼时指出，古代文献记载的丧礼习俗，在当代依然流传，首先应归因于"这些典籍对中国社会所产生的巨大影响力，这种影响力是如此深远，以至于它们在历朝历代都被奉为经典，享有崇高的地位。然而，即使我们充分相信中国人的复古热情和传承能力，也不得不承认，如果这些古代典籍没有把丧葬礼仪的知识留存下来，代代传承，遗留后代，那么在这几千年的历史长河中，也许只有少数古法留存至今，甚至没有任何古老的丧葬习俗会逃得过时间浪潮的冲刷，早就在我们的视野中消失了"。① 经典文献、文人撰礼、国家礼典、日用类书、民间礼书交织出复杂而有序的礼仪知识传统，如此在民间生活中才存在礼俗兼备的，可供参考、借用的丧礼知识指导，从而促成复合的丧葬礼俗始终鲜活地存在于中国民众的日常生活中。需要说明的是，各种各类礼仪文献类别繁多，本书无法详细介绍和梳理，仅能在丧礼知识传承的各个重要节点上，选取有代表性的文本，力图呈现文献体系的相对整体性。接下来章节将在民俗实践中具体探讨丧礼知识与礼俗生活的互动。

---

　　① 〔荷〕高延：《中国的宗教系统及其古代形式、变迁、历史及现状》，芮传明译，花城出版社2018年版，第211页。

第二章 湘乡丧礼知识传统的民俗实践

本书核心田野调查点是湖南湘乡，第二、第三、第四章均围绕湘乡的田野调查和文献搜集整理展开。第五章将山西闻喜、湖南安化、广西全州的田野调查融入其中，共同呈现丧礼知识传统延续的脉络、多元的构成，以及多样而复合的民俗实践。本章从湖南湘乡丧葬礼俗实践去理解知识传统与民俗生活的关联。先呈现地方环境与人文传统，再通过仪式构成、内涵、功能及其变迁来探讨丧礼知识是如何从文本落实到实践，在现实生活中规范行为、维护秩序，实现社会建构的。

第一节 湘乡地方环境与人文传统

一 湘乡地方环境

湘乡，西汉建平四年（前3）置县，湘军故里，楚南重镇，古称龙城。"位于湖南省中部，北邻韶山22公里，东距长沙80公里……总面积1967平方公里，下辖3乡15镇4个街道办事处，297个村，48个社区居委会，人口约92.41万。"[①]

湘乡在新石器时代就有先民生息繁衍于此，秦置郡县后，"湘乡"名始建于西汉，三国至五代时乃有姜、王、刘、花等族姓，唐宋时经济、文化已相当发达，以后持续发展，长期的融合和发展使得这里文化灿烂。[②]

湘乡位于湖南腹地，涟水中游，历史悠久，全县面积三分之二以上是丘陵，均属衡山山脉。平原旷野和盆地很少。地势西南高，东北低，境内群山蜿蜒回抱，秀丽清奇，森林瀑布，怪石岩洞处处可见。[③] 属于中亚热

---

① 引自湘乡网（湘乡市委政府门户网站），www.xiangxiang.gov.cn。
② 湘乡市委员会文史委员会编：《湘乡文史资料》2001年第11辑，第105页。
③ 谭日峰编：《湘乡史地常识》，湘乡县教育会1935年版，第4—8页。

带季风湿润气候，气候温和，土壤肥沃，物产丰富，交通便利。[①] 海拔从 41 米到 807 米，海拔 320 米以下的地区适宜种植水稻、豆类、麦类、茶叶、油菜、柑橘等，适合栽培双季稻或三熟作物。雨季与春播作物的需水季节相吻合，但也经常出现洪涝和干旱。[②]

二　湘乡人文传统

湘乡历史悠久，风俗相承，有楚文化特色。楚文化灵动浪漫、热情谲丽，充满神思遐想，又有鲜明的古代朴素的民主平等和个性发展的观念。奔放飞扬的楚文化，被认为与当时理智森严的中原文化大不一样。[③] 楚文化作为一种文化根源，深刻地影响着湖南的文化、社会，近代盛行的经世致用学风，以及湘军的兴起，又促成了独具特色的湖湘文化。[④]

秦汉时，建置后的湘乡成为汉族在江南的发展重地；魏晋南北朝，南方民族融合，湘乡疆域面积为湘中九县之首；宋代北方、赣移民陆续迁入，使人文风气逐渐繁盛；元初，人口激增，改县为州；明代出现"中兴"；清康乾年间，成为湖南人文最盛州县之一。清中后开始向近代社会转型。[⑤] 湘乡的历史发展伴随着多元因素的嵌入，因此这里文化包容，内涵丰富，民众淳厚好强，礼让好客，慷慨尚节，勤劳团结，坚韧不折。[⑥]

（一）信仰传统

湘乡境内历史最悠久的是东汉末年传入的佛教，清末民国初期，云门寺、感应寺、慈云寺、凤凰寺等还有僧尼在寺内修行，但较少云游化缘，也会受邀主持民间丧事道场。中华人民共和国成立后，大部分僧尼还俗，佛教协会解散。直到 20 世纪 80 年代，一些村民筹资恢复了部分寺庙。云门寺当时成为县博物馆舍，但信佛者常常借参观而礼拜。道教远源是原始宗教、楚地巫教等，近源是唐代"国教"。两宋到明清，先后有几十座道观，多为全真派处所，极个别后来改为佛寺。清末到民国初住观道士有百余人，而到 1922 年则只有元真、显真观各住了 5 人，1949 年老道士蒋连洲故于显真观，湘乡全真派失传。正一派道士历来不住道观，明清以来多家传自营道坛，所涉禳灾、降魔、解难、驱邪、打醮、还愿、酬神、超度

---

① 谭日峰编：《湘乡史地常识》，湘乡县教育会 1935 年版，第 11 页。
② 湘乡县志编纂委员会编：《湘乡县志》，湖南人民出版社 1993 年版，第 184—185 页。
③ 巫瑞书：《荆楚民间文学与楚文化》，岳麓书社 1996 年版，第 4 页。
④ 巫瑞书：《南方民俗与楚文化》，岳麓书社 1997 年版，第 410 页。
⑤ 刘铁铭：《湘军与湘乡》，岳麓书社 2008 年版，第 6 页。
⑥ 湘乡县志编纂委员会编：《湘乡县志》，湖南人民出版社 1993 年版，第 965 页。

亡灵、念经拜忏等。清末民国时期道教全真派日渐衰落，1950 年土改，道观房产、田产被分配。但正一派为从事丧事道场所设的"坛"却甚多。现在湘乡丧礼所援请的道士都是后者。湘乡民众在信仰上儒释道混杂，众神诸佛并存，不拘其来历、品位，仅以载福为目的。① 这也与中国整个民间信仰的特点相一致。

（二）礼义传统

湘乡历来有良好的礼义传统，被誉为"礼义之乡"，宋代开始创设科举制，大中祥符二年（1009），建学宫，开县学。嘉定十七年（1224），知县徐质夫建了湘乡第一座书院"涟溪书室"，设置县学和书院使得湘乡人文逐渐繁盛，涌现出一批知名文人学者、大臣，影响湖南乃至全国。②《隋书·经籍志》记载蒋琬曾撰有《丧服要记》一卷。宋周豰编有《鬼神说》，其中收集了孔子、张栻、程颐、程颢、周敦颐等关于神鬼的讨论。明葛天枢撰《系辞诠》，易宗君撰《四书译注》《五经辨疑》，易贞言撰《五经静义》《周易讲义》，杨芳撰《书经便蒙》《易经便蒙》，洪仙年撰《易经说》，朱石丽撰《春秋读本》，彭心鉴撰《四书衷注》。③

清代儒生黄磷，撰《十三经剩义》，其妻龙氏，撰《闺教四言》一卷，黄磷之子宜中是清乾隆七年（1742）明通进士。首倡迁移湘乡孔庙，改其旧址为涟滨书院，并捐学田，购书五千卷藏其中，后官安乡教谕，迁至襄阳教授。卒年九十。④ 生平著述甚多，其中有《从宜家礼》九卷。⑤湘潭《云湖韩氏四修族谱》记载："雅乐宜兴。祠祭用雅乐，一见于《五礼通考》，再见于《从宜家礼》及《家礼集成》。"⑥ 可见《从宜家礼》确实曾用于指导湘乡礼俗实践。但郭嵩焘认为《从宜家礼》"征引太繁而不得要领，于朱子原书时有增损，实不如原书脉络条理之分明。以云从宜，未见其为从宜也"。⑦ 其后还有张眉大及其昆弟们同撰《经学备纂》九卷，郑国器撰《九经辨疑》《易经辨疑》，陈在朝撰《书经解义》，彭富谐撰《诗经解义》，左逢恩著《家礼纂要》，彭宗虎撰《易便蒙》等。⑧

湘乡虽然历史悠久，名人辈出，但曾国藩却被认为是对湘乡影响最大

---

① 湘乡县志编纂委员会编：《湘乡县志》，湖南人民出版社 1993 年版，第 913 页。
② 谭日峰编：《湘乡史地常识》，湘乡县教育会 1935 年版，第 175 页。
③ 《同治湘乡县志·第四册·卷五下》，1987 年，第 116 页。
④ 湖南名人志编委会编：《湖南名人志·卷一》，中国档案出版社 1999 年版，第 300 页。
⑤ 鄢光润：《湘潭姓氏源流》，中国文史出版社 2009 年版，第 510 页。
⑥ 赵志凡编：《韩姓史话》，江西人民出版社 2000 年版，第 100 页。
⑦ 《郭嵩焘日记·第二卷·同治时期》，湖南人民出版社 1981 年版，第 833 页。
⑧ 《同治刊湘乡县志·第四册·卷五下》，1987 年，第 117—119 页。

的一位。① 曾国藩生于荷叶（今属双峰县荷叶镇），22 岁前基本上生活在湘乡，在家庭和涟滨书院中接受教育。走出湘乡后曾国藩等极力发展湘乡，其礼制思想也深刻地影响了当地民众的生活。② 曾国藩始终以儒家"诚意，正心，修身，齐家，治国，平天下"的理念履践人生。③ 他主张对传统文化继往开来，而有所创见。"礼"的思想和实践被认为是曾国藩学问与治术的联结点，其"礼"的研究和"礼"的生活实践完全是密不可分的。④ 曾国藩辛亥七月日记中，指出十四件大事，冠婚丧祭就占了四项，撰有《读仪礼录》一卷。当代湘乡流传的礼生礼书《礼文备录》中载了许多曾国藩书写的挽联，可见其对湘乡及周边地区礼俗实践的影响。

（三）丧礼习俗

据地方志丧礼："始死招魂，三日成服，附身附棺，必求无悔，不徒侈，吊客盈门也。祭奠用朱子家礼，亦有延僧道者。至营葬修墓尤为邑俗所重。"⑤ 认为，"死人是下不得地的事"⑥。临终直系亲属要到齐送终，落气后要"烧起身盘缠起身轿"，"请水沐尸"。沐尸后"迁居正寝"。孝子着全白孝服，拄孝棍，戴灵冠，腰束草绳，脚穿草鞋，妇女披发。报丧，入吊，"入殓""守灵"。湘乡丧葬礼俗实践中会请礼生、道士、和尚完成仪式，整个丧礼的长度以具体情况而定，包括"念经、拜忏、开路、扎桥、绕棺、焚贡包、金银山、灵屋、河裟、纸衣"等。和尚、道士做道场"超度"；礼生喊礼唱文"祭奠"。吊者赠"金银锭、财包、钱纸、香饼、香烛、纸衣、挽帐、箱贡等"。孝家散帛布答谢。出殡叫"抬阵"，孝子（长子）打幡，女儿、长孙捧遗像，孝服人等跟随，领灵柩出门，后面有送丧队伍，边走边"散帛"。⑦ 落葬到"七月半"，每日要"供主"，孝子百日不可剃头，三年不能娱乐，守服期满要在门上张贴红纸以宣告丧事结束。中华人民共和国成立后，丧葬仪式逐渐简化，不做道场、不跪拜礼、

---

① 如《湖南近现代史》中说："自曾国藩编练湘军，取得镇压太平天国的胜利之后，湖南士人养成了一种倨傲强悍的风气。指划天下，物议朝野，是甲午战争前湖南士人的通性。"（林增平、范思程编：《湖南近现代史》，湖南师范大学出版社 1991 年版，第 183 页。）

② 成晓军：《曾国藩与湘乡述论》，《湖南科技大学学报》（社会科学版）2011 年第 1 期，第101—106 页。

③ 刘铁铭：《湘军与湘乡》，岳麓书社 2008 年版，第 53 页。

④ 朱汉民、吴国荣：《曾国藩的礼学及其经世理念》，《中国哲学史》2007 年第 1 期，第41 页。

⑤ （清）齐德正等修纂：《同治湘乡县志·第一册·卷二》，岳麓书社 2009 年版，第 105 页。

⑥ "下不得地"：湖南方言，即非常重要的。

⑦ 谭日峰编：《湘乡史地常识》，湘乡县教育会 1935 年版，第 27—28 页。

不披麻戴孝、不送礼金，只唱夜歌、诵祭文。[①] 政府提倡火化。[②] 湘乡自 2002 年 5 月 1 日起施行新颁布的《殡葬管理条例》。

第二节　当代湘乡丧礼的民俗实践

改革开放以来，传统丧礼仪式逐渐恢复，而近十年来逐渐受重视，排场也渐大。本节根据田野调查所获得的资料展开，笔者在田野调查中参与观察了村落、城乡接合部、县城等所举行的长短不一的丧礼，这些丧礼由不同的道士、不同的礼生主持，仪式结构基本一致。本节深描丧礼的仪式过程，阐释其内涵，梳理其变迁。这些内容从诸多丧礼中总结出来，并非对某一次丧礼的描述。湘乡的丧礼是复合型礼仪，以儒家之丧礼为主体，融合当地民间风俗，作为丧仪中的祭奠仪式。然后再依照地方习俗，配合道教超荐法事。另外，考虑到内容的一致性，本书主要以三天两夜的丧礼仪式为主体。本书的调查地点包括湘乡县城、园艺场、湘乡大桥村、碧星村，对涉及的县城、村等举行的丧礼仪式加以研究。以下仪式过程梳理以传统礼仪的程序为基本依据，并根据实际仪式举行的时间顺序和性质，将礼生的奠、道士举行的法事穿插其中，最后介绍现场的乐队和表演。因为在当地民众生活中丧礼仪式是一个整体，因此不单独按照儒家礼仪程式、民间道教礼仪程式和其他表演元素来梳理，而是力图呈现其鲜明的整体性。丧礼仪式包括：初终、买水沐尸、小殓、成服、奠、法事、大殓、出殡、落葬、安谢、伴奏与表演。

一　丧礼仪式过程

（一）初终[③]

初终，不能移动亡者，全家人跪床，边哭边烧三斤六两倒头纸，被称为"起身钱"，可多可少，但不能随便扫掉，烧的时候要在地上垫围裙，灰烬用来填充放置在棺材中的枕头。中国很多地区、不同民族都有此俗，但在处理

---

① 湘乡县志编纂委员会编：《湘乡县志》，湖南人民出版社 1993 年版，第 976—977 页。
② 湘乡县志编纂委员会编：《湘乡县志》，湖南人民出版社 1993 年版，第 751 页。
③ 湘乡丧礼仪式过程与各种记载基本一致，只是环节省略，且称呼略有不同，仪节名称一律依照当地说法。由于湘乡丧礼是一个复合型的整体，因此仪式过程仍以儒家理解为梳理依据，并将道教仪式融合在此过程中，而丧礼中出现的其他内容，在后文中另外单独介绍。

细节上各有不同。湘乡此时还要烧三十六根线，黑色或者白色的棉线、纱线均可。再烧一个纸扎"起身轿"，两个纸扎的轿夫，千里和顺风。然后杀一只公鸡，点香烛，摆放三个苹果、三层糕点，在床前地上敬拜。以上仪节只有家人参与，大门是关闭的，如果家人不懂，则请熟人帮忙。

现在没有独立的招魂仪式，也不逐一报丧。乡村和城乡接合部平日大门敞开，若知道其家有临终老人，突然大门紧闭则就表示亡故，家人在处理后事。关于大限之期，有"男不过节前，女不过节后"之说，即男性往往故于节气前，而女性故于节气后。现在多是通过手机短信、微信发布讣告，正式讣告丧礼当天早上由礼生书写张贴。讣告的格式因袭传统，各家内容稍有变化，有的详细，有的简单，多用毛笔在大张白纸上书写，张贴在灵堂入口处。

（二）买水沐尸

据湘乡家谱记载，买水沐尸程序如下：

> 请水：孝子先跪结一烟包，论父母寿年一岁一结，然后以香烛、酒楮俯伏水边，叩头，亦论父母寿年一岁一叩，叩后汲水。今有鸣金请水者，不拘。①

湘乡现在依然有此风俗，水要去自然水域"买"。孝子在家人陪同下铜锣开道来至水边，扔五个一元硬币敬龙王。传统认为亡故而归属另一个世界，因而水需"买"，以免有所亏欠。《桂海虞衡志》《岭外代答》《炎徼纪闻》《峒谿纤志》《岭南杂记》中都有"买水浴尸"风俗的记载。有学者认为"买水"是古越俗，其他民族流行此俗乃受其影响。② 水需加热后为亡者沐浴。根据地方志记载，有的地方会在水中加入其他材料，比如湖南株洲加腊树枝叶，广西苍梧加大柚叶煮水沐浴尸体，这些都是有芬芳气味的植物，并被认为有辟邪的作用。男性为男性亡者沐浴，女性为女性亡者沐浴，可请专人，也可请亲戚朋友为之，孝家会支付报酬。湘乡沐浴亡者的"五心"，即双手心、双脚心和额头。"五心"是与"心"相连的肢体末端，洁净其象征着洗涤灵魂，做好了生死转换的准备。

（三）小殓

沐浴过后就是为亡者换装入殓。寿衣由内及外穿着，根据湘乡家谱

---

① 《上湘大育乡视物冲郭氏三修族谱》，浣阊族公刊，1937 年。
② 吴永章：《中国南方民族文化源流史》，广西教育出版社 1991 年版，第 280 页。

记载：

> 设浴沐床于尸床前
>
> 陈设沐浴巾□含具及衣冠等物迁尸浴沐床诸子哭踊，妇人出（女丧男出），去尸衣覆以衾，侍者奉水入，沐发抗衾（持手撮起也）而浴。讫去衾袭常服一称 乃敛/着衣加冠/覆面巾/丧主盥含尸垫以紟（紟单被用以兜尸，通礼用素帛，今多以布为之）加复衾于其上，丧主以下为位而哭。①

湘乡寿衣一般是由大女儿准备，这样亡者就可以"走大路"般顺畅无阻。② 有的丧礼在这个阶段就请来道士举行"开咽喉"仪式，即道士主持的换装入殓仪式，跟其他的道教仪式无异，念经做法，主要目的是为亡者开启转换的旅程。有的则要在丧礼正式开始的当天道士才来。以上程序只对家人开放，正式对外的丧礼并不立即举行，需要由地生择日。③ 根据亡者的生辰八字算出合适的举行丧礼的时间、出殡的时间和查忌年份（即与亡者相冲克，封殡仪式、发引仪式中需要回避人的出生年份）。

（四）成服

现在的湘乡大部分丧礼中仅仅是依据亲疏穿戴好孝服、孝帽等，并非所有的丧礼都设置专门的成服仪式，若有则是在第一天中奠礼前举行。

丧礼第一天早上，近邻、好友帮忙分发租来的孝衣、孝帽，制作灵冠，制作、整理、书写或印制要焚化的纸包和笼④。礼生写好挽联，白纸黑字张贴在堂屋和灵堂门口，门侧还贴着白纸书写的封殡、发引时间和查忌的年份。道士到了以后开始布置道坛，开坛、念经、请圣。

根据家谱⑤记载，成服相关规定如下，一并记载了仪式和服制：

> 成服以大敛日（三日大敛，并死日数）
>
> 五服各以亲疏为等，三年之丧服生麻布，旁及下际不缉边，麻冠

---

① 张海瀛、武新立、林万清主编：《中华族谱集成》第 1 册，《花桥张氏四修族谱》，巴蜀书社 1995 年版，第 20 页。

② 走大路，湖南方言，意谓很顺利很自在。

③ 地生是专门看风水，选屋基、葬地的人，也兼顾算与此有关的日子。

④ 一叠叠的纸钱，用白纸包装好、书写或印制好。按照亲疏、几七焚化进行捆扎，然后装入大纸箱（称作笼）。

⑤ 《湘乡华厦周氏重修族谱》，乾隆壬寅（1782）敦伦堂梓，道光己亥重修。

经、菅履、竹杖百日薙发在丧，不娶妻纳妾。

期之丧服熟麻布，旁及下际缉之，麻冠绖、草履（妇人麻履，余同）桐杖二月，剃发。在丧不婚嫁。

齐衰五月齐衰三月皆服熟桐，麻布冠绖如其服，草履（妇人麻履）五月者逾旬剃服。

大功九月服粗麻白布。

小功五月服稍细白、布冠绖各如其服，皆用□布缘履剃发之期与齐衰五月者同。

缌麻三月服细白布、绖带如其服，素履无饰，薙发之期与齐衰三月者同。

是日五服之人各服其服设奠（食品用素器）焚香、具酒馔再拜/哭尽哀。

谨案通礼斩衰竹杖，此子为父母，承重孙为祖父母等丧用之也。齐衰桐杖，此子为嫁母、出母，适子众子为有出庶母、夫于父母没后为妻等丧用之也。

乃今俗母丧有用桐木，削之制不知，丧服小记本周制子为母、父在服齐衰期年，父没服齐衰三年，其用桐杖宜也。朱子家礼本唐制父在父没子为母皆齐衰三年，其用桐杖亦宜也，至明洪武，子为母改服斩衰三年，今从之则杖自应用竹仍用桐者，非也。

家谱中经常引用《仪礼》《家礼》内容以为仪式实践的指导，如《湘乡华厦周氏重修族谱》：[1]

《士丧礼》：三日成服杖（注）既殡之明日全三日。《曲礼》曰：生与来日。

大敛之明日，五服之人各服其服，入就位，然后从朝夕哭相弔如仪。尊者坐哭，卑者立哭。

朱可亭曰：五服不同居及有服外姻，俱应自制服。若尽由主人散给族属或繁至百余人者，无论力不能及，且三日安得成百余服乎？至乡里亲朋散麻散缟，殊无取义，将人为我服也，人不受也。吕叔简谓：无服故裂帛赠之，既无服矣，赠之何为按此，则今俗未弔送帛，既弔答帛，皆宜革。

———————————

① 《湘乡华厦周氏重修族谱》，乾隆壬寅（1782）敦伦堂梓，道光己亥重修。

现在孝家在成服礼前就已经穿戴好了孝服、孝帽，系上了麻绳束带，只是灵冠和杖是当日现场制作而成，也没有设置特殊的成服所。

现在成服礼过程如下：

先召唤孝子、孝媳、孝孙、孝服人等到香位前，然后进入仪程。

行成服礼 鸣炮 起鼓 鸣金 奏大乐 金鼓大乐合奏 小乐清音 诣盥洗所 盥洗 洗毕 复位 诣香案前 跪 初上香 复上香 再上香 焚香 搁杖 再拜 起立 稽额四 起立 诣食案前 跪 初奠爵 又奠爵 三奠爵 复位 献箸 献匙 各馔通献 陈餐 反箸 请香茗 请果珍 小乐止 俯伏 读成服文 读毕 乐复奏 叩首三 起立 焚楮 焚文 礼毕①

礼生在现场撰写成服文，往往依据《礼文汇》《礼文备录》，内容与家谱的内容也常常相似。祭文援引经典，有程式化的句式。行成服礼时所有的孝服人等都要跪拜在灵前，香案上放置香烛、酒、水、纸钱、果品，炮声有节奏地响彻整个丧礼，响声震天，以至于很远都能依此获知丧礼地点。

（五）奠

奠是在治丧期间，祭祀亡灵的仪式。《礼记·檀弓下》孔颖达注曰："奠，谓始死至葬之时祭名。"奠礼和成服礼有一个由礼生"喊"出的仪式过程，这种仪式过程与家谱记载相似，但这一仪式在《仪礼》《家礼》和日用类书等中都没有记录。如前文所述，这种详细的仪式过程的记录侧重于具体的指导普通民众的仪式实践。《仪礼》是按照时间顺序详细地记录整个丧礼，描述所有出场的人物、使用的器物、动作等。《家礼》将之简略，突出重点。日用类书抽出框架，提供参考。而家谱则将礼生喊礼的部分，作为重点记述，从主持者的角度去记录仪式举行的过程，并将此作为礼仪实践的行为规范。礼生礼书也依照此模式，礼生长期以来礼仪实践的基本内容就是遵循这套仪式过程，通过与其他成员配合完成仪式。家谱、礼生礼书文本的记述使得民间丧礼实践有了基本行为脚本，而礼生则运用、传承这套知识。这一套礼仪模式，长期以来也通过一次次的丧礼实践规范着民众的仪式行为，建构了民众心目中丧礼的基本规范。

---

① 录音 20130414YYCCFL，F 礼生主持的 YYC 丧礼成服礼；时间：2013 年 4 月 14 日。仪式过程是礼生和陪长念诵的，现场没有文本依据。

奠礼及前文所述的成服礼，仪式过程基本以献礼为核心，从湘乡家谱和丧礼实践来看，仪式即献礼的过程，朝中夕奠等用单献礼，家奠用三献礼，但又未完全遵循三献礼仪轨。根据记载，台湾客家人丧礼一般举行单献礼，虽然细节有所不同，但其过程与湘乡相似。

放炮。奏大乐。奏小乐。阳居孝子某某偕孙某某等就位序立。参灵鞠躬，跪。叩首、再叩首、三叩首。兴、跪。叩首，再叩首，六叩首。兴、跪。叩首、再叩首、九叩首。兴、平身。诣盥洗所洗。复位。诣于灵座前跪。举皿酌酒。酹酒降神。俯伏。兴、平身。复位。诣于显考谥某某讳某某公之灵座前、跪。执事者焚香。

初进香、再进香、三进香。举皿酌酒。初进酒、再进酒、三进酒。献牲仪。献熟食。献生献禄。献羹。献粉果。献刚鬣。献财帛。读哀章者诣读哀章位、跪。宣读哀章。兴、平身。通堂侑席。焚祝化财。酬神鞠躬、跪。叩首、再叩首、三叩首。兴、跪。叩首、再叩首、六叩首。兴、跪。叩首、再叩首、九叩首。兴、平身。礼毕撤馔。①

可见，此仪式过程也广泛存在于由礼生主持的丧礼仪式中。

1. 朝中夕奠

丧礼对外开放的当天便设朝中夕奠。《仪礼》《家礼》中均有朝夕哭的记载，是成服后早晚两次举行的祭奠逝者的仪式，酒菜均比较简单，拜祭并由礼生诵读朝夕奠文。当代民间礼仪实践中往往增加到早中夕奠，湖南湘乡也采用三餐祭奠的模式，与丧礼筵席节奏一致。

湘乡未成服的早上不设朝奠，举行家奠、堂奠的晚上不设夕奠。仪式程序基本一致，由孝家参加，礼生喊礼读文，道士不参与。《礼文备录》《礼文汇》和家谱中记载的排班礼、三次献祭、陈设礼、盥洗礼、省视礼等均没有了。

《家礼》记载的朝夕奠跟《仪礼》一样，都是描述仪式过程，而非仪注。而有的家谱记载是对仪式流程推进的描述，在其中强调关键的动作："主人以下各服其服就位尊者坐，卑者立举哀 奉魂帛出就灵座 祝盥洗 焚香 斟酒 点茶 上食 拜兴拜兴平身且哭且拜礼毕。"② 而有的家谱则进一步发展了这种记录仪式关键动作的纲要型记述方式，将献礼的内容完整记述，且此前还要行奠文公礼③。

①　陈运栋：《台湾的客家礼俗》，台原出版社 1991 年版，第 146—147 页。
②　《湘乡华厦周氏重修族谱》，乾隆壬寅（1782）敦伦堂梓，道光己亥重修。
③　奠文公礼在当代湘乡的礼俗实践中没有见到，但在湖南安化的当代丧礼实践中依然存在。

放爆 发大通 鼓三严 金三匝 大通金鼓齐鸣 奏大乐 乐清奏 孝子扶杖出布帷 率有服者皆就位 跪 屈杖 稽颡四 纳杖 皆起立 孝子诣盥洗所搁杖 盥洗 毕 纳杖 复位 诣香案前 皆跪 搁杖 上香三 纳杖 皆起立 复位 诣灵座前 跪 皆跪 搁杖 献爵三 献匕箸 献肴馔 陈餐执事者奉箸授孝子侑食 反箸 点茗 俯伏 止乐 读文（列后）起乐 焚文 皆起立 复位 行绕棺礼 焚香 振帷 率孝子左右绕棺三匝 鸣金 大合乐 绕毕 起乐 复位 皆跪 屈杖 稽颡四 纳杖 皆起立 平身 礼成 退位归苦次 大合乐①

可以说，礼生作为丧礼仪式的重要主持者的身份促使了这种记述方式的改变。礼生经由文本记述和口承传统，通过"喊礼"践行儒家丧礼仪式的基本框架。现在湘乡的礼仪过程，以朝奠为例：

行朝奠礼 鸣炮 起鼓 鸣金 奏大乐 金鼓大乐合奏 小乐清音 诣盥洗所 盥洗 洗毕 复位 诣香案前 跪 初上香 复上香 再上香 焚香 搁杖 再拜 起立 稽颡四 起立 诣食案前 跪 初奠爵 又奠爵 三奠爵 复位 献箸 献匙各馔通献 陈餐 反箸 请香茗 请果珍 小乐止 俯伏 读文 读毕 乐复奏 稽颡四 起立 焚楮 焚文 礼毕。②

当代丧礼的这套仪式过程，就是献礼的内容，虽然比家谱记载的要省略，但基本的动作都有，可呈现出孝服人等在礼生的指导下完成仪式的整个过程。孝服人等是奠礼的主体，但他们并不清楚仪式程序和内容，必须由礼生引导，完成奠礼中的一次次献祭即践行了儒家丧礼。礼生需要与乐队配合，渲染仪式气氛，通过香烛、纸钱、祭品、祭文代表孝服人等与亡者沟通，表达哀思祝愿。

朝中夕奠时案上的供品相对简单，只有三小碗菜、三小碗米饭，用一次性塑料杯装的三杯酒、三杯茶及果品。仪式过程也是象征性地举箸、举酒、举茶、举果、举楮。需要说明的是，虽然仪式中有很多处所：盥洗所、灵位、香案、食案，但实际上都是一张桌子，即亡者棺材前所置方桌，上面摆着亡者的遗像、灵位、香烛、供品，下面放置烧纸钱的盆子和长明灯，地上放着跪拜用的枕头、被子。朝中夕奠由礼生和陪长完成，由

---

① 《上湘大育乡视物冲郭氏三修族谱》，浣阁族公刊，1937 年。
② 朝奠过程湘乡的丧礼都基本一致，但是不同的礼生具体内容会有所差异，录音20130414YYCZDL 整理，湘乡 YYC 丧礼朝奠礼，时间：2013 年 4 月 14 日。

香烛司打杂。

仪式开始前，礼生会召唤孝子、孝媳、孝孙、孝孙媳到灵前，并通知各乐器准备。礼生说奏什么乐器，乐师就会响应。鸣炮是点燃气炮，起鼓是奏中乐鼓，鸣金是鸣锣，奏大乐是指吹唢呐，小乐清音是演奏二胡。然后礼生边说边用手示意孝服人等或跪或拜，香烛司也帮忙指挥。礼生说上香，香烛司就双手供香。礼生说奠爵，香烛司就倒酒。礼生说献箸、献匙，香烛司就举箸举匙。礼生说各馔通献，香烛司就用筷子象征性地在每个碗里点一下。礼生说陈餐，香烛司就将装有菜的碗转动一下。礼生说献香茗，香烛司则举茶杯。礼生说献果珍，香烛司则转动下装水果的碗。朝中夕奠文也相对简单，由礼生现场撰写，仪式结束后与纸钱一起焚烧。

2. 客奠（宾奠）

客奠是参加家奠之外的家庭成员参与的祭奠仪式，客奠、家奠相继举行，大多数是在丧礼第二天的下午三点。但在县城举行的丧礼，由于考虑到亲朋好友上班的时间，将客奠、家奠安设在第二天晚餐后。礼生戴上白麻布的孝帽，但不着孝服，身穿白衬衣和黑色裤子。如果孝家只请了一位礼生，没有陪长，则由熟悉程序的邻友代替，有时甚至由道士代替。[①]

在灵柩前案上摆设各种必需的祭祀用品。点两支白色蜡烛，燃三炷高香，放置杯、盘、供品、茶酒等。[②] 地上放置焚烧纸钱的盆子、拜祭的垫子、准备盥洗的脸盆和毛巾。陈设礼也包括初次向亡者上香、奠酒、献馔之礼，请其复享用人间烟火。这些事务都是由家人、亲属以外的人完成。礼生站在奠台的左边，用麦克风喊礼，引领孝子、孝眷、孝亲行礼。孝子、孝眷、孝亲由血缘远近着不同规格的孝服、持孝棍。献祭之前还要行盥洗礼，表示对亡者的恭敬。现在的盥洗礼并没有使用真正的水，更不论说是否是自然水体的水了。只在塑料盆中放上毛巾，象征性地给每位行礼者盥洗脸和手，没有更换盆也没有更换毛巾。完成后，礼生抑扬顿挫、声情并茂地诵读奠文，读毕焚文。

客奠是亲属祭奠亡者的仪式，参加的都是亲属中的晚辈，客奠按亲疏分场次进行。客奠的顺序是由亲到疏，再由疏到亲。如果亡者是男性则客

---

① 现在有不少道士都学习礼生行礼的内容，一方面因为学习礼生的人越来越少，另一方面道士学习礼生做礼能更全面地参与丧礼仪式，以获得更好的经济收益。而礼生也并不排斥将这套知识传授给道士。

② 棺材前摆放方桌一张，摆设遗像、灵位，上放供品，下烧纸钱，是香案和食案的合一。

奠的顺序如下：①女婿；②内侄；③外甥；④姨侄；⑤姻侄；⑥干儿子、徒弟、世侄、侄婿、堂侄儿；⑦脉侄。如果亡者是女性顺序则是：内侄、脉侄、女婿；然后是下一辈的外孙、孙婿。① 客祭顺序一般会张贴在大门边，香案附近。② 但实际的顺序与贴出来的往往有区别，比如有的亲属没有赶到，临时调换顺序，或者根据孝家自己的情况更改，礼生往往从权而为。

根据家谱记载宾奠过去是朝祖礼的一部分，发引前日一举行。

> 奉柩朝于祖
> 丘氏曰：奉柩朝祖象其人平生出必辞尊者也，但今人家多狭隘拟举魂帛以代柩。
> 仪节：（主人以下揖杖立，辑者举杖不拄地也） 祝跪 告辞曰：请朝祖。
> 俯伏 兴平身 奉魂帛诣祠堂（执事者奉奠及椅桌前行，铭旌次之，魂帛又次之） 主人以下哭从（男子由右，妇人由左，重服在前，轻服在后） 执事者布席（先布席以俟） 奉魂帛朝祖（置魂帛箱于席上，北向） 主人以下就位 举哀（少顷） 哀止 奉魂帛还柩所 主人以下哭从 安魂帛于灵座 举人以就位 举哀 哀止③

现在湘乡客奠仪式过程与朝夕奠相似，但客奠场次较多，耗时很长，礼生喊礼读文。④ 但每个阶段的献祭过程基本一致：

> 行客奠礼 升炮 起鼓 鸣金 奏大乐 管乐奏 中西乐合奏⑤小乐 诣盥洗所 盥洗 洗毕 复位 诣香案前 跪 上香 又上香 三上香 焚香 搁杖 再拜 起立 叩首三 复位 诣食案前 跪 初奠爵 又奠爵 三奠爵 俯伏 献箸 献馔

---

① 访谈20130330XYL，X礼生访谈；时间：2013年3月30日；地点：湘乡云门寺边。
② 资料20130414—16湘乡YYC丧礼照片，说明：客奠家奠顺序；时间：2013年4月15日.
③ 《湘乡华厦周氏重修族谱》，乾隆壬寅（1782）敦伦堂梓，道光己亥重修。
④ 但也有例外，20130414—16湘乡YYC丧礼中，为主的L道士正在跟主持此场仪式的F礼生学习做礼，在客奠中他们轮流喊礼，当然祭文是F礼生在此之前写好的。如此仪式过程、喊礼的节奏、音调等都稍有不同。
⑤ 如果第一天没有请西乐队，则只有金鼓齐鸣，第二天西乐队参加，则西乐演奏也加入祭礼中来。以此类推，举行奠礼时，来了多少种类型的奏乐团队就会有多少种参与进来，礼生也会根据实际情况在主持仪式中自行增减奏乐类型。

各馔通献　反箸陈餐 献香茗 献果珍 献米粢 俯伏 读悼奠文 读毕 乐复作 化楮 焚文 俯伏 复位 跪 叩首三 退位 礼成 孝子叩谢 大合乐①

客奠和家奠是连贯进行的，在灵前方桌上摆放亡者的遗像和灵位，以及香烛、馔、酒、茶、果品等。有的礼生为了奠祭仪式更加热闹，顺便增加点收入，还会在读文后唱一段《奠酒词》，为赞美、缅怀之辞，在唱完以后让亲属给钱表示对亡者的敬意，亲属们也不排斥，乐于拿钱出来与礼生互动。

3. 家奠（堂奠）

家奠礼又叫堂奠礼，家谱中还将之称为祖奠礼。现在的家奠礼仪式过程与家谱记载相似：

日晡时设祖奠
仪节：（主人以下）就位　举哀　哀止　祝盥洗　诣灵座前　跪
焚香　斟
酒　告词曰：永迁之礼灵辰不留，今奉柩车，式遵祖道。　俯伏
兴平身　举哀（主人以下且哭且拜）　拜兴拜兴拜兴拜兴平身
礼毕②

家奠紧接着客奠举行，子（媳）、孙（媳）、重孙（媳）、女儿参加，现在的家奠女婿往往也参加。

礼生喊礼：

行堂奠礼 鸣三炮 起鼓三 鸣金三匝 管乐中乐齐奏 升一炮 鼓初鸣金初鸣 大乐一奏 小乐一奏　管乐一吹 升二炮 鼓再鸣 金再鸣 大乐二吹 小乐二奏 管乐二起 升三炮 鼓三鸣 金三鸣 大乐三吹 小乐三奏 管乐三吹 中西合奏 清音 诣盥洗所 盥洗 盥毕 复位 诣香案前 跪 俯伏 初上香 又上香 三上香 焚香 稽颡四 起立 诣灵位前 复跪 稽颡四 起立 复跪奠爵 又奠爵 三奠爵 俯伏 献箸 献馔 各馔通献 反箸 陈餐 献香茗 献果珍 献米粢 乐暂止 俯伏 读文 读毕乐复奏 稽颡四 起立 焚楮 焚文 礼成

---

① 宾奠过程湘乡的丧礼基本一致，但是不同的礼生具体内容会有所差异，此过程根据录音20130415YYCBDL，录音说明：湘乡 YYC 丧礼朝奠礼，时间：2013 年 4 月 15 日。

② 《湘乡华厦周氏重修族谱》，乾隆壬寅（1782）敦伦堂梓，道光己亥重修。

告退　奏大乐①

家奠过程复杂，奏乐次数增加，但仍是单献礼。根据湘乡礼生介绍，当代湘乡丧礼的献礼都不行三献礼。② 而过去丧礼的家奠部分，往往举行的是三献礼。

根据记载，1949 年前四川新津丧礼实行三献礼。所谓三献礼，是在灵柩出殡前的头一天晚上，要连续进行三次祭奠亡人的礼仪。三献分初献、亚献、终献，行完一次祭奠仪式称为一献。初献礼完后，休息一二十分钟又进行亚献，仪式和初献基本一致，只是所读歌诗不同。终献和亚献一样，终献后孝子要到送神所作揖，拱手，面向西方送神。③ 祭文内容相对于客奠内容要长很多，述说亡者生平，追忆哀悼，家人都要俯伏聆听。

（六）法事④

现在湘乡丧礼除了儒家丧礼仪节外，还设有道场，目前大部分是道教道场，只在涟水河以北的部分地方兴佛教道场。湘乡丧礼上举行仪式的道士是来自江西龙虎山的正一派火居道士。道教道场设置根据孝家出资多寡有天数的差别，现在一般以三天为主，多则六天，少则两天。道士们根据不同的天数、亡者的性别安排仪式。道教法事在丧礼期间与祭奠仪式和其他丧礼表演穿插进行。仪式基本顺序不变，但会依据具体情况进行调整，以龙泉观三天两夜道场为例，第一天：开坛、申奏、荡秽、开辟五方、请光、殓棺、解结；第二天：荡秽、朝参十殿、请水报庙、关灯闯狱、拜桥绕道；第三天：荡秽、化屋焚笼，其间包括数次念经忏。县城丧礼会将关灯闯狱、拜桥绕道的仪式放在第二天下午完成，晚上举行客奠家奠。

道士到达后先开始布置坛场，前后摆放三张八仙桌，靠墙的一张上面再加上一张，前面放上小屏风。最上面一张桌子下挂着两面锣，最前面的桌子前挂绣着"神光普照"和龙凤的红色绣布。然后在堂屋左右两面墙上

---

① 家奠过程湘乡的丧礼基本一致，但是不同的礼生具体内容会有所差异，此过程根据录音 20130415YYCJDL，录音说明：湘乡 YYC 丧礼朝奠礼，时间：2013 年 4 月 15 日。

② 访谈 20130330XYL，说明：X 礼生访谈；时间：2013 年 3 月 30 日；地点：湘乡云门寺边。

③ 中国人民政治协商会议四川省新津县委会编：《新津文史资料选辑》第五辑，1994 年，第 51—54 页。

④ 道教法事的基本内容与程序大同小异，但是不同的班派会有区别，最显著的区别是音乐的演奏，另外仪式的一些安排也会有所差异，一方面，这与不同班派所传承的丧礼知识的不同有关；另一方面，也与不同的班派根据现实的需要对丧礼知识进行的补充、完善、修改有关。

各悬挂道教圣像。布置好以后，敲鼓鸣金禀明道教真人。儒家祭奠仪式面向人伦，规范行为，维护社会秩序。而道教法事面向神秘世界，满足民众超验信仰需求。

1. 开坛仪式

开坛仪式用《开坛科仪》，因为是属于斋主所做道场，所以要行此仪式，仪式没有太多的动作，主要是道士念经，然后孝子打幡对着门外跪着。开坛仪式要用到鸡蛋，鸡蛋代表生命的源起，仪式中用到了很多鸡蛋，装了整整一个大菜碗，满满地堆起来。其实开坛只需要使用一个鸡蛋，但民间说法，鸡蛋吃了以后胆子大，所以孝家特意准备了很多鸡蛋，仪式结束后分发给亲友。①

2. 具文申奏

开坛仪式完成以后道士们开始写申奏的文书，不同的文书给不同的神灵，有奏、表、疏、文、申、状、牒、札。比如呈灵虚宫的札、四值宫的文、四府宫的申，给三清宫书道士法名拜上，不同的宫代表不同的神灵，管理不同的事务。这些文书有固定的格式。丧礼的文书用黄色的纸书写，或基本格式已经刻印好，只需要在上面填上亡者的信息和时间，或者现场用复写纸书写，书毕放入自制的黄色的长方体的信封内，写上封字并盖印。现在只有道士及其家人亡故，才非常严格地书写这些文书，因为认真准确的书写非常费时费力，成本过高。② 还要书写一份亡者的随身执照，封面写着"天堂路上作凭证，地狱门前为赦书"，中间是亡者的基本信息。这份执照和供桌上的"香席位"，还有最后的买地契（即买地券）要一起装在亡者的"档案袋"中，在焚宅的时候一起烧掉，袋右至左书："内计功文等件 缄灵宝大法司谨封 概付 逝者某父（母）某老大人（孺人）魂下收执。"

具文申奏的仪式，用的科仪文本是《申奏玄科》，仪式开始前在门前摆放一张桌子，上面放上供果、茶一杯、酒三杯，点上香烛，将要申奏的六个文书排列好。仪式开始，道士奏乐、念经，孝子在旁打幡而立。道士再到门口桌边念经，烧纸钱，依次将文书取出念诵，再放回信封内。以呈虚灵宫的札为例，从右至左书：

---

① 访谈20130330XCL，说明：X道士访谈；时间：2013年3月30日；地点：湘乡TY村X道士家中。

② 访谈20130330XCL，说明：X道士访谈；时间：2013年3月30日；地点：湘乡TY村X道士家中。

　　　　灵宝大法司 为开通冥路事 本□灶下□ 道修因资冥度亡送终孝男
某某 右领孝服人等伏念故某父（母）某魂下 生于某年某月某时 享年
（享寿）某岁 亡于某年某月某时 初离阳世乍入阴司 哀于 五相泉度生
方是自仗道于寡 修建东宫救苦九达度亡往生升度法□一供 今则是列
关□之次具文上进 九天司命 伏乞 大驾列圣下超□居祈亡□而脱化俾
善士汉吕隆□□昭格谨疏以闻 天运 良年吉月吉日 具呈①

　　然后其他的道士一起到门口念经、奏乐。最后道士奏乐，出门，请香
烛司将文书和香烛、纸钱拿到院子门口焚化。

　　3. 荡秽

　　荡秽仪式每天仪式开始前都要举行一次，又称作"扫净"或"净坛"。
高功要带着所有的道士奏乐、念经，围着全家绕一圈，从厨房到堂屋，从
院子到房间。最后诵读文书，并由香烛司到院外将之与香烛、纸钱一并焚
化。道士们在间隙休息，并撰写后面仪式要用的各种文书。中乐和花鼓戏
表演完一轮后，道士念经，一般此时念的是《青玄法忏》。

　　4. 开辟五方

　　午饭过后，休息一阵，举行"开辟五方"，用《开辟玄科》，先在门外
摆五张竖立的条凳，套上衣服，插上纸板的人头像，左右各两个，中间一
个，下方拜上香烛、酒水。五方分别代表：青帝大神、赤帝大神、白帝大
神、黑帝大神和黄帝大神，赤帝、青帝在右，白帝、黑帝在左，黄帝在中
间。道士先在坛前念经、做法，放一盘米敬神，孝子打幡跟随，或拜或
跪。然后道士引孝子在各方位念经、读文书、行礼，过程中道士举幡做
法。文书读毕，放回原处。道士再带领孝子在坛前诵读文本，孝子打幡
侧立。

　　5. 请光

　　下午三点左右道士举行请光仪式，用《请光玄科》。事先准备一大盘
米，插上四根蜡烛，中间放一个鸡蛋，鸡蛋代表夜明珠。除了一般要用到
的铃、戒尺等，还要用到师刀，要念诵请光的文书和通关执照。念完经，
将装水碗上盖的红纸戳破，并将装米的盘子和这碗水一起供于亡者灵前。
孝子打幡跟随，依道士的示意或跪或拜。

　　6. 殓棺

　　第一天下午或者晚上道士开始举行殓棺仪式，殓棺仪式是道教的"大

---

① 　根据20130327—29BX村丧礼，道士当场使用的文书。

殓"仪式，一般在"封殓"前举行。用《殓棺玄科》，由于有"小殓"和"大殓"仪式，所以道教殓棺省去了与此重复的环节，只由高功带领家人拄杖绕着棺材和道坛念经、做法、跪拜，属于"转棺科"。殓棺仪式结合了殓棺和转棺仪的部分，而据说以前殓棺仪式还有一个莲灯九品的环节，办的盛大时要在田间点蜡烛绕行，但是现在简化了。[①]

7. 解结

湘乡丧礼的解冤释结仪式是科仪的一种节次，解除亡魂在生前所结冤仇，度化解脱以升登仙界。晚餐过后道士举行解冤释结的仪式，用《解结玄科》。所有孝服人等都要参加，他们跪在灵位前，首先道士拿着一根绳子在坛前念经、做法。接着由亲到疏，让家人、亲属双手举着灵位，拿着绳子的一头。然后道士边念经，边将绳子打结后顺利解开。每位家人、亲属解结后要放钱在香案上，几块、十块、二十块都有。原来的解结仪式，是将铜钱穿在绳子上，现在没有铜钱可穿，所以结束后再给钱。

8. 朝参十殿

第二天早荡秽仪式后，举行"朝参十殿"，或"泰谒十王"。门外放置一张方桌，摆上香烛、香位和引魂童子，方桌前方摆十张竖立的条凳，左右各四张，中间两张，跟辟五方一样，给这些条凳穿上衣服放上头像，下面点上香烛，放上酒水。由道士依次做法、念经、诵读文书，孝子打幡跟随叩拜。现在仪式由一位道士任高功，其他道士辅助。由于仪式比较长，这个仪式一般分成上下两场举行，上下场可以由不同的道士任高功。

9. 请水报庙

下午，道士举行行香请水和报庙的仪式，过去这两个仪式是分开的，行香请水在白天举行，报庙在晚上举行，但是现在为了方便而合在一起举行。行香请水要去自然水域"请水"，跟沐尸的买水很相似，而报庙要去辖区土地庙报备。行香请水和报庙队伍的阵容、排列与发引一样，大幡、花圈、祭幛在前。孝子孝孙捧遗像、灵位带领着家人和亲属跟随。中乐队、西乐队，道士奏乐最后。到了水塘，香烛司将香烛、酒、纸钱、文书摆好。道士们念经做法，家人、亲属跪下，最后放鞭炮，仪式结束。报庙时家人、亲属跪拜土地庙前，道士带领孝子进庙禀报，最后放鞭，仪式结束。所有的人绕一圈返回，不走原路。

---

① 访谈20130330XCL，说明：X道士访谈；时间：2013年3月30日；地点：湘乡TY村X道士家中。

10. 关灯破狱和拜桥绕道

湘乡丧礼关灯破狱和拜桥绕道的仪式连在一起举行。晚餐过后，道士要带领所有的家人、亲属举行。在大门外摆放桌椅，最前面是道士做法、吹奏的桌椅。接着是用桌椅和条凳还有纸扎设置的仪式空间场景，纸扎的"地府门"，上面倒扣一个碗，碗底放一个鸡蛋。地上摆放香烛、酒水。然后两张方桌搭起高台，上面放遗像，或扎一个草人，穿戴亡者的衣帽，脸上覆一面镜子，坐在方桌上。接着从道坛经门梁到屋外用塑料膜搭设一条象征的桥，地上画上"河图"。院子外摆放一座木制"法桥"，上面放置纸扎的装饰，贴上亡者的《沐浴榜》《度桥榜》。木桥是和发引的抬杠等一起租来的，纸扎是纸扎师傅现场制作的。道士先带领孝子打幡做法，各个击破一侧的"地狱门"和地上的石瓦；然后带领所有的家人、亲属各持一支香绕圈过桥，并间有跪拜，绕的速度越来越快，跪拜的频率也逐渐增加；最后再换另一侧如此，不同的班派在此处略有差异。由于仪式较长，常分为两场举行。邻居好友在一旁观看，有专人发烟、槟榔、瓜子、花生。孝子和道士按道理是要光脚的，若天气比较冷，则光脚穿拖鞋或者穿袜不穿鞋。这场仪式既有参与性又有观看性，非常热闹，可算是道教仪式的最高潮。

11. 化屋焚笼

此仪式是《发车夫科》和《化屋科》的结合。落葬后，家人、亲戚、邻居等陆续离开了，留下子、孙完成下午的仪式。首先念诵《三元水忏》，有两本科仪分上下两次完成。然后举行化笼焚宅的仪式。道士做法，将香位席、地契、通关执照装入封。将阴宅正对着大门放置，前面放上头一天过桥绕道中用过的纸桥，然后将封塞进纸扎阴宅的门内，将引魂童子也放入阴宅，念经、做法。接着香烛司等挑着所有的纸钱和笼，与道士、孝子、孝孙一起上山。到落葬处将此前放置的孝服等与阴宅、纸钱、笼一起焚化，道士念经、做法。整个丧礼仪式便告结束。若在县城，由于第三天要去比较远的地方下葬，受时间和地方限制，化屋焚笼仪式在第二天下午在河边焚化。

道教仪式的各个环节往往都要使用很多纸扎，这些纸扎是专门的纸扎师傅制作的。在湘乡，有的纸扎师傅单独揽活，孝家一般就近援请，而有的纸扎师傅是道士团队的。纸扎师傅负责在丧礼现场扎制丧礼中所需要的纸扎用品，包括起身轿、幡、引魂童子、纸桥、地狱门、血湖塔、纸屋、纸百宝箱、纸衣服、纸元宝等。北宋以来，出现了纸扎的明器，家具、器皿、房屋，都随葬礼焚化。因为纸扎活多是用在道教仪式中的，道士自己学习纸扎活能更好地完成仪式，且收益更好。龙泉观 X 道士的妻子 T 姐就是纸扎师傅，她的手艺是过门后跟 X 道士学的，而 X 道士的手艺又是传承自其父亲。她嫁过 X 家以后就开始跟着 X 道士学习做纸扎活，她说，X 道士不教她，只是让她跟着看，学着做。如果做道士的要另外请纸扎师傅，费用就会增加，划不来。H 道士的妻子也曾经跟 T 姐学过一阵子，后来因为各种原因而没继续。

　　丧礼开始第一天的早上，谭姐就开始在孝家院子外的杂屋里做纸扎活。做纸扎活的主要材料有竹子（取来的是一个大竹子，她自己用刀根据需要将竹子劈成长短、粗细不同的竹条）、各色纸（白的、红的、绿的、黄的、花色的），还有很多半成或现成的装饰物（比如电视机、保安、汽车、狗等模型，以及一些装饰的窗子、花等）、糨糊（自己用面粉熬制的）、事先搓好的白纸绳，工具有劈竹子的刀、剪刀。她先做的是孝子打的幡、引魂童子和过桥仪式要用的桥等纸扎活，然后开始做两个大的幡，最后制作纸屋。丧礼纸扎活中的重头戏是扎纸屋，纸屋一般是两层楼，多个房间，每个房间按照功能安排放置不同家具、家电等，门口有保安、狗和小汽车，不说非常精致，但考虑周到，也很形象。扎纸屋时，她先将屋子的框架搭好，用到长短不等的各种竹条，用纸绳子连接。然后再在上面糊上纸，最后贴上装饰物。说起来简单，但是扎一座纸屋要花费一天半的时间。天气潮湿，纸张都比较润，也增加了工作的难度。T 姐扎的纸屋大约一米五长、一米二高、八十厘米宽。还要做一个纸百宝箱，内装衣服、鞋子、首饰等纸扎用品。① 纸扎师傅除了在丧礼中做纸扎活外，每年的七月十五也有很多业务，很多家庭都会来订购用于祭祀的纸活。

（七）大殓

　　封殓的时间各有所异，如前所述，具体时日由地生事先算好，在丧礼第一天张贴出来。根据家谱记载，大殓在死后第三日举行：

> 厥明（谓死之第三日）
> 三日而后大敛俟其生也。
> 执事者陈大敛衣衾……
> 设奠具（如小敛仪）
> 举棺入，置于堂中少西

---

① 访谈20130327—28TJ，纸扎师傅 T 姐访谈；时间：2013 年 3 月 27—28 日；地点：湘乡 BX 村丧礼现场。

仪节：举棺（先置两凳，置棺凳上）　置衾棺中（七星板上先铺厚褥匕，上置衾之有绵者垂其裔于四外）　设大敛床（床上施荐褥绞衾匕，上铺衣）　盥洗　掩首　结小敛绞（先结直者）　举尸　安尸于大敛床　撤小敛床

乃大敛

仪节：盥洗　掩衾　结绞（先结直者三，后结横者五）　举尸于棺　实齿发（于棺中四角）塞空缺　收衾（先掩足次掩首次掩左次掩右）　凭哭尽哀（哭毕妇女退入幕）　盖棺　谢宾拜兴拜兴撤大敛床

温公曰：殡殓之际，人子当辍哭，临视务，令安固。①

现在要简略很多，亲人先由右自左绕棺一周以瞻遗容。此时阴阳永隔的情绪被渲染，是整个丧礼中最悲伤的时刻。由香烛司等将亲戚送的被盖在亡者身上，男的盖红被，女的盖绿被。男红女绿的规则常见于人生礼仪之中，求子献花要男红女绿，给新生婴儿穿新衣颜色为男红女绿，结婚庚帖也是男红女绿，丧礼盖被、幡、灵位颜色亦然。清明节上坟"挂山青"也有男红女绿之别。有说男红女绿原意颜色的阴阳象征，红色代表阳，绿色代表阴。又说古代官员裤子是红色的，所以红色代表男性，推崇为官兴族，而女性则以青衣黛眉为美。

寿被在长沙一带是由女儿提供，缝制方法是要将两边被里压住两端被里，表示亡者的头、脚都被压住，再也不能起身。而现在湘乡的寿被第一层由儿子准备，称为"家被"，女儿和其他亲属都可以赠送，统称为"子孙被"，盖被的顺序以亲疏为依据。有时丧礼还会张贴出盖被的顺序。按传统，被只能盖单数，九层是最尊贵，寓意以后子孙众多，家族兴旺。最后在棺四周涂上胶，将棺盖盖上，在两侧各钉上两口钉子。再用宽透明胶整整封上一圈，最后用红纸条再封一周。整个过程的具体操作都需借外人之手，家人不能参与。

根据家谱记载封殓以后还要：置灵座、设魂帛、设铭旌、设奠等。②

出殡前的夜晚都设置专人守灵，湘乡守灵的晚上会唱夜歌子。夜歌子顾名思义，半夜才开始唱。根据巫俗传说，子时老鼠开始活动，亡者魂魄畏鼠，而唱夜歌能压邪。唱夜歌有一套固定的程序：先锣鼓开场，由歌师念几句白，然后进入轮唱。先唱生离死别之情，抒发悲凄哀痛之情。然后

---

① 《湘乡华厦周氏重修族谱》，乾隆壬寅（1782）敦伦堂梓，道光己亥重修。
② 《湘乡华厦周氏重修族谱》，乾隆壬寅（1782）敦伦堂梓，道光己亥重修。

即兴演唱可以对歌、比歌。对歌可以是盘歌，也可以是扯白口，还可以互相轮唱长篇故事。最后唱"解劫歌""辞别歌"，表达亡者对人世的眷恋，以及生者对亡者的慰藉。歌词凄切缠绵，宛转哀戚。围观者很多，使得灵堂不至于冷寂。①

过去只有男性演唱，现在则有男有女，一般一次请两人，亡者在家停几夜就唱几夜。在丧礼未正式开始前，停丧的晚上要唱，丧礼开始后，每晚所有仪式活动结束后唱。唱夜歌者也是专门从事此业务，声音要好，熟悉一些故事，将之编成押韵的歌词唱出来。夜歌子演唱内容、形式都相对自由，俗语道："夜歌子冇得板，四六句子随口喊。只要上句对得下句音，大家热闹到天明。"② 虽然没有几更唱什么的严格规定，但一般开头唱哀思追悼的内容，然后唱一些历史故事、传奇人物，以宣扬忠义、孝道。有唱英雄的，如十八条好汉；有歌颂德行孝道的，如香山记、苏天记、二十四孝劝世文、怀胎记、董永行孝、目莲寻母等；或者随心所想编成七字一句共四句押韵则可。

唱夜歌守灵从其形式而言，守护亡者的同时，也使得夜晚的灵堂不至于冷寂、悲伤、可怕。夜歌子顿挫的音调，悲凄的内容能抒发悲伤的情绪，充分表达哀思，帮助情感宣泄，又能实现民俗的教育功能，教人行善、友爱、孝顺、忠义。虽在众多丧礼表演中，唱夜歌显得相对冷清，但却一直保存至今，可见在丧礼中其拥有不可取代的重要地位。热闹的表演中人们往往被各种元素分散注意力，宁静的夜晚却能让人仔细聆听夜歌子。

传统的唱夜歌在湖南县乡传统丧礼中还是常见的，但在城市中搭灵堂举行的丧礼中，一种类似湘乡丧礼西乐队的表演，也称为"唱夜歌子的"，但唱的不再是夜歌子的传统曲目，而是流行歌曲。③ 因为湖南还把丧礼称作"唐四郎"，所以这种表演被称为"唱唐四郎的"。而这种表演是丧礼多种表演的一种无奈的整合。在城市中，由于没有合适的表演空间，缺乏相关的知识和传承者，于是民众对丧礼仪式的需求以删节的形式出现，留

---

① 湘乡县志编纂委员会编：《湘乡县志》，湖南人民出版社 1993 年版，第 977 页。

② 李跃龙主编，湖南省地方志编纂委员会编：《湖南省志·民俗志·第二十六卷》，五洲传播出版社 2005 年版，第 455 页。

③ 城市中丧礼仪式（追悼会）一般在殡仪馆举行。一般人家在家设灵堂，然后在殡仪馆举行遗体告别仪式，然后在酒店举办一餐答谢筵席。还有民众在住家附近搭棚子，设立一个灵堂，并援请厨师举办筵席。白天打麻将，晚上请"唱唐四郎的"来表演。灵堂门口设立一个充气的黑色拱门，两边贴上白纸黑字的挽联。

下的是对仪式"热闹"的单一追求。而湘乡的丧礼仪式的空间、时间都相对宽松，虽然有西乐队和各种现代表演形式，但夜歌子表演能在宁静的夜晚，以和缓、悠扬的形式倾诉哀思、传达教化、相伴守灵，因其独特的内容和形式而无法替代。

（八）出殡

第三天早餐、朝奠后出殡。三天的丧礼一般设有一餐主筵，或在第二天晚餐，或在第三天早餐。主筵是三天中最丰盛的一顿，按照亲疏关系和职责划分餐桌。餐前就将孝家回赠来宾的毛巾、香烟、肥皂、雨伞之类分发。

家谱记载发引包括：行祖饯礼、行祭纛礼、行遣奠发引礼和路钱，每个环节都有仪式和祭文，现在则简化了。① 朝奠、早餐后即准备出殡。抬棺的设备是租用的，人员也是一并请的。前后各八个人。抬棺的木棍和木架子是红色的，主棍两头绘有八卦图。抬棺前将挽联等全部撤下。棺由八人从堂屋抬出，放在木架上用木棍担起。亡者的孙或重孙，拿遗像和牌位。长子举幡，子、孙及其妇拄杖其后，后面亲人依照亲疏依次跪在棺前。

出殡队伍最前面是亡者大幅遗像，上面印有菊花、花圈、大大的"奠"字，以及"音容宛在"等字样。接着是亲友送的花圈，及前后两组两人抬着祭幛，并跟着装满了祭幛的车，其后是鼓队。然后长子举幡，孙举灵位和遗像，其他家人拄杖跟随。十六人抬的棺紧跟，其后是中乐队和道士，最后是愿意随行的邻友。出殡的队伍热热闹闹绕着村子一圈，然后上山，一路撒纸钱，燃放鞭炮。经过路口时皆有同村居民燃放鞭炮以表哀思，孝家回赠香烟、毛巾等答谢。若是在县城，基本排序不变，但由于距离葬地较远，都安排乘坐灵车，灵车要绕县城一圈再前往目的地。

（九）落葬、安谢

地生事先选好埋葬的地点，地生还负责日子和时辰。将棺抬到落葬地后，外人离开，亲人退到山坡下，只留下子、孙，及帮工在圹边，待吉时下葬。其他亲友返回家中打扫卫生，整理场地。待下葬后，道士举行化屋焚笼仪式，然后安谢镇宅，整个丧礼结束。

（十）伴奏与表演

1. 中乐队

中乐队一般由六七个人乐器演奏者和一个唱花鼓戏的组成，他们不一

---

① 《上湘大育乡视物冲郭氏三修族谱》，浣阁族公刊，1937 年。

定是科班出身，或因擅长和爱好而慢慢组合在一起，来参加一些乡间的红白喜事。一般有两把二胡、一支箫、一面鼓、两副钹、一面锣。有的乐队为了演奏效果，使用插电的二胡和箫，直接连接音响，使得声音更洪亮。演奏者是中老年男性，唱花鼓戏的是中年女性，但能用男声女声同时表演，用湘乡方言唱着那些湖南人喜闻乐见的花鼓戏，比如《刘海砍樵》《补锅》之类。

中乐队是跟传统的丧礼相协调的，是丧礼的必要组成，不可或缺。过去礼生自带一套奏乐体系，但如今已经没有，所以喊礼的奏乐环节需其他乐队配合。而道士的奏乐和仪式表演是一体的，其乐器跟中乐队基本一致，所以没有中乐队时道士还能代替演奏。独立的中乐队出现于改革开放以后，此时礼生已经早已与专属的乐队分离，而丧礼仪式与表演又有需要，于是应运而生。中乐队是丧礼的背景，不能达到吸引眼球、制造娱乐的效果，所以丧礼中还需要其他的乐队来活跃气氛。

2. 西乐队

西乐队由年轻男女组成，一般也是六七个人，但阵势很大，一般有一组架子鼓、一台电子琴、一个大号、一个小号。有人唱歌，有人表演小品、相声、魔术、舞蹈，有人主持，能够完成一台完整的晚会。西乐队一般第二天中午到，他们先搭一座舞台，安上棚子，装好音响、灯光、幕布等。白天跟其他的乐队穿插着表演，晚上最后一场法事以后他们才开始真正的演出，直到凌晨。参加丧礼的人们在舞台前排坐欣赏，非常热闹。

西乐队出现于20世纪90年代，活跃兴盛于近十年。随着现代文化的传播，民众对丧礼的娱乐表演需求也逐渐多元，除了传统的表演外，还有了对新式表演的向往。市场的活跃、民众经济收入的增加，促成西乐队的形成。开始的时候表演内容仅是一些简单的乐器演奏、流行歌曲的演唱；表演形式也只是在仪式表演的中间穿插。慢慢地西乐队表演日趋完整、精致，成为丧礼演出的重要构成。如今一场完整的文艺表演和一天半的丧礼演奏报酬有五六千元。

3. 鼓队、舞龙队

鼓队和舞龙队能让丧礼变得热闹，用表演吸引大家的注意力，调节丧礼的节奏。这种表演出现时期在西乐队之后，灵活、热闹的表演顺应民众对丧礼多元表演的需求。鼓队一般由九名中年妇女组成，一面大西式鼓、一副钹、七面小西式鼓。身着统一的军乐队的服装，表演军乐队的列队演奏。有的时候还会换服装，换成中式套装，演奏腰鼓。鼓队不仅列队敲鼓表演，还为西乐队伴舞。

舞龙队一般由十二名中年妇女组成，穿着传统的舞龙服装，舞动黄红相间的龙。舞龙是湘乡的传统民俗表演，当地俗语云："要出人，龙耍坟；禾起虫，玩火龙；龙治水，人耍龙。"可见耍龙能使龙王多受香火，保人丁兴旺，风调雨顺。"县内多玩举式布龙。龙被为黄色、红色，唯盛夏求雨耍龙，则必用乌色。"① 除了舞龙的表演，舞龙队还能承担腰鼓、军乐等表演，跟鼓对的表演比较相似，所以一般孝家不会同时请鼓队和舞龙队。鼓队和舞龙队的表演还不限于这些，常常能配合其他的表演，并在表演空档即兴增加演出以免冷场。鼓队和舞龙队的成员都是普通的妇女，有农村的也有县城的，她们往往互相认识，平时因为都喜欢跳舞所以聚在一起，慢慢地成为一个团队，有红白喜事或者店庆开业等就出来表演。娱人娱己，又有收益，乐此不疲。

二 丧礼器用

（一）丧葬用品

遗像、灵座：灵柩前的香案之上，遗像放右侧，灵位放左侧。遗像现在都用亡者身前彩色照片。灵座是用一座木架子撑着一个纸封套，上书："显考（妣）某父（母）某老大（孺）人之灵座"，男性用红色纸封套，女性用绿色。

幡：丧礼中一共有三个幡，两大一小，大的幡用大竹竿撑在门前，发引时在队伍的最前面，小幡用小竹竿撑起，仪式中由孝子举着。大幡小幡都是用纸和竹篾扎制，但形制略有不一。小幡下悬着一条幅，左右两侧书："金童引导出九泉 玉女提携超三界 赴此神幡 往生仙界"，中间书："大圣幽冥数主东华太乙寻声救苦天尊五福青玄玉帝主盟大放毫光接引亡灵某某氏魂下生于某年某月某日某时亡于某年某月某日某时去世"，上面还画着道士的符和咒语。而大幡下面没有这条幅，坠以白花、穗子。幡上的彩纸也遵循男红女绿的规律。

铭旌：现在的丧礼已经没有所谓的铭旌，但在门外大幡处往往也树立一条大白布幡，上面书写的内容跟小幡下所悬条幅内容一样。因为道明亡者的生卒、姓名等，所以大抵也能被看成是铭旌的一种表征。但此条幅是道士所写，内容也是道教的。

寿被：封殓之时需要为亡者盖被，盖被一般是单数，九层最好，男性

---

① 湘乡县志编纂委员会编：《湘乡县志》，湖南人民出版社1993年版，第971页。

盖红被，女性盖绿被。

（二）祭品

奠祭仪式中要"陈餐 献香茗 献果珍 献米粢"。陈餐就是陪长在礼生的指挥下，用筷子象征性地在每盘菜上点过，表示已经进献过各种菜肴。朝中夕奠菜肴相对简单，有时就三碗菜、三碗饭及酒水，而客奠家奠供品比朝中夕奠要丰盛。一般有十二大碗菜，有鱼、鸡、扣肉、虾、染成红色的粉丝、蛋卷、猪腰子、猪心、青菜、蘑菇、香肠、猪肉，菜都精心地摆放，外加一碗米饭。① 按照传统每场客奠都要换新的祭品，但是现在仅仅在上面淋上热汤即表示更换了菜肴。如果喊礼喊得细，会将菜肴一一道明，比如献德禽即是献鸡鸭之类，献少牢是献羊肉，献鲜味是献鱼，献肥豚是献肉，献果珍是献水果类，献米粢是献米饭。②

（三）礼物

亲戚邻友参加丧礼一般会同时赠送礼金、花圈、一大摞纸钱和祭幛，首先在账房处登记礼金，然后将纸钱集中放在一起打包，再拿着花圈和祭幛去礼生那写纸条贴在上面。

花圈、祭帐：花圈是在店里买的现成的，现在的花圈做成跟伞一样可折叠的，需要用的时候再打开。祭帐相当于"襚"，即被子，现在送的都是羽绒被、纤维被之类。花圈和祭帐上都贴上礼生书写的纸条，花圈上贴着两竖条，一条写"千古流芳"之类的哀悼语，另一条写赠送者；祭帐上则贴一大张白纸，中间写哀悼语，右下侧落款。哀悼语是礼生临时撰写，每份尽量有所不同，落款则按亲疏关系写明，若是朋友则统称"世侄"，若是单位赠送的则直接书单位名称。

纸钱：除了家中准备的在灵前不断焚烧的纸钱外，亲戚邻友要赠送一大摞纸钱。这些纸钱首先要分成小叠用白纸包好，上面从右到左书："某某 某某 共具纸包 显考（妣）某某老大人（太君）受用 某七焚化"。这样一叠叠的小纸包再装入用白纸包裹的大纸箱中，纸箱从右至左书："某某共具纸箱一口 某某老大人（太君）受用 水引 焚化"，上面贴上封条，封条书："名列水引 灵宝谨封 逝者某某老大人（太君）查收"，封条上盖上道士的印章，纸箱上还贴上一张印制的画，画上是一个人推着一辆车，车上满载金银。有的孝家是购买现成的印好的纸箱，纸箱上印着竹篾的图案，左右书："光启后人 名流千古"，然后贴上刻印的封条："名列水引 灵

---

① 资料 20130414—16 湘乡 YYC 丧礼。不同的丧礼供品大类不变，具体内容则皆有所不同。
② 访谈 20130330XYL，X 礼生访谈；时间：2013 年 3 月 30 日；地点：湘乡云门寺边。

宝大法司谨封 逝者某某 魂下受用 天运某年某月某日"，再贴上刻印的人推满载宝贝车的画。不同的丧礼所用大同小异，刻印的模子是纸扎师傅的。最后这些纸箱要洒上猪血在"化屋焚笼"仪式中烧掉。

（四）文辞

除了各种声音、动作，文辞也是丧礼中重要的组成，除了礼生书写的奠文、道士的各类专业文辞外，还有许多在不同时间张贴在丧礼现场的文辞，或表达哀思，或彰显亲疏，或明示丧礼日程安排。

1. 讣告

讣告一般于丧礼第一天上午，由礼生用毛笔撰写于大张白纸上，张贴于灵堂门口。讣告由礼生撰写，其中有亡者详细的生卒时间、地点、简要的人生经历，哀悼抒情的句子，以及丧礼的基本内容和日程安排。湘乡讣告基本格式大多一样，只是有的更加简略，省去生平和哀悼抒情的句子。但对很多细节礼生们有不同意见，例如，有礼生认为写"孝"男等是不对的，因为家中有人亡故被认为是子孙不孝所致，为表哀痛，应写"不孝"男等。① 但现在大多数的讣告写的"孝"男等。根据《礼文备录》的记载讣告应写"不孝"男等。② 而根据《文林妙锦万宝全书》记载，与亡者不同关系的人有不同的"讣文式"，落款、称呼也一一对应，比如孙写的则称呼祖父母，落款写孙某某。

2. 发引、封殓时间和查忌年份

丧礼第一天，在堂屋门口的墙上会张贴上由礼生书写的发引、封殓、避忌的白纸，这些是由地生算的，地生还负责选墓地、下葬时间等，但地生不出现在丧礼现场。例如："谨择古本月十五日申时封殓 十八日巳时发引登山大吉 查忌甲申公元一九四四年 甲辰公元一九六四年 丁亥公元一九四七年 丁巳公元一九七七年 丁未公元一九六七年生人 当天回避大吉。"③这些年份出生之人与亡者的生肖相克，所以在封殓和发引时要回避。

3. 人员安排

堂屋门口摆放茶水处的墙上贴着丧礼人员安排表，例如：某某老大人仙逝丧事人员安排表："都管某某 账房某某 采购某某 电工某某 炮手某某 接待某某 泡茶某某 拆包管钱纸某某 开席 卫生 走杂 某某 敬请各位劳心费

---

① 访谈20120803MD，M礼生访谈；时间20120803；地点：韶山SG村。
② 根据《礼文备录·卷二·丧礼》中讣闻式的记载。
③ 资料20130327—29湘乡BX村丧礼照片，照片说明：封殓、发引时间，查忌年份；时间：2013年3月27日。

力 谢谢合作 寿家拜托。"① 另有人员安排如下："都管某某 账房某某 香烛师某某 泡茶某某 走杂某某 开山某某 大轿某某。"② 每场丧礼大同小异，纸张色彩并无讲究，或白或黄或红。

都管，顾名思义即是什么都管，是统管整个丧礼的重要角色，需要德高望重、见多识广、经验丰富。做都管的人不需要什么专业知识，但要熟悉孝家，了解仪式过程，有统管全场的协调能力。有时是亲属，有时是队上的领导，有时是孝家的好友担任。都管要跟孝家一起商量哪天办丧礼，请哪个礼生，哪个道士团队，请什么人办酒席，如何安排其他人员等，要考虑得周全、细致。并且每天要发布当天的仪式内容、时间安排，并预报第二天的日程。账房负责收礼金，并登记名字与数额。收了礼金后账房会回赠一张红纸印刷的"谢帖"，谢帖内容与讣告一致。泡茶、走杂一般都是邻友担任。香烛司，又作香烛师，在丧礼仪式中配合礼生和道士完成仪式，比如陈设香烛、道具，按照礼生、道士的指导引导孝家等等。他们懂得一定的丧礼知识，但又并未掌握完整的儒、道丧礼知识，只是在仪式中打杂。在丧礼中他们的报酬、地位等皆低于礼生和道士，一般由老年男性担任。

4. 家奠客奠顺序、封殓盖被顺序

在客奠家奠开始前，礼生会写好顺序上贴在灵柩边的墙上，以便参加者参考。这个顺序的规定前文已经说明，但在具体的丧礼践行中往往有所差异，礼生要根据实际情况跟孝家商量该顺序，力求在遵循传统的基础上又能满足孝家的各种需求。例如有的顺序如下："1. 悼姑母 脉侄某某；2. 悼姻伯母 姻侄某某；3. 悼姻伯母 姻侄某某；4. 悼姻伯母 姻侄某某；5. 悼姻伯母 姻侄某某；6. 悼姻伯母 姻侄某某；7. 悼舅母 外甥某某；8. 悼岳母 女婿某某；9. 悼岳祖母 孙婿某某；10. 悼干娘 干儿某某；11. 堂奠。"③ 有的则较简略："1. 内侄某某；2. 外甥某某 外甥女某某；3. 徒弟某某；4. 女儿女婿某某；5. 姨侄；6. 脉侄；7. 家祭。"④ 而有时此顺序还会在丧礼当场受到质疑，比如有次丧礼顺序如下："1. 祭姑母（脉侄）；2. 祭姑母（堂侄）；3. 祭岳母；4. 祭舅母；5. 祭姻母（媳家）；6. 祭姻母（姻侄）；7. 祭叔、

① 资料 20130417—19 湘乡县城丧礼照片，照片说明：丧礼人员安排；时间：2013 年 4 月 17 日。

② 资料 20120813—15 湘乡东郊乡 DQ 村丧礼照片，照片说明：丧礼人员安排；时间：2012 年 8 月 14 日。

③ 资料 20130414—16 湘乡 YYC 丧礼照片，照片说明：客奠家奠顺序；时间：2013 年 4 月 15 日。

④ 资料 20130417—19 湘乡县城丧礼照片，照片说明：客奠家奠顺序；时间：2013 年 4 月 18 日。

伯母；8. 祭岳祖母；9. 祭外祖母；10. 堂奠。"① 可是进行到祭舅母时，有人提出异议，质问礼生这么大年纪居然不知道做礼，连亲疏顺序都搞不清。然后有一些人又提出异议，一些人开始愤怒，一些人开始安抚，礼生也给出自己的解释，最后平息了争议，依然按照原定的顺序进行。

封殓时盖被是重要仪式，由执事者将亲戚送的被盖在亡者身上，盖被的顺序以亲疏为依据，最亲的人送的盖最里面，依次越外面关系越远。按传统，被只能盖单数，九层是最好的。但有时孝家并不受这些禁忌约束，比如有一次被盖到第九层时，执事的人表示已经可以了，但还剩下一张被，家人也表示一起盖上算了，于是亡者身上盖了十层被。并非所有的丧礼都将盖被顺序贴出，所见贴出的顺序如下："1. 家被；2. 某某（女儿）；3. 某某（女儿）；4. 干儿；5. 某某（脉侄）；6. 某某（内侄）；7. 姻侄某某；8. 姻侄某某；9. 姻侄某某。"② 但按照 X 礼生的说法如果亡者是男性，顺序如下：孝子、女（婿）、内侄、脉侄、外甥、姨侄、侄婿、姻侄、外甥女；如果亡者是女性则第二层是娘家脉侄所送的被子，第三层才是女（婿）的。③ 可见盖被的跟客奠等顺序一样，虽然遵循传统的规则，但往往根据孝家的实际情况进行调整。所谓家被是跟寿衣一起事先就由长子准备好的，其他的被子统称为"子孙被"，寓意子孙繁茂，家族兴旺，九层则是其极数。而在丧礼实践中，并没有明文规定由谁送被子，当情面大于禁忌时盖十层被，甚至将所有的所赠被子盖上是合情合理的。由此可见，人们更倾向于通过在执行规范化的仪式的过程中，维系亲情、人脉关系。

三　丧礼中的性别

传统的丧礼有严密的性别区隔，但现在依然遵循基本的亲疏两性规则同时，却有了根本性的变化。

（一）基本规则的延续

丧礼的亲疏划分依然遵循父系继嗣的原则，以其为标准建构差序格

---

① 资料 20120813—15 湘乡东郊乡 DQ 村丧礼照片，照片说明：客奠家奠顺序；时间：2012 年 8 月 14 日。

② 资料 20130414—16 湘乡 YYC 丧礼照片，照片说明：封殓盖被顺序；时间：2013 年 4 月 15 日。

③ 资料 20140304XYL，X 礼生电话访谈；时间：2014 年 3 月 4 日。按照 X 礼生的解释，以孝子为准，脉侄是他伯父叔父的儿子，内侄是他母亲家的脉侄，姨侄是他母亲的姊妹的儿子，姻侄是他妻子家的兄弟。

局，安排仪式进程、内容、规则。因此从表面上看，女性在丧礼中依然附属于男性。

仪式动作、称呼、书写文辞都是男性在前，女性在后。例如，讣告署名以亲疏为基本序列，同一辈分，男性在前，女性在后；同一性别，儿媳在前，女儿在后。祭奠礼顺序、科仪绕行的站位前后也是如此。丧礼费用由儿子或者孙子支付，女儿也可以出钱，但没有强制的义务。这也是丧礼传统得以践行的基本前提，一旦规则变化丧礼便会难以进行。但是这种规则只是一个基本框架，内容已经发生了很大的变化，吊者既可以是儿子的亲属、朋友、同事，也可以是女儿的亲属、朋友、同事，还可以是媳妇、女婿的，在此男女是完全平等的，吊者的待遇也是一样的。这也是社会网络变化的一个重要表现。

（二）具体细节的性别融合

现在的丧礼，男女在方位、服饰、行动上都已经没有差异，不设区隔。

第一，无论是参加者，还是亲属，男女在丧礼上没有方位、内外的区别。男女可以自由进出灵堂，东南西北、门内门外不设限制。仪式中只要按照礼生或者道士的指导进行，没有设定男女所站的方位、内外。

第二，孝服、孝帽、灵冠、孝棍等没有任何性别的区分。成服时，女儿的服制跟儿子一样，孝衣孝帽三灵冠。媳妇与儿子同制，女婿与女儿同制。

第三，男女在丧礼中可以跟平日一样自由地互动，没有设立仪式的性别区隔。

第四，丧礼进行过程中女儿的行动也与儿子无异，甚至能够替换儿子打幡。

第五，"嫁"与否不是划分亲疏的标准。女子子在室与否曾是亲疏划分的重要标准，但现在女儿是否出嫁根本不会影响其在丧礼中扮演的角色。仪式中长子的地位固然是最显著突出的，但女儿（女婿）与次子（媳妇）无异。

由此可见，这种仪式中的性别融合一定程度上模糊了父系继嗣的原则与内容，是当下日常生活中这一现象的延伸与强调。当下通过并重父系和母系关系，以将更多的人纳入亲密的亲属互动中，从而弥补宗族的瓦解带来的血缘资源的减损。

（三）丧礼表演者的性别构成

丧礼上的各类表演者有男有女。礼生和道士基本是男性，没有任何女性参与。中乐队、唱夜歌子者、纸扎师傅也是以男性为主，偶尔有女性。比如中乐队中唱花鼓戏的往往是女性，但这个女性能转换男女声音，一个人唱出男女对唱的效果。这些知识传承相对封闭，知识内容复杂，学习周期较长，女性很难有机会学到，也很难以此为生。但鼓队、舞龙队则全是女性。这些女性就是经常在一起跳广场舞的普通妇女，渐渐集结成的团队。这些中老年妇女拥有充足的闲暇时间，此类表演难度也不大，她们参加丧礼仪式表演自娱自乐的同时又能赚钱。而年轻的女性则是西乐队表演的重要看点，她们苗条的身姿、嘹亮的演唱、靓丽的服装是观众的关注要点。

由此可见，宗族、家族规模、规则、女性社会地位和人们思想观念发生的变化，均在丧礼中体现出来。

第三节　丧礼仪式的变迁

根据文献和田野调查资料，湘乡近百年来丧礼变迁可以分为四个阶段，传统丧礼知识和仪式实践在此过程中，经历了跌宕起伏的变化。而以当下的生活为中心考察，儒家丧礼知识虽然不断缩减，但仍占据着框架性的位置；道士丧礼知识则表现得更加多元而有活力。随着生活的变化，丧礼的时间观念也发生改变；丧礼仪式的复合性增强，容纳的元素非常多；而丧礼仪式也深刻地反映了社会网络的变化。

一　变迁的节点

从前文可见，湘乡丧礼的基本结构与大约出现在明清时期的丧礼一统的结构基本一致。①《仪礼》所奠定的古典模式，朱熹《家礼》的简化易行模式，再到日用类书、家谱丧礼记述的基本结构皆一脉相承。但当代湘乡丧礼实践相较于文献记载，在内容上简略了很多，又增加了很多新的元素，佛道在丧礼表演中也此消彼长。长时段的丧礼仪式变迁无法在此讨论，仅以现有文献和田野调查资料探讨近百年的变化，并将此划分为四个阶段。

（一）民国时期

根据湘乡县志："清末民国初期……佛教和道教全真派日形衰落，但

---

① 〔美〕华琛：《中国丧礼仪式结构》，《历史人类学学刊》2003 年第 2 期，第 102 页。华琛所梳理的中华帝国晚期的丧礼主要特征。

道教正一派为从事丧事道场所设的'坛'甚多。……仕宦殷富之家办丧事，或请僧尼做佛教道场，或'儒'释道三教并举。因佛教道场需办斋席，开销巨大，多被道教道场取代；佛教道场亦有随俗从简者，但僧尼仍坚守斋食。"① 本书所搜集到的湘乡家谱资料基本上刊印于民国时期，虽然有完整丧礼记载的家谱不多，但若有记载则均内容翔实、程序繁复，既传承此前的儒家丧礼传统，又更具操作性。还有明显的与民间风俗相交融的记述，比如仪式程序中有"化楮"，即焚烧纸钱，这一习俗由从佛道法事而来。② 民国时期尽管社会发生急剧的变化，政府也推行不同的丧葬政策，但丧礼传统依然没有发生大的变化。根据民国时期《湘乡史地常识》湘乡丧礼因袭传统制度，各区大致相同，援请儒佛道，三教并用或择其一。"礼物、装饰、孝服、拖头，通通用白。孝子用孝棍、孝衣，戴灵冠，缚草绳。女媳有头髻的，都解散披麻。报丧时用拜礼，对方受拜而不回拜……照例请礼生、和尚、道士来做道场，请之超度。所谓儒、释、道三教，随主家选择一种或同时并用……如果家境不富裕。或日期短少，则各教所排演的节目也少。如念经、拜忏、开路、扎桥、绕棺、焚贡包、金银山、灵屋、河裟、纸衣……都是普通常有的……普通送丧礼，为金银锭、纸钱、财包、香烛、香饼、纸衣、箱簪、挽帐、挽联等。孝家受着，即答以白布一方，谓之散帛。死者停在家里，多唱夜歌，出门上山的时候，以执绋人多为热闹，铳炮喧天，锣鼓唢呐不息……至于贫困之家，比较简单，但因习俗关系，每罄家之所有，或至欠债而受累。"③ 而在当时的学者看来，"旧丧礼确应除去繁文缛节，推翻虚伪迷信，和力求节俭之必要，可是政治没有上轨道，且没有一定的简要方式，听凭各地自成风气，确是文明进步的一种障碍"。④ 根据与湘乡年长者访谈，他们表示民国时期的丧礼非常繁复，持续时间也很久，礼生、道士、和尚同时做仪式。据说民国二十几年的时候有个大户人家（国民党的军长）的母亲死了，做了四十九天的丧礼，办流水席，路过的人都可以去吃饭。⑤

　　民国是一个传统文化与现代文明激烈碰撞的年代，各种思潮、运动层出不穷，对待传统文化的态度差异很大。既有全盘西化的思想，有主张将

① 湘乡县志编纂委员会编：《湘乡县志》，湖南人民出版社1993年版，第913—914页。

② 《上湘大育乡视物冲郭氏三修族谱》，浣阖族公刊，1937年。

③ 谭日峰编：《湘乡史地常识》，湘乡县教育会1935年版，第27—28页。

④ 谭日峰编：《湘乡史地常识》，湘乡县教育会1935年版，第28页。

⑤ 访谈20130324FKL，F礼生访谈；时间：2013年3月24日；地点：育塅乡ZC村F礼生家中。

传统文化去伪存真的行动，也有固守传统的观点，具体到生活实践中则是一个复杂的冲突、变迁过程。此时丧葬礼俗也是新旧交杂，而对传统丧礼，许多知识分子严厉批评。例如，胡适曾经撰文阐述对丧礼改革的看法，并在其母亲丧礼上践行之。文中指出当时丧礼所存在的五大弊端，并提到其母丧礼中，讣帖的撰写简明扼要，去除"罪孽深重""稽颡"之类虚文；不请道士和尚；不用纸扎品；祭礼保留，但做了改动；不点主；不停丧。① 政府也颁布了许多改革措施。民国时期湖南成立佛化会、省政府举行祀孔典礼，诸如此类的活动说明儒释道的文化传统依然受到重视。而革命者发动的湖南新文化运动，则对封建主义思想进行了广泛而深刻的批判。反对封建主义教育，反对封建礼教，反对迷信，反对文言文。② 1927年前后，湖南禁迷信、打菩萨之风盛行，很多庙宇被毁，信仰活动停止。毛泽东在当时考察湖南农民运动后说："自此以后，人家死了人，敬神、做道场、送大王灯的，就很少了。……信神的只有老年农民和妇女，青年和壮年农民都不信了。农民协会是青年和壮年农民当权，所以对于推翻神权，破除迷信，是各处都在进行中的。"③ 花鼓戏、湘乡"蛋糕席"④ 等都在当时农民协会禁止和限制范围内。传统丧礼仪式也处在转折时期，一方面，"因袭传统"；另一方面，也有很多简化丧礼，文明化丧礼的期待与实践。

（二）1949—1978 年

中华人民共和国的成立结束了长期的动荡与分裂局面，实现了国家团结和统一。为了振兴中华，国家开始进行社会改造和现代化建设。经过五四新文化运动，中国传统的祖先崇拜、家族凝聚力和孝悌观念等在不断弱化。从现代社会的角度来考察，新中国成立后，在独立自主的民族国家意识下，随着社会主义新文化建设的推进，中国的社会结构发生深刻变化，它削弱了以父系家长制为中心的家庭纽带，各种新的职业角色已经得到广泛承认。⑤ 中国传统的宗族社会已经开始逐渐瓦解，而权力主义的传统被用来为现代的目的服务。⑥

---

① 胡适：《我对于丧礼的改革》，《新青年精粹》3，中国画报出版社 2013 年版，第 1—5 页。
② 林增平、范忠程编：《湖南近现代史：1840—1949》，湖南师范大学出版社 1991 年版，第 406 页。
③ 毛泽东：《湖南农民运动考察报告》，人民出版社 1975 年版，第 27 页。
④ 指湘乡婚丧节庆酒席。
⑤ 〔美〕费正清、麦克法夸尔主编：《剑桥中华人民共和国史》，王建朗等译，上海人民出版社 1990 年版，第 37 页。
⑥ 〔美〕费正清、赖肖尔：《中国：传统与变革》，陈仲丹等译，江苏人民出版社 1992 年版，第 512—515 页。

　　为了解决粮食危机，1958 年"大跃进"的战略方针被采纳。农村成立以发挥"群众中蕴藏的首创精神"的群众路线思想为基础的人民公社。公社合并许多高级农业合作社，在党的控制下执行地方政府职能。公社又划分为生产大队和生产队，1978 年以后生产队仍是农村基本单位。时至今日，中国乡村经历了翻天覆地的变化以后，湘乡民众在谈及组织单位时，依然习惯性地使用"公社""队上"这样的称呼。① 根据《湘乡县志》："建国后，和尚还俗归田，道士改业，丧葬简化。"② 实际上，这种改变也是有个复杂的过程的。1949 年后陆陆续续，强度不同的国家政策、运动，都不同程度地限制了传统的丧礼仪式实践与传承。"文化大革命"以前传统丧礼虽然被限制，在民间生活中依然有很大的张力。例如现在活跃的部分礼生就是在这个时间段学习的礼生知识，并随师父参加各种丧礼。那时的丧礼儒礼部分要比现在的复杂，一场丧礼一般由四个礼生完成，各自负责一部分，仪式环节也要更多，包括奠文公、告祖等内容。③ 佛道丧礼仪式在其时也是此消彼长，一直在传承。但"文化大革命"期间，传统丧礼仪式、仪式文本、礼生、道士都作为"四旧"被猛烈抨击，中断了近十年。但即使在那个年代，也有人家在晚上偷偷地请礼生、道士举行简短的丧礼。尽管礼生文本、道教科仪被烧毁、没收，但仍有很多文本被偷偷地保留下来。④ "文化大革命"结束后，礼生和道士又开始将残存的文本重新整理、抄写。由于传承被割断，这些文本在再次抄写的过程中，难免出现理解和规范上的偏差。所以现在的各个班派使用的科仪、法部中常有很多重复和错别字。⑤

　　（三）1978 年到 21 世纪初

　　1978 年以后，中国社会进入改革和巩固的时代。社会经济的改革，以及相对宽松的环境也使得文化有了很大的变化，社会风气现代化的节奏加快。⑥ 20 世纪 80 年代中期开始，随着改革开放的深入，中国社会发生了日

---

①　比如，与 X 道士访谈时，问及湘乡各村落道士的分布。X 道士说，这样看情况，因为交通便利，他所在的整个公社也只有他们一家做道士（访谈 20130328XCL，X 道士访谈；时间：2013 年 3 月 30 日；地点：湘乡 TY 村 X 道士家中）。而平时安排来丧礼帮厨、写包、端茶水等打杂的也是"队"上安排的。

②　湘乡县志编纂委员会编：《湘乡县志》，湖南人民出版社 1993 年版，第 976 页。

③　访谈 20130414FKL，F 礼生访谈；时间：2013 年 4 月 14 日；地点：YYC 丧礼现场。

④　访谈 20130329HJ，H 道士访谈；时间：2013 年 3 月 29 日；地点：BX 村丧礼现场。

⑤　访谈 20130328XCL，X 道士访谈；时间：2013 年 3 月 30 日；地点：湘乡 TY 村 X 道士家中。

⑥　〔美〕费正清：《伟大的中国革命：1800—1985》，刘尊旗译，世界知识出版社 1999 年版，第 431 页。

新月异的变化。工人的铁饭碗开始裂缝，工作收益更多地与劳动表现联系起来；乡镇企业开始蓬勃发展；个体户逐渐致富；知识分子有了更多谈论各种政治制度的自由；作家、艺术家都在冲击中萌动创作的欲望与激情。整个社会充满了巨大的活力，迸发着创造的热情。①

在这样的前提下，伴随着民众日常生活的需要，传统的民间信仰和礼俗生活又开始复苏。"1980 年以来，在农村部分地区，繁文缛节又死灰复燃。……"② 据记载 20 世纪 90 年代，湘乡"农村丧礼从简，不做道场，不搞跪拜礼，废除'拖头''孝棍''三灵冠'之类，不受'包封'，只突出'夜歌子'与'祭文'。夜歌子……表现亡者对人世的依恋和生者对亡者的慰藉，歌词缠绵凄切。围观者甚众，从而使灵堂不过于冷寂。祭奠则是由两个礼生和祭者共同进行，礼生在司仪过程中代祭者朗读祭文，音调抑扬顿挫，颇有音乐感，祭文的内容是根据祭者与亡者的关系叙述怀念之情，动人处催人泪下，文体多用白话，杂以文言"。③ 儒家丧礼奠祭仪式在此时逐渐恢复，礼生知识继续传承。仪式表演则主要是唱夜歌子，还没有出现后来的西乐队、鼓队、舞龙队等的表演活动。佛道信仰也开始恢复，很多此前被毁的文本通过残卷和记忆有所修复，丧礼中也再次出现佛道仪式。笔者田野调查的主要受访礼生和道士的师父，都是在这个时期开始学习礼生、道士知识，并参与礼俗实践的。但这个时期丧礼还是受到抑制。第一，人们对"迷信"的忌惮犹深，参与礼俗实践时，仍有较多顾忌。第二，从前被破坏的信仰体系、文本传统还需要一个较长的梳理、完善过程。第三，受生活水平所限，民众可支付的仪式的费用有限，礼生、道士等仪式实践者也无法完全依靠仪式收入为生。

（四）21 世纪初至今

随着改革开放的不断深入，到 21 世纪初湘乡的经济水平和居民生活都发生极大的变化。根据统计资料显示：2003 年，湘乡市生产总值 51.53 亿元，同比增长 10.8%。人民生活水平继续提高。2003 年，全市城镇居民人均可支配收入 7482 元，同比增长 5.5%；农民人均可支配收入 2952 元，同比增长 7.2%。④ 而到了 2012 年，湘乡全市生产总值为 231.75 亿元，同比增长 13.5%。居民收入稳步提高。城镇居民人均可支配收入

① 〔美〕费正清：《观察中国》，傅光明译，世界知识出版社 2002 年版，第 278 页。
② 湘乡县志编纂委员会编：《湘乡县志》，湖南人民出版社 1993 年版，第 977 页。
③ 湘乡县志编纂委员会编：《湘乡县志》，湖南人民出版社 1993 年版，第 977 页。
④ 《湘乡市统计局关于 2003 年国民经济与社会发展统计公报》，湖南统计信息网，http：//www.hntj.gov.cn/tjgb/xqgb/xtgb/200403150047.htm。

23143 元，同比增长 12.4%；人均消费支出 18734 元，同比增长 9.4%。农村居民人均纯收入 9260 元，同比增长 13.6%；人均现金支出 10277 元，同比增长 1.3%。[①]

而随着现代化进程的推进，传统的礼俗生活不但没有彻底退出民众的"现代化生活"，反而开始复兴。民众生活水平逐渐提高，可支配收入增加，现代化过程中出现的一系列问题增加了民众归属感的需求，社会环境也逐渐宽松，2004 年逐渐展开的非物质文化遗产保护运动，使得民众多元生活开始受到前所未有的关注。于是近十年来，全国各地民间信仰、仪式活动开始逐渐恢复。湘乡传统丧礼也逐渐开始兴盛，儒道佛和其他表演构成一个复合的丧礼仪式，并大有越来越热闹的趋势。尽管 2005 年颁布了新的殡葬制度规定，但是大部分的湘乡人仍选择土葬，丧礼少则两天半、多则六天半，一个普通的三天的丧礼耗资在 10 万元左右。当地人对丧礼的诉求即是"热闹"，各种表演，锣鼓喧天，金鼓齐鸣，吊者云集，以此彰显孝家的社会地位和经济实力。

湘乡丧礼近百年的变化，由于社会政策的影响，各类丧礼知识不断受到抑制，丧礼实践也相应地受到各种阻碍。然而儒道佛所传承的丧礼知识一直在微弱而顽强地延续，且丧礼的基本格局已经深入民众生活。因此随着经济收入的增加，政策相对宽松，丧礼知识传统的恢复，丧礼仪式又再度"完整"，并成为湘乡礼俗生活的重要构成。尽管中国跟其他国家一样，在现代技术的作用下与整个世界融为一体，但文化仍存在重大差异。中国社会长期以来建立的社会秩序和政治价值的架构基础深厚，很难改变，"核心观念"的东西变化相当缓慢。"尽管新的思想、新的术语、甚至宇宙论在革命家的脑袋里不断涌现，但中国人的生活还是不断地表现出不寻常的连续性和历史意识。……在中国，历史以一种西方人很难想象的方式存在着。"[②]

二　变迁的特点与趋势

（一）丧礼知识传承的变迁

知识传承基本上还是延续传统，但是由于现实的改变，这些传承也相应地发生一些改变。以现在的生活为中心，以当下的生活需要来决定礼仪

---

① 《湘乡市统计局关于 2012 年国民经济与社会发展统计公报》，湖南统计信息网，http://www.hntj.gov.cn/tjgb/xqgb/xtgb/201303/t20130321_98570.htm

② 〔美〕费正清、麦克法夸尔主编：《剑桥中华人民共和国史》，王建朗等译，上海人民出版社 1990 年版，第 28—37 页。

知识的结构。

1. 儒家礼仪知识

从湘乡丧礼看来，儒家礼仪的重要实践者是礼生。祭奠文是礼生在仪式举行前或者仪式现场书写的，由右自左，用毛笔或签字笔写在白色的纸上。其他喊礼的内容是没有借助文本自己诵读的。礼生的知识是传承而来，一方面借助文本材料，另一方面则是口传心授的知识，以及实际经验的积累。即使是有文本为模版，不同的丧礼也要根据孝家的情况而变。不同的礼生素养、经验不一样，所写的祭奠文的文采有高低，应对突发情况的能力也有差异。

礼生借助的文本有很多，《家礼》以及其他一些儒家书写都能运用，而更多采用的是经过礼生长期积累重新整理的文本，比如在礼生圈子内流传的刻印本《礼文汇》和《礼文备录》。

现在礼生传承的知识在丧礼的运用中表现形式比较单一，仅有喊礼，引领亲属拜祭，而没有其他的表现形式。仪式程序烦琐，以文为主，要参与者认真聆听与感受，才能真正参与到仪式活动中来。因此现在礼生知识相对式微，没有年轻人愿意去传承相关的知识。学习这些知识的人都是年纪比较大的，比如一些退休的乡村教师。传承者的活力无疑将影响礼生知识的传承，然而"传承者"由需要而决定，并不能硬造出一群合适的传承者来，也难怪一些地方知识精英感叹传统文化的"萎缩"了。①

然而儒家礼仪在湘乡丧礼框架中占据着核心位置。从长时段来看，儒家丧礼有悠久的传统，虽然不断简化，但基本仪节依然保存。儒礼与中国家族结构、社会秩序的紧密相关，保障了其在丧礼中的根本地位，这始终是丧礼中其他仪式或表演无法替代的。而从目前的实践来看，儒礼的朝中夕奠与丧礼筵席一日三餐节奏一致，保障了其基本关注度。家奠、堂奠也是整个仪式的高潮所在。

2. 道教知识

道教知识通过家族传承，而且由于道士的经济收益很好，相对而言有更多年轻人愿意学，这方面知识的学习基本处于供不应求的状态。另外，由于道教法事表现形式多样，有文有武。即使不去听文书的诵读，也可以看表演、听演奏，因此仪式参与度、观赏度比较高。道教知识既能满足民众的信仰需求，又能解决实际问题，还好听好看，因此顺应需求得以传承发展。

---

① 访谈 20120803MD，M 礼生访李丰；时间 20120803；地点：韶山 SG 村。

（二）丧礼时间观念的改变

根据礼生和道士的说法，过去湘乡的祭奠仪式和道教法事基本是在晚上进行的，因为亡者已经属于阴界，不适合在白天享受供奉，要到晚上才能好好地获得子孙的祭拜。而现在的祭奠仪式和法事基本是在白天举行，这是为了迎合生者的时间，考虑参与者和观看者的情况，晚上弄得太晚会影响大家的休息和第二天的生活。这也是一种时间观念的变化，一种顺应时势的改变。而县城丧礼更是形成了一套与村落丧礼不一样的模式，将家奠堂奠放在晚上，将化屋焚笼的仪式提前等，也是为了适应现代生活环境与节奏而发生的变化。晚上举行仪式，更重视与亡者、祖先、神灵的沟通，而白天举行更重视生者的需要，配合其生活节奏。

（三）丧礼复合性增强

现在丧礼的表演者除了儒道以外，还有各类乐队、表演队，使得丧礼既有儒家传统礼仪，也有佛道超验信仰，夜歌子、花鼓戏一类民间风俗，还有新兴的各种表演，它们有机地融合在一起，杂而不乱，各有特色，还能互相配合。对于普通民众而言，少了其中一样，都会觉得丧礼不够"热闹"。丧礼不仅要慎终追远，体现孝道，还要满足民众信仰和娱乐需要，以一场整合的演出诠释"白喜事"的内涵。

除了内容增加以外，儒道的丧礼仪式也增加进了很多现代的元素。比如礼生都是用话筒喊礼，有的礼生还要准备一套音响设备；许多原来用毛笔小楷写的文字，现在改用签字笔写。而道士除了音响设备外，乐器也是中西、传统与现代结合，有的道士用的乐器是插电的，直接连接音响，发出的声音更大、更响亮。

（四）丧礼社会网络的变化

由丧礼可以看出，现在亲属圈正在逐渐缩小，虽然亲属依然是丧礼不可替代的主角，但朋友圈的扩大也为丧礼的"热闹"提供了必要的保障，社会服务团体的增多也一定程度上影响了借由丧礼维系的社会网络。

1. 亲属圈的缩小

湘乡丧礼的花费不菲，由儿子出钱办，女儿可以给钱，但不强制，所以一般而言，儿子越多、社会地位越高、经济收入越多丧礼就会办得越隆重、越热闹。而丧礼热闹与否还有一个很重要的要素就是亲属友邻的数量。

道教仪式"关灯闯狱和拜桥绕道"原是两个仪式，现在一般连在一起表演，可以说是民众最喜闻乐见的表演之一。道士领着所有亲属绕着道场拜行，家人在前，拄杖而行，亲戚跟随。他们各持一支香，边行边拜，速度由慢及快。邻居朋友不参加，坐在旁边当观众。亡者家人、亲属多寡一目了然，人越多这场活动就越热闹。如果子孙少，表演就没有那么有效果。目前看来，湘乡丧礼中的儒道仪式必须要由亲属参加，亲属的多少是丧礼人员规模的决定因素。亲属借由丧礼聚集在一起，通过情感的、亲缘的深度互动交流感情、流动礼物，丧礼是他们交流的重要方式。传统社会中增加家庭成员是以枝叶的形式向外发散，人越来越多，自然丧礼办起来也就很热闹。但现在亲属圈缩小，使得丧礼的血缘关系网络也相应缩小，个人可交流亲属关系的途径越来越有限。

2. 朋友圈的扩大

随着亲属圈的缩小，我们也看到另外一种替代形式的出现，村落的开放使村民都有了更多的除了血缘、地缘以外的交流途径，通过业缘及其他途径结交的朋友成为丧礼的重要组成。第一，丧礼中有很多好友来帮忙。虽然有些帮忙的朋友也会获得一定的报酬，但是这个报酬跟市场价值是完全不等价的。第二，朋友送礼钱和祭幛，礼金少则五十，多则上百。祭幛一般送纤维被，价格一般是一百元上下。如前文所述"世侄"涵盖了所有亲属、邻居以外的交往者，通过这种亲属化的称呼可拉近关系。第三，朋友、邻居、同村人一起成为丧礼仪式的重要观众，有些礼仪表演是不能没有观众的，或肃穆，或悲伤，或娱乐，他们的观看、参与提供了一种无法替代的"热闹"。

3. 交易圈的变化

无论是礼生、道士、各类乐队还是厨师，都是要通过"购买"获得，这在村落中形成了一个个行业，这些行业为丧礼服务，并获得相对可观的收入。一方面，他们中的大部分人是农民，因此在村落之中逐渐产生一群以"礼"为生的人。这些人往往叠加了亲缘关系、传承关系、邻里关系等，既受市场关系的规范，又与"人脉"密不可分，可以说人脉和他们的"服务"在交易中的作用是同样重要的。另一方面，某些交易圈的存在又一定程度上破坏了原有的关系。比如，厨师团队的出现，打破了以前乡里乡亲在丧礼中的互助，逐渐取消了村民间原本存在的一种交流方式。在包产到户出现以后，因为没有原来的"集体公分"，村民失去集体劳动的机会，各家管各家的生产，加上南方地形特点，农田分散、住房错落，如今外出打工的人很多，因此村民之间的交流机会正在渐渐减少，村落关系正在发生微妙的变化。

小结

湘乡丧礼是一个复合型的整体，以儒家丧礼为主体，在承继传统儒家丧礼知识的基础上，又融合了地方风俗，表现为祭奠仪式。祭奠仪式又融合道教法事，并将各种不同的表演穿插、融合其中。丧礼满足民众的归属感、信仰需求，从各个层面维护家庭、宗族、社会的秩序，规范行为，达成有效地进行社会整合。

儒家丧礼通过祭奠仪式践行以"孝"为核心的伦理规则，生事之以礼，死也需以礼敬之，由此展示人文关怀，实现秩序规范。丧服的服制虽然日趋简单，但依然遵循一以贯之的等级差序。祭奠致哀时也严格按照亲疏等级排序，并有节制地表达哀思、悼念。"这种既是顺乎人性的情感也是符合社会的伦常，就构成了一套严密有节的秩序，绝不可逾越或任意紊乱。……这种'秩序'既是一家之中的尊卑、亲疏关系，也是在一个社会内部表现其社会成就、人际网络的关系。"① 借助礼生对儒家丧礼知识的传承，丧礼祭奠仪式确认家族成员的离开，巩固群体关系，重新调整社会秩序。

而道教仪式在丧礼中则满足民众对于灵魂与他界的信仰，"传统家族主义所重视的宗祧，与道教教义所强调的承负，两者结合为一种祖先信仰：其中即相信亡者与家族中任何一位生者有密切联系的关系，在生前既为生命的共同体，卒后也仍是家族生命的延续体"。② 因此道士们在仪式中，沟通亡灵与神圣，通过音乐、动作、色彩，既可观看，也可引导亲属参与，以完成救赎、超度，达成亡者的平顺过渡，并为孝家消灾免祸，祈福求荫。

其他的丧礼表演既能独立完成整套表演，各具特色，又能灵活穿插于儒道仪式之中，使得丧礼更加紧凑，娱乐性更强，能满足民众对丧礼"热闹"的诉求。同时，这些丧礼表演由亲属赠送，又吸引亲属邻友观看，扩大了丧礼的交换范围，巩固了社交网络。

---

① 李丰楙：《礼生与道士：台湾民间社会中礼仪实践的两个面向》，载王秋桂、庄英章、陈中民主编《社会、民族与文化展演国际研讨会论文集》，汉学研究中心 2001 年版，第 348—349 页。

② 李丰楙：《礼生与道士：台湾民间社会中礼仪实践的两个面向》，载王秋桂、庄英章、陈中民主编《社会、民族与文化展演国际研讨会论文集》，汉学研究中心 2001 年版，第 349 页。

　　丧礼中儒家仪式的人文关怀，道教的超验信仰，以及其他丧礼表演的娱乐性互为补充，充分地满足了各种需求，完整地构成一整套复合的丧礼仪式。

　　在承继传统丧礼结构的同时，湘乡丧礼通过整合多种文化元素、多种社会关系，实现了多元功能的有机融合，教育后代、巩固社会网络，又娱乐参与者。热闹的仪式活动、乐队演奏、娱乐表演轮流登场，吸引大家参与，孝家有面子，亲朋好友也觉得很热闹。虽然其间难免有所冲突，但却都那么自然地存在于丧礼中。肃穆的祭拜、悲伤的痛哭、热闹的表演、可口的筵席，现代的、传统的各类元素，冲突地融合着。礼生的祭奠礼，为生者表达哀思提供机会，以行动传递"孝"的概念。道士的法事引导亡者去另一个世界，并让生者观看、参与，实现生死的顺利过渡。众多其他演出则能活跃气氛，娱乐大众。丧礼既是对死者的缅怀，也是一场聚会，亲朋好友借由丧礼聚在一起，获得难得的交流时空，使关系得以巩固。虽然从表面看来湘乡的丧礼还是很传统，程序复杂、内容烦琐、子孙披麻戴孝、择地土葬，但实际上，现在丧礼除了细节上的差异外，更多的是由社会网络变动引起的丧礼形式的变化，以及由于文化传统、知识传承的改变导致的丧礼内容的发展，由此催生出丧礼多种社会功能的叠合。

第三章　礼生·道士：丧礼知识传承与礼俗秩序建构的两个面向

当代湘乡丧礼以儒道仪式为主，礼生主持祭奠仪式，道士主持道场，他们都是当地丧礼的重要表演者、主持者，是丧礼知识的重要传承者。礼生和道士是礼仪专家，拥有诠释礼仪文化的专业能力。他们将传承的知识付诸仪式实践，以分别实现儒道的义理架构。长久以来世代传承的丧礼知识既是历代儒家传统，也是基层社会中"礼生"所必备的专门知识，依此可执行丧礼仪式。礼生专长于礼仪实践，能准确地让参与者遵行传统礼仪规范。儒家礼仪长期内化为人文化的教化，对中国人的社会生活模式产生深刻的影响。但是儒家基于合理主义的立场，对于超验问题一贯的审慎态度，使其礼仪文化偏向于人文关怀的精神。传达"人文化成"，借由非常性的礼仪定期反复演出，来确定、强化各个角色在家庭、社会中的身份地位。而道教则建立了完备的民族神学，形成诸天仙圣与三界众神的神谱系，又传承古颂歌及相关祭仪传统。[①] 湘乡丧礼中礼生和道士各自完成仪式，礼生祭奠礼作用在于以"孝"为基点，巩固家族关系、维护社会秩序，偏重社会和人伦层面；而道士科仪则满足民众信仰的需求，解决超验的问题，偏重于人与超自然的关系。礼生知识传承面广，没有过多限制；道士知识传承相对封闭，出师时间也更长。礼生仪式表演以做文和喊礼为主，道士则有多种形式的表演，礼生知识和道士知识在长期仪式互动中，又共融成完整的体系。通过对礼生、道士丧礼知识传承的探讨，有针对性地、具体地理解丧礼知识传承与丧礼实践的关系，阐释丧礼知识维护社会秩序、规范行为，参与社会建构的

---

① 李丰楙：《礼生与道士：台湾民间社会中礼仪实践的两个面向》，载王秋桂、庄英章、陈中民主编《社会、民族与文化展演国际研讨会论文集》，汉学研究中心 2001 年版，第 336—337 页。

逻辑与过程。

　　本章分为三个小节。前两节分别阐释礼生、道士的丧礼知识传承。每节中，首先，从师承脉络、传承内容，介绍礼生、道士丧礼知识的传承模式；然后，利用各类文献资料阐述礼生、道士的丧礼知识构成及其内容；最后，利用田野调查资料探讨当代湘乡礼生、道士的丧礼知识传承。第三节，讨论丧礼知识的融合。

第一节　礼生的丧礼知识传承与实践

　　礼生是儒家礼仪在民间的重要传承者，他们掌握一定的儒礼知识，能指导民间礼仪活动。本书所称的礼生即在湘乡践行儒家传统丧礼的专家，其所从事的礼仪实践活动跟传统意义上的礼生基本是一致的，虽然范畴上有大小的差异。但是这些礼生的分类和性质却与传统意义上的礼生有很大差别，他们都是民间的，不受政府或者有关组织指派和管理，参与民间仪式活动，践行其传承的礼仪知识，并获得报酬。礼仪知识依靠有谱系的知识传承得以延续。

　　礼生的起源可以追溯到《周礼》春官，东汉末年应劭《汉官仪》是最早提及礼生的文献之一。作为中国礼仪史上重要转折时代的唐代，由于被士大夫垄断的礼法开始向庶民普及，不仅在太常寺和礼院有专职礼生，礼生也开始在士大夫世俗活动中赞相礼仪。宋代礼生不仅参与王朝礼仪，还是《政和五礼新仪》的重要依托者。元代礼生包括隶属于太常寺大乐署的专业人户，以及各地官方礼仪中赞相礼仪的礼仪专家。明清时期有了职业性和非职业性的礼生。若人们同意"儒教"在中国古代的确存在过，那么以礼生为核心的群体就是最重要的礼仪专家，其在儒教仪式传统中拥有的地位，类似于道士之于道教仪式，僧侣之于佛教仪式的重要性。礼生在民间的流变与士大夫礼仪向民间渗透有密切关系，司马光《书仪》和朱子《家礼》中都少不了礼生的存在。① 明代邱浚建议依托礼生推行礼教，虽未得到朝廷采纳，但他的确在乡村找到了模仿王朝礼仪的地方精英。王朝礼仪在乡村渗透的过程，也正是礼生进入乡村的过程。② 礼生相礼自明代以

---

① 刘永华：《亦礼亦俗：晚清至民国闽西四保礼生的初步分析》，《历史人类学学刊》2004年第 2 期，第 59 页。
② 刘永华：《明清时期的礼生与王朝礼仪》，《中国社会历史评论》2008 年第 1 期，第 257 页。

来成为家礼非文本传播的重要形式之一，"不论是哪一级学校的习礼儒生，也不论是通过何种途径习礼娴熟之人，所学礼仪不仅止及自身，用之自家，往往要传之乡党。若逢乡邻有婚冠丧祭等重要礼仪活动，通常要聘请他们担任礼仪专家，指导行礼，如礼书中的'通赞''唱赞'之类人物，即是所谓的礼生，或称相礼者"。① 19 世纪也可见很多资料中出现过民间礼生的记载。② 在 1940 年前后的北京民众婚丧礼仪中也都有礼生（司仪）的参与。③ "经过 20 世纪种种政治、文化运动，礼生依然存在于不少中国乡村。以四保所在的原汀州府为例，劳格文主编的《客家传统社会丛书》第一至十六所刊田野报告中，共有 66 篇报告考察了原汀州所属各县城乡的礼仪，其中就有 23 篇提及礼生。"④

由此可见，礼生是礼仪知识的重要传承者，是礼作为一种社会建构的知识中介。礼的推行有赖于基本的阅读能力和对礼仪专业知识的掌握，而礼要渗透到民众生活之中，则必须有知识中介的转化过程。在地方民俗生活中，礼生依靠文本和口承的礼仪知识活跃于礼仪实践中。而无论是文本的丧礼知识记述，还是丧礼的民俗实践，都可见礼生既服务于以"孝"为核心的，以"慎终追远"为主旨的儒家社会规范目的，又融于地方生活。

明徐霞客楚游日记中曾记载跟一位名叫艾行可的礼生同游湘江的经历。⑤ 清曾国藩之弟在道光二十九年（1849）六月初七日写给曾国藩的书信中，也提及祭礼所请礼生的姓名。⑥《杨度日记》光绪二十五年（1899）四月二日，也曾记载当时丧礼有援请礼生的风俗。⑦ 清至当代的湘乡地方

---

① 赵克生：《修书、刻图与观礼明代地方社会的家礼传播》，《中国史研究》2010 年第 1 期，第 138 页。

② 刘永华：《亦礼亦俗：晚清至民国闽西四保礼生的初步分析》，《历史人类学学刊》2004 年第 2 期，第 59 页。

③〔德〕罗梅君：《北京的生育、婚姻和丧葬：19 世纪至当代的民间文化和上层文化》，王燕生、杨立等译，中华书局 2001 年版，第 204—205、375 页。

④ 刘永华：《亦礼亦俗：晚清至民国闽西四保礼生的初步分析》，《历史人类学学刊》2004 年第 2 期，第 60 页。

⑤（明）徐弘祖：《徐霞客游记·卷二下》，上海古籍出版社 1980 年版，第 200 页。这位礼生出行还有仆人相随，途中遭遇劫匪而失踪。

⑥（清）曾麟书等撰，王澧华等整理：《曾氏三代家书》，岳麓书社 2002 年版，第 62 页。"礼生与执事之人，系陈金一、金五、王前三、颂十、庚三各前辈"。

⑦ 北京市档案馆编：《杨度日记》，新华出版社 2001 年版，第 135 页。文中记载："二日晴。何家治丧，欲请礼生，而多所不合，此礼所以不下庶人也。田家而学士大夫，势有不行，僭越其小者也。丧礼繁费，即士大夫亦必不行，可见《仪礼》亦周公未行之书，不独《周官》矣。"

史志中都有礼生参与丧礼的记载。① 家谱中的丧礼传统，《礼文汇》《礼文备录》的流传更与之相佐证。如今湘乡还活跃着一批"礼生"，他们平日有自己的工作，务农、摆课评②，甚至是道士兼学做礼生，有丧礼时则被请去做文喊礼。除了参加丧礼，礼生现在也还参加婚礼和寿礼，只是没有丧礼那么频繁。如前文所述，现在湘乡礼生主要行朝中夕奠礼、家奠礼和客奠礼，书写挽联、讣告、祭文等，在丧礼上与道士及其他表演者分工合作。

一　知识传承

（一）师承脉络

礼生做文喊礼相对于道士的仪式表演来说简单，职业性也没有道士强，因此学习做礼生的条件也相对比较宽泛，没有严格的入学门槛，可以说礼生群体是对外开放的。另外，礼生没有固定的出师期限和严格的专门训练，在有了基本的礼生知识后，可以跟随师父参与礼仪实践，逐渐摸索，通过潜移默化慢慢习得。过去"培养本族、本房族人做礼生的现象就很普遍。至于这个族人是否非得为礼生本身的子弟，并不是十分紧要的事"。③ 然而，现在随着宗族的瓦解，居住的分散，社会的开放，礼生并不局限于宗族、家族的范围。孝家请礼生虽仍是就近、就熟，但素养好的礼生美名远扬，甚至誉满整个湘乡，一般的礼生也常常被请到较远的地方去做礼。以几个个案为例。

上花村的 X 礼生，曾经是村里小学的老师，他是跟自己的叔父、姑父学习做礼的。他说在有私塾的年代，相关礼仪知识是跟私塾老师学的，以

---

① 根据民国学者郭则沄的笔记小说所述湘中礼生，"湘中吉凶礼咸用礼生引导，冠金顶，衣蓝衫，皆穷儒无赖者为之，乃亦挟异术。尝见一故家亲丧，移殡动棺时用礼生唱导，曰'起棺'，及起，棺奇重，曳者数十人犹喘汗，屡踬中途，独杠忽折。盖僧侣忌夺其业，以术侮弄之，所谓'千斤石'也。礼生色变，亟解衣及带缠于杠，口喃喃有词，自跃登杠上，呼众更异之，则折者已续，举者亦轻矣。僧若引咎求宥则已，否则礼生举刃将衣带缠杠处一挥断之，是僧立死。盖行术者败，身即殉之。湘中多异术，不解此辈峨冠博带者何以亦能之也"。虽是笔记小说，也能窥当时礼生情况一二，一方面，礼生参与礼仪活动，而被民众赋予了神秘色彩；另一方面，礼生与佛道一直以来就存在竞争关系。载郭则沄《洞灵小志·续志·补志》，东方出版社 2010 年版，第 309—310 页。
② 摆课评：摆摊算卦、择日、解签。
③ 刘永华：《亦礼亦俗：晚清至民国闽西四保礼生的初步分析》，《历史人类学学刊》2004 年第 2 期，第 60 页。

前的老师在初一、十五还要带领学生做祭礼。① X礼生的姑父曾读过8年的老书（即私塾）。他学习礼生知识已经有20多年了，但10年前才开始正式做礼生。X礼生现在收了两个徒弟，都不是亲属，而且他们目前在礼仪实践中还不能独当一面。② 如今X礼生除了务农、做礼生，还常常在湘乡云门寺边"摆课评"，即摆个小摊算卦、择日、解签。虽然摆课评跟云门寺门前的算命的相似，但X礼生很坚定地说这不是算命。算命主要是身体有残疾的人从事，摆课评的业务范围也更广。摆课评根据项目不同，收费也有差异。多数人是求签解签，求婚姻、学业、事业等，抽好签后，X礼生翻出一本手抄的书解签。没有固定收费，5元、10元皆可。算命则时间较长，收费也较高，一般20元、50元。X礼生说这样平均一天也能挣个几十元钱。如果有人邀请则去做文喊礼，一般就在邻近的村落；有农活忙就忙农活；剩下的时间如果天气合适，他就会去摆课评，特别是初一、十五和观音的4次生日。

　　ZC村的F礼生，曾经当过村里的小学老师、村支书。F礼生的整个家族都聚居在一起，他家后面是几个兄弟的房子，不远处则是祖屋，是附近很有影响力的一个家族。F礼生1965年开始学做礼生，跟老礼生学的，没有亲缘关系，边学边做礼，慢慢积累。当时他的老师，收的徒弟都是四五十岁的，也都不是亲属，前前后后也有近10个了。也就是跟着学些基本知识，然后和他一起参与丧礼，多看多学渐渐就会了。徒弟慢慢做熟了，知名度打开了，如果有人请其单独做礼，也就算出师了。现在请他做丧礼仪式的有熟人，也有不认识的。有打电话来请的，也有亲自上门请的。孝家请礼生一般都请熟悉的人，除非熟悉的礼生没时间，才请其他礼生。③ 现在F礼生还收了个道士徒弟，是显真观的L道士，他们还曾经在同一个丧礼合作。F礼生并不忌讳将礼生知识传授给道士，如今学礼生知识的人越来越少，这些知识有人愿意学总是件好事，丧礼知识的传承越来越开放。而且如果丧礼知识打破了

---

① 王振忠也曾指出，徽州礼生的"祭文本"等村落日用类书传承的一个途径，就是徽州的民间教育，私塾中往往教授村落日用类书的格式。见王振忠《清代前期徽州民间的日常生活——以婺源民间日用类书〈目录十六条〉为例》，载王振忠《明清以来徽州村落社会史研究：以新发现的民间珍稀文献为中心》，上海人民出版社2011年版，第103页。

② 访谈20130330XYL，X礼生访谈：访谈人：笔者；被访谈人X礼生，62岁，男；时间：2013年3月30日；地点：湘乡云门寺边。

③ 访谈20130324FKL，F礼生访谈：访谈人：笔者；被访谈人F礼生，72岁，男；时间：2013年3月24日；地点：育塅乡ZC村F礼生家中。

儒道界限，道士在学习这些知识上反而很有优势。① 现在道士学礼生知识的情况并不罕见。

M 礼生今年 46 岁，现在是韶山的乡村医生，是 2005 年、2010 年全国优秀乡村医生。过去曾经当过礼生，也做过村支书。他的礼生知识是跟父亲学的，父亲则是传承自爷爷。"文化大革命"时他们家礼生的业务全面停止，直到"文化大革命"结束，改革开放后，礼生的生意慢慢开始恢复。1978 年他就开始跟着父亲做礼生。但由于礼生的收入相对不稳定，他专职做乡村医生以后就已经很少接礼生的活了，至今已经 7 年未做文喊礼了。M 礼生在当地非常有影响力，他在丧礼中做的文书都颇受好评。他说当时做礼生的人还比较多，礼生之间也有竞争。一方面，靠关系，一般的人家都会请比较熟悉的礼生，所以，礼生的师承、人脉、口碑很重要；另一方面，就是要靠礼生自己的业务知识了。

礼生传承的知识，首先需要有师承，自己看书自学是不够的，很多细节需要口传心授。因为并非所有的礼仪知识都有记载，文本中记载的只是基本的文书范例、仪式程序。经验需要不断地累积，技巧则在礼仪实践中不断锤炼，师父能在口传心授过程中将自己的经验和技巧传授给学生。在背诵了基本的格式和模板后，礼生需要在礼仪实践中灵活运用知识，才能在仪式现场写出好的讣告、挽联和祭文。礼生要善于观察，并在跟孝家的沟通中，获取亡者的基本情况、兴趣爱好、亲友评价、家族关系等信息，如此才能写出贴切、诚挚的文书。喊礼的音调、停顿等也因师承而有所差别，民众若是听顺了一个节奏，习惯性地就会更容易接受同样的节奏。特别在礼生乐谱失传以后，失去文本依据，喊礼的音调、停顿完全靠口耳相传。当然，规范性的文本也很重要。M 礼生现在所有的《礼文汇》不齐全，他认为最好是要将这些礼仪文本重新整理，梳理出现在还有用的，以及急需保存的。另外，知识的传承也深受政策影响，比如在"文化大革命"期间，礼生知识传承完全中断。②

（二）传承内容

礼生"撰写祭文、恰当地吟唱、执行仪式、诵读祭文"，需要有一定

---

① 访谈 20130324FKL、LRD，F 礼生和 L 道士访谈：访谈人：笔者；被访谈人：F 礼生、L 道士；时间：2013 年 4 月 15 日；地点：湘乡 YYC 丧礼现场。

② 访谈 20120803MD，M 礼生访谈：访谈人：笔者；被访谈人 M 礼生，51 岁，男；时间：2012 年 8 月 3 日；地点：韶山 SG 村。

的文化，能"做文喊礼"，所以，很多礼生原来是老师，或者担任过村干部。① 素养好的礼生要声音浑厚响亮、字迹优美、记忆力好，能写出工整、恰当的挽联和洋洋洒洒的祭文。祭文、挽联既能信手拈来，又贴合孝家实际情况，喊礼时不需要对着文本念，所有亲属的名字和自己所写的祭文都能背诵。但这样的礼生现在已经很少且年纪很大了，一般不再出来，除非有特别的人花重金、利用扎实的关系邀请。②

F礼生说，做礼生，学习做文喊礼，要有文言文的知识，知道文学典故，(《礼文备录》中的祭文) 很多内容有固定解释的，现在和过去的解释也有所不同。现在的如果仍按照老的去做，就必须要按顺序喊礼，太烦琐了。古乐的配套与现在的中乐、西乐不同。原来很复杂，而现在仪节、祭文内容都趋于简化，每场主持丧礼的礼生也减少了，一般一个，最多两个。③

现在礼生虽仍活跃在丧礼仪式中，但M礼生认为这方面的知识已经开始萎缩了。因为礼生在丧礼中的活动全靠"文"的方式完成，没有动作的表演，也没有团队的集体效果，需要去听、去体会"文"中之意，礼生的礼仪实践才能真正产生效果。然而现在礼生的"文"不太受关注，礼生只不过是引领亲属完成祭奠礼而已。而且与礼生相配合的"乐队"也已经不存在，喊礼的旋律已经渐渐失传，礼生只能与临时配合起来的演奏队合作，因此达不到很好效果。而礼生做礼因为不够"热闹"，开始渐渐不受重视，收益不那么好，也就没有年轻人想要学习。M礼生觉得这样的知识失传了是非常可惜的，他说曾经想跟别人合作把礼生知识中一些实用性的知识整理出来发表，比如一些法术性的知识，如定尸体保鲜之类的知识 (如止漏棺文)。他认为这些知识在现在还是有市场的，而且要是不搜集出

---

① 刘永华指出，成为礼生所需要的资质是，撰写祭文、恰当地吟唱、执行仪式、诵读祭文，还有"捡日子"，即能掐会算、选择黄道吉日等 [见 Yonghua Liu, *The World of Ritual: Masters of Ceremonies (Lisheng), Ancestral Cults, Community Compacts, and Local Temples in Late Imperial Sibao, Fujian*, Mcgill University, Montreal, October 2003, pp. 133 – 134]。但现在湘乡的礼生没有"捡日子"一项业务，因为此业务属于"地生"的范围，地生负责选葬地、择日等，但在山西闻喜调查到的礼宾先生和湖南安化的礼生均可负责"捡日子"，甚至看风水择地。

② 访谈20130417XCL，X道士访谈；时间：2013年4月17日；地点：湘乡县城丧礼现场。访谈20130412LJU，L师傅访谈 (普通湘乡居民)，时间：2013年4月12日；地点：湘乡YYCL师傅女儿家中。

③ 访谈20130324FKL，F礼生访谈；时间：2013年3月24日；地点：育塅乡ZC村F礼生家中。

版以后就可能失传。①

二 丧礼知识构成

（一）丧礼文本

弔死慰生、陈哀抒悲的形式多种多样，为巨大情感驱遣与冲击，把生离死别的悲痛情感化诸文字，即为挽联、祭文等。礼生在丧礼中要撰写讣告、挽联和祭文。

1. 讣告

讣告，或讣闻是当家人确定亲人过世后，开始将死讯告知亲戚、朋友、上级、下属等的一种文体。讣告要快速发布，不能有疏漏，更不能"匿丧不报"，否则不仅有违礼节，还将受到处罚。《清稗类钞》载：报丧文，"详具死者之姓号、履历及生卒年、月、日，卜葬或浮厝之地及出殡日期"，以便亲友及时弔丧祭奠。《仪礼》中有关告知死讯的记载，亡者死后要派人告知，"赴曰：'君之臣某死。'赴母、妻、长子则曰：'君之臣某之某死'"。赴，走告也。②《家礼》中也有记载，亡者死后，需要"讣告于亲戚僚友护丧、司书为之发书，若无，则主人自讣亲戚，不讣僚友。自余书问悉停，以书来弔者并须卒哭，后答之"。③而日用类书中则开始记载详细的讣告格式，例如，《文林妙锦万宝全书》载：④

讣文式（亡状当以孝孙行书为子者治丧 无暇及此无孙侄亦可）

杖期孙某稽颡再拜

某亲某号某姓先生 几下

某门哀祚薄祸爨攸钟，不幸祖父/祖母于某月某日，一疾终于正寝（男曰正寝 女曰内寝），忝在至戚敢不讣闻

某月某日再拜谨状

---

① 访谈 20120803MD，M 礼生访谈；时间 2012 年 8 月 3 日；地点：韶山 SG 村。

② 李学勤主编：《仪礼注疏·既夕礼第十三》，北京大学出版社 1999 年版，第 769 页。

③ 朱杰人、严佐之、刘永翔主编：《朱子全书》第七册，上海古籍出版社、安徽教育出版社 2002 年版，第 903 页。

④ 刘双松删补重编：《新拔增补天下便用文林妙锦万宝全书·卷之十六·丧祭门》，书林安正堂刊，明万历壬子（1612）年。

又式：

孤哀子某姓某泣血稽颡拜

某亲某号某姓老先生大人　　几下

某罪逆不孝祸患□锺，不幸延及老父/老母于某月某日辞世。攀慕号绝赴愬无门，仰恃亲谊谨敢讣报（如欲吊则）。晚路遥屈重罪逆益增，毋劳玉趾，伏乞照察是幸。

某月某日谨状

又书：

称呼同

某罪逆深重不自殒减，祸延老父/老母不幸于某月某日弃世。万死莫赎赴愬无门，躃地号天徒竭□慕。奈何奈何忝辱至戚，谨具讣闻（如欲免吊则曰）。遥屈尊益重罪逆幸，弗有劳玉趾，鉴照是祷。

可见讣告在此时是根据撰写人与亡者的关系分类书写的，有专门的发送对象。而且内容简要，只载明亡者去世的具体时间、年龄、状态，并无丧礼时间安排的记述（例如援请佛道儒主持丧礼的情况、筵席的时间、发引的时间、下葬地点等）。

而家谱中记载的讣闻式则用统一的格式，不再针对具体个人，向所有的亲友统一发布。落款将所有家人都署上。另外，讣告内容增加，记载了亡者去世的具体时间、年龄、状态、举行仪式的时间、发引的时间，以及下葬的地点，使观者对亡者的基本情况一目了然，并能适时参与仪式活动。

（五十以上称享年，五十以下称得年，六十以上称享寿）
不孝某某等奉养无状或书罪孽深重
祸延
显考（妣）某公（母）某某（氏）老府（太）君，恸于某年月日时寿终止内寝。距生于某年月日时享寿几十有几。不孝某等亲视含殓停枢在堂，遵礼成服谨诹，某日治丧，某日题主，某日堂奠，某日某时发引扶枢。
登山安厝于某山之阳凡叨。

族、戚、友谊谅蒙，矜恤一切赙弔概不敢烦（惟冀居期 惠临指迷 丧次锡光道左存没均沾），哀此讣闻。

斩衰孤哀子某　　　　泣血稽颡

齐衰期服孙某　　　　泣血稽颡

齐五月曾孙某　　　　扙泪稽首

齐衰期服兄弟　　　　扙泪稽首

齐衰期服侄某　　　　扙泪顿首

功服侄孙某　　　　　拭泪顿首

缌服侄曾孙某　　　　拭泪顿首

护丧功服兄弟某某　　拭泪代告

附注 如夫为妻服则称缌麻生某如孙承祖服嫡孙杖期长子已死嫡孙承重①

《礼文备录》中根据亡者去世的情况，以及亡者的官职、身份有不同的讣闻式，比如"终于任所讣闻式"：

不孝某某等罪孽深重不自殒灭祸延

显考

诰受光禄大人

体仁阁大学士

赏戴双眼花翎

赐紫禁城骑马某省总督，历任工部尚书署户部尚书，同治某科会试正总裁，原任某部侍郎，某省巡抚某省布政使司，大常寺卿。

钦命稽察，右翼觉罗学某部郎中，京察一等提督，某省学政，道光某科某省考官前翰林院编修，某号府君。

痛于同治某年某月日时，寿终某省节署正寝。距生于道光某年岁日时几十又几岁。

不孝等亲视含殓，遵制成服，停枢在署，择期扶枢回籍叩属。

心谊谨蒙

此讣告重点强调了亡者官职、身份，简略记载了亡者去世的具体时间、年龄和状况。

---

① 《湘乡刘氏四修族谱·卷三丧礼》，彭城堂刻本，1917 年。

2. 挽联

挽联，又作丧联，是哀悼亡者治丧、祭祀时专用的对联。从先秦时起，人们就用语言、文字来表达哀悼、悲痛。《诗经》《楚辞》中都有挽歌，后来发展为诔词、哀祭文，隋唐后，律诗风行，促进对联形成。到了五代末宋代初，对联开始以独立的形式出现，挽联也日趋成熟，因为简洁明了，人们逐渐开始用挽联替代挽歌、挽诗、挽词以表追悼和哀思。①

《礼文备录》中的挽联按照与亡者的关系分类整理。

如写给妻的挽联：

> 春江桃叶莺啼湿，夜宝瑟无声弦柱；绝雨梅花蝶梦寒，瑶台有月镜奁空。

写给弟的：

> 三株荆树，两代萱花，无何撒手匆匆，竟尔天边寻幻境；
> 膝下孤儿，闺中少妇，那堪深情历历，都从堂上诉哀衷。

还有妻子挽：

> 我别良人去矣，大丈夫何患无妻，他日弦续房中，休向生妻谈死归；
> 继母即亲娘子，依严父哀哉小孩，儿终当有母异，日欢承膝下须知。

后面附有具体人物的挽联，"挽男通用"和"挽女通用"，以及曾国藩、胡林翼、左宗棠等撰写的挽联。挽联文辞优美，感人至深，因表征亡者的特点、彼此的情感而各具特色。然而现在的丧礼往往使用统一的挽联，缺乏针对性，难以凸显赠挽联者与亡者的关系、情感。

3. 祭文

祭文是一种古老而广泛运用的实用文体，起初被用来祈祷晴雨、驱邪避祸、祈求福报、哀悼亡者。随后渐渐发展为以哀悼亡者为主的文体，主要用于颂扬亡者生前的功德和优点，表达后人的哀痛之情。祭文书写要求

---

① 罗冈：《挽联概说》，中南大学出版社 2004 年版，第 30 页。

语言精练、扼要、简明，切忌拖泥带水。古代祭文需要押韵，且一韵到底，也可变韵，押两个以上的韵。押韵的祭文顺口、和谐，且能烘托哀伤气氛，便于抒发悲伤情感。近代祭文则较为自由，可长可短、可韵可散。①

　　现在湘乡的祭文是礼生在丧礼的成服礼、朝中夕奠礼、家奠礼、堂奠礼中代表家人为亡者诵读的哀悼、追思文本。不同的仪节用不同的祭文，格式虽然基本一致，但内容上有所区别。成服礼、朝中夕奠礼祭文都以家人统一称谓书写，家奠礼以子孙称谓书写，而堂奠礼则根据一定的亲属规则分类书写。祭文一般由礼生在丧礼现场书写，祭文读毕即焚化。祭文有大量可以参考的范文，于是固定了一些基本句式和常用描写，但在丧礼实践中撰写、诵读祭文则是对礼生的考验。礼生书写出好的祭文需要熟悉孝家情况、文笔优美、精通礼数；声情并茂地诵读祭文则要有浑厚的嗓音和很好的记忆力。

　　从《家礼》开始有了丧礼文书的记述，包括致赗奠状、谢状；慰人父母亡疏、父母亡答人疏；慰人祖父母亡启状、祖父母亡答人启状三种。②《文林妙锦万宝全书》的丧礼文书包括讣书式、报奠式、赗奠状式（孙代答疏）、慰丧父（答）、慰丧母（答）、慰丧兄弟（答）、慰丧妻（答）、慰丧子（答）、慰丧孙（答）、慰丧女（答）、慰丧妾（答）。③ 但这个阶段的丧礼记述中并没有太多祭文的内容，只有《三台万用正宗》有一则祭文通用格式：

　　　　维某几年岁次某几月某朔某日忝亲某谨以清酌庶羞之奠致祭于
　　　　某官某公之柩前而言曰　云云　　　尚飨

　　内容记述简略，只有祭文开头的文字，而并没有将具体祭文内容收录其中。这种记述风格是与日用类书的性质一致的，目的在于简略介绍而不是详细的指导说明。

　　但在家谱和《礼文汇》《礼文备录》中则有大量的祭文。家谱中祭文往往附在每一项仪节的后面。如行迎尸礼仪节中，读文后附有：

　　　　文曰：维年某某维月某维朔某维日某，不孝男某某等泣告于，显

---

①　陈建平主编：《谱牒、碑文、祭文赏析》，兰州大学出版社 2009 年版，第 124、127 页。

②　朱杰人、严佐之、刘永翔主编：《朱子全书》第七册，上海古籍出版社、安徽教育出版社 2002 年版，第 931—933 页。

③　丧礼文书采用的是刘双松删补重编《新拔增补天下便用文林妙锦万宝全书·卷之十六·丧祭门》书林安正堂刊，明万历壬子（1612）年中的记述。

考郭公某某讳某老府君之灵柩前，日兹已入棺，返璞归真，身之所附，必敬必诚，勿遗后悔，勿有怖惊告。①

书写文字在礼生礼仪中十分关键，撰写、诵读和焚烧祭文在仪式中不可或缺。《礼文汇》《礼文备录》以记载祭文为主，为礼生做礼提供重要的文本依据。通过这些祭文可知。

第一，招魂、朝夕奠、堂奠、迁柩、禫、虞等，丧礼仪式过程基本呈现。第二，祭文已经不是单纯的儒家礼仪专属了，掺入佛道、民间信仰的内容。可见祭文并非对官方礼仪相关文献的简单复制，而在民间礼仪互动中融入更丰富、复杂的内容。因此"礼生所涉及的礼仪，虽说具有'士大夫风格'，但很难一概归因于'儒家的'或'士大夫'的礼仪，相反，它们是所谓'儒家的'或'士大夫'礼仪和其他礼仪传统的混合体（hybrid）"。② 祭文呈现的这种特点恰是民俗实践与文本书写互动的结果，文本指导礼仪实践，反过来，礼仪实践又被记录到文本中。

朝奠荐文如：

祖德虽遥，宗灵宛在。奉先所以思孝。追远即在慎终。今为某逝，家奠礼行，敬其所尊。左右俨然洋溢，思其所好。朝夕荐厥馨香，兹者晨炊已毕。朝奠礼行，伏祈歆格护佑亡人。

中奠荐文如：

没虽殊时，孝惟一致。神灵既萃已有聚首之伤，甘旨是陈应同当食而叹。兹修午奠，依然从一饭再饭之常。伏乞先灵，不必有新鬼故鬼之别。以妥以侑来格来歆。

夕奠荐文如：

鹤唳鸟啼情凄，中夜星稀月落。泪洒残更，昏定无异。生前难色笑进膳，岂忘殁后不逮鸡豚？虔进夕飨，伏祈昭格。

---

① 《上湘大育乡视物冲郭氏三修族谱》，浣阖族公刊，1937年。
② 刘永华：《亦礼亦俗：晚清至民国闽西四保礼生的初步分析》，《历史人类学学刊》2004年第2期，第78页。

堂奠文如：

> 呜呼！我某竟弃儿曹，恸深恩之罔极悲，一往以云遥。勤俭贻谋不尽，光前之志，读耕垂训难忘。鞠子之遭，奈从前之问视已疏，徒伤风木怅。此际之瞻申孝享于香醪，挂去后之心赐不胜戚戚。奠灵前之鸡黍曷禁哓哓，某兮有知默歆微悃。灵其不昧尚鉴疏筵。

朝中夕奠文一般都会利用景、物点明时间，简明扼要地抒情。固定格式如：伏祈、来格来歆、尚飨等。堂奠文、祭某文则除了借物、借景抒情、点明季节等，更要说明亡者与自己的关系，以此为出发点抒发怀念、哀悼之情。固定格式如：呜呼、伏惟、来格、来歆等。

《礼文备录》祭文本主要分为家神类、荐祖类、司命类、门神类、功曹类、土地类、庙正类、城隍类、文公类、文昌类、治丧各神类、五方路神类、水神类、元辰受生文、血湖类、冥京类、诸天类、告主类、化箦类、重丧类、出柩类、安葬类、存柩起坟改葬类、奠土类、虞卒祥禫类、祭文类等，每一类中又包括不同的文书，比如，虞卒祥禫类包括："初虞告祖文、告词、五虞告主、初虞祭文、再虞祭文、三虞祭文、四虞祭文、五虞祭文、虞祭通用文、安灵文、告词、化包谢火神文、卒哭告主文、祭文、安主文、小祥告主文、祭文、安主文、大祥告主文、祭文、安主文、禫祭告主文、祭文、安主文、生辰祭文、忌日祭文、己身生日祭先文、附放生文。"而祭文类包括："祭祖文、祭祖母文、祭伯父文、祭伯母姊母文、祭兄文、祭弟文、祭妻文、哭子文、哭侄文、祭姊妹文、祭嫂文、祭舅氏文、祭岳父文、祭岳母文、祭外祖母文、祭师王公蔚堂文、祭男通用文、祭女通用文、祭男女通用文、祭曾文正公文、祭曾文正师文、告陆灵长文、祭吴素□文、祭姻太翁文、祭姻太母文、祭邓军门太夫人文、祭朱母陈太君文、祭伯翁文（无嗣）、祭表兄文（未娶）、祭岳母文（用易经）、祭妻舅文、祭谢母文、重阳祭母舅文、合祭母子文、祭朱云峰祖母文、祭陈母郭孺人文、祭岳翁李文顺公七十冥寿文。"[1] 类别比《礼文

---

① 《礼文备录》在第一章中也已经介绍过，是湘乡礼生中最广为流传的丧礼文本，本书所用的《礼文备录》来自湘乡育塅乡 ZC 村的 F 礼生，有一部分是原版，另一部分是复印版，且不全，以丧礼部分为主。文本上显示是增补礼文备录，宣统己酉年汉文局刊。这样的礼文备录在民国年间广为流传，很多人家都有，新中国成立初期也依然如此，后来渐渐失传，"文化大革命"以后更是稀有。F 礼生的礼文备录是改革开放后，他给一家人做礼，别人送给他的。下文所引《礼文备录》中的祭文皆出于此，不再另注。

汇》要更多，而且除了上述《礼文汇》的类目特点外，《礼文备录》中祭文分类更细。既有传统的不同仪节中的祭文，能清晰地看出丧礼仪式的基本过程；又有更多的祭神文，有明显的民间信仰特色；还有各类不同对象的祭文，并附有真实人物所撰写的祭文。因此《礼文备录》的祭文记述，一方面，能更好地指导礼生指导地方丧礼仪式实践。另一方面，这种书写也是儒家礼仪传统与民众日常生活深度互动的结果。

成服文如：

> 呜呼！我某长往太虚，不获少留，实某之辜。兹当成服，用先告诸彩衣变衰绖，甘脂化为毒脯。父（母）耶，天（地）耶何至此乎！

祭妻文：

> 呜呼！半世鸳鸯化作孤飞之鸟，一声霹雳剖开连理之枝。错认了偕老百年，到于今终成一梦。说甚么齐眉举案，从今后哪得团圆。驾已将行，挽之不住。深山无伴，三更独卧。黄泉冷被如冰，一夜孤眠白首。我诚有恨，卿已无情。若女若男，个个是生前骨肉。或婚或嫁，桩桩呈死后心肠。已焉哉，已焉哉。事去矣，事去矣，倘教来世有缘再结同心之果，到底今生无望，永烧断头之香。

祭岳母文：

> 文湖风惨，姑浦波寒。泰水忽竭，我心悲酸。念自当年，输投玉镜。□母仪容，温和柔顺。母德多慈，爱人如己。日用起居，慎而有礼。孝顺可风，桑梓克睦。断杼和凡，殷勤课读。教子以义，教某以情。情义并尽，子与婿均。遣女来归，诏宜家室。往送之门，形管法习。母曰勉哉，妇德有四。挽鹿推车，恩谊并至。某时安问，母喜动颜。以留以挽，晋爵加餐。菅霜胡烈，倏尔捐尘。展言行实，笔难缕陈。呜呼！已哉我恨，伊何瓣香杯酒。蒿里悲歌，母其有知，曰惟予婿。来格来歆，庶几，无射。

成服文以换装来表达哀悼，用色彩渲染悲痛。堂奠文是代表儿子写给亡者的，所以要表达的哀痛程度最甚。祭妻文则强调夫妻连理之情，阴阳永隔却难以割舍。祭岳母文渲染岳母懿德，慈详美好。可见，这个时期祭文种类繁多，针对性强。

由《礼文汇》和《礼文备录》中的祭文也可以看出，其中省略了祭文前面的一段介绍亡者去世时间的文字，即上文所引《三台万用正宗》中的祭文通用格式。而《三台万用正宗》省略的"云云"部分正好是《礼文汇》和《礼文备录》中记述的祭文。也就是说它们组合起来才是一份完整的祭文。这种记述的偏重源于各自不同的记述目的和方式，日用类书追求类目众多，方便查阅，因此每一个内容篇幅有限，于是省去祭文的主体部分，只传播祭文的"通用格式"；而礼生礼书目的在于礼生的具体的礼仪实践，作为一种行文范本和指导用书，看重祭文内容的书写。

（二）喊礼

礼生行礼的整个过程被称为喊礼，也就是说礼生除了撰写丧礼文书、主持祭奠仪式，还要用有节奏、有音调的声音将仪式过程、祭奠文书"喊"出来。

喊礼是一种演唱传统礼俗的民俗活动，除了演礼规则和仪式过程外，还有内容和音乐，也就是演礼的诗、词、文和曲谱。曲谱包括礼生的唱腔谱和乐师的器乐谱。礼生唱腔分为悲调和平调。悲调用于丧礼，平调则是婚丧共用。乐谱则多为婚丧专有，只有一部分共用。[1] 平调是丧礼中运用最多的腔调。由"引礼生、歌童生、赞祝生、歌诗生、读礼生"单独演唱的是"东升路赞、西降路赞、迎神文、孝文、祭文、生没词、堂奠文、朝奠文、暮奠文、成服文、孝服文、盥洗词、香文、酒文、食文、各种献词、挽歌、思成文、利成文、告成文、撤馔词以及《招魂词》《破狱诀》《接亡赞》《安灵词》"等，"大宾"演唱《孝敬》章节也属此类；其中由多人前唱后和的篇目有"《易·序》《圣经》《正气歌》《二十四孝》《孝经》《诗·蓼莪》《诗·南陔》《诗·楚茨》及绕棺诗、绕棺词、灵椿词、蒿里词、薤露词、丧礼词、思亲词、诔词、侑酒词、资箔词、永诀词、送神文、送行诗等。调式以记录的《挽歌》和《孝文》作为代表"。[2] 悲调是丧礼特有的腔调，多采用"前起后和，单起众和"的形式，为的是出现"一人起歌众人哭"的效果。丧礼曲谱则主要有大乐、细乐、衍乐、合乐，以及安庆调、竹影飞、观音扫殿等。[3]

X 礼生在学习礼生知识时，将《礼文备录》一些仪式过程摘抄在笔记

---

① 贾绍兴：《喊礼——湘西神秘婚丧礼俗考察记》，学苑出版社 2009 年版，第 132 页。
② 贾绍兴：《喊礼——湘西神秘婚丧礼俗考察记》，学苑出版社 2009 年版，第 134—136 页。
③ 贾绍兴：《喊礼——湘西神秘婚丧礼俗考察记》，学苑出版社 2009 年版，第 140、144 页。

本上。例如，他在笔记本上详细地誊写了堂奠礼仪：

> 陈设 击磬 布席 升炮三响 发大通 起鼓 鸣金 奏大乐 奏小乐 升头炮 大通初发 鼓初仪 金初鸣 大乐初吹 小乐初曲奏 起炮三响 大通三发 鼓再仪 金再鸣 大乐再奏 小乐再曲 升三炮响 大通三发 鼓三仪 金三鸣 大乐三吹 小乐三奏 大通金鼓大乐合奏 小乐长奏 孝子孝孙孝曾孙执杖就位 平身 鞠躬 诣盥洗所 搁杖 盥洗 盥毕 复位 诣香案前跪 搁杖 上香初亚三 焚香 献果品 乐复作 执杖起立 复位 跪 卧杖 稽颡四 行初献礼孝长子执杖 起立 诣食案前 就位 跪 搁杖 初献酒 献箸 献匙 献海味 献少牢 献太牢 献肥豚 反箸 乐赞止 歌蓼莪首章 词起乐和 蓼蓼者莪，匪莪伊蒿。哀哀父母，生我劬劳。乐复作 稽颡 执杖 起立 复位 跪 初献告终 行亚献礼 孝次子 执杖起立 诣食案前 就位 跪 搁杖 亚献酒 献箸 献匙 献德禽 献鲜尾 献圆肚 反箸 乐暂止 歌蓼莪次章 词起乐和蓼蓼者莪 匪莪伊蔚 哀哀父母 生我劳瘁 乐复作 稽颡 执杖 起立 复位 跪 亚献告终 行三献礼 孝三子孙 执杖 起立 诣食案前 就位 跪 搁杖 三献酒 献箸 献匙 献冰连 献麦饭 献团圆 通献各馔 反箸 呈汤 献粢盛 献香茗 献冥资 陈餐 乐赞止 歌蓼莪三 词起乐和父兮生我，母兮鞠我。欲报之德。昊天罔极 乐复作 稽颡 执杖 起立 复位 跪 三献告终 行侑食礼谁侑食呼谁名 执杖 起立 诣食案前 就位 跪 执事者 举杯酌醴 捧爵授孝子 灌爵返爵 乐暂止 歌三叠曲渭城朝雨浥轻尘，朝雨邑轻尘，邑轻尘。客舍青青柳色新，青青柳色新，柳色新。劝君更进一杯酒，更进一杯酒一杯酒。西出阳关无故人，阳关无故人，无故人。乐复作 执事者捧箸授孝子侑食 反箸 俯伏 乐止 读哀文 乐复作 兴 稽颡 执杖起立 复位 跪稽颡四 执杖起立 平身 化楮 焚文 礼成 孝子退归丧次 奏大乐 升鞭炮所设皆撤①

可见此时堂奠中除了要有节奏地喊出仪式过程、祭文，还有《诗经·小雅·蓼莪》和《阳关三叠》的唱诵。《蓼莪》是一首悼念父母的诗，渲染孤子思亲，无可挽回的悲惨图景，感人至深，闻者不禁潸然泪下。而《阳关三叠》是唐代歌曲，通过清新的景色，衬托出别离的依依不舍。这两首诗都能烘托离别的气氛，在丧礼中利用这样极富感染力的诗歌，表达哀思、悲痛，烘托离别的气氛，谨遵了儒礼"慎终追远"的精神。

---

① X礼生手抄在笔记本上的《堂奠礼仪》，是从他自己收藏的《礼文备录》中抄下来的。

而喊礼中唱诵的加入与楚文化的歌舞传统有关，是一种儒家礼节与楚文化交融的表现。由于楚人特殊的族源，顽强不折、奋发向上的民族精神，先秦楚声就已经发展成为独具风格的地方艺术。先秦楚歌楚乐，以浪漫的南方风格混融一体，且现在仍在流传。如今湖南、湖北流传的很多民歌、仪式歌曲颇似楚辞的体式。先秦楚歌乐吸收了华夏文化的传统，在当今方音区中仍保存着《诗经》的遗韵古风。① 鄂东南大冶县的三献礼，即祭礼、丧礼的一个隆重仪节，连续为先人敬献三次供奉。第一献礼的第一首歌为《蓼莪诗》，分为四段，出自《诗经·小雅·蓼莪》的第二章和第四章，但旋律稍慢，节拍比较自由。后面再依此唱其他曲目，每轮献礼唱两首。② 大冶县一般在临葬前一天晚上举行"夜祭"仪式，要演唱"蓼莪诗""迎神诗""薤露诗""侑食诗""迎神诗""伤心诗""奠茶歌""安神歌""踏歌诗""思慕词"十首歌曲。这些歌的旋律有浓郁的传统楚歌风格和地方特点。而丧礼中"堂祭"和"夜祭"仪式的最后一首歌《安神诗》由《诗经·鲁颂·有駜》改编而成。③

由此也可见，过去礼生喊礼必定有很多歌曲与之配合，在不同的仪节中唱诵不同内涵的歌曲。但现在湘乡的喊礼中已经没有这两首了，代之以流行歌曲，或者干脆省略不用。

三　礼生丧礼知识传承的当代实践

（一）文书的书写

1. 讣告

现在湘乡讣告要在丧礼正式开始的上午，由礼生当场撰写张贴。大体的格式、内容与前述日用类书、家谱、《礼文备录》等相似。但现在一场丧礼只撰写一份讣告，落款为所有家人。如：

讣告④

吾母某母某老孺人，生于某年月日时，因年老多病，恸于某年岁月日时与世长辞，享寿几十又几岁。

吾母出生在本市某乡，自幼生性贤淑，持家勤俭。与吾父结婚后，虽吾父年长吾母十余岁，可夫妇和谐，患难与共，艰辛备尝。生

---

① 杨匡民、李幼平：《荆楚歌乐舞》，湖北教育出版社1997年版，第11—15、21、31页。
② 杨匡民、李幼平：《荆楚歌乐舞》，湖北教育出版社1997年版，第110页。
③ 杨匡民、李幼平：《荆楚歌乐舞》，湖北教育出版社1997年版，第75、107页。
④ 20130414—16湘乡YYC丧礼照片，照片说明：讣告；时间：2013年4月14日。

育我们兄弟姐妹几个，抚育我们几男几女成家立业，耗费吾母满腔心血。吾母之懿德芳范，实为儿孙之楷模。

吾母生前承蒙各亲朋戚友无微不至之关怀，患病期间又蒙亲临慰藉，逝世后又蒙厚礼悼唁，我全家零涕感激之至。

谨遵教诲，吾母治丧从简，谨择某年岁月日请师申发，诵经超度，某日某时遵儒祭奠，某日某时出殡，扶柩归葬于某山之阳。

哀此

讣闻

孝男某某

孝媳某某

孝女某某

孝婿某某

干男某某

干媳某某

孝孙某某

孝孙媳某某

孝外孙某某

孝干妹某某

孝孙女某某

孝孙女婿某某

孝曾孙某某

泣血稽颡

护丧：干男某某 女婿某某 拭泪叩首

某年岁月日

现在的讣告一般具有以下内容：亡者的生卒年月日时间、地点、状况，举行丧礼仪式的时间、团队，主筵时间、发引时间和落葬地点，有的中间还加入一段亡者生平。落款除了家人还有干亲，并将家人、亲属按照辈分亲疏排列。没有像家谱中记述的按辈分亲疏分泣血稽颡、拉泪顿首、拭泪顿首，统一用泣血稽颡。护丧在家谱中记载是要“拭泪代告”，此处却用的“拭泪叩首”。可见，现在的丧礼实践中并没有完全遵守古制（或者说文本记载），往往根据孝家情况对亲疏排列做出一定的调整，细节并不严谨。另外，孝家还会回赠吊者一份“谢帖”，内容与讣告一致，只是用红色的 16 开纸打印。

另外，前文所述家谱中讣告用“遵礼成服”，而现在讣告用“请师申发，诵经超度……遵儒祭奠"。可见，家谱修编时虽然已经有明显的民间风俗、佛道仪式渗入，但书写时仍以儒礼为主；而在当代的丧礼实践中，因为儒道仪式面向不同，一个重人伦，一个满足信仰需求，礼生在书写讣告时将儒道的仪式并重，承认复合型丧礼的存在。

2. 挽联

挽联不仅要对仗、工整，更重要的是要简明扼要地概括出亡者的生平，并表示生者的哀悼。现在一般在堂屋和灵堂门口各贴一副挽联，且以堂屋门口的为主，内容更详细、精致。

简单的例如：

> 良操美节千秋在；
> 亮节高风万古存。①

详细的，可看出礼生的文采与用心，还有亡者的生平。如：

> 寿逾八旬，抚儿女历沧桑，茹苦含辛，勤俭终生为后代；
> 魂归三岛，杳音容辍训诲，痛心疾首，悲天泣地怀慈恩。②

可见，亡者享寿近九十，十几岁就做了童养媳，丈夫早逝，含辛茹苦抚养儿女，简单的一副挽联能白描出她的一生，引人尊敬、哀思。

还有亡者享寿近一百岁，五代同堂且一生辛劳，寿终于阴历二月。挽联如下：

> 百岁高寿至有守有为有苦甜，五代同堂托福荫；
> 二月音容远无忧无虑无遗憾，六亲仰拜赴瑶池。
> （横批）母仪仙驾③

3. 祭文

祭文是最能展现礼生水平的。M 礼生说礼生做得好不好，虽然大家有评论，但也只有行家知道内幕。他举了两个例子，说自己当年写祭兄文

---

① 资料 20120813—15 湘乡东郊乡 DQ 村丧礼照片，照片说明：挽联；时间：2012 年 8 月 14 日。

② 资料 20130414—16 湘乡 YYC 村丧礼照片，照片说明：挽联；时间：2013 年 4 月 14 日。

③ 资料 20130327—29 湘乡 BX 村丧礼照片，照片说明：讣告；时间：2013 年 3 月 27 日。

时，曾用过"胞翅伤残"一词来表达手足阴阳永隔之痛。因为他们传承的文本中没有这样的写法，所以比较新颖，结果被另一个礼生照搬错用在写给其他亲属的挽联中而贻笑大方。他还曾经用竹与笋的关系来描述叔侄的关系，也被别的礼生错误套用过。①

F 礼生说，礼生做文要根据孝家的情况，该说的说，不该说的不说，从简的从简，需要详细的则详细。但一般而言，只说好的不说坏的，因为说好的是为了让后人学习其优点，不好的则不要学。② 各个地方风俗不一样，礼生写祭文的风格、水平也有区别。写祭文分为四个部分，现在的阶段、回忆的阶段、成家立业的阶段和功绩，就从这几个方面概括亡者的一生。

成服礼：

> 呜呼！痛惟吾母长往太虚，不获少留实子之不辜。思念天下之父母，谁不爱其儿女。始则抚养，继则训育。课诗书、识礼仪、媒婚嫁、计成立、躬穷鞠，莫可言传。况吾母生育我们兄弟姐妹九个，抚育我们六男二女成家立业。耗费娘之满腔心血，娘之恩儿女未酬于万一。而今已然空有悲伤，粲当成服用先告诸。教我彩衣变为衰巾，甘脂化为毒脯。娘啊，何至此乎。肝肠俱裂，号泣悲乎，尚飨！③

需要说明的是，成服文以及后面的朝中夕奠文、客祭文和家祭文的前半段是亡者的生卒年月以及祭拜者的姓名，鉴于隐私在本书中前半段全部隐去。这一段文字正是前文所述《三台万用正宗》所记述的祭文通用格式部分的内容，而此处恰恰是其中"云云"处省略的祭文主体内容。

朝奠文：

> 呜呼！昨夜迎归，哪实见吾母之生前笑语，今朝泉处想不尽别后容颜。日上朱轮，恰是朝之会也。□陈而餐，难忘祝噎之文。执箸亲

---

① 访谈 20120803MD，M 礼生访谈；时间 2012 年 8 月 3 日；地点：韶山 SG 村。
② 访谈 20130324FKL，F 礼生访谈；时间：2013 年 3 月 24 日；地点：育塅乡 ZC 村 F 礼生家中。
③ 成服文资料 20130414YYCCFL 整理。成服文礼生在现场写成，撰写的时候并没有依据的文本，念诵时有一定的音调，跟写的文本基本一致。

尝惟祈醉，□捧酒下拜，不胜悲竭。灵若有知，来格来歆，尚飨。①

　　成服礼、朝中夕奠文都是家人写给"吾母"的。而堂奠家奠文则是有针对性的。在丧礼现场，F 礼生也要笔者写了一份给姑母的堂奠文，他提出的要求如下："娘家的侄儿悼念姑母的文，开头写时令（描写时令），1. 对姑母的怀念（姑母与父辈之关系）；2. 姑母对侄儿的关怀；3. 结束语。"② 笔者参考了 F 礼生写的其他祭文，根据他提出的要求撰写了一份祭文，内容如下：

　　呜呼！时维阳春三月，春光景明，吹面杨柳风不寒。今于此悼念姑母，阴阳永隔，悲从中来。姑母生前与姑父伉俪情深，相濡以沫，孝顺舅姑，抚育儿孙，辛劳勤俭一生。姑母生前对侄儿谆谆教诲，关怀备至。姑母的恩情侄儿常思相报，怎料姑母撒手人寰，再无机会。谨以此文聊表哀情，祈姑母早登极乐，来格来歆，尚飨。③

　　F 礼生认为祭文写得基本可以，但对姑母与自己父辈的关系写得不够，以下即是 F 礼生撰写的悼姑母文：

　　呜呼！时维三月春城无处不飞花，寒食东风御柳斜。风和日丽春光好，杜鹃声凄且边啼惊。闻表兄传噩耗，痛维姑母处仙途。我等闻倍悲伤，更有吾父好伤心。追思姑母与吾父同胞一母，手足情长，少小相依，芒度艰辛。姑母子归姑父后，夫妇相依艰辛，奋尝相濡相沫。姑母与吾之母辈，姑嫂相依情感交承，每逢相聚切切细语，共话衷肠。姑母待我们兄弟姐妹更是关怀备至、体贴入微，每逢拜谒，姑母虽家境困难仍然想方设法款之盛情，语重心长教诲谅。实望姑母举家兴隆，应享乐遐龄。胡天不佑一疾捐尘，灵前悼奠，聊表寸哀。灵

----

① 资料 20130415YYCCFL 和朝奠文整理。录音说明：时间 2013 年 4 月 15 日，地点：湘乡 YYC 丧礼现场。奠文由礼生在丧礼现场书写，并在仪式结束后焚烧，笔者在现场拍摄了奠文照片并整理成文。

② 资料 20130414—16 湘乡 YYC 丧礼照片，照片说明：F 礼生让笔者撰写祭文的要求及笔者所撰写的祭文；时间：2013 年 4 月 15 日。

③ 资料 20130414—16 湘乡 YYC 丧礼照片，照片说明：F 礼生让笔者撰写祭文的要求及笔者所撰写的祭文；时间：2013 年 4 月 15 日。

其有知，来格来歆，尚飨。①

此祭文以景物描写为开始，还写了姑母与祭奠者（即娘家侄儿）父母亲的手足深情、姑母与姑父的夫妻之情、姑母与侄儿的关怀之情，最后表示思念与哀悼。可见撰写祭文的基本规则，要写景，要抒情，要阐明各种关系。因此礼生必须非常熟悉礼书的祭文，能信手拈来，恰当组合，行文晓畅优美，又不能重复；礼生还需要熟悉孝家基本情况、家族关系等，才能写出恰当、应景的祭文。这些素质有赖于礼生自己的学习、老师的传授、礼仪实践的经验，以及平时日常生活的累积。②

客奠悼伯母文：

> 呜呼！正值春暖花开，莺歌燕舞之繁荣盛景际。闻噩耗痛，维伯母溘然捐尘驾赴瑶台。我们闻之倍觉悲痛。追思伯母终生劳碌，居贱食苦，任劳任怨。内外操持，抚儿育女，饱尝辛苦。吾姐伏松承欢伯母膝下，时聆教诲难感婆母之情恩。实望伯母举永幸福，儿孙孝顺应享乐遐龄。奈仙旨难违，一疾捐尘，敬陈薄奠，聊表寸哀。灵其有知，来格来歆，尚飨。

客奠悼姻伯母文：

> 呜呼！时维三月，阳光明媚，春意盎然。惊闻耗音痛维伯母与世长辞，驾赴天庭。我等闻之举家悲痛，追思伯母为人诚恳、待人热情、终生劳碌、任劳任怨、勤劳艰苦、和睦邻里、四邻敬仰。自吾兄妹于归伯母下，时聆教诲，吾兄妹每每念及婆母总是称颂。我等岁时进谒，伯母盛情款款之满腔热情。实望乐遐龄，胡天不悼，溘然捐尘，与世长辞。敬陈薄奠，聊表寸哀。灵其有知，来格来歆，尚飨。

客奠悼姻伯母文：

---

① 资料20130415YYCCFL和悼姑母文整理。录音说明：时间2013年4月15日，地点：湘乡YYC丧礼现场。奠文由礼生在丧礼现场书写，并在仪式结束后焚烧，笔者在现场拍摄了奠文照片并整理成文。

② 资料20130415YYCCFL和悼伯母文整理。录音说明：时间2013年4月15日，地点：湘乡YYC丧礼现场。奠文由礼生在丧礼现场书写，并在仪式结束后焚烧，笔者在现场拍摄了奠文照片并整理成文。

呜呼！时值春暮杜鹃啼，杨韵悲凄轻飘柳絮。急如归雁过关空回北地，其是其非。际闻伯母溘然长逝，驾鹤天庭。我们闻之举家悲伤，追思伯母，生性贤淑，持家勤俭，义训教子，言传身教。和亲睦友、品德高尚。吾等淑良承欢伯母膝下，婆媳相处情为母女。慈恩深长，吾们淑良言及咸口称颂。实望伯母举家皆荣，今可享乐长春，胡天不悼，溘然捐尘。敬陈薄奠，聊表寸哀。灵其有知，来格来歆，尚飨。

客奠悼姻伯母文：

呜呼！时维三月杜鹃花红，惊闻噩耗痛维伯母溘然捐尘，驾赴天庭。我等闻之倍感悲痛。追思伯母为人诚恳，待人热情，义训教子，礼义周详。伯母美德四邻敬仰，自吾姐等承欢伯母膝下，时聆伯母教诲，深垂惠泽。吾等每每念及婆母总是称颂，我等岁时进谒，伯母盛情款款之满腔热情。实望乐遐龄，胡天不悼，仙旨难违，溘然捐尘。今陈薄奠，聊表寸哀。灵其有知，来格来歆，尚飨。

客奠悼姻伯母：

呜呼！时维三月，正值繁花正艳，杜鹃盛开。惊闻耗音，痛维伯母捐尘，吾等兄妹闻之举家悲痛。追思伯母，终生劳碌，克勤克俭，与世无争之人。今值伯母祭礼，伯母你生于乱世，溘然捐尘，兹陈薄奠，聊表虔诚。灵其有知，来格来歆，尚飨。

根据客奠场次，同样是悼姻伯母被分成几场，所以相应也有几份祭文。为了避免重复开头会描写不同的景物，尽量使用不同的句子，并从各个方面追思亡者的仁义孝悌。

客奠悼舅母文：

呜呼！凄风竦竦惨雾沉沉，痛维舅母溘然捐尘。外甥闻之举家悲痛，追思舅母生性贤良，勤劳俭朴，内外奔忙。你与吾母姑嫂自依情谊深厚，每逢相聚，切切细语，共诉哀肠。待我兄弟备至关怀，情恩深长，谆谆教诲，语重心长。渭水情深，有齿莫忘。实望舅母乐享长春，仙旨难违溘然捐尘。西州抱痛，别墅伤情。荐陈膳宰，礼尽群甥。寸香片楮，聊表寸哀。灵其有知，来格来歆，尚飨。

客奠悼岳母文：

　　呜呼！时维三月正是荏苒又春来，寒逝遇回，百花绽放向阳开。慈帏清香新玉宇，岳母你倏赴瑶台，子婿闻之无限悲伤，更有痛哭娘亲泪满衣襟。追思岳母生性贤淑，持家勤俭，处事端，和睦邻里，待人至诚，岳母美德四邻敬仰。自蒙不嫌择我们为婿选东床，自此而后，岳母疼之爱之亲之如子，情与子同。其望子婿山高水长，更可痛者。娘呀，你为女儿们就读学堂择家婚配，虽说家中生活困难，可娘仍然宁可自己节衣缩食、省口度日，为我姐妹煞费心血。岳母疼爱外孙如珠在掌，寒暑关照无异亲娘。每逢我们拜谒，岳母总是喜笑相迎，款款深情，切切细语，语重心长。而今思之言就在且记忆犹新，实望岳母举家幸福享乐遐龄，胡天不悼。仙旨难违。溘然长逝。敬陈薄奠，悼奠灵前，表半子哀肠。灵其有知来格来歆，尚飨。

客奠悼干娘文：

　　呜呼！时维三月，正值百花争艳，春意浓浓之时。惊闻干娘仙归之耗音，教我举家无限之悲伤。思忆干娘生性贤淑，持家勤俭，和睦邻里，待人至诚，干娘之人品四邻敬仰。自我寄拜干娘膝下，干娘疼我爱我亲如慈母。更可痛者，干娘虽然家中生活困难，可自己省吃俭用，想方设法待我关怀备至，教我有齿莫忘。干娘疼爱干孙更是祖恩情长，实望干娘身逢盛世，举家幸福，应享乐遐龄。胡不料，溘然捐尘。灵前祭奠，聊表虔诚。灵其有知，来格来歆，尚飨。

　　现在的家奠无论有几个儿子，几个孙子，几个曾孙，一律只举行一场，所以家奠文也只有一篇，统称呼"母"或"父"。F礼生说以前的家奠文有长达两三千字的，现在一般也就一千字左右了。① 家奠文要将亡者生平写进去，家人俯伏在灵前仔细聆听。有的家人往往在这个时候才知道

亡者生平的一些细节，比如几岁当童养媳，几岁守寡，夭折了几个孩子之类。家奠礼参加人数多，时间长，也很庄严，伴随着礼生宛转悲伤的语调，听着亡者一生的坎坷，生前的种种情形，家人们往往会深切哀悼，泣不成声。

家奠文是所有祭文中篇幅最长、最复杂的，因此祭文层次也最多，叙述亡者生平、家族关系最为完整，可以说是一篇简要的亡者的个人生活史。①

第一，先利用景物抒情、描述一番，然后赞颂亡者品德为人：

> 呜呼！时维三月，正是春意盎然，繁花似锦，雁飞北地，燕舞莺歌之时……娘啊你性贤淑持家勤俭，义训教子，礼义周详。至于宗族，待亲邻更是尽情尽礼，诚至厚也……波涛滚滚望慈颜而不见，只有棺长盖，惨列中堂，教我睹霜露而抱痛，抚桐杖更悲伤。哭娘亲思娘情，越思越是伤心……

第二，亡者的生平内容详细，出生、成长、婚嫁、孕育，到为子孙婚配、成家，到晚年生活，展现亡者的人生历程。

> 曾记得是娘说娘呀，你是民国＊＊年出生，社会黑暗，外祖之家境终日辛勤劳作……故早尝生活之艰苦。临近解放之时，遵父母之命爱媒妁之言，于归吾父斯时也。吾父年已三十尚因家境报为困苦……五一年喜有我＊＊……继而生大弟＊＊带到六岁，因天花麻豆早早夭折……继而我们兄弟姐妹相继出生，其中尚有＊＊妹妹也带到三岁而夭折矣……大集体按劳分配，家中劳力人多，两大哥已另立门户，我们六姐妹都年幼体弱……吾父岁年长吾母十七岁，可娘跟爹夫妇相依患难与共，艰辛共唱……

第三，再次抒情，表达哀思追念。

> 呜呼！娘呀，你为儿女，女嫁男婚劳瘁千般，心血几尽。一生荆

---

① 根据资料 20130415YYCCFL 和家奠文整理。录音说明：家奠礼，时间 2013 年 4 月 15 日，地点：湘乡 YYC 丧礼现场。奠文由礼生在丧礼现场书写，并在仪式结束后焚烧，笔者在现场拍摄了奠文照片并整理成文。＊＊处是隐去的真实姓名、出生年月等信息。

钗布裙，淡饭粗茶。而今正是儿等尽孝道板勤恩，望娘长做天年，谁知天心莫测，人事难凭。吾母如此而终其天年也，伤心呀……

第四，最后，说明亡者落葬之处，强调入土为安，并祈求亡者庇佑后人。

娘呀你在家只有今宵晚，明日良辰要扶枢卜葬于某某山之阳。儿者只能逢于□之期怀母来家，□骨肉情深，祈求娘既于生前庇佑儿女孙……

所有这些祭文礼生都是要在丧礼现场完成，他们一般会一边吟唱一边写，让文字与声音相配合。

（二）喊礼

一个完整的喊礼过程，包括仪式过程、宣读参加祭奠礼孝服人等的名字，以及诵读祭文，是仪注、祭文的具体仪式实践。以中奠礼为例：

行中奠礼 鸣炮 起鼓 鸣金 奏大乐 金鼓大乐合奏 小乐清音 诣盥洗所 盥洗 洗毕 复位 诣灵案前 跪 初上香 复上香 再上香 焚香 搁杖 再拜起立 稽颡四 起立 诣食案前 跪 初奠爵 又奠爵 三奠爵 复位 献箸 献匙各馔通献 陈餐 反箸 请香茗 请果珍 小乐止 俯伏 读中奠文

岁次癸巳某月某日孝男某某某某、媳某某某某、孙男孙女曾孙孝服人等，孜以香楮酒菜不腆哀伤，中奠于吾母。

显妣某母某老孺人之灵前而文曰

呜呼！午天方近，云淡风轻，娘之容颜宛在，声颜难通。回思在日就膳何殷，视□祝尝日之云中，望庚帷而致慨，面对桌上肴馔更伤情。兹陈午膳聊表寸哀，灵其有知，来格来歆，尚飨。

乐复奏 稽颡四 起立 焚楮 焚文 礼毕①

礼生喊礼本来是有固定的曲子和乐谱的，并有专属的乐队，但现在曲子和乐谱都已经失传，乐队也没有了。先秦时期丧礼不用音乐，居丧限制音乐，《礼记·曲礼上》云："临丧必有哀色，执绋不笑，临乐不叹，介胄

---

① 资料20130414YYCZDL。录音说明：中奠礼，时间2013年4月14日，地点：湘乡YYC丧礼现场。

则有不可犯之色。"居丧不可言乐，要求一般的人："望柩不歌，入临不翔。当食不叹。邻有丧，春不相；里有殡，不巷歌。适墓不歌，哭日不歌。"（《礼记·曲礼上》）汉武帝以后，儒家丧礼仪式渐渐用法律形式固定，丧期奏乐不仅受道德谴责，还有违法律。《唐律·职制律》规定居丧不能奏乐。然而，自唐代开始，居丧作乐屡禁不止，且民间兴起的丧礼用乐的习俗还影响到上层阶层。尽管有争议，但丧礼用乐在当时已占主导，且屡禁不止。而民间这种情况则出现更早，不仅禁而不止，还日益兴盛。宋代不仅民间，连士大夫阶层都不遵守了。但关于丧礼用乐一直有争议、有反复。① 明代民间丧礼有唱戏、表演，并伴随酣饮。直到清代，有的地方还禁止丧礼用乐。可见，丧礼用乐的制度规定与民间实践一直未能统一。

以前礼生的乐队跟现在的中乐队一样，有鼓、锣、钹、笛、二胡、唢呐，人数少则四五人，多则六七人，跟随礼生（那时往往有四位左右的礼生）一起出去做礼。他们是一个团队，就跟现在的道士一样。礼生的乐队不仅在行礼时演奏，在礼生读祭文时也伴奏，以烘托气氛。② 但与道士不同的是，虽然彼此配合，但礼生和乐队始终是分离的，因为他们的知识是独立的。礼生知识重点在做文喊礼，而不需要学习乐器，乐队则只会演奏不会做文喊礼，因此礼生的功能不可替代。道士和乐队是融为一体的，每位道士既会念经做法，也会演奏乐器。也许正是因为知识体系的特点，随着时间的推移、社会的变迁，道士综合一体的知识形式上没有改变，而礼生与乐队则分离开，渐渐地与喊礼相配合的乐曲也流失了。

礼生学习做礼的时候跟着老师吟唱，记住音调。而真正在实践中，不同的礼生喊法都不一样。由于乐队的分离、乐曲的流失，礼生喊礼失去了定调的伴奏，因此现在已经没有统一的曲调了。只要求押韵、停顿恰当，腔调宛转悲伤。③ 喊礼用官话，不使用方言，但仍带有浓郁的方言语调。仪式过程和祭文都是礼生要"喊"的部分。仪式过程每一小节都是一个动作，礼生喊礼的时候在动词和后面的名字间有个短暂停顿，并将动词音调

---

① 田耀农：《陕北礼俗音乐的调查与研究》，博士学位论文，中国艺术研究院，2002 年，第32 页。

② 访谈 20130415FKL，F 礼生访谈；时间：2013 年 4 月 15 日；地点：湘乡 YYC 丧礼现场。访谈 20130330XYL，X 礼生访谈；时间：2013 年 3 月 30 日；地点：湘乡云门寺边。访谈 20120803MD，M 礼生访谈；时间 2012 年 8 月 3 日；地点：韶山 SG 村。根据以上访谈综合而成。

③ 访谈 20131013FKL，F 礼生访谈（电话）；时间：2013 年 10 月 13 日。

提高，名词音调降低，比如：行↑—中奠礼↓、奏↑—大乐，中间横线表示拖音、间隔，箭头表示音调的升降。"初奠爵 又奠爵 三奠爵"之类则轻声读初、又、三，升调重读奠字，降调重读爵字。三个字的动作，往往将中间那个字转读一个长音，比如：请↑—香↗茗↓。读文后面的内容没有乐器伴奏，只有礼生一个人的声音。带着哭腔，抑扬顿挫，宛转凄美地诵读。按照语句含义和语法习惯，有时停顿有时连读。比如孝男诸多名字一次连读完，孝媳诸多名字一次连读完，但孝男、孝媳间有停顿。祭文根据平仄，押韵吟诵，时而拖音，时而停顿。祭文读完又立马换回喊仪节时的音调，乐器复奏。①

不同的礼生有不同的喊礼音调，礼生可以根据自己的理解和需要使用不同的语调，也能在喊礼中增减一些环节。如另一场夕奠礼：

行夕奠礼 陈设一起 请鸣炮的师傅三炮鸣嘞 请中乐师傅起鼓 鸣金奏大乐 请鸣炮的师傅还鸣三炮 请乐队的师傅起鼓 金鼓大乐合奏 小乐清音 诣盥洗所 盥洗 洗毕 复位 诣灵案前 跪 初上香 复上香 再上香 焚香 搁杖 再拜 起立 鞠躬三 起立 诣食案前 跪 初奠爵 又奠爵 三奠爵 复位 献箸 献匙 通献各馔 陈餐 反箸 请香茗 请果珍 小乐止 俯伏 读中奠文

公元某年月日灵前来悼念母亲大人、岳母大人、祖母大人，先有夕奠祭奠之时，在灵前聊陈夕奠有孝男某某某某、媳某某某某、孝孙某某某某、孝孙媳某某某某、孝女儿某某某某、孝女婿某某某某、孝服人等等。

槿李香华九里，三生耄耋之年祭奠日。母亲啊，岳母啊，娭毑啊。

呜呼！悼念慈亲，痛神恩之罔极。悲哀下已神游，已故沿路迢迢，一片悲伤之景。母亲啊、娭毑啊，未来报养育之恩、抚育之恩罔报。直到流到，报到灵前。追思恩情啊，忆娭毑啊，保佑后辈平平安安咯。母亲啊，前途渺渺，漆海茫茫啊，在何处安身咯。此刻就餐之时啊，您众多儿孙跪伏灵前啊，请您老人就餐咯。灵其有知，来格来歆，尚飨。

---

① 资料20130414YYCZDL。录音说明：中奠礼，时间2013年4月14日，地点：湘乡YYC丧礼现场。

乐复奏　稽颡四　起立　焚楮　焚文　礼毕①

　　行礼的 W 礼生喊礼时，虽然仪式过程与别的礼生基本相同，但用词相对随意、活泼些，非常积极地与各类乐队互动。有礼生认为在一般的奠礼中"升三炮"是错误的，只有在家奠礼中才需要升三炮，而朝中夕奠和客奠是不能升三炮的。②W 礼生用的称呼和祭文，不同于各类文献记载，也有异于其他礼生：称呼处省略农历岁次，祭文内容也没有那么押韵、规整，在其中加入很多"嘞""嗯""啊""咯"这样的语气词，这些词是湖南方言和花鼓戏中常用的。仪式过程的喊礼音调跟一般的礼生差不多，但会加入一些别人没有的桥段，例如，客奠刚开始鸣一炮后请西乐师傅吹奏迎宾曲，鸣二炮后请西乐师傅吹奏哀乐。客奠礼中，W 礼生还说，某母一生艰辛，请奏一曲《悠悠岁月》，家奠中则让西乐演奏《世上只有妈妈好》。湘乡过去在喊礼中插入《诗经》《阳关三叠》，但现在则是穿插现代歌曲，而据记载湘西喊礼中则仍在用《诗·蓼莪》等一系列歌曲。③湘西能保留这种传统的唱词和曲调背后有极其复杂的原因，但根据其书中所载，当地丧礼完全由礼生完成，没有佛道参与，礼生在丧礼中画符、敬神、喊礼、唱曲，表演非常完整。也就是说，整个丧礼的人伦的、超验的需求，以及视听、互动的需求是由礼生满足的。可见在这种情况下礼生唱词、曲调得以传承是理所当然的事。而湘乡现在没有这些唱词的原因，一方面，如前文所述，乐队与礼生分离后，很多乐曲也随之慢慢流失了。没有专业的乐队配合（所谓专业指专精于喊礼的演奏），礼生现在已经不知道要如何唱诵。另一方面，湘乡丧礼表演形式很多，比如夜歌子，已经能够满足现在民众的此类需求。④

　　现在也并不是所有的礼生在喊礼中插入流行音乐，有的礼生会觉得那样不伦不类，既然没有曲调和唱词了就干脆省略。而 W 礼生则认为在喊礼中加入识别度高的流行歌曲，既能活跃气氛，也能充分抒发情感。W 礼生在祭文吟诵中善用拖腔，且声音浑厚响亮，这被公认是他做礼生的优势。

---

① 资料 20130414BXCXDL。录音说明：夕奠礼，时间 2013 年 3 月 27 日，地点：湘乡 BX 村丧礼现场。

② 访谈 20130330XYL，X 礼生访谈；时间：2013 年 3 月 30 日；地点：湘乡云门寺边。

③ 贾绍兴：《喊礼——湘西神秘婚丧礼俗考察记》，学苑出版社 2009 年版，第 136 页。

④ 虽然笔者调查中唱夜歌并没有唱《诗·蓼莪》，但根据《荆楚歌乐舞》相关记载"夜祭"时需要唱"蓼莪诗""迎神诗""薤露诗""侑食诗"等十首歌（杨匡民、李幼平：《荆楚歌乐舞》，湖北教育出版社 1997 年版，第 106 页）。

尽管这种插在喊礼中的流行歌曲，与前文所述《诗经·小雅·蓼莪》和《阳关三叠》等相去甚远，但却也是一种礼生喊礼中的重要曲调，其作用是相似的。喊礼的乐队和乐谱流失，无法再在仪式中使用《诗经·小雅·蓼莪》和《阳关三叠》，而插入流行音乐，则既能表达哀思、渲染情感，又切实可行，也不失为一种权宜的替代方式。

现在有的礼生还在丧礼中设置《奠酒词》。在第一场客奠结束后，W礼生说，"按照孔夫圣人所发出的《礼文备录》476面第4行，上面说，人生在世祭之以礼，葬之以礼。奠后还要敬上亡人三杯水酒，现在你们为侄辈的在奠上亡人后，敬上姑妈三杯水酒。现在你们捧正酒杯"。① 然后就开始唱奠酒词，指明乐师傅奏《六音神调》②，开始唱花鼓戏：

> 我侄辈哎，在灵前啊，把姑妈哎喊勒。有先生嘞何望嗨，姑妈哎，你不生哎。姑妈哎你此一回，去得呀远嘞，阴阳哎两隔，是渺渺茫茫哎。姑妈哎您是百岁高寿哎，一路哎此趟嘞，要注意安。姑妈哎，你为晚又是百岁啊寿，鸡鸣哎，姑妈哎，你要等我出关。快赶哎姑妈哎，你要前面路注意哎。要到阴茶馆去买茶汤，阴间哎地下啊不好走，高高哎低低啊路不平，路途啊坎坷啊，姑妈啊你要小心啊。您老啊此番啊谁过不得走程啊，我侄辈啊只能在灵前奠一杯酒，相送姑妈哎，以表寸哀。一杯酒勒，渺渺茫茫哎，相送姑妈启华程。三杯水酒一华呀里，姑妈哎在九泉之下，会保佑你们。保佑侄辈个个身体平常、精神愉快、心想事成。保佑哎你们哎求财财源广进，保佑你们哎出入平安，保佑哎你们侄儿侄媳妇侄女侄男是人兴财又旺咯，户户堂前万年长，呀和嘿。③

唱完以后W礼生要求参加奠酒的亲属给钱表示孝心，钱有多有少，随亲属之意，一般十块、二十块。此后每场客奠结束后W礼生都会唱《奠酒词》，伴奏的花鼓戏音调每场不同，有《哀调》《神调》《西乐和调》《木马调》等。奠酒词内容则大同小异，哀悼亡者，并为后人祈福求财。

---

① 资料20130414BXCKDL。录音说明：客奠礼，时间2013年3月28日，地点：湘乡BX村丧礼现场。W礼生所藏《礼文备录》没有带到仪式现场，笔者也未能看到，所以，他的这段话暂无法与文本对照。
② 《六音神调》是湖南花鼓戏的一种调子。
③ 资料20130414BXCKDL。录音说明：客奠礼，时间2013年3月28日，地点：湘乡BX村丧礼现场。整理后的文本没有经过W礼生的校正，所以有个别地方可能有误差。

家奠结束后也有奠酒仪式，让子、孙等给钱，但省去了奠酒词。加入奠酒的环节，使得仪式持续时间更长，也更具参与性和观赏性，但依此做的礼生并不多。一来在祭奠礼上礼生演唱花鼓戏，又要收取孝心钱，显得不够庄重；二来花鼓戏也不是所有礼生都能演唱的。

　　尽管这种插在家奠、堂奠每一节后面的《奠酒词》在现在湘乡的丧礼实践中并不普遍，但也是一种礼生仪式的重要环节。而很多地方丧礼中有唱《奠酒词》的习俗，比如云南彝族丧礼在唱了《守灵歌》后再唱《奠酒词》："献酒给你，你要喝，喝三天酒你要走了。公鸡口格下蛋？公鸡下蛋你回来！母鸡口格报晓？母鸡报晓你回来……"① 浙江畲族丧礼，师公代表不同的亲人，唱不同的《奠酒词》，如儿子奠酒时，师公唱："天若微微，地微微，在阳孝子把杯奠酒敬；孝子奠父酒一杯，增福进禄得安宁。"② 壮族丧礼每杯酒有《奠酒词》四句，内容紧扣荐亡主题，情真意切，曲调凄恻哀婉，催人泪下。例如，道公代表孝男致意："羊有恩爱之礼，酒有奠谢之杯，千盏万盏不如捧盏，千杯万杯不如奠谢之杯。"③ 江西芦溪丧礼成服礼仪节中有《初奠酒词》《亚奠酒词》《三奠酒词》的记载。④ 由此可见，现在湘乡丧礼实践中，首先，《奠酒词》哀悼亡者的功能与宗旨是与礼生礼仪活动一致的。其次，乐队虽然与礼生已经分离，但《奠酒词》的曲调跟花鼓戏一致，中乐队完全能够演奏。最后，《奠酒词》的出现也是一种对传统丧礼习俗的回应。虽然目前尚未见湘乡丧礼文献中有《奠酒词》的记载，但根据各地资料，可以推知过去《奠酒词》应该是祭奠礼的一部分，插在不同仪节的奠酒环节后，或者在整个仪节完成后单独完成。

　　通过本节的论述，可见礼生有明确的师承脉络和独特的传承内容，其丧礼知识表现为丧礼文本的书写和喊礼两个部分。在当代丧礼实践中，儒家礼节虽然不断简化，但在丧礼实践中仍有"框架性"的作用，朝中夕奠礼、家奠、堂奠礼是整个丧礼仪式的轮廓和重要内容。礼生在丧礼中根据自己传承的丧礼知识"做文喊礼"，并顺应时代的需求和自身的特点灵活增减一些仪式环节，以满足民众通过丧礼巩固家族社会、经济地位，加强社会网络，维护社会秩序的人伦方面的需求。

----

① 毕坚编：《云南少数民族奇风异俗录》，广东旅游出版社 1988 年版，第 40 页。
② 吕立汉：《丽水畲族古籍总目提要》，民族出版社 2011 年版，第 50 页。
③ 梁庭望主编：《壮族原生型民间宗教调查研究》下，宗教文化出版社 2009 年版，第 574 页。
④ 芦溪区政协文史委员会编：《芦溪文史资料·总第四辑·工商史料特辑》，1990 年，第170—172 页。

第二节　道士的丧礼知识传承与实践

湘乡道教可追溯到原始宗教和楚地的巫教，但近源是作为唐代国教的道教。① 明清以来，湘乡全真派逐渐衰微，而正一派一直流行。正一派道士多为家传自营道坛，传授子孙，平时俗装住家，或农或工，不戒七情六欲，仅在登坛行法事时着道装。正一派为从事丧事道场所设的"坛"甚多。②

湘乡丧礼仪式中的道士都称源自江西龙虎山，是正一派张天师的徒子徒孙，他们所使用的科书等文本也能佐证。例如龙泉观《开辟玄科》文末："正一灵宝开辟玄科终"；金鸡观法事程序文首："无上清微灵宝济度利幽皇坛所"；显真观《受生寄库道场》文首："太上灵宝天尊说禄库受生寄库科"。正一派的道士是"火居道士"，平素生活与一般民众无异，居家劳作，结婚生子。因此正一派道士更易于在地化，在制度性的长期传承中，能巧妙容纳地方性的文化传统，如将地方音乐、戏剧之类融入科仪之中，也正因为擅长这些文艺技艺而更方便融入社区性的民俗活动中。③

道教虽然宗派繁多，但大体而言，以全真派（丹鼎派、北宗）及天师道（符派、南宗）为两大宗教，对峙于南北。全真教重修炼，不娶妻，授徒传教，是"出家道士"；而天师道虽也授徒，但因天师（张天师）是世袭，所以可以娶妻，虽也斋戒，但非斋戒时，也可吃酒食肉。南北天师道唐宋以来与灵宝、净明、上清等道派合流，"元成宗大德八年（1304 年），38 代后裔张与材为'正一教主'，主领三山符箓……从张与材开始，天师道改称正一道"。④ 正一派的道士，以《正一经》《太平洞极经》《太清经》《太玄经》为主要经典。道教正一道派中的一个流派，起源于湘、赣地区，重符箓，宣传鬼神崇拜，驱鬼降妖，祈福禳灾，为人治病。其主要流行于古代湖南、江西的沿江各地。⑤ 道教"东晋元帝大兴元年（318）进入湖南。东晋司徒魏舒之女魏华存到南岳天柱峰下结庐修道，诵注《黄庭经》，

---

① 湘乡县志编纂委员会编：《湘乡县志》，湖南人民出版社 1993 年版，第 913 页。
② 湘乡县志编纂委员会编：《湘乡县志》，湖南人民出版社 1993 年版，第 915 页。
③ 李丰楙：《礼生与道士：台湾民间社会中礼仪实践的两个面向》，载王秋桂、庄英章、陈中民《社会、民族与文化展演国际研讨会论文集》，汉学研究中心 2001 年版，第 341、344 页。
④ 麻天祥、姚彬彬、沈庭：《中国宗教史》，武汉大学出版社 2012 年版，第 275 页。
⑤ 尹协理：《中国太极八卦全书》，团结出版社 1994 年版，第 671 页。

人称魏夫人，所住草庐唐初建为黄庭观。历史上湖南道教无大发展。1949
年前后，湖南共有宫观86处，道士、道姑近400人，尚有不住观的正一
派火居道士若干，信徒约400人"。① 根据湘乡县志，虽然历史上道教有全
真教也有正一派，但是目前参与丧礼仪式的道士都是后者。

　　现在湘乡正一派的所谓"道坛"并没有道观之实体，而是一种分类单
位。一共有龙泉观、显真观、金鸡观、高真观等24个道坛。这24个坛又
分属于八个不同的班派，不同的班派科仪文本差别不大，但在乐器的演
奏、仪式顺序等方面有所区别。湘乡正一派道士以举行丧礼道场为主要业
务，在丧礼中，他们能配合儒礼仪式，又自成特色，应时而变，非常活
跃。除此之外还画符、看风水等。正一派道坛与民众结合紧密，具有扩散
型宗教的特质，满足了民众信仰需求，在儒家的教化力量之外发挥其在社
区生活的宗教功能。正是这种与民众日常生活的紧密相关，使得正一派能
顺利地将仪式活动渗透，使道士成为一种礼仪性的职业。

一　知识传承

（一）师承脉络

　　道士的师承相对于礼生要严格很多，一般的火居道士是家族传承，不能外
传。在田野调查中笔者调查了湘乡龙泉观、金鸡观和显真观道士的丧礼知识传
承与实践情况。X道士是龙泉观的；但是他有几个参师徒弟是金鸡观的，以H
道士为主；L道士是显真观的，他现在还跟着F礼生学习"做文喊礼"。

　　X道士家的道教知识是祖传的，他和他父亲都是当地非常有影响力和
声望的道士。他说道教分南派、北派，湘乡龙泉观道士是南派张天师五斗
米教的第六十三代传下来的，他家现在已经传了二十二代了，H道士他们
家所属的金鸡观则只传了三四代，湘乡做道教的都来自江西龙虎山。② X
道士现在正式的徒弟是他妻子姐夫的侄儿，H道士等则是从金鸡观来他这
里参师的。H道士十几岁就开始跟着X师父学习，也是他的徒弟。虽然班
派不一样，做法也难免有所差异，但是由于长期在一起配合，彼此很熟
悉，龙泉观人手不够时，金鸡观的常常来帮忙。但X道士是德高望重的长
辈，他只做为主的道士，不去帮别人的忙。所谓为主的道士，并不是指每
一场科仪中的高功，而是指孝家联系的哪位道士，哪位就是为主的。有了

---

① 《湖南资料手册》编纂委员会编纂：《湖南资料手册1949—1989》，中国文史出版社1990
　年版，第41页。
② 访谈20130328XCL，X道士访谈：访谈人：笔者；被访谈人：X道士，50岁，男；时间：
　2013年3月28日；地点：湘乡BX村丧礼现场。

业务以后，为主的道士再去整合团队。

H 道士是湘乡龙洞人，虽然很年轻但做这一行已经 10 年了。H 道士外祖父家有祖传的道教知识，外公、舅舅、表兄等都从事这一行业。他的业师是舅舅，知识是"祖传"的，且不外传，要学习必须有一定的社会关系。现在常常跟他一起做丧礼的几个年轻道士都是金鸡观的，都是因为有亲戚关系才获得学习的资格。其中有个道士跟他家虽没有亲戚关系，但是他舅舅的干儿子，因此才能跟着学。他生于 1987 年，读小学的时候，就喜欢吹唢呐，觉得好玩，后来家人就让他去学这些（道士的知识），一点点积累，开始就先学些简单的东西，然后再学做法事。他学起来比较容易，不是很吃力，到 1999 年，初中的时候就出师了。改革开放以后，这一行业开始慢慢复兴，最近 10 年传承未断，随着湘乡民众收入增加，礼俗生活也渐渐活跃，他们的事业日渐兴旺。由于规模大，学艺精，年富力强，他们的这个团队很有名气，还有外地的请他们去做道场。H 道士说去外地就主要看价格合不合适。①

L 道士是显真观的道士。他的道教知识也是祖传的，学了 5 年才出师。但现在他的家人、亲属没有人跟他学，于是他收了外面的徒弟。L 道士现在跟着 F 礼生学习"做文喊礼"，因为他跟 F 礼生住得比较近，经常在丧礼上合作，他觉得多学点丧礼知识能更好地赚钱。②

道士一般是三年出师，出师的时候要举行盛大的典礼。根据《新化县志》记载，道士出师有"过坛"的习俗。也就是道士的"奏职"仪式，非常隆重。需要首先在场院或田野中用戽桶数只扎一花坛。在上面插上五色三角旗，挂上"功德"、长幡，并供奉祖师牌位。神案要设三牲祭礼、果品、点心，焚香点烛。坛前要用长梯两架，相对倾斜搭立，在每一梯级上绑上刀刃，称"刀梯"。道士师父吹牛角或螺号，摇馨铃，念经作法。徒弟光脚从梯子上爬上再爬下。此后，道士嚼三口饭，徒弟跪接食之；师父赐徒弟"法号"，授印牌、法牒等。由此徒弟方可出师，能立坛独行香火。③ 湘乡道士出师要由师父出面邀请本班派的所有道士参加。办三天的仪式，供奉祖师牌位，念经做法事，举办筵席，非常热闹。④ 在诸多道

---

① 访谈 20130814HJ，H 道士访谈：访谈人：笔者；被访谈人：H 道士，27 岁，男；时间：2012 年 8 月 14 日；地点：湘乡 BX 村往县城途中。
② 访谈 20130414YYC，L 道士访谈：访谈人：笔者；被访谈人：L 道士，52 岁，男；时间：2013 年 4 月 14 日，地点：湘乡 YYC 丧礼现场。
③ 新化县志编纂委员会编：《新化县志》，湖南出版社 1996 年版，第 1008 页。
④ 访谈 20130330XCL、HJ，X 道士访谈；时间：2013 年 3 月 30 日；地点：湘乡 TY 村 X 道士家中。以及 H 道士访谈；时间：2012 年 8 月 14 日；地点：湘乡 BX 村往县城途中。

士前辈共同见证下，师父为新道士颁发"执照"，以及"神锋宝剑、师刀、法角、皂旗、法杖、拷鬼桃条、明珠、香炉、书符、神符、水碗、法鼓、铜锣、神卦、天蓬尺、冠替、愿帽、绛衣、雨衣、鹤氅、道服、百衲伏魔衣、佩珠履、岳牌、金钟玉磬、净鞭、法尺、如意、简笏、铙、钹、铮、铃、木鱼、生萧、灵幡、羽扇、铁罐女青天律一部、符画科范"。①

而若道士亡故，其丧礼与一般的人完全不一样，要隆重、庄严得多。仪节全面、详细，文书书写精准。X 道士说他父亲去世的时候，仅书写文书就专门指派了两名道士，表前表尾都要写。②

现在道士年龄相对于礼生要年轻，带徒弟的道士师父一般在 50 岁左右，出师的年轻道士基本在 25—35 岁。目前道士收入可观，愿意做道士的年轻人还是有的，但 H 道士说继他们之后，其观最近几年都没有出师的年轻道士。③ X 道士说每个村做道士的人没有固定，一般交通比较便利的村落做道士的相对少。他所在村落交通便利，所以整个"公社"也只有他们一家道士。而像龙洞这样交通比较不便的地方，学道士的年轻人就很多，有时候一个村有好几个。④ 因为交通便利，年轻人谋生的方式和机会都会更多一些，也就自然而然地没有那么多愿意学习做道士，反之亦然。

（二）传承内容

根据道士执照中记载，湘乡正一派道士传承的知识包括："代天宣化、助国救民、祷雨求晴、修斋设醮、起土报方、禳星礼斗、扦坛立禁、移疼住痛、解凉退热、剪惊截泄、书符咒水、封丧押架、翻冤解咒、装阳化宅、漂河勇海、持家养老。"⑤ 其背后是一整套囊括道教经典、行为规范、功课修行、分类系统等的正一派知识体系。现在丧礼仪式中主要包括：修斋设醮、起土报方、扦坛立禁、书符咒水、封丧押架、翻冤解咒、装阳化宅。丧礼之外，日常生活中也会有民众找道士画符消灾，内容包括：移疼住痛、解凉退热、剪惊截泄、书符咒水等。

道士的丧礼知识传承有文本的，也有口承的。龙泉观、金鸡观、显真观每个观有自己的文本，包括科仪、法部、文书格式等各类在丧礼中需要参考的文本。这些文本都是手抄本，现在年轻的道士开始使用复印本。X 师父

---

① 引自 X 道士出师执照。
② 访谈 20130329HJ，H 道士访谈；时间：2013 年 3 月 29 日；地点：湘乡 BX 村丧礼现场。以及访谈 20130328XCL，X 道士访谈；时间：2013 年 3 月 30 日；地点：湘乡 TY 村 X 道士家中。
③ 访谈 20130814HJ，H 道士访谈；时间：2012 年 8 月 14 日；地点：湘乡 BX 村往县城途中。
④ 访谈 20130328XCL，X 道士访谈；时间：2013 年 3 月 30 日；地点：湘乡 TY 村 X 道士家中。
⑤ X 道士执照；拍摄时间 2013 年 3 月 30 日；地点：湘乡 TY 村 X 道士家中。

说，他学习道士知识的时候，走路都在背各种文书。① 他妻子也说刚嫁过来的时候，X 道士天天都要背诵科仪、经书。② X 道士说科仪是背了就可以了，但很多内容还是要师父传的。学习的时候，看着师父念、做、动，很多知识都是靠口传心授。师父传的时候，必须已经把书上的内容背熟了，然后认真听、记，事后再去消化、模仿。比如打卦，师父是不会告诉你这个卦如何，那个卦如何，但是师父打卦的时候就记住不同卦的意思。③

H 道士说他们学习道教的知识主要是靠口传心授，虽然也有文本，但只是辅助。他说文本是手抄的，所以难免有错误，而现在大多直接用手抄本复印。他还看《幼学琼林》等书，丧礼知识非常丰富。加上这么多年的实践虽然年纪轻，但已经是知名的、口碑很好的"老"道士了。④

可见，第一，文本知识是基础。入门后道士们都要认真研读、背诵科仪、法部等，这是知识学习的第一步。X 道士说，他父亲说念书念三年不够，要他念十年。第二，书本记载是有限的，特别是经过各种运动后，道教文献流失严重。X 道士说装坛、立位等很多知识，文本中都没有记载了，都是口传，现在也没有人再将这些内容重新写进文本。而且在重抄的过程中，文本中也有一些错误和重复。要真正掌握，灵活运用这些知识则主要靠师父的口传心授。道教科仪是包括陈设、念经、动作、音乐在一起的一套复杂的仪式体系，而这些知识都需要通过不断的实践获得。其实仅就文本而言，不同的师承差别并不大，但口传心授的知识细节却有所不同，于是在扩布、传承的过程中各成体系才有了"班派"之别。口传心授的知识，则要求徒弟注意观察，善于提问，积极地与师父互动。第三，文本知识与口传心授知识的互相影响。文本知识相对固定，是口传心授知识的文本依据，但在知识传承过程中，有些新的知识实践也会作为文本知识被记载，而且这是一个持续的过程。比如，X 道士父亲传下来的《殓棺玄科》就与其他观有所区别，因为他父亲在其中融入了新的知识。而在知识的扩布过程中，则会有一些"意外"造成知识的变化。例如 X 道士说，有人向他借文本去抄写，他碍于面子不能不借，但又担忧知识外传，于是，他在原文中做一些小改动。比如，拜东南西北中，五个方向，他就只写四个。⑤

① 访谈 20130328XCL，X 道士访谈；时间：2013 年 3 月 30 日；地点：湘乡 TY 村 X 道士家中。
② 访谈 20130327—28TJ，纸扎师傅 T 姐访谈；时间：2013 年 3 月 27—28 日；地点：湘乡 BX 村丧礼现场。
③ 访谈 20130328XCL，X 道士访谈；时间：2013 年 3 月 30 日；地点：湘乡 TY 村 X 道士家中。
④ 访谈 20130814HJ，H 道士访谈；时间：2012 年 8 月 14 日；地点：湘乡 BX 村往县城途中。
⑤ 访谈 20130328XCL，X 道士访谈；时间：2013 年 3 月 30 日；地点：湘乡 TY 村 X 道士家中。

但 X 道士表示现在的道教知识比以前窄多了，他所学的就比其父亲所掌握的少了很多，以后会越来越少了，逐渐失传；慢慢地也没有人全面地研习道教知识，而仅为谋生学习做丧礼道场的知识。X 道士的父亲在丧礼知识中融入了很多佛教的知识，因为其时佛教丧礼非常热闹，是从庙里面传出来的，那些和尚叫作"下山和尚"。但没有传下来，现在百分之八九十都是道教的，仅在河（涟水河，湘江支流，贯穿湘乡境内）那边有人做佛教丧礼。①

做道士既要有师承门路，也要有天赋，还要勤快、努力。三年出师之后更要自己努力，有团队精神，善加经营才能在行业内立足。正一派火居道士与出家道士最大的不同，就是他们是融入地方生活的，分散在湘乡整个区域内，与民众维持一种日常生活的关联。所以能不能做好道士，既取决于自身的职业素养，人脉、口碑也同样重要。孝家请道士，一般都请熟悉的，或者有人介绍，这种职业关系是建立在血缘、地缘、业缘关系之上的，可以说是各种关系的叠加，所以要做好道士，就要处理好各种关系。具体到仪式实践中，既要有足够的专业能力完成仪式，也要充分考虑到孝家的经济情况、家庭关系等，要多为孝家考虑，不能斤斤计较。在仪式实践之外，日常生活中也要与人为善，尊重同行，善待徒弟。X 道士和他父亲都是口碑很好的道士，远近有名，邻友、乡党、徒弟一致称赞。H 道士在年轻的道士中也是翘楚。而 H 道士的舅舅，即他的业师，因为不善于处理各种关系，道士生涯无以为继，已经转行。另外，还有很多人学不出来，半途而废；也有勉强出师但接不到业务的。X 道士、H 道士的业务非常好，根本不需要自己去招揽。而随着复合型丧礼的兴盛，现在做道士的人也不少，竞争也比较激烈，有的道士为了招揽生意还需要找中间人。通过与孝家熟悉的人牵线获得生意，然后给中间人一定的回扣。②

二　丧礼知识构成

（一）仪式场景：坛场、联语、法器、服装

道教科仪是一种具有综合文化特征的仪式活动，从仪式举行的场地、布景，到道士所使用的法器，所穿着的服装等，其展开需要种种物品相辅助。③通过一套完整的仪式陈设，建构一个过渡礼仪的表演空间，是仪式

---

① 访谈 20130328XCL，X 道士访谈；时间：2013 年 3 月 30 日；地点：湘乡 TY 村 X 道士家中。

② 访谈 20130410HJ，H 道士访谈；时间：2013 年 4 月 10 日；地点：湘乡县城。

③ 詹石窗：《道教文化十五讲》，北京大学出版社 2012 年版，第 252 页。

顺利、有效进行的重要"舞台"。

1. 坛场

"坛场指的是道教举行科仪，奉祀神灵的场所，也称道场。"① 现在的道教举行科仪的坛场是三部分：经堂、灵堂和神殿。经堂是道士诵经礼忏、举行法事的场所。灵堂是信众安放亡魂的灵位，叩拜亡魂的地方。道教超度亡灵有些法事需要在灵堂里进行。神殿是道士某些法事必须在行礼前叩拜神灵的地方。② 醮坛是道教科仪的一种基本设施，是为修真降圣、祷神祀灵而建立的。但坛场设立之后，还不能马上举行仪式。要使坛能正式为科仪服务，还要举行"敕坛仪"，即是"正式科仪进行之前的一种'准仪式'。敕坛必须先办理水、剑之物，安于地户上，于剑、水之处所进行一系列的存思、恳祷以及步罡踏斗活动，然后再正式举行斋醮科仪"。③ 坛场上还有各种供品，最基本的"五供"，即香、花、灯、水、果。其象征意义：香能上达钧天，下周九天；花能舞动阳气，熏沐金容；灯能照亮冥界，开通泉路；水能洒净冤魂，恢复真形；果能结从象蒂，升登仙果。且它们相辅相成，不可或缺，与道教教义相应证，成为体现道教信仰的重要实物标志。另一种做法是以金、木、水、火、土为"五供"。根据《天皇至道太清玉册》用"五行"当供物的意义是："以表天地造化，相生相克之治，而合神明之德。"④ 具体而言，"金"是贴金箔的铜锭或铁锭；"木"是刻成嘉善的香木；"水"是用钵盂盛净水；"火"用灯代表；"土"用黄土刻成的八卦。明清以来有了"十献"制度，香、花、灯、水、果，再加上茶、斋、宝、衣、钱。⑤

2. 坛场联语

坛场的门口一般贴着联语，这种设置大约从明代开始。明周思德的《上清灵宝济度大成金书》卷十六中，有些用于坛场送亡时的伏愿语，后世道士据此作联语。联语有的说明开坛行仪的目的，有的说明仪式的内容，有的表达超度亡魂升天的祈愿等。联语对于宣扬斋仪的功用、内容、文化品位等有一定作用。⑥ 例如：

① 陈耀庭：《道教礼仪》，宗教文化出版社2003年版，第180页。
② 陈耀庭：《道教礼仪》，宗教文化出版社2003年版，第185—186页。
③ 詹石窗：《道教文化十五讲》，北京大学出版社2012年版，第252页。
④ 罗伟国：《话说道教》，宁夏人民出版社1994年版，第197—198页。
⑤ 詹石窗：《道教文化十五讲》，北京大学出版社2012年版，第253页。
⑥ 陈耀庭：《道教礼仪》，宗教文化出版社2003年版，第192页。

度神魂于已往，快乐逍遥；赐福庆于见存，康宁富寿。

九天仙乐，迎归妙有之堂；五色彩云，捧诣太虚之馆。

证玄之又玄之道，与道合真；登上极无极之天，后天不老。

闻经悟法，消除累劫之愆；削死上生，超度九霄之境。①

3. 法器

法器（法具），是科仪中使用的各类用具的总称。《洞玄灵宝三洞奉道科戒营私》卷三"法具品"称，"凡法具，供养之先。道士女冠，威仪之本，不可阙也，并备诸经。但在观中及私房内，供养之者，总名法具"。② 法器分为两类，一类属于道士供养使用的，包括钟磬、帐座、幡盖、香炉、灯台、烛台、坛第、门榜等，还有道士个人使用的绳床、夹榜、如意、类榜和澡类等。另一类是专门用于"威仪之本"，即科仪中要用到的法器。包括令旗、法剑、法尺、铜镜、令牌、铃、鼓、铙、钹等。③

香炉，科仪过程中，香炉不仅烧香，还具有"玄根"的象征意义。太上大道君所居处就像一个香炉。钟，被认为是人神感应的重要工具。此外还要鼓相配合。④ 镇钱，是斋醮镇坛传信的法具。据明代《上清灵宝济度大成金书》卷二十五称，"上章镇信"，"镇钱，一千二百。国家用金钱，王侯用银钱，士庶用铜钱"。⑤ 镇米也是传信的法具，"米者，养生之本。民以食为命，故斋法以米质信天官，增加品禄，所不可阙也。阙者考属天官曹"。⑥ 镇油："油者，阴类也。阴中生阳，以油镇阴，官续阳景。阙者考属阴官曹。"⑦ 此外还有镇笔墨纸砚、镇十方香华。木函，是存放呈告神灵章表的木制匣子。木函起着联络人神的作用，外观上刻上星象之类，表示天人感应。⑧ 木简，是道教科仪中道士常用的法器，即笏、朝板或手板。大约在南北朝的末期，道士才执简行礼。⑨ 木简是一种狭长的板子，一般用竹子制作而成，

① 《藏外道书》第 16 册，巴蜀书社 1996 年版，第 591—594 页。
② 《道藏要籍选刊》第 8 册，上海古籍出版社 1989 年版，第 522 页。
③ 陈耀庭：《道教礼仪》，宗教文化出版社 2003 年版，第 194 页。
④ 詹石窗：《道教文化十五讲》，北京大学出版社 2012 年版，第 253 页。
⑤ 《藏外道书》第 17 册，巴蜀书社 1996 年版，第 103 页。
⑥ 《灵宝无量度人上经大法》卷七十一，《道藏》第 3 册，文物出版社、天津古籍出版社、上海书店 1988 年版，第 1050 页。
⑦ 《道藏》第 3 册，文物出版社、天津古籍出版社、上海书店联合出版 1988 年版，第 1051 页。
⑧ 詹石窗：《道教文化十五讲》，北京大学出版社 2012 年版，第 252 页。
⑨ 陈耀庭：《道教礼仪》，宗教文化出版社 2003 年版，第 213 页。

是表示行礼禀告所用的器具。举行科仪时，道士要把木简捧在当心位置，以示虔诚、天地和通。① 法剑，道教科仪中常用的法器。早期道教就有以剑作为传信之证的。隋唐以后，道教科仪采用木剑行法，以敕召神将、破狱度亡、驱除邪魔。法镜，科仪中，多有在坛场上设置法镜的，在神像开光或某些驱邪镇魔仪式中，也用法镜作为驱祛的法器。法尺，又称天蓬尺。坛场设置方形长棒状法尺，上刻北斗星。不过现在科仪中很少用到。法印，是宫观坛场和科仪中常见的法器，是在科仪上加盖仙圣名号和灵宝醮坛的各种印鉴。令牌，道教科仪中道士常用法器，通常长方体，以木或铁制，雕有图形或文字。道士在科仪中，用令牌发布号令，召神堂将。②

4. 服饰

"道教的冠服是指道士平时穿戴的衣裳、帽子和免冠时的簪帔，以及在斋醮仪式中穿戴的总称。"③ 而法服则是冠服的一种，道士科仪法服，要按照科仪过程中所担当的职务不同而有所不同。④ 据《洞玄灵宝三洞奉道科戒营私》卷三"法服品"，道士平时的服装称"执役衣"，"其上中下衣，皆用浅黄色。若黄屑土"，"不得余色及白"，而仪坛的服饰，都是"拟天尊身上九色离罗之状"。⑤ 现在道士的仪坛服制主要有道衣、法衣、绛衣、海青、帔、褐、裙、鹤氅、通天服、朝服、玄端、天衣、神衣、簪帔。仪坛用的冠巾包括道冠、平冠、元始冠、玄冠、芙蓉冠、二仪冠、纯阳巾、九转华阳巾、九梁巾、雷巾、混元巾、幅巾、通天冠、角冠、紫荷巾、云笠、雨笠、雪巾、黄冠、黄巾。道士鞋履的要求比对冠服少些，现在道士在宫观中穿圆口布鞋，有的规定在仪坛上禁止穿皮鞋或橡胶底鞋。以前道士的鞋主要有履舄、道靴、云鞋、木屐。⑥

（二）文检

施舟人指出，在道教礼仪中，书写文字扮演十分重要的角色。⑦ 仪坛文检是道教斋醮仪式中道士书写文书的总称，包括科仪文本，以及其他科

---

① 詹石窗：《道教文化十五讲》，北京大学出版社 2012 年版，第 252 页。
② 陈耀庭：《道教礼仪》，宗教文化出版社 2003 年版，第 221 页。
③ 陈耀庭：《道教礼仪》，宗教文化出版社 2003 年版，第 241 页。
④ 詹石窗：《道教文化十五讲》，北京大学出版社 2012 年版，第 253 页。
⑤ 《道藏要籍选刊》第 8 册，上海古籍出版社 1988 年版，第 524 页。
⑥ 陈耀庭：《道教礼仪》，宗教文化出版社 2003 年版，第 241—258 页。
⑦ Kristofer M. Schipper, "The Written Memorial in Taoist Ceremonies", In Arthur P. Wolf ed. *Religion and Ritual in Chinese Society*, Stanford: Stanford University Press, 1974, pp. 309 – 324.

仪中使用的关牒、表申、章奏之类。① 文检一词，大概首见于敦煌文献。南宋时期，此说法已经广泛使用。② 此时一些科仪总集对文书在科仪中的作用有所阐述。例如，南宋吕元素《道门定制》称："醮无大小，所重奏章，幽明倚为莫大之利益。"③ 可见文书在科仪中的重要性。南宋成书的《灵宝玉鉴》中《奏申关牒文字论》称："斋法之设，必有奏申关牒，悉如阳世之官府者。……所以尽事人之道，以事天地神祇也。故阐事之先，必请命于上天之主宰与夫三界分治之真灵，曰府，曰司，曰宫，曰院。凡有关世人死生罪福之所，必一一誊诚以闻，或奏，或申，或关，或牒，又当随其尊卑等第为之。"④ 道士行仪的目的，以及斋主要求行仪的祈愿，都要通过仪坛文检上告幽冥。⑤

　　早期道教沿用古代祭祀的祝祷之词，十分重视文书之作用。魏晋南北朝到两宋时期，道教科仪文检的一些主要形式，章奏、表申、牒扎等都已齐备。章奏是致帝尊的文书。表申是给一般神祇的文书，原是两种世俗文书的名称。表是臣下给帝王文书的一种，申是下级对上级官府的行文。过去一场科仪表文内容会根据对象变化，但现在已经简化成了一种，不论举行什么科仪，一天中道士念诵的表文都相同。表文写作形式变化很多，但却也相对固定。关牒是给神司的一般文书。榜文是科仪时贴在坛场的告示文书。青词是道教斋醮仪式中用的一种骈体祝词，又称为绿章。⑥

　　仪坛经典是斋醮仪式中使用的经典，一般称为"科书"。科书包含着教义思想，但又与专门阐述教义思想的经典文献有所不同，因为是专门提供道士演习科仪使用的经典。在形式上类似传统戏曲的文字脚本。文字相对固定，世代相传，大致由三部分组成：散文体和骈文体的经文，韵文体的赞颂或吟偈，道士行仪节次提示等。科仪经文中的诗体文字，为七言或五言，大多数道士们步虚绕坛或法师行术时伴唱。且安排在一段段散文体文字的中间，作为大段经文念诵的过渡。而"伏以"以下是法师的念白，散文体或骈文体。与一般阐述教义思想的经典不同，科书思想内容比较集中精炼。一个科仪往往阐述一个主要思想。科书要适应各个时代道教徒的理解和喜闻乐见，以及学习和演习。所以，同一内容的科书在不同时代和不同地域中往往

① 詹石窗：《道教文化十五讲》，北京大学出版社 2012 年版，第 253—254 页。
② 陈耀庭：《道教礼仪》，宗教文化出版社 2003 年版，第 261—262 页。
③ 《道藏要籍选刊》第 8 册，上海古籍出版社 1988 年版，第 6 页。
④ 《道藏要籍选刊》第 8 册，上海古籍出版社 1988 年版，第 551 页。
⑤ 陈耀庭：《道教礼仪》，宗教文化出版社 2003 年版，第 262 页。
⑥ 陈耀庭：《道教礼仪》，宗教文化出版社 2003 年版，第 263—277 页。

会出现一些文字差异或者节次安排上的变化。而这种变化只会使科仪结构更紧凑，安排更合理，更便于群众的欣赏和接受。① 科仪使用方言，唱赞采用当地民众喜闻乐见的旋律，民众可以在仪式中体会经文内容，获得伦理教育。礼仪教化作用大致表现在科仪的三个部分。第一是礼仪中的"忏悔文"，即行仪的道士替信众为自己的过错言行向神灵表示忏悔的文字。第二是"愿念"。科仪的最后部分，大多包含"愿念"，也就是道士诵念的，表示他们信念和愿望的文字。第三是"宣戒"，即规范行为的戒律。②

　　例如：解冤释结仪的经文"讲述了虞舜、汉文帝、曾参、丁兰等二十四孝的故事，叙述斋主以香钱忏悔以往之罪衍，'求解冤结，阳上报恩'之意。科仪文辞中历数人生二十、三十、四十、五十、六十、七十、八十、九十和百岁时的追求目标以及伦理规范……全仪以生死、贫富、妻儿等万物皆空的思想来化解人生的冤对。由于唱赞音乐丰富，文辞内容贴近生活，民众喜闻乐见，所以历来有较强的感染力"。③

　　（三）仪节

　　道教将其典礼仪式称为"科仪"。"科"就是动作，传统戏曲有"科步"，指程序化的动作，道教的"科"也有此含义。说文解字中"科"包含了"程、条、本、品"的多层含义。道门依据一定准则来做道场，称作"依科阐事"。在外人看来，科仪进行中，道士着道袍，掐诀、禹步，像一场表演。但科仪既是向神明倾诉情感的形式，也是沟通人、神、鬼的途径，对于道门中人而言，十分严肃、神圣。④ 道教科仪的仪式过程，是由无数个相对固定的、有意义的动作行为有序组织起来的，而这种组合的学习和实践是道士的必修知识。科仪中往往有一些共同的成分，比如署职、发炉、洒净、金钟玉磬、分灯、说戒、三礼、举愿，等等。这些在不同的仪式过程中，内容和形式基本相同。道教科仪节次有很多种，一种同样的节次可能被设置在许多不同的科仪中。道士们学会了一种节次的做法，就可以灵活地使用在不同的科仪中。⑤

　　在道教斋醮的发展史上，某些科仪的仪次可能变成独立的科仪，如，从做花节次衍生出做花科仪，从解冤释结节次衍生出解冤释结仪。而某些科仪从节次独立出来后，又可变回科仪节次，如，从分灯节衍生出的分灯

---

①　陈耀庭：《道教礼仪》，宗教文化出版社 2003 年版，第 259—261 页。
②　陈耀庭：《道教礼仪》，宗教文化出版社 2003 年版，第 315—317 页。
③　陈耀庭：《道教礼仪》，宗教文化出版社 2003 年版，第 147 页。
④　詹石窗：《道教文化十五讲》，北京大学出版社 2012 年版，第 243 页。
⑤　陈耀庭：《道教礼仪》，宗教文化出版社 2003 年版，第 152—154 页。

科仪，又重新成为进表科仪的一部分。①

科仪主持的核心人物是"三法师"：高功、监斋、都讲。高功是科仪进行的举足轻重者，要求有很高的道德修养、"美善"的仪表、有威严。都讲是高师的主要辅助者，是科仪赞颂演讲的统领者。在仪式过程中，都讲担当更为具体的任务，要对科仪程序和唱赞内容达到精究，还担当一些沟通人神的职能。随着科仪的世俗化，都讲职能也随之增加，甚至连"击磬齐众，赞唱升坛"等也由他们负责。监斋是负责监督的，必须在整体上对法事甚至基本原则全面把握，保证科仪顺利进行。

步虚是道士在坛场上边缓步边唱赞的仪式动作。中国古代宗教或者早期道教都没有步虚的记载，南北朝时期，陆修静《洞玄灵宝说光烛戒罚灯祝愿仪》使用了"步虚"一词。根据其描述，步虚是"安徐雅步，审整庠序，俯仰齐同，不得参使"以及"执板当心"，"正身前向，临目内视"，指称步虚是道士在科仪中对天宫神仙巡行时吟咏声的模仿。大约成书于 5 世纪南朝梁陈时的《洞玄灵宝玉京山步虚经》收录"洞玄步虚吟"十首，是现存道教仪式中最早使用的步虚词。道士步虚时边缓步边唱赞，其唱赞曲调宛若神仙缥缈行空，而得名"步虚声"。现在各地道士步虚音乐多舒缓悠扬，优美平稳，以适于道士在绕坛、穿花等缓步行进时诵唱。② 发炉和复炉是两项对应的科仪节次，发炉在科仪开头，复炉在结尾，都是由高功法师演示。炉石手提的香炉，炉中点燃一支香，以清净身心，存想内炼，进入状态。高功存想神真都要同自己身中神灵会合，才能行道法以致科仪之目的。礼方是道教科仪中另一节次，又称礼十方，即东、南、西、北、东南、东北、西南、西北、上、下。礼方就是礼拜十方神灵，表达自己的忏悔。礼方次序是，道众和高功逐方上香，三拜，跪奏，为亡魂表达忏谢，请十方神灵宽赦。③

三　道士丧礼知识传承的当代实践

（一）仪式场景：坛场、联语、法器、服装

1. 坛场

道士到达丧礼现场先开始布置坛场，前后摆放三张八仙桌，第一张桌子是"台前"，桌子前挂绣着"神光普照"和龙凤的红色绣布。桌子正中放着亡者的香位，两侧摆放玉清元始天尊、上清灵宝天尊、太清道德天尊

---

① 詹石窗：《道教文化十五讲》，北京大学出版社 2012 年版，第 250—251 页。

② 陈耀庭：《道教礼仪》，宗教文化出版社 2003 年版，第 154—155 页。

③ 陈耀庭：《道教礼仪》，宗教文化出版社 2003 年版，第 166 页。

三位天尊的小画像。有时候仅仅摆放两位不知名的神像，道士说就是一般的神像，放在桌上做个样子罢了。桌上点着香烛，陈设着酒水。另两张桌子叠放，上面的桌子前面放上小屏风。屏风后道士们将两面锣悬挂在桌子横梁处，下面的桌子上摆放着手鼓、唢呐、二胡等，也是仪式中高功法师以外的道士演奏、诵经的场所。桌子的最后面是红色的幡，上面绣着龙凤，墙上还要挂上三清真人的画像。

有些科仪举行时，若需要更大的空间，就会在堂屋外重新搭建坛场，比如，开辟玄科、破血湖科、破狱等。在堂屋外，前方叠着搭两张方桌，上方的桌子正面搭上红色的锦布，上面绣着"洞畅高玄"及花纹；方桌前留出科仪表演的空地，然后在空地前方连续排列两张方桌，供道士们念经、奏乐。坛场桌子上悬挂的红布没有定式，有的绣着一个大寿桃，中间一个哀字；有的绣着牡丹；有的绣着龙凤。

2. 坛场联语

道士布置坛场时还会在堂屋外悬挂联语。有的班派临时写联语，写在黄色竖条纸上；有的班派用现成的印制在塑料画纸上的联语。联语一般七个字，四句一副。例如：

花折西湖十样景，烛燃北斗一天星，香焚东土千年，松茶献南山万寿春。

天京跨鹤列朝班，地圣骑狮至此间，水司乘龙临法会，阳贤跑马赴皇坛。

儒宋设教礼为先，释证菩提万朵莲，道将真武历年起，三教原来共一天。

炉中一柱返魂香，设请亡人赴道场，惟愿三魂如在日，闻经听忏往生方。[①]

3. 法器

根据道士执照中记载的出师所授法器包括：神锋宝剑一把、师刀一把、法角一只、法杖一根、拷鬼条桃七根、明珠一颗、香炉一只、书符神符、水碗一盂、法鼓一面、铜锣一面、神卦一幅、天蓬尺一条、朝股科佩珠履岳牌、金钟玉磬、净鞭法尺、如意简笏、铙钹铮铃、木鱼铃杵、灵幡

①　资料20130327—29湘乡BX村丧礼照片，照片说明：联语；时间：2013年3月27日。

羽扇、铁罐女青天律一部、符画科范各一宗。①

这些法器在现在的丧礼中不会都用到，现在一般用到的法器包括：师刀、香炉、书符、神符、水碗、法鼓、铜锣、神卦、法尺、铙钹铮铃、木鱼铃杵、灵幡、法印。乐器一般用到二胡、唢呐、锣、鼓、钹，高功法师使用铃和木鱼。不同的科仪用到的法器不同。例如，请光科仪中高功法师会用到水碗、法刀、铃、大米、蜡烛、钹。

科仪中常用的乐器包括二胡、唢呐、钹、鼓、锣，为了音效更好，仪式中都会使用音响、麦克风，有的班派还将二胡改成插电二胡，使得声音更加响亮。现在为了适应需求，道士们还会配备一些西乐，比如吉他。

4. 服饰

根据道士执照记载，道士服饰包括，冠替愿帽、绛衣雨衣、鹤氅、道服百衲伏魔衣。② 湘乡丧礼中，道士穿法衣和绛衣。法衣即法师在道教科仪坛场上穿着的，源于法服。绛衣是高功法师在大型科仪中行法时穿的法衣，两袖宽大，双臂展开袖与衣身合成四方形。两袖与衣都绣着金饰豪华花纹。法师穿用时，一般内衬海青或竹编衫。③ 冠则有时用纯阳巾，有时用雷巾，有时使用五老冠。据明《三才图会》："纯阳巾，一名乐天巾，颇类汉唐之巾。顶有寸帛，襞积如竹简，垂之子后，曰纯阳者以仙名，而乐天则以人名也。"④ 雷巾"制颇类儒巾，惟脑后儒片帛，更有软带二，此黄冠颇也"。⑤五老冠即莲瓣形，五片莲瓣上绣有五老像。做度亡道场时，高功戴用。⑥

丧礼中不同的科仪道士穿着不同的衣冠，大多数的情况下只有高功法师穿戴整齐，都讲及其他道士一般就穿着平时的衣服。开坛和化屋焚笼科仪中道士没有穿戴道服道帽，就是平时的穿戴；具文申奏、荡秽、开辟五方、请光、解结、朝参十殿科仪高功法师穿绛衣，戴纯阳巾；请水、报庙科仪所有的道士都穿绛衣，戴孝帽或纯阳巾；殓棺科仪，高功法师穿法衣，戴纯阳巾或雷巾；关灯闯狱、拜桥绕道科仪高功法师穿绛衣，戴雷巾和五老冠，光脚，都讲穿绛衣，戴纯阳巾；破血湖仪式，高功法师穿绛衣，戴雷巾和五老冠，光脚。一般情况下道士们没有穿特别的鞋子，胶鞋、皮鞋、布鞋都有，在需要光脚的仪式中，若天气较冷则光脚穿拖鞋。

---

① X 道士执照；拍摄时间 2013 年 3 月 30 日；地点：湘乡 TY 村 X 道士家中。

② X 道士执照；拍摄时间 2013 年 3 月 30 日；地点：湘乡 TY 村 X 道士家中。

③ 陈耀庭：《道教礼仪》，宗教文化出版社 2003 年版，第 246—247 页。

④ （明）王圻、王思义撰：《三才图会》，上海古籍出版社 1988 年版，第 1504 页。

⑤ （明）王圻、王思义撰：《三才图会》，上海古籍出版社 1988 年版，第 1505 页。

⑥ 周高德：《道教文化与生活》，宗教文化出版社 1999 年版，第 66 页。

（二）文检

丧礼科仪需要用到很多文书，包括奏、表、疏、文、申、状、牒、札，这些文书在不同的时候用在不同的仪节中，因此不同科仪要使用不同的文书。这些文书由道士在丧礼现场书写，有的班派事先刻印好基本格式，只需要当场填写亡者基本信息；有的班派用复写纸、圆珠笔全文书写。这些文书在使用完毕要焚化。书写文检是丧礼科仪的重要环节，也非常耗费人力，现在丧礼的文检书写有所简化，除非是道士家办丧礼，文检才会书写得非常正规。① 龙泉观文书格式的文本记录了申奏格式、遍闻牒、请圣表尾、司命疏、请光表尾、破狱牒式、十王表尾、救苦表尾、三元表、路引式、渡桥榜、沐浴式、凭式、请水牒等文书的应用书写格式。② 以榜文为例。

表 3 - 1　　　　　　　　渡桥榜、沐浴榜文式比较

	沐浴榜	渡桥榜
龙泉观文书记载③	灵宝大法司　为香汤沐浴事 兹于此地 特设兰汤 亡者既然临 须当洁示 一源清水泛碧波 亡者来沾意若何 如斯直上朝金阙 迈步逍遥登大罗 天运年月日 大圣毫光接引天尊	灵宝大法司 为高架法桥事 今于此地 高架法桥 亡者既临 先当洁体 危桥高架法坛前 仙路迢迢度有缘 闻经听忏登上品 据此早登大乐天 天运 年月日 大圣法桥广度天尊
龙泉观丧礼使用④	无上度人所 为香汤沐浴事 亡者至此　洗涤身心 沐浴冠带　魂朝上清 一源清水泛碧波 亡者来沾意如何 惟朝直上朝金阙 逍遥快乐上大罗 天运某年岁某月某日　　榜示 大圣黄华荡形天尊　　主度	无上度人所 为早上法桥事 亡者经过　稳步从容 高超三界　魂渡朱陵 济度坛开架法桥 天涯咫尺路非遥 亡人稳步从容过 永别尘凡上九霄 天运某年岁某月某日　　榜示 大圣法桥广渡天尊　　主度

① 访谈 20130330XCL，录音说明：X 道士访谈；时间：2013 年 3 月 30 日；地点：湘乡 TY村 X 道士家中。
② 文书格式；拍摄时间 2013 年 3 月 30 日；地点：湘乡 TY 村 X 道士家中。
③ 文书格式；拍摄时间 2013 年 3 月 30 日；地点：湘乡 TY 村 X 道士家中。
④ 资料 20120813—15 湘乡东郊乡 DQ 村丧礼照片，照片说明：沐浴榜；时间：2012 年 8 月14 日。资料 20120813—15 湘乡东郊乡 DQ 村丧礼照片，照片说明：渡桥榜；时间：2012年 8 月 14 日。

续表

	沐浴榜	渡桥榜
显真观丧礼使用①	灵宝大法司为香汤沐浴所 今于此地　特设兰汤 亡者来临　先当洁体 右伏以 一源清水泛碧波　亡者来沾意若何 如斯直上朝金阙　返步逍遥登大罗 天运　某岁某月某日故 榜　　大圣　　黄华荡形天尊	灵宝大法司为升天法桥所 兹于此地　高架法桥 亡者既临　须当揭示 右伏以 危桥高架法坛前　仙路迢迢渡有缘 闻经听忏登上品　据此早生极乐天 天运　某岁某月某日　启 榜　　大圣　　法桥广渡天尊

以上是文本与实践，以及不同班派沐浴榜和度桥榜书写的比较。内容大同小异，主要词汇也基本一致，但格式、文字、称谓稍有不同。可见，不同的班派传承不同的文本，因此书写上会有所差异，文本本身也因为流传出现变异。很多具体书写文本的知识是通过师承而没有文本记载的，比如，榜文书写完毕后，还要在上面画符。另外，道士临场书写时也并不全然照搬文本的格式和具体文字。

以下比较两个班派在丧礼中书写的亡者随身执照。

表 3 - 2　　　　　　　　　　　　随身执照文本比较

	随身执照
显真观丧礼书写亡者随身执照②	灵宝大法司 为引亡返本升送南宫事 照得 　　湖南省长沙府湘乡某地某庙王某土地祠下奉，玄云大道修因为母殁后请师作证、开通五方十程、炼棺解结、拜桥点灯、剖狱祖师、全形冥路、入内参祥、玉案进供、珍财诵经、礼忏、化赍焚宅、施食济孤、阴超阳泰、拔逝保存念善、迪吉化财，泣血送终报本。孝男某某媳某某女某某婿某某干儿某某干媳某某孙某某孙媳某某外孙某某干孙某某孙女某某孙婿某某曾孙某某右领孝服人等，伏为故母某母某氏魂下，系某岁年月日时在某地某庙王某土地生长年，登几十几岁于公元某岁年月日时去世。窃念亡者东来有影西去无形，三魂渺渺，七魂茫茫，胜识昏迷冥路难通。本司钦遵老祖遗教拜授天师法首，本坛谨发引文仰合□行，所有亡魂魄不得紊乱。依时迎送，倘有拒抗不遵及妄千阻截者，仰承差将吏即拿赴近狱依女青天律究治，施行放纵。此系度人功大风火鱼停，须至引者，右仰交地道功曹十方伴魂童子前准此。 　　天运　某岁年月日　嗣教加持主设法事　某某承诰 　　引　　　　　　　　　　至女青掌社 司销

---

① 资料 20130414—16 湘乡 YYC 丧礼照片，照片说明：沐浴榜；时间：2013 年 4 月 15 日。
　资料 20130414—16 湘乡 YYC 丧礼照片，照片说明：渡桥榜；时间：2013 年 4 月 15 日。
② 资料 20130414—16 湘乡 YYC 丧礼照片，照片说明：随身执照；时间：2013 年 4 月 15 日。

续表

随身执照
龙泉观丧礼书写亡者随身执照①	灵宝大法司 皇坛为新亡沿途执照事 今领据 湖南省长沙府湘乡县某地某庙王某土地祠下，奉道修因求超化财孝男某某 媳某某 女某某 婿某某 孙某某 孙媳某某 曾孙某某 孙女某某 孙婿某某 外孙某某 外孙媳某某 外孙女某某 外孙婿某某，右领孝眷人等伏念故，显妣某母丁氏老孺人魂下，阳命距生于某年某岁月日时在湖南省常某地某庙王某土地祠下受，生享年几十几岁。大限屻于，公元某年某岁月日时在孝居里社寿终内寝，切念亡者阳间初别阴府乍经善恶名姓多同犹恐有滋鉴碍。兹届道钦遵教典引亡魂合出关文一啻给付新行亡者收执，如遇关津渡卡把隘等处仰差伴魂子侍，魂仙官督同本坊庙王土地护送冥司不许阻碍此系度人功夫。风火无停，须至关者，右给付 承恩受度新行逝者某母某氏老孺人魂下，护身执照。 天运 某年某岁月日 嗣教科事 小臣 某某依教奉 圣师幽冥教主东华太乙寻声救苦天尊五福青玄上帝 盟主

由上可知，第一，随身执照的基本格式、内容差不多。第二，前者道明了丧礼所举行的科仪内容，后者没有。第三，亲属顺序有一定的差异，前者孝男、媳、女、婿、干儿、干媳、孙、孙媳、外孙、干孙、孙女、孙婿、曾孙，偏重由长及幼；后者孝男、媳、女、婿、孙、孙媳、曾孙、孙女、孙婿、外孙、外孙媳、外孙女、外孙婿，偏重由内及外。第四，具体遣词造句有一定区别。

除了工具性文书外，丧礼中还要用到科仪文本。道士需要背诵工具性文书的内容，需要记住法部中的内容，但科仪文本可以在仪式现场照本宣科，当然很多情况下，道士也是能背诵科仪本书的。以龙泉观《解结玄科》为例。②

首先通过忏悔，祈求解脱，并化恶为善，福佑后人。

切以凤冤宿孽宁无已往之愆，今生今世必有故为之罪。幸我道讲慈（"慈"是另外用笔加上的）之路，许众生诚忏悔之门。愿凭解结洪文，洗涤无边罪咎一解一结。忤逆十恶消除一赞一扬三灾八难俱解脱，恶果化为善果。孽因换作良因 克扶善愿心灭两殊一切事愆，各求解脱恭对道前皈依三宝。

并忏悔，谴责人在阳世时的种种抱怨、奢求、贪得无厌。例如。

---

① 资料20120813—15湘乡东郊乡DQ村丧礼照片，照片说明：随身执照；时间：2012年8月14日。

② 资料20130327—29湘乡BX村丧礼照片，照片说明：龙泉观《解结玄科》；拍摄时间：2013年3月27日。

人生阳世不知因，不敬三光日月星。北斗之时无避忌，赤身露体触神明。骂雨呵风欺上界，嗟寒怨暑亵神明。冬怨天公下冷雪，夏嗔火日恨无风。上天若降三日雨，就叫冤家不肯晴。忽然晴得三五日，有这横眼畜生人。就怨天官不下雨，冤家连叫两三声。莫道天官无耳目，日月三光作证盟。亡者有此欺人地，或遭冤孽堕幽冥。华坛志心求忏悔，解冤释结早超升。

然后，生动形象地阐明孝悌之道。

父为天来母为地，世间为母为父不易。十月怀胎娘辛苦，行藏睡座身难起。临盆坐草脉无魂，似阴阳司一张纸。春三月儿尤自可，夏月炎天如炭火。秋月生人渐渐凉，冬月冷冻苦难当。身寒脚冷如冰霜，秽濯衣裳河下洗。冻得十指血鲜红，又洗秽濯江河水。母睡湿处子睡干，三年乳哺娘怀里。方行长大望成人，男习诗书女针织。善则聪明智慧人。恶则凶狂无依倚。不思报答养育恩。不思训诲生身义。或将恶口骂爷娘，或媳抵抗公姑语。圣贤言语不差移，教君去看檐前水，孝顺还生孝顺子。忤逆还生忤逆儿，且看先前行孝人。王祥卧冰得双鲤，郭巨埋儿天赐金。董永卖身配仙女，黄香榻枕彩云楼。戏彩老来扑跌地，下民恪意看前愆。一切罪尤皆雪洗，姊妹同胞弟与兄。一脉根生骨肉亲，父母养成年长大。男婚女嫁各安身，夫妻子女同欢乐。不思爷娘养育恩，匹夫专听妻言语。兄弟不和闹家分，为了些微细小事。就伤手足大恩情，或是衙门去告状，自家人弄自家人。君不见，古时人，唐虞让国曾推位，管鲍分金天鉴平，九世同居张公义，田氏休妻活紫荆。自己兄弟不和顺，何必交结外面人。杀死不顾亲兄弟，征战场中父子兵。家有贤妻夫祸少，为人子孝父心宽。

告诫大家感恩于自然赐予，并要广结善缘，辅贫助弱。

自古神农社稷尊，制成六种养凡民。或是稻粱栗黍稷，稻麦五谷独为尊。众生耕种依时候。人不饥寒国自征，一饱亡饥无德泽。不思报答上天堂，富有千仓余积剩。也是前生积德深，愚夫懒汉无收拾。牛踹马踏实伤心，掠剩大夫与社令，见人作贱奏仓穹。降下蝗虫并火□，五鼠六耗不全成。下信倾心来首罪，愿天常赐岁丰年。

劝结缘来好结缘，莫待临渴掘井泉。正好看经斋受戒，晨昏香信供茶拈。古道人慈便是福，恃强凌弱祸缠身。见人争讼休唆拨，全凭阴隲在心田。怜悯振贫如布施，救济饥寒胜结缘。眼不观非理之色，耳不听非理之言。口休道非理之事，身不跟恶道之行。人要欺人天不肯，暗箭伤人天怎灭。今生积德来生受，□跛瘫痪前世冤。君不见，古人缘，昔日前朝梁武帝，曾将斗笠结成缘，四十七年为帝王，也是当初发善缘。一毫之恶君莫作。一毫之害苦修行。古道日日行方便，正好时时结善缘。

最后祈愿罪孽得恕，往生仙界。

一忏悔了千年罪，二忏释了万结怨，三忏孽山如粉碎，四忏万罪尽消溶，五忏五星来高照，六忏六曜并顺行，七忏七星诸奉度，八忏八节保太平，九忏九□无报对，十忏道力以资扶。忏除千年并万罪，亡者有罪当场忏。诸亡万罪托祥光，得睹大慈无上道。亡人从此往生方，惟愿往生安乐国。上登朱陵府，下入开光明。超度三界难，径朝元始尊。

大圣　消愆解罪天尊
虔超亡者，托化生方，仗道提携往生仙界。

有的科仪文本中则蕴含着一种神秘的空间观念，在各个方位设置各种神仙，各司其职。通过仪式的表演，为亡者打通各条道途，希冀去往极乐世界之路途顺畅、安宁，如开辟玄科、朝参十王、殓棺玄科等。以龙泉观《开辟玄科》为例。[①]

东方：

通变东方之界在阳则曰刚色泽地，豫州分野在阴，则曰幽阴之境，风雷之狱阳则有石城铁锁，阴则有雾锁烟封……释之魂从东方引导，持青色莲花自地升登 具有东方符诰。

南方：

---

① 资料 20130327—29 湘乡 BX 村丧礼照片，照片说明：龙泉观《开辟玄科》；拍摄时间：2013 年 3 月 27 日。

南方离火之司分野原□荣雍州地，土则名润色泽地，幽阴之境，狱曰火医阳司则有群邑，城隍阴曹则有丘承，墓伯关防严密执□轻行□令符，命宣传必藉大神播告，以红莲花铺地挥碧幢引魂灵，具有南方诰词。

西方：

仰启西方白招巨神金莲花光童子，西方境碧莲花光童子在西北鉴孝士，追先念大辟关防，开方便坤申庚酉即通衢雾领尘封……金刚铁泽地野在冀州，金刚铁围城地狱，在幽夜玉门铜柱界有司神，此寒边亭关无私度，或先人结证如此境，以颁诰命追回祇灵魂。倘遇此关必仗仙童引导，令先播告毋阻，临行具有西方诰词。

北方：

仰启北方叶光纪神绿莲花光童子北方境金莲花光童子在东北鉴孝士，追先念大辟关防开方便乾亥壬子即通衢雾锁尘封……故受如斯，盖齐分青州总隶于大风泽地，而溟冷地狱□归于泉曲，幽都倘先人如此听详，必其拘系令符命取之承荐，须候开通仰惟捷疾之功，特仗一传之力一念功投大帅昭之具有北方诰词。

中央：

仰启中央含枢纽神黄莲花光童子，中央境黄莲花光童子在中央鉴孝士，追先念大辟关防，便上中下隔即通衢雾锁尘封

奉送五方隔道神，威风凛凛镇乾坤，祥光直射辉地府，滞魄沉沦脱苦海，奉送五方五圣真，风云庆会返逍宫，是时恭凭三宝力，开烁关防悉遍通，诚法众等高举玉音五方旋绕，吾今开辟到东南西北（方）中央，青赤白黑黄帝将军降坛场骑青赤白黑黄。

（三）仪节安排

根据笔者的田野调查湘乡丧礼中道士一般会行以下仪式：开坛仪式、具文申奏、荡秽、开辟五方、请光、殓棺、解结、朝参十殿、受生寄库、破血湖、请水、报庙、关灯闯狱、拜桥绕道、化屋焚笼，根据主家的具体

情况（亡者的性别、死亡原因、城乡、预算等）会有所增减、合并。这些仪式都有固定的科仪文本，不同班派的道士使用的科仪文本也大同小异，但具体操作却会因传承和举行丧礼的地点有所差异。

例如，金鸡观仪式程序文本中记载：

> 首日分
> 袭严坛席 悬挂圣相 伐鼓鸣金 禀白师真 札付东厨 具文申奏□圣迎真 真经
> 升度法忏 颁恩惠光 三清三召 北阴酆都 开辟五方 炼真凝炁 咽喉咒食 雪罪安神
> 二日分
> 金鼓齐鸣 真经 青玄大忏 九凤破秽 解冤释结 莲灯九品 行香请水 上庙报方 监临门户 泰谒十王 十凭十交 关灯闯狱 灵章升送 拜桥绕道 赈孤留驾
> 三分日
> 金鼓交作 金阙九清 礼经送程 昭告上灵 皈依众圣 度人真经 三元水忏 三交三纳 献王赦罪 决灵给据 祭簮开光 化笼焚宅 迎龙奠土 倾光回驾①

而龙泉观仪式程序文本记载如下：

> 道修因焚香炳烛祈光超度 具文申奏 天地荡秽 札厨开方 绕道殓棺 拜参关破狱 朝参十殿 召亡解结 内诵经咒 灼化财资 冥乞佑孝
> ……诵念
> 度人上品妙经……三官赦罪妙经……太上慈悲三元水忏②

显真观道士的丧礼仪式过程文本记载则是：

> 秉烛焚香告盟 天地申文传奏 开通五方十程 炼棺解结拜桥 点灯剖

---

① 资料20120813—15湘乡东郊乡DQ村丧礼照片，照片说明：金鸡观丧礼仪式过程文本；时间：2012年8月14日。

② 访谈20130328XCL，X道士访谈；时间：2013年3月28日；地点：湘乡BX村丧礼现场。以及资料20130327—29湘乡BX村丧礼照片，照片说明：龙泉观丧礼仪式过程文本；拍摄时间：2013年3月28日。

狱 祖师全形 冥路阴超 阳参拔逝 保存念善 迪吉化财①

　　金鸡观的仪式明显要比龙泉观的多，而且还有不同天数的一些选择，看上去比较复杂，但实践中选用的仪式跟龙泉观是没有区别的。X 道士认为金鸡观的仪式文本显得太冗杂，没有龙泉观的简洁。笔者认为这跟两个观的传承有很大的关系，龙泉观一直是家承的模式，而且整个乡只有 X 家做道士，因此相对地其道教知识在传承与扩布的过程中变异性小。但是金鸡观所在的龙洞乡，从事道士职业的人很多，他们参师较多，也并没有严格遵守家传的模式，所以其道教知识相对比较多元。笔者所获得的他们的仪式程序文本是现在在流传的，是复印本，参与传承和扩布人群相对多，所以相对龙泉观的程式会比较复杂、选择范围广。这些仪式都有科仪文本供参阅，也需要念经，道士们念的经都差不多，《度人上品妙经》《三宫赦罪妙经》《老君五厨真经》《救苦往生真经》《升天得道真经》《生辰玉章真经》《三元水忏》《慈悲升度法忏》《十王减罪大忏》《天堂地狱法忏》《青玄大忏》等。

　　现在湘乡丧礼仪式基本上如前文所述，然后根据孝家的出资、亡者的性别等进行调整。比如，三天道场举行如上内容，但两天半的道场则将请水报庙仪式省去。为了方便，道士们往往将一些仪式连在一起举行，比如请水和报庙本来是两个仪式，都要到户外去，请水要在白天举行，报庙要在半夜举行，为避外出两趟，也因为现在半夜不再举行道场，因此，就将两个仪式连在一起，在第二天下午举行。破狱和拜桥本来也是两个分开的仪式，现在也连续举行。这些仪节都有各自的内涵和功能，本质上没有高低之分。然而仪节的表演时间、使用道具、观众多少、参与性、观赏性则有所区别。开坛仪式、具文申奏、荡秽属于常规性的仪节，所用道具较少，形式相对简单。开辟五方、请光、朝参十殿，用到一些专门性的道具，参与性和观赏性稍强。殡棺、解结、请水、报庙、受生寄库、破血湖需要孝服人等参与，用到的道具更多，比如解结的绳索、受生寄库的笼、血湖塔等，观赏性和参与性要更高些。关灯闯狱、拜桥绕道则是高潮，因为一般在第二天的晚饭后举行，道场参加仪式的孝服人等最齐全，观众也

---

① 引自显真观留给孝家的《福留后裔》的文本。文本是道士做道场后留给孝家的一部文本，里面详细记述了做了什么道场，念了什么经，什么人参加了等信息。这样的文本并不是每一组道士都会留给孝家的，这种文本并非只有道士才使用，佛教道场有时也会有这样留给孝家的文本，笔者收集到长沙望城县佛教丧事后的留给孝家的一部文本，同样是记录所做法事和念的经。

最多，仪式时间比较长，需要两小时左右，场地陈设最复杂，面积最大，表演内容最丰富。化屋焚笼仪式是整个法事的结尾，在发引以后举行，只有孝子、孝孙等参加，参与性、观赏性都较弱，但起到了总结的作用。所以这些仪节的设置既有功能上的考量，也有节奏上的搭配。

（四）仪式表演

仪式表演是借助法器、服装、文检，在固定的坛场内，将科仪文本付诸实践的过程。以拜桥仪式为例。拜桥仪式或称度桥科仪，是在道士诵经礼忏，进表符召，破狱等仪式之后，当亡灵经过前面的科仪，得到神明宽赦，洗刷了生前的一切罪孽后，具备了升登仙界的条件。于是，道士行拜桥仪式，祈祷神灵引领亡魂度过仙桥，升登极乐。根据记载，"道教建设法桥一般有两种形式：一种是用桌椅等具搭设，上面用白黄布架通，黄布一段称为'金桥'，白布一段称为'银桥'。而是用木材做成的专门的桥梁，桥上铺盖上有'度桥真符'和'冥币'等具。金银桥上海张贴《金桥榜》《银桥榜》"。① 但在湘乡仪式实践中的"桥"却结合了这两种方式。首先要在堂屋外用三张方桌，数张条凳搭建一个高台，高台顶端放置亡者遗像，或者做一个草人穿上亡者生前的衣帽，脸部挡一面镜子。然后从堂屋引长长的塑料膜，代表桥。高台前端的条凳上摆上纸桥，上面写着"上金桥"。再根据情况，找一块平稳开阔的地方，搭建一个木桥。木桥由两个楼梯和中间的桥拱三部分组合。木桥装饰有纸扎的莲灯、桥顶，桥侧贴着沐浴榜和度桥榜。道士诵经后带领所有的家人、亲属各持一支点燃的香绕圈过桥，时跪时起，绕的速度越来越快。邻居好友在一旁观看，有专人发烟、槟榔、瓜子花生，就跟观看一场重要表演一样。拜桥既有参与性又有观看性，非常热闹，也算是整个道教仪式的最高潮。

湘乡不同的道教班派丧礼有所不同，科仪文本无大异，但其中的音乐、道士间的配合，还有一些程序都有变化。因为各自口传心授的知识有所不同，同一班派的道士，背景知识一样，在学习和具体的仪式实践过程中不断配合，形成一定的默契和规范，从而达成行动的一致。② 比如破狱拜桥仪节，龙泉观是先开一半的地狱门，接着拜桥，然后再开另一半地狱门。而金鸡观和显真观是先开完所有的地狱门再拜桥。仪式奏乐也有很大的差异，没有绝对统一，没有十分精准的规定。全凭个人当时学得怎么样，大家不可能百分之百契合。一方面，没有经过十分正规的训练，演

---

① 任宗权：《道教科仪概览》，宗教文化出版社 2012 年版，第 304 页。
② 访谈 20130328XCL，X 道士访谈；时间：2013 年 3 月 28 日；地点：湘乡 BX 村丧礼现场。

奏、配合难达完美；另一方面，演奏目的在于配合仪式表演、渲染气氛，而不是以演奏绝对的精准为诉求的。①

尽管班派分明，彼此丧礼知识也有融合的现象。前文已述，金鸡观的 H 道士等参师到龙泉观的 X 道士门下，X 道士不以班派不同为怪，非常认真地教授，H 道士他们也非常认真地学习。因此在知识体系上，两个班派有融合。而这种融合一直延伸到丧礼实践中，龙泉观人手不够的时候，金鸡观的几个道士常常来帮忙。X 道士为主的丧礼道场，金鸡观的道士都遵照龙泉观的规则、习惯来表演。而在乐器演奏上，固定的班底，常常配合出一种默契。由此一来，在仪式表演中不同班派也能渐渐构建和谐。

经过本节的讨论，可见，道士有相对封闭的师承脉络和独特的传承内容，其丧礼知识表现为仪式场景的布置、文检书写、仪节的设置与表演。在当代丧礼实践中，道教科仪多元的表演在丧礼中占据重要的位置。道士在丧礼中根据自己传承的丧礼知识唱、诵、念、作，顺应时代的需求和自身的特点灵活设置仪式环节，并在仪式中增加新的元素。道士的丧礼仪式实践满足了民众"超验"的民间信仰需求。

第三节　丧礼知识的融合与礼俗秩序的建构

一　礼生丧礼知识及其实践的特点

（一）作为丧礼仪式框架践行者的礼生

与其他表演不同，礼生主持的祭奠礼贯穿整个丧礼全过程，且占据着重要的仪式节点。虽然道士、中西乐队、鼓队、舞龙队也可以贯穿仪式全过程，但鉴于费用的考虑，孝家会有限地购买他们的"表演"。三天的丧礼，道士可以三天都参加，也有两天半的，中西乐队、鼓队、舞龙队则可以更少，但礼生是一开始就参与，直到发引。而且，礼生所主持的仪式是有明确时间的，朝夕奠占据了重要的餐前时间，客奠堂奠则必须在发引的前一天，参与者、观看者众多。尽管现在礼生逐渐式微，只有一两人主持成服礼、朝中夕奠礼和客奠堂奠礼，没有自带的乐队，时间、内容上明显地少于从前，也少于道士。但礼生在丧礼中仍然占据不可取代的地位，是

① 访谈 20130329HJ，H 道士访谈；时间：2013 年 3 月 29 日；地点：湘乡 BX 村丧礼现场。

丧礼性质、节奏的重要把握者。可以说儒家礼节在民间复合性丧礼实践中占据框架性的位置。

（二）"文"的重要性

对于礼生来说，"文"的书写、使用是最重要的丧礼实践。

虽然道士也要在丧礼现场写很多文书、坛语，也要遵照科仪文本践行仪式，但道士的文书根据实际情况可发挥的空间要小得多。文书的基本格式是固定的，只需要在上面加入亡者的生卒时间、地点、孝家等信息，没有需要发挥的空间。例如，申奏的各种文书，基本格式龙泉观是已经刻印好，在上面填写基本信息即可，显真观则在丧礼现场用复写纸批量誊写。科仪文本更是已经固定，道士们可现场照本宣科。"文"只是道士仪式表演的文本依据和辅助工具。

然而礼生的"文"虽也有一定的格式，甚至模板，但需要礼生结合实际，现场书写出有特色、有针对性的文书。从挽联到各类祭奠文的撰写，无疑是对礼生书法、文采，以及对孝家的了解程度等的综合考验。虽然礼生本都有《礼文备录》《礼文汇》之类礼书可以参考，但是礼生不会将这些书带到丧礼现场，更不能照搬范文。据说素质高的礼生甚至不需要将祭文书写出来，只用打腹稿，喊礼的时候出口成章，文采斐然，甚至孝家的几十个姓名都能准确无误地背出来。①

然而，相对于道士文本的多元实践，礼生文本的实践方式较单一。因为道士仅以文本作为科仪表演的辅助、工具、文字依据，有唱、诵、步虚等各种表现方式，角色更替，服饰、场地都有变化，还有音乐从头到尾配合。而礼生文本的实践仅能通过"喊礼"实现，几乎没有动作、服饰、场地的变化，通过孝服人等跪、拜、聆听，营造的是一种庄严肃穆的追思哀悼情境。

（三）"喊"的重要性

"喊礼"是要喊出来，将书面文字变成仪式的表演，无论在创作祭文时，还是仪式表演时。F礼生写奠文时，一边吟唱一边写。通过吟唱把握句读、平仄、韵脚。喊礼需要一定的节奏与音调，或宛转或悠长，通过"文"的内容和"喊"的形式来渲染情绪，表达哀思。所以嗓音好不好也是评价礼生的一个重要标准。另外，如前文所述，现在礼生已经没有专属的乐队，一般独自主持仪式，若喊不出吸引力，则将严重影响仪式效果。所以如上文所述，有礼生在仪式中加入了奠酒词活跃气氛，以缓解喊礼单

---

① 访谈20130416XCL，X道士访谈；时间2013年3月30日；地点：湘乡TY村X道士家中。

调的节奏，吸引大家的注意力，使得仪式更有效果。

（四）丧礼知识的传承

湘乡现在的礼生从 40 多岁到 80 多岁的都有，年长的基本上是跟自己的亲属学习的，有的甚至受过私塾的教育，很多当过小学老师、村支书等，在同龄人中属于比较有文化知识的。但年轻些的礼生基本是跟没有亲属关系的礼生学习的，更多的是为了增加些收入。更有甚者，有的道士都开始学习礼生的知识，因为掌握了全方位的丧礼知识能更好地赚钱。道士学做礼生已经不是稀奇的事情，很多道士开始尝试整合礼生的知识。在宗教性衰弱后，不同体系知识的融合似乎变得更加简单易行了。

礼生知识体系本身也发生了很大的变化。F 礼生表示他做学徒时，师父就说所传授的知识已经简化了很多。以前的仪式分成很多档次，按照天数不同，有不同的仪式设置。现在也不按照《礼文备录》来做了，更加简单。湘乡当地小摊能买到的《民间婚丧礼仪应用全书》被 F 礼生认为太简单，内容太少。而别人送的新版《中国礼仪大全》，他认为很全面。甚至认为《家礼》跟《中国礼仪大全》是一样的，都是一种通用的礼书。因为两书都分门别类，阐述仪式的具体实践。然而他认为《家礼》中的内容现在已经不适用了，因为一个地方有一个地方的风俗，而《家礼》中的丧礼知识无法满足这种差异。比如说，在湘乡，有人去世要请礼生，还要请地生算日子，什么时候出殡，什么时候盖土等都要算好，如果说时间不合适，则要停丧等待吉日。过去没有冰棺，还要请人念防漏棺文，这些东西都是各地不同的。以前念祭文是在晚上，要在夜深人静的时候去喊礼。但是现在因为晚上有西乐队的表演，所以在吃晚饭前就要将仪式完成。①

二　道士丧礼知识及其实践的特点

（一）融合多元表演的仪式

相对于礼生喊礼，道士们通过衣着、道具、动作、音乐、诵经等，将丧礼仪式进行得更有观赏性、参与性。也就是经常在丧礼中听到的一个关键性评价"热闹"，丧礼办的热闹似乎是大家所追求的。在基本的传承不被改变的情况下，道士也会选择那些参与度高、表演性强的仪式。在乐器的选择上也会有倾向，为了声音大、效果好，二胡、笛子都

---

① 访谈 20130324FKL，F 礼生访谈；时间：2013 年 3 月 24 日；地点：育塅乡 ZC 村 F 礼生家中。

可以插电，有的道士甚至会选择西乐，比如萨克斯和插电吉他。然而，道士的仪式表演又跟花鼓戏、西乐队、鼓队的表演不同，道士的仪式有丰富的内涵，从乐器的演奏、配合，到法部、经文、科仪的诵读，再到手势、步伐的动作都有复杂的来源和文化内涵，也更难学习。但是这种涉及信仰的内涵，在表演中渐渐被湮没，大家更看重是否"热闹"。所以道士们在很多仪节中也有从权之举，放弃那些传统的、复杂的，又不易被理解的内涵。在具体丧礼实践中也难免有不甚严谨甚至偷工减料的情况，但因为道士丧礼知识的区隔性使得一般民众无法辨别差异，只有道士的丧礼是万万不能懈怠的。①

（二）完整翔实的文本体系

道士有各种各样的文本，科仪文本、法部、基本格式文书等，都有非常详细的、相对应的记录。这些文本的使用贯穿整个仪式过程，形成一个完整的文本体系。X道士说他们的殓棺仪式就跟以前的不同，因为他父亲执道的年代，佛教道场非常兴盛，那时他父亲在自己的仪式中吸收了很多佛教的元素，在殓棺仪式中加入了一个出五方的桥段，这是学习了佛教王子出四门遇见四个不同的人的故事，这一变化表现在他所使用的《殓棺玄科》中。② 仪式文本在传承、扩布过程中也在不断变化。过去文本是用毛笔手写的，但是现在也有很多是直接复印的，这无疑会影响到文本的传承模式，由此产生的改变也慢慢地表现在文本上。

三　儒道丧礼知识与礼俗实践的融合

儒家丧礼仪节是整个丧礼的基本框架，从《仪礼》《家礼》，日用类书、家谱中的丧礼记述，到当代湘乡丧礼实践，一直保持着从初终、小敛、大敛、发引的一套基本模式，尽管内容发生了许多变化。从这种连贯性中确实清晰可见华琛所言之丧礼的基本结构，而这种标准化的仪式也确实创造并维系了一个统一的中国文化，在仪式标准化过程中形塑了所谓的"中国人"。③ 现在礼生主持的朝中夕奠礼、家奠礼、堂奠礼也形成一套固定的、程式化的模式，支撑起整个丧礼仪式。然而在民俗实践中，丧礼则是以复合型的状态出现的。道教科仪是其中重要内容，穿插于儒家仪节之中，通过复合的表演，满足信仰与"热闹"的需求。再加上各种乐队表

---

① 访谈20130416XCL，X道士访谈；时间2013年3月30日；地点：湘乡TY村X道士家中。
② 访谈20130328XCL和龙泉观《殓棺玄科》。
③ 〔美〕华琛：《中国丧葬仪式的结构》，《历史人类学学刊》2003年第2期，第98—114页。

演、夜歌子传统，构建了湘乡丧礼完整体系。这套体系，在传承礼仪文化传统的前提下，满足民众信仰、娱乐、教育、交换等需求。通过一套热闹、丰富的丧礼仪式，追思亡者，安抚家属，巩固家族关系、社会资源。基层社会的仪式表演被认为是极其重要的，在"公共"的舞台上，当地精英、意见领袖纷纷争取登台亮相。因此执掌仪式者也就各自争取表现不同的专长，然后分别按照职责担纲表演。礼生表现专长的方式就是完成祭奠礼；而道士则在斋醮仪式中展现其传承道教传统的专长。在仪式中，儒、道的礼仪专家各司其职，各展其长，然后民众即根据其所理解的义理架构将两种各有所传的宗教与哲理拼合。儒礼满足人伦需求，道教科仪满足信仰需求，其他表演满足娱乐、交换需求，使其在整个礼仪的文脉中各适其宜，最终构成一种复合型礼仪的完整构图。①

　　尽管儒道丧礼知识体系、传承差异很大，却有不少交叉与融合。其间并没有严密的区隔，反而在"丧礼知识"的统筹下，出现交融的和谐发展趋势。现在出现的道士学习礼生知识的现象就是极好的佐证。而且这种融合不仅限于儒道，X礼生保存的《儒教经忏科》即是儒、释融合的例证，其将儒家丧礼仪节和佛教仪式结合起来，是典型的儒家丧礼传统在地方与民间文化互动的例证。

　　"经忏科"一般是佛道所使用的体例，却在前面加上"儒教"二字，是典型的儒释道在丧礼中的混合，既有儒家传统的规范仪式，也有佛道的信仰内容。但从题名和内容来看，宗教信仰的内容甚至超过了儒家的内容。其内容包括启家神（文）、启司命（文）、迎亡人（文）、启门神（文）、启功曹文、社稷（文）、城隍（文）、迎驾（文）、荡秽词、经堂条联、血盆心经、忏经文、缴经文、剖盆（文）、拜塔（文）、送驾（文）、开塔八方词、拜塔词、颂塔歌、文凭、祭亡人文、朝奠文、中奠文、晚祀文、路票、祝赞、斩三妖、差票、随身护照、庙王文等文书。还附有文公印（上书：贤儒宝图）、剖盆拜塔图、丧礼中要用到的符。《儒教经忏科》是X礼生在跟叔父和姑父学习做礼时获得的，是他叔父的手抄本，然而他表示其从未付诸礼仪实践过。由此可见，礼生也曾经想要通过文本的重新调整，适应民间社会对丧礼仪式的多元需求。如果礼生能整合一个团体完成儒家礼仪和佛道仪式内容，则能成为丧礼仪式中的唯一主角。但是除了礼生外，丧礼中佛道势力一直此消彼长，完全没有被儒家礼节消解。与之

---

① 李丰楙：《礼生与道士：台湾民间社会中礼仪实践的两个面向》，载王秋桂、庄英章、陈中民《社会、民族与文化展演国际研讨会论文集》，汉学研究中心2001年版，第346页。

相反，现在道教却非常活跃，甚至有将儒家礼节融合的趋势。① 值得一说的是，《儒教经忏科》的部分内容与后文中的湖南安化礼生所使用的《礼文汇》有很多相似之处。

现在礼生祭文中也常常有"早登极乐"之类的字眼。龙泉观《殓棺玄科》中加入的改编自佛教故事的情节。破血湖科仪中用到的经文是《佛说大藏正教血盆妙经》，虽然其并非佛经而是一本伪经，但这些可视为儒释道融合的例证。

葛兆光指出，唐宋以来，民间流传的佛道常常混杂，并不像流传于士大夫中那样泾渭分明，明清时期尤甚。普通民众乃为了宽慰心灵，解脱苦难，祈愿幸福而求神拜佛、磕头烧香，所以拜佛也罢，崇道也罢，于他们并无根本之区别。因此，上位文化之理学、禅宗、道教开始合流时，下位文化中，儒释道也在合流，明清尤甚。② 据刘永华研究，甚至皇家都曾有很长时期，出现过由道士代行礼生之职。从明朝洪武十二年到乾隆七年、八年，道士在"神乐观"充任主要职员长达三个多世纪，而这些道士多为正一派。这期间是儒道互动的特殊时期：神乐观道士不仅表演道教科仪，而且表演本属于儒礼的祭祀礼仪，并在整个仪式过程中占据主导地位。而在此之前，从南宋确立理学的正统地位以来，道教已被归入"异学""异端"。朱元璋以道士"务为清净"为由，创立了神乐观，维持了儒道一段特殊的关系。但改朝换代不久后这种特殊的因缘终告结束。③ 施舟人认为道教与西方宗教思想相比，没有固定的教义，是最自由、最自然、最灵活而健康的思想体系，它是个人主义的思想体系，因为道德意义必须每个人自己去感受。④

道教本身在神谱结构上而言，就是一个"开放"的宗教，其宇宙理论体系以道、阴阳、五行为主，兼论八卦、谶纬，枝杈横生、五花八门。神谱庞大，且唐宋以后不断扩展、更替。与道教神谱一样，道教的仪式、方法也是一个不十分严整的体系。⑤ 所以在丧礼仪式中，道教既能开放地融入佛教内容，也能积极地学习儒教知识。湘乡丧礼中，儒家礼节已经有了

---

① 访谈20130330XYL，录音说明：X礼生访谈；时间：2013年3月30日；地点：湘乡云门寺边。

② 葛兆光：《道教与中国文化》，上海人民出版社1987年版，第324页。

③ 刘永华：《明清时期的神乐观与王朝礼仪——道士与王朝礼仪互动的一个侧面》，《世界宗教研究》2008年第3期，第42页。

④ 〔法〕施舟人：《道教的现代化》，载郭武主编《道教教义与现代社会国际学术研讨会论文集》，上海古籍出版社2003年版，第11页。

⑤ 葛兆光：《道教与中国文化》，上海人民出版社1987年版，第329、337页。

沐浴、饭含、大殓的环节，但也并不排斥道教的开咽喉、殓棺仪式，两套一样作用的仪节可以同时出现在一场丧礼之中。现在湘乡丧礼坛场联语中也云："儒宋设教礼为先，释证菩提万朵莲，道将真武历年起，三教原来共一天。"①

儒释道丧礼能在一定程度上跨越区隔，在民俗实践中打破义理实现知识融合，其目的在于更好地满足、适应民众的日常生活，更服帖地满足丧礼人伦、超验的全方位需求。通过一种巧妙的方式，儒释道在可允许范围内，基于民众日常生活的需要，有机地融合，以更好更完善地处理由死亡而来的人生、社会危机。民俗实践中丧礼知识是复合型的，可达成不同传统在生活中的融合，意在满足民众生活的需求。也就是说，无论儒释道在丧礼实践过程中如何此消彼长，民众始终需要人伦、信仰两个面向的知识满足。在死亡发生后，家族经济、社会地位需要确定，社会关系有待巩固，社会秩序必须维持。同时，又要借助人伦的温情和信仰的力量缓解死亡的冲击，满足民众的归属感和安全感。

在民俗实践中，这种丧礼知识的融合，甚至都不局限于儒释道之中，而是由当下强势的知识体系，以存在和发展的需要为动机，不断地融合入新的内容。例如，H 道士说，现在干道士这行要赚钱则必须各类知识都由自己的团队掌握。即法事的各个环节最好都能完成，而不需要外出雇用。法事中有很多纸扎活，如果道士团队不会纸扎，就要请外人完成，而其时请一个人一天要 300 元。H 道士也跟 X 道士学了扎纸活。现在有的道士不仅学习礼生知识，还学习西乐演奏。② 假若这种趋势不断扩大，随着礼生知识与传承的式微，道士甚直可以包揽整个丧礼。

小结

礼生和道士在丧礼中，各自遵循着既有的知识传统，合作完成一套仪式表演。他们在信仰基础、师承模式、传承内容、礼仪实践上都有很大的区别。总之，礼生丧礼知识满足的是民众的人伦需求，道士丧礼知识则满足民众的信仰需求。

第一，礼生的师承相对更开放些，道士的师承则显得更具活力。尽管

---

① 资料20130327—29 湘乡 BX 村丧礼照片，照片说明：坛场联语；时间：2013 年 3 月27 日。
② 访谈 20130410HJ，H 道士访谈；时间：2013 年 4 月 10 日；地点：湘乡县城。

礼生和道士传承的知识都在减缩，但道士的职业性要更显著。礼生年纪偏大，愿意学习礼生知识的年轻人几乎没有，礼生都是单独参加丧礼。道士则年龄偏小，被认为收益颇丰，主要在室内工作，不受风吹雨淋之苦，还是有不少年轻人愿意学习，且道士都以团队为单位参加丧礼。① 善加经营的道士每个月都能连续不断地接到业务，收入一般在每月七八千元，旺季能到一万多元。②

第二，礼生以"文"为主。丧礼中礼生撰写讣告、挽联、祭文，并"喊礼"。而道士不仅有完整文本体系，更擅长文、唱、诵、作的整体性表演，且有一套从服装到陈设的丰富的表演设置。礼生礼文趋向简单，喊礼曲调也基本失传，依赖礼生自由发挥。道士文检、表演也有所省略，但为了效果增加了许多新元素，比如新的乐器。礼生作为一种丧礼基本框架的维持者存在，道士则担任主要的仪式表演，他们各司其职，又互相配合，在丧礼上也频繁互动。道士认为礼生只需要在祭奠礼上表演，不需要外出（比如破血湖仪式、请水仪式、报庙仪式需要外出），不需要参加发引，只有两天的工作量，比较轻松。而有的礼生则羡慕道士除了参加丧礼，还有其他一些业务，比如奠基礼、寿礼等，认为礼生也需要拓展业务范围。③

第三，礼生与道士丧礼知识有融合的趋势。道士的丧礼仪知识范围渐广，几十年前道士就开始学习做纸扎活。而现在有不少道士开始跟随礼生学习做礼，礼生也并不排斥，甚至在同一场丧礼中，道士既做道场，也担任礼生的陪长或与礼生轮流喊礼，有的道士还学习演奏西乐。④ 道士似乎有将丧礼仪式垄断的趋势。儒、释、道，不论何方的丧礼知识，在民间实践中更倾向于实用。长期以来，三者的丧礼知识也是此消彼长，不断融合。只要能满足民众的信仰、娱乐、教育、交换的需求，也许由谁来完成仪式并没有仪式本身重要。

在文化连贯的进程中，真实的历史序列并不是始终如一，而作为其最后阶段的"生活的聚集过程"则只为自己而存在，并能将过去在真实的历史中构成原因的因素，逐渐变成某种目的本身，再变成某种价值本身。⑤

---

① 访谈 20130430 SJY，S 医生访谈；时间：2013 年 4 月 30 日；地点：湘乡县城。
② 2012 年和 2013 年数据。
③ 访谈 20130329WLS，W 礼生访谈；时间：2013 年 3 月 29 日；地点：湘乡 BX 村丧礼现场。
④ X 道士的父亲就会纸扎活，当时有不少道士都学习此业务，而道士学习做礼、学习演奏西乐是近几年才出现的情况。
⑤ 〔德〕马克斯·舍勒：《知识社会学问题》，艾彦译，译林出版社 2012 年版，第 36 页。

丧礼知识经由礼生和道士的传承与实践，体系完备、内容精微，经历的各种法则和节律，分布于各个社会群体和社会层次之间，其分布过程受到社会调控。尽管脉络不同，却一直在竞争与合作中不断地建构着地方社会的生活。知识的形式多样，但都始终受到社会结构的共同制约。① 借由知识的传承、仪式的实践，多层次、全方面地满足各种需求，建构一种生活状态，规范民众行为，维系社会秩序。

———————————

① 〔德〕马克斯·舍勒：《知识社会学问题》，艾彦译，译林出版社 2012 年版，第 73 页。

第四章　礼俗秩序与日常生活

　　礼仪是维系中国文化的重要社会建构。历代多种类礼仪文献，儒家经典、国家礼典、文人礼书、日用类书、地方史志中都有丰富的礼仪记载，由此形成一套完整的礼仪文本知识传统。与此同时，这套知识传统又在不断的实践中，实现着对社会的建构与自身的不断变更。虽然当代中国的礼仪秩序已经变化，中国文化的基本结构也在不断调整。然而，在中国广大地区依然有以当代方式被践行着的各种礼仪形态，这些礼仪实践与民间信仰、地方风俗糅合在一起，共同实现着当代礼俗秩序的建构。因此"礼俗"可作为一种研究社会的视角，以贯通历史与当代、整体与局部。在当代日常生活中，探讨、阐释当代民间礼俗秩序，有助于理解社会的当代形态、建构方式。费孝通以"礼治"来替代法学家所说的"人治"，说这个形容更准确。什么是"礼治"？他的定义："礼是社会公认的行为规范。合于礼的就是说这些行为是做得对的，对是合式的意思。……而礼却不需要这有形的权力机构来维持。维持礼这样的规范的是传统。"① 梁漱溟将礼治看作中国社会普遍的道德价值标准和行为规范，认为，"此其社会秩序，殆由社会自己维持；无假于外力，而基于各方面或各人之自力；是礼俗之效，而非法律之效"。②

　　本章讨论民间礼俗秩序的建构、维系，及其对民众日常生活的影响。丧礼在湘乡礼俗生活中占据重要的地位，满足了民众"生—死"的需求。丧礼的举行对于生者而言。首先，借由三天左右的仪式，充分而有节奏地宣泄悲伤，获得安慰，使因家人离世造成的情感创伤得到抚慰。这种仪式能使生命之过渡更加平顺。其次，丧礼以家族为单位举行，仪式是家人、亲属的聚会。共同操办仪式，实现家族内人情的往来，能巩固家族关系。最后，随着社会网络的拓展，丧礼成为沟通人脉的重要机会。丧礼的举办

---

① 费孝通：《乡土中国》，生活·读书·新知三联书店 1985 年版，第 60 页。
② 《梁漱溟全集》卷二，山东人民出版社 1990 年版，第 180 页。

能明确、巩固，甚至提高家族的社会地位。对于死者而言，丧礼则是一场重大的过渡礼仪。一方面，礼生的祭奠礼，将亡者置于社会网络之中，肯定其生前的奋斗、努力，同时，将其过渡为"祖先"，接受后人祭祀，因生命之终结而成为永恒。另一方面，道教仪式又从另一个层面上，为亡者打通一条通往他界的通道，并通过仪式使"路途"平顺，在他界有足够的财物享用。一场复合型的丧礼是长期以来儒礼与民间生活深度互动的结果。

湘乡有深厚的楚文化积淀，儒道文化传统浓郁，晚清时期深受曾国藩思想影响。虽然在现代革命思潮与行动的冲击下，从表面上似乎剥夺了传统丧礼存在的可能性。但实际情况是，在经历了这么多起落后，湘乡作为一个并不封闭的县级市，无论城乡皆传承丧礼传统，这与几十里外的长沙、湘潭等城市的现代殡葬仪式完全不同。究其原因：一方面是因为有相关的丧礼知识文本，且其传承人仍然存在；另一方面则是因为这种礼仪符合当地生活的需求。因此，在湘乡仍然可见一种从容不迫的礼俗生活。

第一节　丧礼实践的信仰建构

有关礼仪的研究通常将其分为仪式与信仰，或者动作与信仰来展开讨论。[①] 信仰被认为是一种知识形态，是人们对人生、天地、自然与超现实世界的一种知识性把握。[②] 而民间信仰是存在于非官方社会、有一定历史传承的、具有地方特色的崇拜各种神灵的信仰体系，主要体现为以主题而非偶像的祭祀仪式。民间信仰的信仰者往往是信神不信教的。[③] 丧礼在中国有清晰的传承脉络，有一套一以贯之的标准化的仪式，而仪式得以进行必然有深层的信仰支撑。丧礼有一套仪式过程，一般的民众其实并不熟悉这些仪节的来源，以及在何时何地应该怎么做，一切皆有赖于礼仪专家的引导与指挥。这套仪式背后固然有仪式制定者的社会规范理想，而对于民

---

① 〔美〕华琛：《中国丧葬仪式的结构——基本形态、仪式次序、动作的首要性》就将仪式标准化过程则分为信仰、动作两个范畴。其主编的文集《在帝国晚期与现代中国的死亡仪式》就是通过与死亡相关的动作、习惯和信仰，来讨论中国文化同质化过程（cultural homogenization）。

② 萧放：《文化遗产视野下的民间信仰重建》，《探索与争鸣》2010 年第 5 期，第 61 页。文中引用了贺麟《文化与人生》（商务印书馆 2015 年版）中对信仰的定义，即"信仰是一种知识形态"。

③ 王晓丽：《民间信仰的庞杂与有序》，《西北民族研究》2009 年第 4 期，第 54 页。

众来说仪式实践之基础乃是深藏于表象之下的信仰。

有关传统丧礼，在意识形态范畴，中国人有一个强烈的信仰，就是今生与来世的延续：没有强烈的灵肉二元论；相信一个人的社会地位，大致上不受死亡影响；在死者的世界里也保持两性平衡的观念；生人与死者之间能沟通交换。① 传统丧礼中，"所有与死亡相关的仪式表演都假设生与死之间有着一个持续的关系。参与者是否相信幽灵的存在，或供奉的祭品是否会对死者产生效果，都是没有关系的，重要的是那些仪式要按照公认的程序进行。……中国的意识形态范畴中，并没有一个普遍信仰的假设，也没有一个不争的'真理'"。② 因此在讨论了丧礼仪式实践之后，需要根据信仰实践的脉络，再认真探讨仪式实践背后的民间信仰。这种信仰首先体现为儒家推崇的"孝"的观念。远及祖先崇拜，近遵亲疏差序，由此社会构成一个和谐有序的格局。因此唯送死者当大事，以丧礼的举行来恢复、巩固、稳定此格局。然而，除此之外，丧礼在民间生活中还深受灵魂不灭、祖先崇拜的影响。这些信仰的交织也恰恰说明了复合型丧礼存在之原因。

一　"慎终追远"的孝道信仰

作为丧祭礼仪目的的"慎终追远"，出发点在于孝道亲亲，通过丧祭礼仪来倡导"孝"的道德教化，通过明确和巩固血缘，保证宗族、家族和家庭的社会地位、物质财富、政治权力等正常秩序，以完成社会规范，达成社会和谐。"慎终"主要对近亲而言；"追远"则由近亲而推及远祖。所以丧礼是"慎终追远"的开始，也是儒家社会规范得以推广与巩固的最重要环节。

（一）以"孝"为核心的亲疏格局

"孝悌为仁之本""百善孝为先"，在中国传统文化的伦理道德体系中，"孝"是最基本、最重要的道德。"慎终追远"也是要以仪式之践行倡导"孝"的道德观念，实现"孝"的道德教化。由于孝道被认为是家国同构的核心价值体系，因此就儒学家而言，能通过死亡事件实现孝道的教化。③先秦时期，孝道就是中国人价值观念的核心所在，孔子界定所谓之孝道

---

① 〔美〕华琛：《中国丧礼仪式结构》，《历史人类学学刊》2003 年第 2 期，第 103—104 页。

② 〔美〕华琛：《中国丧礼仪式结构》，《历史人类学学刊》2003 年第 2 期，第 104 页。

③ 〔美〕罗友枝：《一个历史学者对中国人丧葬仪式的研究方法》，《历史人类学学刊》2003 年第 1 期，第 142 页。

为："生事之以礼，死葬之以礼，祭之以礼。"① "礼"是中国文化秩序之核心，是整个规范性社会政治秩序的黏合剂，是行为规范，"包括仪式、庆典、仪态或一般行为举止。这些行为在家庭之内、人类社会之内以至超乎自然的神圣领域之内，形成人神互动角色的网络，将人类与神灵连接起来"。② 在儒家理论中，礼是安排国家秩序和创造稳定阶层社会的手段。仪式是促进秩序和防止混乱的工具。仪式除了表现贵贱、亲疏、性别、长幼之别，也借由动作进行有关孝道的教化，通过动作来教导信仰。③

1. 文辞的使用

在湘乡丧礼中，常见"孝"的称呼。服饰被称为"孝服""孝帽""孝棍"，主办丧礼的主家称为"孝家"，祭文、仪式上称呼"孝男""孝媳""孝孙""孝服人等"，讣闻中称呼"不孝男"等。对于亡者使用最尊敬最隆重的称呼，"显考妣""老大人""老孺人"；称呼年龄用"享寿""享年"；祭文、喊礼中"呜呼""噩耗""惊闻"等词表达哀恸。讣闻、挽联、祭文都要用尊敬、缅怀的辞藻，展现亡者孝顺父母，友爱兄妹，慈爱子女，与人为善等优良的品格和高尚的道德。用"春光""杨柳""馨香"等景物衬托"肝肠寸断""阴阳永隔""溘然捐尘"的悲痛。这些文字的使用抒发生者悲伤之情，表达尊敬，彰显丧礼之慎重。

2. 动作

仪式动作以跪、拜、绕行为主。可以说，虽然丧礼上有儒道的不同仪节，但这些仪节对于参加者而言最终即可分解为跪、拜、绕行。一般民众在丧礼中并不能清楚地区分跪、拜、绕行的动作，也不知道何时该进行这些动作，皆要在礼生、道士的引导、指挥下进行。

丧礼中民众服从于一组基本的仪式，动作被认为为建构一套恰当的丧礼模式提供了可能，且比信仰更重要。参与者是否对死亡或来生有信仰并不重要，而恰当地进行仪式才是此时此刻最重要的。关于仪式，最清楚及明确的是如何进行，而不是它的意义。仪式是否符合习俗，都是由观众去判断的。由社区去决定习俗形态和确认丧礼的恰当动作。④ 因为动作是用

---

① 杨伯峻译注：《论语译注·为政篇第二》，中华书局1980年版，第13页。

② Benjamin Schwartz, *The World of Thought in Ancient China*, The Belknap Press of Harvard University Press Cambridge, Massachusetts and London, England, 1985, p. 67.

③ 〔美〕罗友枝：《一个历史学者对中国人丧葬仪式的研究方法》，《历史人类学学刊》2004年第1期，第144页。

④ 〔美〕华琛：《中国丧葬仪式的结构——基本形态、仪式次序、动作的首要性》，《历史人类学学刊》2003年第2期，第99—101页。

来表现信仰的，所以这个表象做完整、到位了，并没有人会纠结于信仰本身。

跪是丧礼中最常见的动作，无论是吊者、孝家，还是道士，在灵堂中"跪"是一个常态的动作。跪进一步则是俯伏，在礼生念祭文，道士念经时，孝服人等需要俯伏聆听。"拜"是由一系列程度有别的动作组成，"据《周礼·春官·大祝》载，拜仪分为多种：稽首、顿首、空首、稽颡、肃"。① 丧礼中居丧答拜宾客时行稽首礼，要先拜，然后两手拱至地，头至手，不触及地，表示极度的悲痛和感谢。顿首即磕头，头叩地即举不停留。湘乡家谱等记载丧礼中拜的动作按照程度由轻及重，分为叩首、顿首、稽首、稽颡。现在讣告中不分亲疏，一律写"泣血稽颡"，但在祭奠礼中拜的动作皆依古制有所区分。绕行的动作有小圈，有大圈，殓棺科仪绕棺；破狱拜桥科仪绕道场；请水科仪绕到水边；报庙科仪绕到土地庙；破血湖科仪先在道场绕，然后出门绕到水边；发引则要绕境，在整个村子或者县城绕一大圈。殓棺科仪、破狱拜桥科仪和破血湖科仪，绕行中还夹杂着跪拜的动作。

跪、拜、绕行的参加者、程度、位置、顺序都依亲疏有所区别。这些动作，一方面表达对亡者的崇敬。另一方面以差序而区分、强调亲疏格局。这些动作在传统的礼俗生活中并不罕见，虽程度有不同，但都属于一般礼节的基本构成。但在现代社会中，这些动作完全异于民众的日常生活，可以说仅仅通过这些动作就能形成"阈限"。民众在完成这些动作的过程中，获得更强烈的仪式感。这种强烈的仪式感能将民众更快速地引入丧礼的情境中，更投入地体验"过渡礼仪"。如此仪式本身也能达到最好的效果，帮助宣泄情感，进行"孝"的教化，巩固亲属圈。

（二）祖先崇拜

"孝"之践行不仅要表现亡者的哀悼与尊敬，更重要的是将亡者视为即将进入祖先集团的家族成员。丧礼的前提在于对祖先的崇敬，并且相信祖先与后人之间有效沟通的可能。在宗族、家族体系之内，死亡是一种过渡，是由生者集团进入祖先集团的过程。丧礼中借由焚香、敬酒、敬茶、供奉供品和筵席、祭文等，沟通亡者与生者。丧礼完满结束之后，亡者则晋升祖先集团，获得接受祭礼的资格。

根据家谱等资料的记载，过去湘乡丧礼在发引之后有一个重要的仪式就是"点主"，即神主牌的设立。神主牌在丧礼举行前就已经制作好，但

---

① 杨英杰、苑朋栋编著：《中国历史文化》，南开大学出版社 2011 年版，第 89 页。

要请礼生或者和尚、道士主持"点主"仪式，由孝子用红笔填写神主牌，仪式过后牌位方获得合法性。日用类书丧礼记述中也有神主牌的内容，如《居家必用事类全书》引用了程颐的"作神主式"，并附图说明。《民间婚丧礼仪应用全书》中也有神主式的附图说明。① 现在"点主"仪式已经基本消失，但很多人家依然有神台，神台里面写着"天地国亲师"，然后放置祖先牌位，高高地镶在堂屋正上方，逢年过节后人们会点上香烛，摆上供品。

现在落葬之后已经没有小祥、大祥、禫等仪节，但清明节和中元节也是人们祭祀先人的重要节日。根据记载湘乡，"寒食清明扫墓坟，挂山纸钱插西东。焚香秉烛低头拜。庇佑儿孙祷祖宗"。② 七月初七至十五日称"过月半"，是祭祀祖先品尝新收获的节日。自初七或初十接新亡客，初十以后接老亡客。每天三餐饭茶，礼仪相敬，到十四日晚焚化"金银纸包""衣冠箱"，当夜或翌日送客。中华人民共和国成立后，这种习惯曾几度消亡，继又复苏。不过，一般只接新亡客和五代以下的先人。③ 又说"七月中元有四天，神主排排祀祖先。烧包或做盂兰会，耗费金钱万万千"。④

现在清明节家人会结伴去扫墓，在坟前供奉香烛、酒水、果品甚至菜肴，并焚烧纸钱。中元节要给先人"烧包"，将纸钱放入购置的纸袋中，纸袋上印有基本格式，只需要在上面填写某某祖受用、某某寄的字样，"包"一般需要由家人亲自书写。⑤ 然后中元节前七天内，在傍晚择居家附

---

① 《民间婚丧礼仪应用全书》是湘乡一般的卖香烛的摊位能买到的一本礼仪简本，书中没有注明出版日期，作者身份也不可考。根据前言可知，该书是由陈明沪在改革开放以后撰写的。前言中写道："我国自炎黄迄今，已有五千多年的历史了，是一个历史悠久的文明古国，讲道德文明风格，属礼仪之邦。世界各国均皆认可。社会在发展，人类在前进，礼书虽经宋儒酌定，而有些已不合时代要求，但也有不少精华部分，还可古为今用。如热爱祖国，国之兴亡，匹夫有责；孝顺父母，生养死葬；尊敬师长，重老尊贤；培育子女，后继有人，等等。自改革开放以来，人民生活不断提高，小康之家不断涌现，对有的红白喜事则到处求人，余久历沧桑，目睹此景，但也无能为力，幸有陈君自得先生倡导，陈君裕汉先生博学多才，协助综合整理有关各种资料，除繁就简，通俗易懂，编成这集农村婚丧礼仪应用全书，但不妥之处很多，敬请读者批评指正。陈明沪启"但此书被F礼生认为内容太简单，不能跟出版社出版的很厚的《中国礼仪大全》相比。

② 谭日峰编：《湘乡史地常识》，湘乡县教育会1935年版，第29页。

③ 湘乡县志编纂委员会编：《湘乡县志》，湖南人民出版社1993年版，第973页。

④ 谭日峰编：《湘乡史地常识》，湘乡县教育会1935年版，第29页。

⑤ 根据湘乡《民间婚丧礼仪应用全书》上记载了"七月烧包书写式"，由右至左书："谨具冥包一个　上奉　显考（姚）某公（母）讳某某（太君）老大（儒）人九京受用　孝男（孝女等）某某寄　天运某年月日具化。后面的注曰：给谁寄包其称谓落款不要搞错，例如给祖父寄则书显祖考某公某某老大人　孙某某寄"，以此类推。

近空旷之地，点上香烛，摆上酒水，将纸包叠放、焚烧。烧包时要在周围撒上些米饭，并焚烧一些零散的纸钱，以防孤魂野鬼抢夺先人冥资。有的家庭除了烧包，还会为新亡人寄送财物，即纸扎的百宝箱、金元宝、衣物等。形制跟丧礼中使用的一样，也同样是纸扎师傅制作的。生意好的纸扎师傅，在中元节期间仅仅制作这样的纸扎品就能赚 10000 多元①。中元节云门寺有大型的盂兰盆法会，善男信女云集法会，也有不少民众去寺中请僧人代为写包烧包。

祖先崇拜强调生者与亡者的亲属联系的延续性，该信仰的存在，是"促成中国人所奉行的复杂的丧葬仪式的演化过程的一个必要的诱因"。②

（三）"他界"信仰

与祖先崇拜相关联的是灵魂的观念，关于"他界"的信仰。儒家礼仪侧重人伦，一般会绕开魂鬼之说。儒礼往往不能充分满足普通民众的信仰需求，而佛道恰能填补。因而，民间实践的丧礼往往是复合型的，既有儒礼的框架支撑，又充实以佛道之超验礼仪。

湘乡丧礼"他界"的信仰可以说是长久以来由佛道共同满足的，十多年前是佛兴盛，而现在以道为主。尽管佛道在丧礼中的兴衰自有其复杂的逻辑，但传承人和仪式文本的保存应该是两个最重要的因素。

现在丧礼所有的道教科仪是为了为亡者洗清今生的罪孽，偿还所欠债务，保障其通往"他界"畅通无阻，并有足够的财物在路途中和达到"他界"后享用。开坛、具文申奏、荡秽，设立一个洁净的场地，禀告各路神仙仪式即将开始；开辟五方、朝参十殿是具体禀告五方之王、十殿阎王，亡者即将前往；请光为亡者照亮通往冥界之途；解结、破血湖、受生计库为亡者赎罪，减灭罪孽、债务，使亡者在"他界"少受磨难；洗清罪孽之后，破狱拜桥为亡者开通一条通往极乐的坦途；化屋焚笼为亡者寄送冥资、财物。因此科仪文本中常常出现：今生今世、来世之类的时间；地狱、阎王、幽冥、冥京、地府、丰都、道岸之类的地点；往生、度、开辟、通往、忏悔、洗涤、升登、超登之类的动作。

其实儒家礼仪也常常会提到"他界"，《家礼》慰父母亡疏就有"罔极奈何"之说，现在礼生也常常在祭文中使用"拜赴瑶池""早登极乐"。为了邀请亡者享用供奉，祭文还常用"灵其有知，来格来歆"，即灵魂的

① 2013 年数据。

② 〔美〕罗友枝：《一个历史学者对中国人丧葬仪式的研究方法》，《历史人类学学刊》2003 年第 1 期，第 140 页。

观念，相信祖先与生者能够沟通。然而仅此而已，不会再对"他界"深入阐释，更不会用轮回、赎罪的观点去进行教化与规范。

（四）功利性的祝愿

礼生、道士是传统仪式的关键，在民间社会中，礼仪专家能否在礼仪实践中获得合适的收益，直接决定着仪式的活力。如果礼仪专家收益不好，就不会有人愿意从事此行业。而如果仪式本身不能满足民众的需求，礼仪专家也没有执业的可能。尽管现在有很多其他表演填充儒道仪式的间隙，但是儒道在不断民间化的过程中，本身也善于吸收新的元素，使得仪式更具表演性、观赏性，又能获得更多的收益。现在湘乡丧礼中，儒道都有这样的环节。

道教解结玄科，道士解结的绳子上过去要穿上铜钱，现在则用纸钞代替。每一个参加解结仪式的家属都要在解结完成后，在道坛的盘子上放钱。愿意招揽的道士会说"多少随君，看你孝心"之类的话，顺便还要祝愿家人亲属身体健康、财源广进之类。家人亲属一般也乐得开心，还会互相起哄。看场合几块、几十块都是可以的。仪式结束以后，这些钱就归道士所有了。受生计库仪式也有类似环节。

儒礼中几乎没有可以安插"收费"项目的仪式，也很难满足家人亲属财源广进的愿望。但有的比较灵活的礼生，在客奠家奠后增加一个"奠酒"的环节。唱一段《奠酒词》，然后让大家给钱以表孝心。《奠酒词》中会加入对后代身体健康、财源广进等的祝愿，收钱的时候也会提醒大家这是表孝心，祖先会保佑后人，给钱多少都是个意思之类的话。参与者则会献上二十块、三十块、五十块，甚至一百块。当然奠酒仪式并不常见。

这样"收费"的环节因礼仪专家而异，并不是所有的礼生和道士都热衷于此。民众对此并无反感，几块、几十块都不会有什么损失，反而这样的仪节能够活跃气氛。更重要的是，民众都希望能直接获得功利性的祝愿，相信能不受鬼魂困扰，还能获得祖先庇佑。

总之，丧礼的民俗实践在"慎终追远"背后是一个复合型的信仰体系。儒礼满足"孝"的教化，巩固家族地位，实现社会规范。佛道满足超验的信仰需求，释放、安抚。功利性的祝愿既能满足即时需求的，又能恰当推动仪式的持续。经过一场热闹的丧礼，强调了"孝"的观念，实现了"孝"的教育，稳定、巩固了社会关系、社会地位。亡者得到超度，不会变为没有归宿的灵魂，直达极乐之后获得大自在，并荣升为祖先，拥有荫庇后人的能力。后人借由丧礼成功将亡者的身份过渡，相信有了合法身份的祖先会保佑自己，还能在清明、中元与祖先沟通，传达思念与希冀。

二　信仰空间与象征

丧礼不是一套突兀的传统遗存，也不是被部分社会成员硬造出的，而是湘乡民众生活中自然存在、流传、变化的礼仪，有丰富的文化内涵，能有效地进行社会规范，维护社会正常秩序，是融合在整个湘乡礼俗生活之中的。"民间信仰或者以之为支撑的文化符号被认为是固有的、具有本真性（authenticity）的，因而是中国作为一个政治共同体在文化上的一种认同基础。"① 湘乡礼俗生活中有一个复合的信仰世界作为认同的基础，而其与丧礼的复杂性是同源的。据湘乡县志，记载"县民在信仰上儒释道混杂，诸佛众神并存，不拘佛、神来历品位，只以载福为目的"。② 这种复合的信仰是作为一个整体融合在民众日常生活中的，可以说既是一种当地人生活的内容，也是一种生活的形态。"日常生活现实是由环绕在我身上的'此地'（here）及我所呈现的'此刻'（now）所构成。这一'此时此刻'正是我在日常生活现实中注意的关键所在，同时也是我的意识的实在性所在"。③ "信仰"即是湘乡民众"此时此地"所享有的一种普通生活。

（一）云门寺：信仰活动集散地

云门寺对于湘乡而言不仅是一个佛寺，而是整个湘乡礼俗生活的重要场域。这里不但有佛教寺庙一般性的功能，更重要的是由此拓展了一个信仰生活体系。佛教、道教在中晚唐逐步走向世俗化，与民间信仰在许多方面都有相互融合的迹象。寺庙虽然是佛教独立的信仰场所，但功能却逐渐与民间信仰混同，成为祈祷祭祀的重要空间。随着佛教的世俗化，其与民间信仰在性质上也日益接近，在国家祀典中的地位也开始逐步等同。这种变化从唐代开始，到北宋时期就已经初步完成。而此合流体现的最明显的就是空间上的合流，很多民间祠庙逐渐依托于寺观。④

云门寺是三湘名刹，在湘乡汽车站后面，位于县城的中心，自古一直有频繁的宗教活动，现在也是整个湘乡重要的信仰活动集散地。云门寺建于宋皇祐二年（1050），占地约十亩，由前殿、中殿、大雄宝殿和观音阁组成。观音是云门寺最重要的偶像，甚至也是整个湘乡信仰的最重要偶

---

① 高丙中：《作为非物质文化遗产课题的民间信仰》，《江西社会科学》2007 年第 3 期，第152 页。

② 湘乡县编纂委员会编：《湘乡县志·序》，湖南人民出版社 1993 年版，第 913 页。

③ 〔美〕彼得·伯格、托马斯·卢克曼：《现实的社会构建》，汪涌译，北京大学出版 2009年版，第 19 页。

④ 廖寅：《宋代两湖地区民间强势力量与地域秩序》，人民出版社 2011 年版，第 220 页。

像。传说，远古时，涟水河有条孽龙，祸害湘乡，每年二月二都要祭祀。某年端午观音用锁链将孽龙镇在井中。湘乡民众害怕孽龙挣脱，在井口塑观音像，从此风调雨顺，湘乡也有了"龙城"之称。每年的二月十九、六月十九、九月十九、十一月十九，所谓观音的四次生日，云门寺都有盛大的信仰活动。[①] 全境乃至周边地区的善男信女都要前来拜祭，云门寺周围大片区域的街道被堵得水泄不通，沿路摆满了卖香烛、纸钱的小贩，云门寺广场内的小摊更是生意兴隆。据说有的小贩，一年就摆这四天香摊，就能挣 10000 多元。

以 2013 年农历二月十九日为例。清早六点就有香客们四方云集，卖香摊摆出很远，下着雨也挡不住人们祈愿求吉。香摊上有两种包，一种是敬财神的，一种是敬观音的。封面分为三列，右边写着："湖南省　府县　都　甲　大王　土地祠住下居信人　蒙神庇佑今不昧恩 虔备香一炷酬恩上献"，中间列画有图案，中间书写"南无大慈大悲观世音菩萨"或"财神菩萨"，左列写："伏乞　神恩浩荡既蒙以往之栽培 圣泽汪洋更期将来之福祉 天运　年　月　日　上呈。"需要香客自己书写其中的地址、名字和日期，跟去南岳拜佛差不多。如果没有专业的指导，一般的人是无法知道所居地址的传统写法的，如都、甲、土地庙等。因此一般民众都书写现代的地址，甚至时间也写的阳历，也算是百无禁忌了。有的香摊上有老者指导，能写得相对标准。除了包，还有香、烛和鞭炮，配在一起，每样也就一两块钱。走到云门寺小广场附近，已经接踵摩肩了。这个广场平时就摆有不少香摊、算命的、摆课评的，这天就更不用说了。现在香烛都集中在寺门前的焚烧炉烧掉，炉前堆满了包、香、烛，鞭炮声不断，烟雾缭绕。人们先将包、香、烛扔进去，再跪拜，祈愿，然后进入寺内。云门寺门票是 3 元，两进的大院子挤满了人。整整一天云门寺及其附近都挤得水泄不通，上午十点左右，云门寺边的东风路实行交通管制，不能进车。香客从湘乡各地而来，有市内的也有周围乡镇的，有男有女，有老有少。

---

① 　根据《清嘉录》：二月"十九日为观音诞辰。士女骈集殿庭炷香。或施佛前长明灯油，以保安康。或供长幡，云求子得子。既生小儿，则于观音座下皈依寄名，可保长寿。僧尼建观音会、庄严道场，香花供养。妇女自二月朔持斋，至是日止，俗呼观音素。六月、九月朔至十九日皆如之"。根据各地民俗资料农历二月十九日是观音的生日，六月十九是观音成道日，九月十九是观音涅槃日（又说是出家日），而十一月十九是日光菩萨圣诞。但湘乡民众统称这是观音的四次生日，根据 1993 年《湘乡县志》，也是称此为观音菩萨的几个"生日"。

除此四天以外，云门寺初一、十五以其诸多佛教节日也都是热闹非凡。例如，据记载"正月初一到本地土地五谷神庙祭拜，祈一年之福，称为'出天行'。湘乡云门寺，每年到这天出天行的人达数万"。①

1959 年到 1997 年云门寺又经历了漫长的信仰活动停止期，所幸作为文物单位寺庙被完好保存。恢复信仰活动后，随着湘乡经济的迅速提升，社会多元的发展，老百姓生活水平的提高，人们似乎反而更需要信仰。寻找心灵的归属也好，功利性的祈愿也好，云门寺又恢复了往昔的繁盛。现在湘乡云门寺还有自己专属的网站，实时介绍云门寺的历史文化、佛事活动、寺院管理、和尚公示等内容。网站还开设了网上拜观音的项目，页面正中是云门寺内千手观音的佛像，右侧点击洒扫、上香、点烛、素食、水果、鲜花、献歌、叩拜栏目，就会有相应的动画配合。②

云门寺专门超度亡魂的仪式活动是"盂兰盆节"。例如 2013 年 8 月 22 日，即农历七月十五，云门寺举行了"盂兰盆节"，又称"佛号欢喜日"，供佛斋僧，并超度先亡，旨在"继承与发扬慎终追远，孝亲报恩之美德"。在此期间云门寺从农历七月初九到十四日为大众"虔诚礼拜《梁皇宝忏》法会，以利益冥阳两界众生，并为与会者消除业障，增长福慧，祈愿正法长住，社会和谐，国家昌盛，人民安乐。使得过世者离苦得乐，早登彼岸，往生西方极乐世界"。③ 这期间有很多湘乡民众会到寺内参加仪式，为过世先人祈福、寄送冥资。

云门寺宗教活动的复兴与传统丧礼仪式恢复的节奏是一致的。也就是说现在信仰、仪式活动是民众日常生活的重要组成，而这种重要性通过云门寺宗教活动、传统丧礼仪式的复兴表现出来，尽管体现形式不同，在文化与生活层面，却是浑然一体的。而且云门寺除了本身的宗教活动以外，更是在湘乡构筑了一套多元的信仰生活。在云门寺广场上常年有香摊、算命、摆课评的摊，周围的小巷里更是有很多算命的馆所。这周围成为民众抽签、卜卦、取名、择日、择地、祈福、消灾的重要去所。

日常生活世界具有时空结构。空间是生活生养之地，历史变迁、知识传统、文化背景构筑了此间的生活。而"时间是意识的一种内在物质。……日常生活世界有自己的标准时间，这一时间能为人们在主观上相互使用。这一标准时间可以理解为自然时序上的宇宙时间及根据内在

---

① 龙海清主编：《湖南民俗》，甘肃人民出版社 2003 年版，第 193 页。
② 湘乡云门寺网站，www.xxyms.com。
③ 《二零一三年七月十五日冥阳两利中元法会》，湘乡云门寺网站，http://www.xxyms.com/typenews.asp? id＝428。

时间而来的社会所确立的历法间的交集"。① 云门寺这样一个空间，虽临近日常生活空间，又有独立的范围，与日常生活空间的交流也有具体的时间规定与特定的仪式，圣俗空间得到全面互动。② 此时此地在云门寺也好，丧礼中也好，所见之热闹与虔诚，恰是时空的不断叠加、累积的结果。

（二）"符"：信仰之表现

道符在湘乡丧礼中常见，道士们写的各类文书常常画有符，科仪中也有念咒画符的环节。在日常的生活中，符也常常出现。

道符是道士们使用的一种神秘图形与文字，又称符箓、符书、符文、符图、符篆、甲马等。刘师培在《周末学术史序》中精辟指出："秦汉以降，方术家言与儒道二家相杂，入儒家者为谶纬，入道教者为符箓。"③ 道符是种种方术功能的综合：青铜纹饰之祈福引魂；傩之驱鬼逐疫、辟邪保身；门神之禳灾；符命、符瑞之天意有灵。"因此，道符是一种功能齐全、操作简便的方式。"④ 道符有很多种类，隐形符、护身辟邪符、治病安宅符等，每种里面又有细分。而符要通过道士念咒才能生效。

湘乡很多家庭堂屋四角都贴有符，分别代表春夏秋冬、东南西北，这种符有两种底色。蓝底是刚办完丧事的孝家作安谢之用，红底则是新搬的房子用来镇宅。有的长途汽车上也贴着符，在车内正前方上侧贴着正中写着出入平安，画着符的红纸。有的工地奠基也请道士去画符，以保工程平安顺利竣工。这些画符念咒都是由道士完成，一般镇宅的符几百元，而奠基的符需要几个道士一起做法，费用甚至要上万元，收费都根据交情深浅酌情增减。⑤

丧礼中也常常有人来求助于道士。有的人在灵堂里摔倒，被认为非常不吉利，于是请道士画符念咒，将符烧成灰随水服下。有的小孩晚上哭闹，就请道士念个安神驱邪的咒，画个符，烧化沾水点孩子额头。有的人晚上多梦，怕走夜路，即念专门针对怕走夜路的咒，同样画符烧化后随水服下。平日里这点小毛病一般的人也许不会想到要去专门找道士，但丧礼上遇见时，若有需求他们往往愿意请道士帮忙，而且这些都是不需要支付

① 〔美〕彼得·伯格、托马斯·卢克曼：《现实的社会构建》，汪涌译，北京大学出版社2009年版，第23页。
② 萧放：《传统节日与非物质文化遗产》，学苑出版社2011年版，第240页。
③ 刘师培：《周末学术史序》，1934年宁武南氏校印，第1页。
④ 刘晓明：《中国符咒文化大观》，百花洲文艺出版社1995年版，第27页。
⑤ 2013年数据。

报酬的。

　　道符这种专门性的知识被和谐地运用于当代民众生活之中，没有太多的人去纠结它是否科学、可靠，也不需要多么慎重的认可，"信"是最重要的原因。道符安静地存在于民众的日常生活之中，平实地满足着民众，或者说一部分民众的信仰需求。

　　总之，湘乡丧礼实践根植于当地的民间信仰之中，信仰是日常生活的常识，所有社会心理、社会意识的基础或基本内容。信仰作为一种生活状态而产生对各种信仰实践的需求，建构一种社会秩序。而这种社会秩序是一个持续不断的过程，是由人在其持续不断外在化的过程中创造的。① 民间信仰被认为一直以来就有人文主义因素，是以人为主、为人所用的。以人为主体追求天人合一，以人的愿望来协调神人关系。而仪式与活动，都围绕着人的各种需求。民众集体创造、发展民间信仰，以人与自然、社会及自我的整体均衡为和谐之宗旨，将各种神灵进行创造性整合，构建多元化复合的神灵体系。并随着时代、社会变化而调整、改造，开放而变动。而且还有很强的世俗性，神人互通、互惠，信仰植根于世俗生活。② 从丧礼中的"孝"的观念、祖先崇拜、超验信仰、功利性祝愿，到云门寺的信仰活动、道符的种种使用，儒道佛三教复合的信仰，为民众提供了充分的、丰富的满足。民众参与信仰实践，有节奏、有时限、有空间。无论生产方式、生活方式如何发生变化，在此间信仰实践乃与整个日常生活融为一体。民间信仰是认识中国社会团结（social solidarity）发生机制的一个核心范畴，"是使人与人、群体与群体之间的紧密联系成为可能的一种重要因素。民间信仰弥散在民俗之中，是日常生活的一部分，是全体成员在文化上的最大公约数。从结构上看，中国的社区、地方、国家得以形成和维系的机制也可以从民间信仰的客观存在来分析。民间信仰发生在一个具体的小地方，各地有明显的差异，但是在比较抽象的文化层次上，却保持着某种价值和结构上的一致性"。③ 由此可见，湘乡当代的丧礼实践恰是一整套多元复合信仰的具体表现，各种知识只是仪式与信仰的一种载体和存在可能。

---

①　〔美〕彼得·伯格、托马斯·卢克曼：《现实的社会构建》，汪涌译，北京大学出版 2009年版，第 45 页。

②　王守恩：《民间信仰与现代性》，《宗教学研究》2011 年第 4 期，第 221—225 页。

③　高丙中：《作为非物质文化遗产课题的民间信仰》，《江西社会科学》2007 年第 3 期，第151 页。

第二节　复合的仪式过渡与身体表述

自 20 世纪六七十年代以来，西方社会理论经历了一系列重要的转向，包括身体视角的转向，身体这一新兴视角对于当代西方社会理论所具有的变革作用。大约自 20 世纪 70 年代开始，身体概念成为一个核心的概念，尽管各自的理解并不同，但福柯、布迪厄、吉登斯等为代表的一批社会理论家深入地展现了一种身体视角。由此身体概念逐渐作为一个核心的概念进入西方社会理论的研究之中，从而掀起了一场视角的变革。为了反对笛卡尔的主体主义的意识哲学和理智主义传统，尼采最早赋予了身体以重要的地位。身体成为思考人之为人的关键所在，是人之存在的根基，"权力意志"正是在身体之中建构着人的存在。此后，现象学的传统孕育出梅洛－庞蒂的身体现象学，提出前意识的"现象身体"。由尼采和梅洛－庞蒂等人在哲学领域中所建构的身体概念则为当代社会理论家们提供了重要的启发。虽然不同的当代身体理论家对身体的理解存在各种差异，但是他们之间又总是有意或无意地存在一些共识。第一，对意识哲学的批判。认为人类行动者先以身体的方式而存在，它或具有一种无意识的特征（如福柯和布迪厄）[①]，或主要呈现出一种区别于意识（话语意识）和无意识的实践意识的特征（如吉登斯）。第二，当代社会理论的身体视角拒斥绝对的主体。对福柯而言，个体的先验主体性仅是被建构起来的幻觉。[②] 布迪厄认为身体既是社会建构的产物同时也是具有能动性的能动者，他力求在主观结构（习性）和客观结构（场）之间的辩证关系中寻求超越主客体二元论的可能性。[③] 吉登斯认为，身体是具有认知能力的可以以自身的能动性去理解和介入到改变世界的过程中的权力主体。[④] 第三，对笛卡尔的意识哲学所包含的理智主义立场的批判。福柯阐明关系权力的运作方式以及现代身体是如何被权力—知识所建构出来的。而布迪厄更加关注身体的实

---

① 郑震：《身体：当代西方社会理论的新视角》，《社会学研究》2009 年第 6 期，第 187—191 页。

② 〔法〕福柯：《词与物———人文科学考古学》，莫伟民译，上海三联书店 2016 年版，第503 页。

③ 参见郑震《身体：当代西方社会理论的新视角》，《社会学研究》2009 年第 6 期，第195 页。

④ 参见〔澳〕马尔科姆·沃特斯《现代社会学理论》，杨善华等译，华夏出版社 2000 年版，第52 页。

践方式，主张身体有其实践的理性。① 在吉登斯的理论中，日常实践主要是由行动者的例行活动所构成的②，具有相对稳定性，并体现了历史在身体与实践之中的积淀。③

具体到民俗学的研究中，身体转向也得到了广泛的关注。阿彻·泰勒（Archer Taylor）关于"上海手势"（shanghai gesture）的研究，追溯了手势的原型、起源、分布和意义。④ 20 世纪 60 年代末 70 年代初美国民俗学转型时期，民俗学家丹·本 – 阿莫斯（Dan Ben-Amos）就开始强调"面对面"交流，关注最原始也是最自然的，参与各方身体的所有感觉方式都全面投入的交流方式。1989 年凯瑟琳·扬创造性地提出"身体民俗"，以探讨有关身体的民俗或知识，特别是身体如何参与构建社会意义。此后，美国民俗学的身体研究超越了对身体习俗的探究，不仅把身体实践看作研究类型，更视为民俗学的基本理论视角，激发了民俗学对于身体悠久而零星的兴趣。⑤

根据学术渊源和侧重点的不同，美国民俗学身体研究大致显示出两种研究取向。"一条主要沿着福柯话语分析的路径，又结合人类学家玛丽·道格拉斯（Mary Douglas）对身体象征和社会结构与关系的考察，着重探究社会、历史与文化如何塑造身体，如何刻写于身体之上，身体如何成为权力、话语争夺和角逐的场域并体现之。另一条则根植于现象学的传统，强调身体活生生的肉体性。沿着人类学中马歇尔·毛斯（Marcel Mauss）的'身体技术'到皮埃尔·布迪厄（Pierre Bourdieu）的惯习的理论脉络，它关注身体的能力、经验、感觉和能动性，探讨'体现'（embodiment）、'体知'（bodily knowing）与人类社会文化实践的关系。"⑥

本节尝试通过丧礼中冲突而复杂的身体表述，解读民间社会中对白喜事"热闹"的建构的过程与方式，探讨其中蕴含的生活逻辑与权力关系。

---

① 参见郑震《身体：当代西方社会理论的新视角》，《社会学研究》2009 年第 6 期，第 197—198 页。

② Giddens, *A Contemporary Critique of Historical Materialism vol. I*: *Power*, *Property and the State*, London: The Macmillan Press Ltd. 1981: 64.

③ 〔英〕安东尼·吉登斯：《社会的构成——结构化理论大纲》，李康、李猛译，生活·读书·新知三联书店 1998 年版，第 43 页。

④ Archer Taylor, "The Shanghai Gesture in England", *Western Folklore*, vol. 23. No. 2, p. 114.

⑤ 参见彭牧《民俗与身体——美国民俗学的身体研究》，《民俗研究》2010 年第 3 期，第 16—18 页。

⑥ 彭牧：《民俗与身体——美国民俗学的身体研究》，《民俗研究》2010 年第 3 期，第 22—23 页。

民间常将丧礼称为"白喜事"，亦称"喜丧"，即有"悲喜交加"之意。有说，若是 60 岁以上的人去世，则享到了天年，虽死也有福，因此不悲其死，反而要庆其福，故称白喜事。把丧事当作喜事办，对亲朋吊唁者，可设酒席招待，亦可猜拳行令，欢乐不忌。有的地方八旬老人死后，孝家认为死者福寿双全，大办丧事，方可称为"白喜事"。丧礼从情感和社会设置而言，本是悲伤之事，同时所有参与者的身体却又要跟着"热闹"一番。

丧事的喜庆活动不得不提土家族的跳丧。长辈亡故的第一天晚上，就开始跳丧。歌师击鼓领唱，另有人帮和，边唱边舞，围着棺材跳几个通宵，借以给死者家属减轻悲痛，解除忧闷，因此跳丧哀而不悲，伤而不痛。哈尼族"莫搓搓"葬俗也是土炮声声，敲锣打鼓，彩旗飘扬，青年男女还借此机会谈情说爱，挑选对象。哭的哭、闹的闹、跳的跳，让人搞不清到底是喜事还是丧事。① 此外，苗族、水族丧礼中有"吹芦笙舞"，彝族有"跳阴舞"，景颇族有"布滚戈"舞。川滇边界楚雄一带彝族丧俗气氛也很欢乐。哀悼仪式后举行盛大的披牦牛尾的舞蹈。湖南永州丧俗也带有浓厚的喜庆和娱乐气氛：哀乐基调宛转、活泼，少有哀伤；亲戚奔丧要带龙灯狮子队；孝歌以祝福内容为主。② 舞蹈、音乐、歌声，通过身体的特别表述，传达丧礼的文化内涵。

"白喜事"，"白""喜"都有两个层面的含义。因为孝眷及吊唁者戴孝，故称"白"。丧服从来都是不染色的，采用麻布原本色泽，虽然不是全然意义上的"白"，但尽量保留原色、原质地。家人、亲属成服之后，丧礼仪式中"白"是主题色。另外，"白"乃悲伤的表达。丧服根据亲疏由粗及细，通过身体感受服装的粗糙，从而表达痛失亲人的哀恸。虽然现在的孝服已经无法感受"切肤之痛"，但仍有感官冲击和身份认同的作用。"喜"有两个层次，一是表象的，即我们所见之热闹场面。二是丧礼之复合的深层内涵。能将丧礼称为白喜事，当然与灵魂不灭、祖先崇拜的观念是一致的。死亡并非完全之终结，而恰是新旅程之开端，通往极乐之过渡。

因此"白喜事"是一种复合的表述。丧礼中悲喜交加的矛盾心理，源自对死者既眷恋又恐惧，既要切断死者与人世间的联系，又着力保持这种联系。对死者家属既百般宽慰又表示出若干禁忌。丧期中既痛苦悲哀又大

① 王垂基：《词文化源考》，中山大学出版社 2000 年版，第 233 页。
② 巫瑞书：《南方民俗与楚文化》，岳麓书社 1997 年版，第 162—163 页。

操大办，要弄得异常热闹。此矛盾的心理，反映了人类对死亡的某种相似的心理状态。① 丧礼是一场以自身的文化传统、习惯的方式处理亡者身体的仪式行为，然而关涉其中的身体却包括了亡者的、家人的、亲友的，以及礼仪专家和仪式表演者的。

有关湘乡丧礼人们常常提到"热闹"一词。提到某次丧礼，大家往往都会说，办了几天、花了多少钱、有多少个儿子、多少人来了、请了多少表演队等。有的丧礼在孝帽两侧要垂坠"烂絮"，被认为是用来堵耳朵用的，免得听到别人的闲话。而所谓之闲话，则特指外人对丧礼办得不够热闹的负面评价。丧礼办得热闹与否，已然成为评价丧礼好坏的关键标准。"热闹"的丧礼能表达子孙的孝心，彰显亡者及其家族的社会关系，强调家族的经济地位和社会地位。

"热闹"是借由身体而建构的文化，其间孝家、亲属、邻友聚集一处，跪、拜、行礼、观看、坐席。礼生、道士，还有各种表演者轮流上场。鞭炮、气炮鸣声不停，中乐、西乐余音不断，香烛、纸钱缭绕不绝。"热闹"通过时间、人气、阵势、声音，全方位得以传达。②

热闹似乎与死亡形成鲜明的反差，与儒家经典肃穆的，立足于"哀"的仪式也相去甚远。湘楚之地，经过儒文化与楚文化的长期互动后，丧礼有了自己独有的特色。将哀乐、祭祀与娱乐结合起来，也与传统的中原文化大相径庭。儒家传统礼仪与佛道，以及民间风俗的不断融合，形成独具特色的民间礼俗实践。热闹的丧礼，上承礼仪传统又接民俗生活之地气。热闹的丧礼也是对"过渡礼仪"的极好诠释。经过"热闹"的身体表述，亡者的离世成为大家接受的事实，亡者也成功进入祖先集团，接受供奉。家人、亲友的相聚加深了联结，加强了社会关系。家族的经济地位和社会地位也会得到巩固和提升。"热闹"对于丧礼，是一种最理性、最实际的民俗选择。"热闹"并不等于不庄严肃穆，也不等于没有悲伤和追思。而是在周全地表达悲恸的同时，有节奏地满足其他各种功能。

---

① 仲富兰：《现代民俗流变》，生活·读书·新知三联书店 1990 年版，第 98—99 页。

② 欧爱玲在研究中也指出，如果参加丧礼的宾客不够多，就会被旁观者认为"毫不热闹"，而这也是中国人评价一系列广泛的仪式活动成功与否的重要标准。而周越（Adam Yuet Chau）也通过在华北农村的田野调查，指出在中国农村"热闹"是举办大部分集体活动时所预期的效果［详见〔美〕欧爱玲（Ellen Oxfeld）《饮水思源：一个中国乡村的道德话语》，钟晋兰、曹嘉涵译，社会科学文献出版社 2013 年版，第 142 页。周越的研究见 Adam Yuet Chau, *Miraculous Response*：*Doing Popular Religion in Contemporary China*, CA：Stanford University Press, 2006］。

一　身体参与的"流水席"

丧礼中的筵席非常重要，是孝家答谢吊者，亲友沟通的重要形式。无论是谁，身体都全方位地、自觉不自觉地，参与着习俗的传承与新关系的建构。丧礼中大多数人都无法对仪式有统筹的了解，无法明晰自己的脚本，但是通过座次、职责、服装、饮食、动作的身体参与，所有人井然有序地参与着，完成一种复杂的表述。丧礼的筵席囊括了复杂的关系，是社会网络、家族关系的直观表征。又遵循日常的生活节奏，在仪式中一再重复出现。因此筵席是适合讨论丧礼身体表述的重要设置。

三天两夜的丧礼包括两次早餐、三次午餐和两次晚餐，第一天早上不设早餐，第三天晚上不设晚餐。其中有一餐是主筵，会在讣告中注明具体是哪一餐，一般是第二天晚餐，有的时候也会是第二天的午餐。主筵参加的人最多，按照尊卑亲疏落座，参加者要戴上孝帽。民间约定俗成有许多筵席座次的讲究，一般而言，官高者、辈分高者、年纪大者坐上坐。以方向来说，坐北向南的座位是最尊贵的，然后面向北边，再由东往西排列。根据湘乡《民间婚丧礼仪应用全书》记载婚丧酒筵排席方法，包括独桌席、四桌兼东西席、四桌正图、品形兼东西图。但现在并没有非常严格的排列方法，一般而言重要的客人、长辈、亲属坐在靠里面的桌子，然后依次往外，而礼生、道士、表演队等坐在最外面。同一张桌子一般让长辈坐在首位，小辈坐长辈对面。另外发引当天的早餐也非常重要，因为孝家要给参加者反馈礼物，因此席位固定，桌上标明是什么席、几个人。

以前丧礼的筵席是村民组的成员以互助的方式来办的。一家有人去世，全组的人都要来帮忙，不论关系如何。这既是一种解决人手问题的好方式，也能和谐村民关系，通过互助营造一种协调融洽的村落关系。但是现在一方面是因为人们对筵席的要求越来越高，另一方面外出工作的人越来越多，要真正意义上实现互助难度加大。因而有了另外一种模式，即请一个厨师团队，包办丧礼的筵席。一个主厨，几个帮厨（基本上都是女性），以及运输和采买组成。他们不仅负责买菜、备菜、做菜、上菜，负责餐具、洗碗、打扫卫生，还负责所有的设备。但毕竟人手有限，筵席的活儿又很多，所以村民组也会组织帮厨。①

---

① 现在大部分的人还沿用生产队时期"队"的称呼。

　　湘乡婚丧节庆的筵席有"蛋糕席"之称呼。① 现在筵席的菜肴都是热菜，一般八道，或者九道、十道，主筵比较隆重正式，菜品也相对精致些。比如 DQ 村丧礼主筵的菜式分别是：蛋卷、扣肉、牛肚、鱿鱼丝、虾、鸡、鱼、白菜、淮山炖肉。② 菜品没有严格的规定，上菜也没有荤素先后，但以荤菜为主，猪、牛、鸡、鱼、虾各种变化。依据地方饮食特色，常见的菜有剁椒鱼头、梅菜扣肉、蛋卷。大多数的丧礼会现场杀一头猪，因此菜肴种类也就是猪的各种做法：扣肉、猪蹄、红烧肉、排骨、猪下水、猪血之类。开席时，厨师们将八仙桌和条凳摆好，铺上一次性的塑料桌布，摆上碗筷。米饭放在过道上，自己根据需要添加。

　　（一）坐席：有节奏的身体互动

　　丧礼筵席早中晚餐与儒家朝中夕奠礼的节奏是一致的，餐前举行奠礼，奠礼完毕才能进餐。因此餐前餐后可以说是丧礼主要的沟通环节，通过祭奠礼邀请亡者享用供奉，实现生者与亡者沟通。而筵席内外，孝家与坐席者沟通，坐席者相互之间沟通。对于生者而言，筵席就是一次以"丧礼"为主题的聚会，推杯换盏之间实现社会互动。③

　　随了礼则要坐席，这对于中国人来说是基本的礼仪规则。于孝家而言，这涉及预算、面子。于随礼者而言，这是人情世故的基本模式。朝中夕奠和三餐筵席就像鼓点一样，使得复合的丧礼仪式有明确的节奏。朝中夕奠不仅有家人参加，还需要观众，来进餐的人就是最好的观众。大家一起观摩仪式，一起等着入席。正式开席前，都管④还会通过麦克风招呼大家起立齐声高喊"高升"，以祝愿亡者升登极乐。

　　朝中夕奠能顺应的日常生活的节奏恰恰是湘乡形成儒礼为框架的丧礼仪式的原因之一。内容丰富的佛道礼仪和多种表演形式都没有将儒家丧礼仪式湮没，正是因为朝中夕奠礼的身体表述与三餐筵席的节奏一

---

① 陈光新编：《中国筵席宴会大典》，青岛出版社 1995 年版，第 404 页。相传蛋糕席始于清道光、同治年间，因为曾国藩强调勤俭、耕读，所以每逢红白喜庆限定十菜一桌（即蛋糕花、鸡、肚肺南粉丝、素南粉、扣肉、清汤、炸排骨、红烧熬肉砣、鱼、蔬菜），另外每位客人可以带走两个包子、两个掺粉肉丸。后来流传出去，各地都以此为俗。

② 根据 20120813—15 湘乡 DQ 村丧礼。

③ 以礼生和道士在筵席上的互动为例。礼生和道士在丧礼中各司其职互动不多，但筵席中往往坐在一桌。20130328 的 BX 村丧礼午餐中，礼生和道士在席间就曾就业务范围展开讨论。中午 X 道士去参加寿宴，W 礼生就跟道士们开玩笑说，寿宴礼生也可以参加，也能写贺寿文等。道士们就打趣地说礼生在丧礼上的工作很轻松，不需要外出，而且发引后也就结束了，赚钱比道士容易。

④ 仪式中统管全局的人，一般都由村长或者书记担任。

致，与人们基本的生活节奏一致。人们已经习惯了丧礼中"吃饭"与朝中夕奠连在一起。因此，尽管佛道礼仪和多种表演吸引眼球，但儒家朝中夕奠却是必需品。"复合型"的丧礼，组合的原因多种多样。儒礼满足祖先崇拜、"孝"的需求、巩固社会关系。佛道满足超验、娱乐的需求。其他表演满足礼物交换、娱乐的需求。但时至今日儒礼依然是丧礼的框架性礼仪构成，原因则在于儒礼无论从意识形态、伦理规范，还是日常生活，都一直占据着中心位置。现在，虽然儒家意识形态、伦理规范的影响力已经逐渐削弱，但"孝"的观念、祖先崇拜的意识依然存在，更重要的是，人们已经习惯了朝中夕奠在丧礼中的节点作用。朝中夕奠已经成为过渡仪式中的常规设置。人们会在共有的生活过程中塑造世界，而这个世界可以说是透明的、显而易见的。人们理解这个自身创造出来的世界，但这些在传递过程中会发生改变。而历史作为现存制度的传统，具有客观性特点，来源于个人生活的模塑却在个体之外，在现实中持续存在。①

　　所谓之"沟通"以"吃"为起点，但内容和意义又远远大于吃。人们通过祭奠、哀悼、馈赠、闲聊，以身体的一系列动作建构着文化。亡者与生者的沟通，涉及亡者的"他界"生活，以及后人所期望之"祖荫"。而生者间之沟通背后是复杂的人情往来、礼物交换的规则、范围和内容。

　　（二）回赠：流水的人情

　　坐席是礼物交换的即时反馈。吊者需要送纸钱、祭幛、花圈，以及礼金，孝家会将这些内容——记录，以作为礼物交换的依据，往后再逐一反馈。但筵席作为即时的礼物反馈，更加关涉双方的面子，因此酒席的好坏是实打实地，看得见的，面对面的孝家与吊者的一场互动。

　　筵席的水准一定要跟吊者的馈赠相当，因为关涉孝家的"面子"，即社会地位、经济地位。所以筵席的规模需要孝家根据经济实力、家族大小、人际网络等综合考量。人们常把红白喜事中由于吃席人多，不停开席，吃完即走，又立马安人入席，不停"翻席"称为"流水席"。虽然湘乡丧礼筵席并没有那么夸张，但也绝对是"流水席"。吃席的人边聊边吃边喝，结束后就离场。若是又来了人，孝家立马要安排其入席。厨师们也

---

　　① 〔美〕彼得·伯格、托马斯·卢克曼：《现实的社会构建》，汪涌译，北京大学出版 2009年版，第 51—52 页。

早有准备，随时待命，一波一波地上菜。"流水"是一种规模的表征，规模越大说明孝家社会地位、经济地位越高。

参加者以"评价"作为反馈。席间人们常常有对筵席的评价，筵席的桌数、菜的质量、数量、味道。并可由此推及这次丧礼办得是否"热闹"，兼及讨论下孝家的经济实力和社会地位等。席间孝家还要分发烟酒和饮料，烟是每人一包、白酒一桌一瓶、饮料一桌两瓶。因此若是参加了所有的筵席，往往能攒很多包烟。每次筵席结束后，主厨往往会到席间询问大家对菜肴的评价。当然大家一般说好吃，顶多也就说说"太辣了"之类的。厨师的口碑是其未来生意的来源。

礼物交换核心在于"流动"，此次的"人情"将成为下次"人情"的依据。这种"人情"表现在几个方面。首先，是否参加丧礼。参加丧礼不是随意的，在亲友网络内的人才有这样的资格。孝家若是没讣告之，自然是有失礼数，孝家也会努力用好的仪式表演、筵席、烟酒、诚挚的态度招呼好参加丧礼的亲友。而亲友若无缘无故地不参加则会被认为不给孝家"面子"，会影响彼此的关系。其次，"人情"的物质表现为礼金、祭帐、纸钱、花圈。礼金、祭帐、花圈的多少，赠送者的亲疏、姓名，都被账房先生清清楚楚地记录，以作为礼物交换的凭证。吊者进入丧礼的第一步就是到账房登记入册。礼物交换讲究"相称""相当"，相称是与赠送者的亲疏、辈分、经济条件相称，相当是要与孝家过去的赠予相当。祭帐登记完毕后要悬挂在灵堂内，花圈则要摆放在灵堂入口两侧，其数量也是孝家"面子"所在。"人情"有明确的记录方式，账本是书面的记录，而参加亲友则是生活的记录，谁来了谁没来，甚至送了什么，大家都记得清清楚楚。

所谓之"流水"不仅指本次丧礼的筵席，更是指在人情交往上的"流水"，社会网络的巩固与维系很大程度上就是依靠这种持续不断的礼物交换。因此并没有真正意义上的"不散的筵席"，而是不断循环轮换的流水的人情。

另外，所谓的人情也不仅限于绝对的交换立场，丧礼，特别是村落中举行的，也有浓厚、质朴的人情味。筵席虽然阵势很大，却不像很多人所认为的那样铺张浪费。剩菜其实不多，若是剩下了较多菜肴，其一，厨师会回收，留作下顿再处理后端上桌，大家也不以此为怪。其二，村里也常常有一些家境不好的妇女来收，即使她们没有随礼，孝家也不会阻拦。其三，村里难免有一些有生活障碍的人，参加丧礼的熟人常常会将筵席的剩饭剩菜端给他们吃。① 周围的人也没有不满和鄙视，习以为常。②

二 复合的仪式表演

"在中国人的丧礼中，一般的观众扮演着一个主动的角色，他们与受聘的专家一起创造一场仪式表演。社区成员同时是观察者和被观察者；他们在仪式的表演中同时扮演着主导者和观众的角色。专家、服葬者和社区成员等在仪式中的恰当表现，都与每一个相关的人有着密切的关系。……参与者的内在状态、个人信仰和倾向，基本上与仪式是没有关系的。"③ 湘乡丧礼中有很多表演，这些表演的性质、内容、形式都有很大的差别。西乐队刚刚演奏完流行情歌，礼生又接着主持祭奠礼。礼生喊礼也能非常自然地将西乐队演奏的《世上只有妈妈好》《悠悠岁月》等为己所用。大家排排坐边嗑瓜子边嚼槟榔，刚看完道教破狱拜桥科仪，又等候西乐队综艺演出。这是一场中西合璧、古今通用、老少皆宜的，演员与观众共谋的复合型表演，其复合体现在以下几个方面。

第一，作为一个整体，丧礼的表演元素是复合的。儒家礼仪、道教科仪、唱夜歌子、舞龙、鼓队、中乐队、西乐队，各有特色，有的是纯粹的表演，有的则是自成体系的仪式。流行音乐—花鼓戏小调，道士长袍—西乐队主持人的超短裙，高亢的唢呐—浑厚的架子鼓，喊礼的文言文—相声里的时尚用语，诸如此类身处其中的人却并不觉得冲突。④

第二，每种表演本身也是复合的。儒、道仪式相当复杂自不必说，为了效果其他的表演也不是单一的。西乐队不仅演奏西乐、唱歌、为儒礼伴奏，还要自编自导一台包括歌舞、相声、小品、魔术的演出。舞龙队不光

---

① 所谓有生活障碍的人，笔者见到的多是心智有问题的，虽然心智不健全，他们也并不会造次打扰筵席进程，只会一直等到筵席基本结束才等着别人端饭菜给他们。

② 说到这种"习以为常"，笔者认为透露着乡村生活的某种和谐。等着丧礼结束后吃席的这些所谓有生活障碍的人，虽然被隔离在仪式之外，但没有人会驱赶他们，也没有言语、态度上的歧视。他们自己自觉待在丧礼仪式之外，等着筵席结束，美美地吃上一顿。BX村丧礼中，纸扎师傅T姐在做纸扎活的时候，一直有一个村里的好吃懒做、心智不健全的人，醉醺醺地跟她胡乱地聊天。T姐虽然很烦，但神情不露出嫌弃。来来往往的人也同样，虽然嫌烦，仍不显歧视，也不明着赶走他。只是大家都不断分散他的注意力，想让他离开。他不但没被赶走，反而留下来跟大家一起进餐，大家最多只是试图想法支开他。

③ 〔美〕华琛：《中国丧礼仪式结构》，《历史人类学学刊》2003年第2期，第102页。

④ 笔者作为一个外来的参与者，却常常感受到复合丧礼中的突兀，一边是主持传统儒道礼仪的礼生、道士，一边却是唱着流行歌曲、浓妆艳抹的超短裙美女。湘乡本地人却在其中非常自在，并不觉得有什么不合适。而那些外地来的吊者和归乡者往往有不同的认识，这将在后文中详述。

要舞龙，还要会打鼓、伴舞。只有唱夜歌子表演相对单一。

第三，表演者身份是复合的。儒、道是职业的礼仪专家；唱夜歌子者、西乐队、中乐队也算是科班出身。但舞龙队、鼓队就是由一般的热爱跳广场舞的中老年妇女组成。各自掌握的技能、难度有较大的差异。

大部分的民众以他们的身体行动来进行表述。最重要的观众，是亲属、亲友组成的当地社区，通过长期生活实践决定习俗形态并确定仪式的恰当动作。① "参与仪式就如参与艺术一样，策划、创造或表演的人也同时是他们作品的观赏者。作为一个观赏者来说，他主动地对表演做出诠释。仪式的创造者、表演者和观赏者那种暧昧的主动和被动的性质，也就是仪式的其中一部分价值所在。"② 因此这些表演是"仪式性"的，体现着其作为仪式一部分的价值和意义。同样的演出换一个场景，或者割裂地去评价，都会显得突兀与不协调，但在经过长期的仪式化的生活打磨后，这种表演在丧礼仪式中，便能融于整体，和谐统一。

无论表演难度如何、表演者投入如何、表演重要性如何，作为"表演"它们都是"热闹"的丧礼不可或缺的部分。而且本地参加丧礼者观看这些复合的演出却不会觉得不妥，混搭的表演能并行不悖地和谐共处于丧礼之中，共同构成了湘乡丧礼完整的仪式。米顿·辛格（Milton Singer）认为仪式行为是一种文化表演（cultural performance），不仅关乎信仰，且从观众的角度能很容易地察觉出民众与信仰的关系。③ 虽然在表述程度上有差异，但这些表演都传达出"孝"的观念，体现"慎终追远"的内核。通过共同信仰的整合，借由各自身体的表述，"热闹"成为最合理的诉求。

格尔茨将仪式视为社会结构的表现，认为仪式行为是对信仰和生活方式的扮演，"对于观演者来说，信仰表演是被审美欣赏和科学分析的，通常是一种特殊信仰观点的陈述；而对于（仪式）参与者而言，仪式行为是信仰的扮演（enactment）、物化（materialization）和实现（realization），既来源于信仰（modelof），又是信仰的增援（modelfor）"。④ 通过观看、参与仪式，以"孝"为核心的信仰观念得以传达和巩固。

---

① 〔美〕华琛：《中国丧礼仪式结构》，《历史人类学学刊》2003 年第 2 期，第 101 页。

② Gilbert Lewis, *Day of Shining Red: An Essay on Understanding Ritual*, Cambridge: Cambridge University Press, 1982, p. 38.

③ Geertz, Clifford. "Religion as a Cultural System", In David Hicks, ed., *Ritual and Belief: Readings in the Anthropology of Religion*, Boston: McGraw-Hill College, 1999.

④ Fiona, Bowie, "Rites of Passage, and Ritual Violence", in *The Anthropology of Religion: An Introduction*, Oxford, England: Blackwell Publishing Ltd., 2000, p. 26.

复合的表演有显著的娱乐性，这也符合大家对丧礼"热闹"的诉求。然而娱乐背后有更深的缘由。表演的形式是热闹的，传达的观念则是深刻的。表演和仪式的异同在于是否具有"效力"（efficacy），还是只为娱乐。[①] 丧礼的效力则在于通过热闹的丧礼表演，传达"孝"的观念，并满足民众超验的信仰需求，强调、巩固家族的社会地位、经济地位。罗格·亚伯拉罕（Roger D. Abrahams）用"展演"来超越"表演"，将表演、仪式、节日、游戏等包括其中。认为在展演活动中，社区成员共同参与、使用其文化中最深层、最复杂的多种声音的、多种价值的符号与象征，从而进入潜在而有意义的经验里。文化展演被强调、被习惯、被期待。参与是可能的，且被鼓励。仪式活动因为使参与者感觉离开日常生活，变得"受强调的、具有强烈自我意识的、被命名的与被框架化的、共同活动的、风格化的"而显得不真实；而又因为采用日常生活的动机和情景而被带入新情景，所以又显得超真实。[②] 因此丧礼中人们的行为和思想互相汇聚和互动，历史和现在融合在一起，呈现出丰富、复合的形态。

复合型表演存在于湘乡丧礼实践中有以下两方面原因。

第一，丧礼知识在民众生活的统摄下各有特色，和谐共融。儒家祭奠礼、道教科仪、夜歌子都有一套相对完备的、传统的知识体系，有确定的表演者、知识文本、展演程序，更重要的是，这些表演是湘乡民众历史记忆的一部分，又深入日常生活。而且各自的面向不同，儒礼重人伦，道教仪式重神道，夜歌子可以兼具，各自内容有很大差别，表演时间也不会冲突，能合理地错开。所以一起出现在同一场丧礼中，却各司其职，各有逻辑，相互配合，互不干扰，不会让当地人觉得突兀、混乱。西乐队、中乐队、鼓队、舞龙队的表演以娱乐和活跃气氛为主，也各有特色。三天的丧礼仪式将这些表演有节奏地安排，表面的嘈杂背后井然有序。

第二，丧礼的情感表达是有节制、有节奏的。丧礼在追悼亡者，表达哀思的同时，也要抚平生者的创伤，顺利渡过变故。所以三天的丧礼不能一味地悲伤、痛哭，情感的表达需要有节制、有节奏。守灵的静寂的夜晚，少数的亲友聚在一起，借由夜歌子的唱诵缅怀亡者。儒礼各个环节以悲恸为基调，孝服人等俯伏在灵案前聆听哀婉的祭文，香火缭绕，肃穆庄严；封殓之时，天人永隔之感涌现，更是哭声一片。盈门的吊者都要到灵

① Fiona, Bowie, "Rites of Passage, and Ritual Violence", in *The Anthropology of Religion: An Introduction*, Oxford, England: Blackwell Publishing Ltd., 2000, p. 160.

② Roger D. Abrahams, "Toward an Enactment-Centered Theory of Folklore", in William R. Bascom, Colorado eds, *Frontiers of Folklore*, Westview Press. 1977, pp. 79 – 120.

前烧纸、焚香、磕头，以表哀悼。但如果一直如此，仪式的过渡、转换的功能则难以实现。于是丧礼表演中有了音乐、歌舞等，这些表演缓解亲友的悲痛，抚平家人去世带来的重大冲击与创伤；吸引参加者关注，转换注意力；也是孝家的待客之道。在这场"热闹"的聚会中，亲友能一同借机舒缓哀伤，笼络关系，交流情感，是丧礼社会功能的重要体现。因此，尽管丧礼的气氛是"热闹"的，环境是嘈杂的，但基调绝不是单纯的欢快，其内涵丰富、厚重。"热闹"几天以后，失去亲人的痛苦将逐渐平复，社会秩序也将重新调整，"重大事件"后，亲友们得以顺利地重新投入社会生产、生活之中。

三　身体过渡的仪式

湘乡丧礼棺材纵向摆在堂屋的左侧，用条凳架起，上面披上毛毯。棺材前方放置香案，上摆灵位、遗像，燃香烛，供奉酒水、果品。香案下方放置长明灯和烧纸钱的盆子。棺材前方正中，红底圆形上书金字，字排列成"品"字形，写着"留不住"三个字。后方正中，同样形制，写着"我去也"。① 棺材安静地摆放于香烛缭绕的灵堂里，叩拜、祭奠、吊唁、诵经，肃穆庄严。同时灵堂内外，人来人往，各种表演轮番登场，又十分热闹。对亡者身体的处理是整个丧礼的核心，对死亡的恐惧，对亡者的不舍，对未来的祝福都交织在身体过渡的整个过程，反映了当地文化对死亡的理解。初终之时的"倒头纸""三十六根线""起身轿"，接下来的"买水沐尸"的风俗，小敛，大敛，守灵的夜歌子，到出殡，仪式中有复杂的身体处理方式，通过"过渡"消解悲伤、恐惧。

"留不住"表达俗世的无奈，"我去也"有一种一尘不染的超脱感，是一种生死的对话，一种在热闹丧礼中，关于生死的冷静的思考和教育。在生死之间找到普遍的真理，才能彻底超脱生死的束缚。从棺材前方走到后方，仿佛就经历一次生死过渡，亡者与生者也在经历一场对话，既然此生"留不住"，只能启程升登彼界，道一声"我去也"。临终的时刻总是让人恐惧的，热闹的仪式虽然常被认为浪费，但对于处理生死过渡而言，却极其重要。荀子就特别强调隆重丧礼的意义："礼者，谨于治生死者也。生，人之始也；死，人之终也。始终俱善，人道毕矣。故君子敬始而慎终，终始如一，是君子之道，礼义之行也。……丧礼者，以生者饰死者也，大象

---

① 并不是所有的棺材前后都写这两句话，有的就是前后各有一个金色的福字。但笔者认为这六个字蕴含了当地人对死亡的一种理解和处理，所以由此展开对身体过渡的讨论。

其生以送其死也。故如死如生，如忘如存，终始一也。"(《荀子·礼论》)
"留不住"表达一种对生命消亡的无可奈何、无能为力；"我去也"则有
一种面对死亡的豁达与从容。与庄子强调的顺从自然造化的生命态度一
致，融解生死的矛盾。如庄子说："生也，死之徒；死也，生之始"(《庄
子·知北游》)，以及"生之来不能却，其去不能止"(《庄子·达生》)，
和"一死一生，一偾一起，所常无穷"(《庄子·天运》)，这表明一种安
时处顺、生死由之的态度。① 中国人的生死观是一个复杂的话题，但丧礼
对生死观的最好诠释则应该是，通过仪式模糊了生死的界线，消解了死的
痛苦与执着，让死亡成就"生"的永恒。中国传统文化以"生"为立足
点。传统宇宙观、人生观、社会意识，都渗透着"生生不已"、无穷循环
的主题。儒释道思想都肯定并强调生命的存在。"生命意识构成'天人合
一'的宇宙图式和思维模式的内核，极大地影响着民族精神的铸就和国民
性格的塑造。'生生不已'使得我们的古老文明格外地长命，使得传统社
会、传统观念历经数千年仍未寿终正寝，使得我们的文化充盈着乐观祥和
气氛而缺少悲剧意识和危机感。"②

首先，借由对亡者身体的处理，表达对待生命的终结的慎重。初终有
"属纩"之仪节，确信生命的真正终结，再要招魂，以引导亡魂往生极乐。
入殓前，在亡者脚附近点长明灯的习俗被认为能温暖足心，以防诈死。

其次，整个丧礼仪式的重点都在"过渡"，而不在"终结"。避讳
"死"，而代之以"往生""老"，模糊绝对的生死界线，强调对亡者引导
及其身份的过渡。儒礼将亡者引入"祖先"行列，仍保留在家族体系之
内，佛道仪式将亡者导向极乐，永享安乐。

最后，丧礼用"生"的景象来演绎"死"的主题。丧礼现场讲究
"热闹"，最重要的就是人气，家族兴旺、亲友众多，是热闹的前提。无论
是儒家祭奠礼，还是道教科仪，都需要亲属参与，人越多，仪式越有效
果。子孙众多、家族兴旺，是对亡灵最好的告慰。

仪式可以让人放下对生的执着，接受"留不住"的死亡事实；同时又
经过仪式的转换系统，顺应自然，"我去也"西方极乐，荣升祖先，庇佑
后人。亡者静静地躺在棺材中，经过几天热闹的仪式，各种借由身体达成
的对话，让家人、亲属、邻友都接受死亡这个事实。然而生命的终结绝不

---

① 郭于华：《死的困扰与生的执著：中国民间丧葬仪礼与传统生死观》，中国人民大学出版
　社1992年版，第151页。

② 郭于华：《死的困扰与生的执著：中国民间丧葬仪礼与传统生死观》，中国人民大学出版
　社1992年版，第184页。

是彻底的结束，经过丧礼的过渡，死亡反而能成就永恒。热闹的仪式借由跪拜、祭奠、表演等给生者一个缓冲，确认、巩固社会、经济地位；同时给亡者一个合理的去处，换一种形式继续留存在家族之内。因此"我去也"和"留不住"是对"白喜事"的极好阐释，"留不住"用忧伤、无奈的情绪表达丧礼慎终的基本原则；"我去也"则用乐观的态度解释追远的可能。身体是能动的创造与实践主体，身体不再仅仅是抽象话语的载体，而是重新恢复了其丰富的各种感觉和肉体性。仪式中形成的情感方式、感觉倾向、行为方式与规范，往往都是在耳濡目染中习惯成自然，成为刻骨铭心的知识和文化模式。①

　　"白喜事"是一种复合的表述；"热闹"却是一种对丧礼的诉求，是一种最理性最实际的民俗选择。"热闹"在充分地表达悲恸的同时，有节奏地满足其他各种功能。从丧礼的各类角色、各种身体参与，探讨"热闹"的白喜事的矛盾与复杂，目的在于从交往、饮食、表演、器物等入手，以切实的身体感受与创造，展现丧礼中活生生的知识传统与文化建构。丧礼筵席是一种有节奏的沟通，朝中夕奠顺应的三餐筵席的节奏，恰恰是形成儒礼为框架的丧礼仪式的原因之一。亡者与生者的沟通，涉及亡者的"他界"生活，以及后人所期望之"祖荫"。而生者间的沟通背后是复杂的礼物交换的规则与范围。坐席是礼物交换的即时反馈，"流水席"则是一种规模的表征，说明孝家的社会地位、经济地位。礼物交换核心在于"流动"，此次的"人情"将成为下次交换的依据。演员和观众共谋的复合的仪式表演有显著的娱乐性，这也符合大家对丧礼"热闹"的诉求。形式是热闹的，传达的观念则是深刻的。"我去也"和"留不住"的身体过渡是对"白喜事"的极好阐释，"留不住"用忧伤、无奈的情绪表达丧礼慎终的基本原则；"我去也"则用乐观的态度诠释追远的可能。

第三节　丧礼的稳定与变化：习惯、日常、重复结构

　　丧礼传统作为一种习惯的传承，既是一种过渡礼仪的形态，也寓于民众日常生活之中。"日常生活的常见习惯和重复结构，显示着人们实践活动的社会方面，这类实践已经纳入了持久的符号认定之中。……'习惯'

---

① 彭牧：《民俗与身体——美国民俗学的身体研究》，《民俗研究》2010 年第 3 期，第 26—27 页。

和'习俗'这类词，既涉及规范的法律方面的实践，也让人想到那些本身又同政治表达形式紧紧系在一起的礼仪的文化价值。"① 从对丧礼的理解、践行及态度上来看，湘乡本地人、定居外地的返回者和外地亲属呈现较大的差异。这是因为日常生活的变化使得他们的生活习惯朝着不同的方向改变，所属的生活结构也由此更改。而从长时段来看，湘乡丧礼延续着知识传统，体现着一个有序变化的意义框架。而从短时段来看，由于制度的变化，城乡、地区间又有极大差异。传统礼仪的复兴与实践，与殡葬制度之间有极大的张力，需要研究、思考，如何将传统智慧与现代制度需求联系起来，以更好地满足民众生活需求，维护社会结构。

一　内、外视野的丧礼

湘乡当地不同年龄的人，对复合型丧礼的认知和态度并没有显著的不同。尽管当地的年轻人、中年人和老年人在生死态度上必然有很大差异，但在他们看来湘乡现存的丧礼就是日常生活的一部分，"老了人"有人放炮、办筵席，请礼生、道士和表演队，这对于生活其中的人来说是非常自然的事情。然而湘乡丧礼在生活、文化圈以外的人看来，却是不一样的。随着身份和社会情境的变化，对待复合型"丧礼"的认知和态度也会有所变化。有学者主张从社会情境的角度界定民俗之"民"，认为情境能交汇历史传统与现实生活，经由时间累积储存在特定群体中的意识与记忆，制约、规范民众活动；同时这种历史传统又受现实的调整。② 对待丧礼的不同认知和态度，受情境的统摄，也就是说日常生活的改变是差异的根本原因。现象学社会学主要创始人舒茨（Alfred Schutz）借用"生活世界"指作为人们日常行为基础的文化世界。"生活世界"是个空间世界，包括身心整合的身体及动作。它有多种形式的结构，各个领域或范畴，都是一种认知方式，也是了解他人主观经验的方式。在《社会世界的现象学》中，舒茨常将"生活世界"和"社会世界"混用。该世界最重要的特点，是生活其中的人们对现实采取理所当然的自然态度（natural attitude），认为生活世界不言自明，且毋庸置疑。人们在生活世界中寻找自己的位置，并去理解它，通过理解，形成日常生活中的意义知识。意义能够界定情境、产生新知，并付诸行动，最终形成制度的基础。而"知识"则指将现象确定

---

① 〔瑞〕雅各布·坦纳：《历史人类学导论》，白锡堃译，北京大学出版社 2008 年版，第100 页。

② 黄涛：《按社会情境界定当代中国民俗之民》，《中国人民大学学报》2004 年第 4 期，第131 页。

为真，并可以判断为具有特质的确定性。① "生活世界是日常实践的领域，也就是蕴含着共同体的普通人的本源性文化价值的基本领域。"②

（一）从"内"看丧礼

所谓在湘乡社会、文化情境内的人，指那些长期生活在湘乡的，不论原来是不是湘乡出生的，也不论城乡和职业。他们生活在湘乡的整体文化之中，与周围的人有持续的互动，参与礼俗生活。"内"可再细分为一般的湘乡民众；以及丧礼中的职业人员，比如礼生、道士、纸扎师傅、唱夜歌者等，他们由于身份的原因，对待丧礼自然有与一般民众不同的观点和看法。

在一般的湘乡民众看来，丧礼是一种自然而然的事情。鞭炮喧天、乐器合奏、吊者云集，这都是一种生活的常态。就礼俗生活而言，人们长期在同一情境之中，于是对丧礼的复合和热闹不以为怪。家中有老人，民众很自然地想到要请地生择地，找村子买地③，备好棺材、寿衣；自家有人亡故则请地生择日，请礼生、道士、厨师，发讣告；亲友家有人亡故则准备礼金、祭幛、纸钱，前往吊唁。参加仪式时，无论是谁，什么身份，该跪时跪，该磕头时磕头，该吃吃，该喝喝，该哭哭，该看表演就看表演。没有人强迫，也不需要人提醒。他们虽然并不清楚祭奠礼和科仪的具体操作，但能非常清楚地区分礼仪专家，对仪节也是非常了解的。

礼生、道士、纸扎师傅、唱夜歌者这样的职业人士，处境却要微妙很多。他们以丧礼为生，丧礼的兴衰直接决定着他们的收入，然而他们却并没有通过任何明确的形式去鼓吹传统仪式如何如何。恰恰相反，在认真做好本职工作的前提下，在对丧礼的态度上却表现得非常平常。当涉及一些比较敏感的问题时，主要是涉及"超验"的内容时，他们表现得很谨慎。比如，2012 年 8 月 13—15 日 DQ 村丧礼上，有人在灵堂摔倒，这被认为非常不吉利，于是他请道士画符压惊。当笔者询问细节时，道士说这是迷信。在跟礼生、道士聊天时，谈到神仙、符咒、止漏、灵魂，他们必然以"这是迷信"开头。笔者认为虽然他们并不真心认为是迷信，但在经历长期的各种运动后，他们学会小心，希望能通过言语的谨慎与主流意识形态，甚至国家政权，达成一种微妙的和谐，以保障职业顺畅。

---

① 赵万里、李路彬：《日常知识与生活世界：知识社会学的现象学传统评析》，《广东社会科学》2011 年第 3 期，第 199—200 页。

② 高丙中：《中国人的生活世界：民俗学的路径》，《民俗研究》2010 年第 1 期，第 9 页。

③ 湘乡目前大部分仍土葬，除非是公务员、事业单位工作人员。民众就直接向葬地所属的村委会买地，根据地段价格有差异，3000—5 万元。据说早几年只要几百块。

另外礼生、道士、纸扎师傅、唱夜歌者，在本地人看来，也不过就是一份普通的职业，跟对待其他职业一样，有基本的认可。虽谈不上如何羡慕，但也绝没有蔑视。由于道士现在收入颇丰，当地人还是比较认可这个职业的，觉得有年轻人学很正常。道士本身虽然对未来的传承也有些担心，但目前看来这个行业发展还是不错的。而且礼生、道士、纸扎师傅、唱夜歌者都不全然只干这一份工作，他们种田、做买卖，常常还有其他收入。

外人却常常无法理解，怎么有年轻人愿意学做道士，尽管表现程度不一样。所以由于日常生活的不同，人们对同一事物很难达成一致的理解。现象学社会学阐明了理解他人是在种种视角的互异性（reciprocity of perspectives）或互主体性（intersujectivity）预设下实现的。社会成员能共享生活世界意义的主观预设，和可以交互转化的互为主体的社会结构，是实现相互理解、获得有关他人行动、意图的必要条件。舒茨从以下几点阐明互相理解的达成。首先，特定的生活世界中，每个自我都认识到，他我具有意识，也在反思行动，并赋予意义。且每个人都通过身体动作和意识，与他人分享现实的共同意义。其次，在互主体的预设下的认识活动，是基于"手边知识库"（stock of knowledge at hand），即对前人的集成和生活经验的累积。另外，对行动意义的认识，还与认识的时间、空间及社会群体相关联。①

因此由于无法充分具备这些条件，内、外对丧礼的理解是有差异的。

（二）从"外"看丧礼

而所谓"外"人，根据田野调查资料，主要包括两种，一种是祖籍湘乡，出生在湘乡，也生活了一段时间，但后来在外地定居、生活，偶尔回乡的人，他们一般非常了解湘乡的生活、文化，但目前的社会情境已经发生很大变化；还有一种是与亡者有亲缘关系，从外地来参加丧礼的人，他们的祖辈和父辈一般是湘乡人，但出生、成长在外地，在文化上与湘乡关联不大。按理说，前者应该能更好地理解当地的文化，更能接受这种复合型的丧礼，因为他们应该具备理解的一些基本要素。但事实却恰恰相反，前者往往表现出对这种仪式的不理解，后者倒是能入乡随俗。

例如，笔者住的表姐家的姑父和姑妈，三月从广州回乡小住。他们都是湘乡本地人，后来长期在外工作生活。也就是说他们已经离开湘乡，甚

---

① 赵万里、李路彬：《日常知识与生活世界：知识社会学的现象学传统评析》，《广东社会科学》2011 年第 3 期，第 200—202 页。

至是湖南乡土生活很久了，虽然亲友犹在，但基本已经退出了一般的社会网络，并不参与仪式礼物交换。姑父知道笔者的情况以后，立马拉着笔者很认真，甚至有些激动地说要移风易俗，说这种丧礼如何如何不好。生的时候要好好孝顺，何必死了大操大办。还让笔者把这些写到本书里去，倡导新风尚。而每次笔者去参与丧礼，姑妈总会说，拜桥有什么好看的，唱夜歌子有什么好听的，等等，认为这些都很吵，甚至荒唐。当笔者跟她聊起交通发达的村落相对干道士的年轻人少，因为就业机会相对会多些。姑妈立马说，现在哪个年轻人还愿意学这些。① 在笔者看来，这对夫妇是没有办法理解当地的丧礼，既没有这样的条件，也没有这样的意愿。当然他们并不能代表所有的回乡者。

外地来参加丧礼的人不能理解不是表现在态度上，而是条件上。他们不会在湘乡久待，来参加丧礼必定与亡者及其家族关系密切，有探亲访友、联络感情的需求。他们并不排斥这种复合型的热闹的丧礼，但却对其中的内容常常无法明白。例如，2012 年 4 月 14—16 日湘乡 YYC 丧礼中，有一对从长沙来的中年夫妻，他们的母亲是亡者的表亲，但很久没有来过湘乡了。热闹的丧礼并没有让他们吃惊或者反感，他们先遵照当地习俗，托礼生找人买了祭幛等礼品；然后依俗戴上孝帽（根据亲疏差序，他们不需要穿孝服）；平静地观看仪式表演。礼生写祭文的时候，丈夫坐在一边跟礼生聊天，然后问起礼生在干什么。他并不知道礼生的身份，也不清楚礼生在丧礼中要干些什么，礼生与道士有什么区别。礼生跟他解释了一番，他似乎没有深入了解的兴趣。他们只是入乡随俗。笔者访谈过其他参加过湘乡丧礼的外地人，也是同样没有任何价值判断，只说热闹，但分不清什么是祭奠礼、什么是科仪，分不清礼生和道士。只知道要跪，要磕头，要给钱，要持续好几天。

当社会情境发生变化，对于丧礼的理解就会发生偏差。尽管回乡者与湘乡的文化渊源要深些，但由于生活的变化，他们已经失去了理解这种文化的能力、条件，倾向于用现在的情境去对目前复合型的丧礼进行价值评判。因为尽管已经离开此情境，但他们并未真正意识到。觉得自己的情境改变了，湘乡的社会情境也要跟着改变。湘乡此时此刻确实经历了极大的变化，但绝不可能与他们所想一致，从而导致理解的偏差。而外来的亲属本身就将湘乡看成是另外一种社会情境，更多的是一种对当地风俗的尊重。虽然同样没有能力、条件去很好地理解丧礼，但也不会有价值判断。

---

① 3 月底到 4 月初笔者跟表姐家的姑妈、姑父的无结构访谈。

积极参与仪式即是一种尝试理解的态度。

二　丧礼规范与仪式实践

湘乡丧礼体现了儒家礼仪规范体系中丧葬礼仪，与民间习俗、信仰的融合，形成的一种既表达儒家礼制传统，又适应民众日常生活的丧礼仪式。礼仪制度为了满足社会规范的需要，不断地将礼仪规范简化，力图融入普通民众生活，以维持理想的社会秩序。而民间风俗虽各地差异很大，但也不断受到礼仪制度的浸染。湘乡目前还保留了儒家祭奠礼，并以此为丧礼的基本框架，又融入道等各种元素而成的复合型丧礼，正是这种互动的结果。

仪式历史性的研究，既要关注社会的客观变迁过程，还要探讨如何从仪式来研究民间对"过去"的理解，或仪式如何代表当代对过去的认识。过去的文化会在当代社会中延存甚至被人们再创造。因为文化再创造是对历史感的一种追求，也要考虑历史感在现实社会生活中的作用。历史感与民间认同的密切联系，比如改革以来中国许多区域民间的仪式复兴。许多所谓"旧"的礼俗会得以再生，如果将之界定为传统的再发明（re-invention of tradition）或主观历史的出现的话，则与社会环境紧密相关。也就是说，仪式的复兴是转换了表述、交流模式之后，民俗生活对传统文化的改造。① 如舍勒所言，虽然具体历史和某种精神性文化的结构发展路径不同，但从社会学的角度看来，某些合乎传统习惯的阶段却已规定好。即使那些"具有历史性的"因素，即个别的、不重复出现的因素，也无法摆脱这些阶段的领域。文化的特殊增长建立在通过时间的完全的精神性传递的基础上，保存人们已获得的文化，使得过去的任何一种具有生命力的文化意义不丧失价值。文化通过对可利用的各种精神结构的接受和交织发展成一种新的结构。② 文化现象所受到不同的影响，拥有不同的发展脉络，由此呈现差异。丧礼是极其复杂的文化现象，既与历史传统的延续模式、特点有关，也与其时的社会环境、政策等有关。

其一，从历时性研究来看，传统社会长期以来形成的一套丧礼制度，与民间地方风俗共同作用，虽有差异，但是一脉相承。其二，从共时性研究来看，现在国家推行的殡葬制度，与当代湘乡的复合型丧礼有较大的差

---

① 王铭铭：《社会人类学与中国研究》，广西师范大学出版社 2005 年版，第 155—156 页。

② 〔德〕马克斯·舍勒：《知识社会学问题》，艾彦译，译林出版社 2012 年版，第 26—30 页。

异，甚至是相对断裂的。而利用传统智慧，促进传统礼仪的现代复兴，恰恰能在社会制度允许的范围内，满足民众情感需求，从而弥合这种断裂。在丧礼实践中，这两个维度都能充分表达湘乡日常生活中，民众的情感、信仰、互动的需求。

（一）礼仪传统与地方风俗的融合

将丧礼传统放置于基于整个中国文化源远流长的历史中讨论，可以看到上层文人制定的礼仪规范，与民间生活中的丧礼传统的互动，即礼与俗的关系。

第一章中已经详述了丧礼的文献传统，即儒家文献、日用类书、地方礼书中的丧礼知识传统。《仪礼》适用于社会的上层，仪式烦琐，用器讲究。复杂的礼仪制度是维护统治阶级秩序，建构社会规范的手段。宋代为了推广礼制，儒家逐渐尝试将礼仪制度化繁就简推广民间。根据朱熹在《家礼》序所言：

> 三代之际，礼经备矣。然其存于今者，宫庐器服之制、出入起居之节皆已不宜于世。世之君子，虽或酌以古今之变，更为一时之法，然亦或详或略，无所折衷。至或遗其本而务其末，缓于时而急于文，自有志好礼之士，犹或不能举其要，而用于贫窭者，尤患其终不能有以及于礼也。熹之愚盖两病焉，是以尝独究观古今之籍，因其大体之不可变者而少加损益于其间，以为一家之书。大抵谨名分、崇敬爱以为之本，至其施行之际，则又略浮文、务本实，以穷自附于孔子从先进之遗意。诚愿得与同志之士熟讲而勉行之，庶几古人所以修身齐家之道、谨终追远之心犹可以复见而于国家所以崇化导民之意，亦或有小补云。①

强调"礼"是基本的社会规范，制定《家礼》是为了顺应时代的变迁与需求，保障礼制，达成社会和谐。而《家礼》成为后代礼书的模板，日用类书、家谱、民间礼书都以此为据，只是更重视操作性。例如一些具体的仪节的过程和内容都有详细规定，还有各类丧礼文书的记录。

《礼文备录》是为了要规范坊间的丧礼应用知识，更重视具体的细节和操作。《民间婚丧礼仪应用全书》是湘乡一般在卖香烛的摊位能买到的

① 朱杰人、严佐之、刘永翔主编：《朱子全书》第七册，上海古籍出版社、安徽教育出版社2002年版，第873页。

一本礼仪简本，书中没有注明出版日期，作者身份也不可考。根据该书前言可知是陈明沪在改革开放以后撰写的。改革开放以后，还有陈明沪以修礼书这样的行为来尝试传承传统礼仪文化。

根据湘乡家谱和访谈，直到民国期间湘乡丧礼一直是延续着以儒家礼仪制度为核心的传统。

然而儒家礼制通过书写呈现的同时，民间生活中的丧礼又以自身的规则、逻辑延续着。《仪礼》的书写有一个化俗成礼的过程，在此后的礼仪实践中，礼与俗一直在循环地互动。各个地区、各个民族，在礼仪实践中都有独特的风俗、信仰融入。就湘乡丧礼民俗实践而言，除了儒家礼节以外，一直以来，佛道丧礼仪式也占据着重要位置，还有夜歌子的守灵传统等。这些多元的文化要素在丧礼中共同呈现，且有机共融。这种共融同时体现在书写和生活中。

家谱中祭奠礼"化楮"的记载，祭文中"极乐"等词语的使用，《儒家经忏科》的出现等，都是民间生活实践在丧礼书写中的体现。而民间生活实践中"复合型"的丧礼仪式则是小传统丧礼的最大特征。在同一场丧礼中包容儒家祭奠仪式、道教科仪、唱夜歌子、西乐队、筵席等，兼顾肃穆与娱乐，孝道与社会交往，有节奏、有层次地共同构建"热闹"。

由此可见，真正意义上地理解丧礼，既需要将之放置于中国整个历史文化传统中考察，又必须付诸民间生活实践。而所谓中国的丧礼，实际是两者共同建构的。民众得以践行这一套礼仪制度，既因为这些丧礼文本的存在，更在于在民俗生活中践行这套礼仪制度的礼仪专家——礼生。礼生是礼仪制度民间化的重要中介。华琛认为在仪式中动作比信仰重要，参与者是否在认可且参与仪式行动，正是判断参与者是否是完全的"中国人"的标准。① 在民间"动作"有赖于礼生的引导和实践。然而，在民间的丧礼实践中，却不仅只用儒家礼仪，佛道礼仪一直此消彼长，和尚和道士与礼生一起担当着礼仪专家。儒礼又还融合了很多地方风俗。"不同礼仪传统'杂交'（hybridization）的过程，为挑战儒教的'大叙事'提供了一个重要契机。在这一过程中观察到的，主要不是礼教如何征服民间文化，而是不同礼仪传统如何相互影响、相互结合。它让上层文化与民间文化的界分不再稳定，从而有助于解构儒教的'大叙事'。"②

---

① 〔美〕华琛：《中国丧礼仪式结构》，《历史人类学学刊》2003年第2期，第99页。

② 刘永华：《亦礼亦俗：晚清至民国闽西四保礼生的初步分析》，《历史人类学学刊》2004年第2期，第81页。

　　华琛曾提到当他询问参加丧礼者某一个动作或符号的意义时，通常得到的答案是："我对此并不清楚，我们这样做是因为一直以来都是这样做。"① 这跟费孝通《乡土中国》中提到的一样，"像这一类的传统，不必知之，只要照办……礼并不是靠一个外在的权力来推行的，而是从教化中养成了个人的敬畏之感，使人服膺；人服礼是主动的"。② 因此这样不论具体内涵和外延有怎样的差异，这一套"礼"的传统是一致的。也正是因此，当代民俗实践中所见到的以儒家丧礼为框架，其他元素融合的复合型丧礼的存在才成为可能。

（二）制度规范与丧礼实践

　　就湘乡丧礼而言，从民国社会体制改变，经过五四运动，到新中国成立，新的殡葬制度建立以来，在国家的推行下，中国城镇形成共享的一套丧礼仪式。这种丧礼仪式，以医院、殡仪馆、公墓为主要场所，在家中设置简单的灵堂，在殡仪馆举行简短的追悼会，实行火葬。而在民间（特别是乡村）依然存在的传统丧礼仪式。

　　从历时性的角度看，丧礼传统延续至今。然而若从共时性的角度来看，如今国家推广的丧礼制度，或者叫作殡葬制度，与当代民俗实践的丧礼是断裂的。众所周知，城市中处理死亡的方式跟传统意义上的丧礼有很大的差异。就在距湘乡不过几十公里外的湘潭市、长沙市，人死先要有死亡证明，然后以此为据去殡仪馆火化、办追悼会。死亡要由医院出具证明，并由殡仪馆派人使用统一的方式处理尸体。追悼会一般都非常简短，尽管寄托哀思的宗旨相同，但内容和形式上，都与传统丧礼相去甚远。

　　湘乡在政策上实施 2002 年湖南省颁行的《湖南省实施〈殡葬管理条例〉办法》，其总则中规定："第二条，本办法适用于本省行政区域内的殡葬活动及其管理。第三条，殡葬管理的方针是积极地、有步骤地实行火葬，改革土葬，节约殡葬用地，革除丧葬陋俗，提倡文明节俭办丧事。第四条，各级人民政府应当加强对殡葬改革工作的领导，把殡葬管理纳入政府工作的目标管理，把殡葬事业纳入当地国民经济发展的总体规划，把殡葬设施的建设和改造列入当地城乡建设规划和基本建设计划。……第六条，各级人民政府和有关部门应当对积极推行殡葬改革取得显著成绩的单位和个人给予奖励。第七条，对违反《殡葬管理条例》和本办法的行为，公民有权向民政、监察等部门检举、揭发，任何单位和个人不得打击报

---

① 〔美〕华琛：《中国丧礼仪式结构》，《历史人类学学刊》2003 年第 2 期，第 102 页。

② 费孝通：《乡土中国　生育制度》，北京大学出版社 1998 年版，第 51 页。

复。"根据第二章"火化与管理"第八条规定："实行火葬的地区由省人民政府划定。对划定区域内人口稀少、交通不便、不具备火葬条件的乡（镇），由县级人民政府提出，经市、州人民政府审核，报省人民政府批准后，可暂不实行火葬。省人民政府没有划定实行火葬的地区和依照前款规定批准的暂不实行火葬的乡（镇）的公民死亡后可以土葬。"① 根据田野调查，湘乡除了公务员、事业单位工作人员，其他的人亡故都没有要求火葬。"目前，湘乡市仍无火化车间，无吊唁厅，无公墓山，无骨灰寄存处，火化遗体要到离城区 50 公里远的湘潭殡仪馆，往返极为不便。殡葬基础设施严重滞后。"② 也证明湘乡市属于非火葬区。但"根据湘乡此实际情况，作为主管部门民政局报请市委市政府并得到同意，拟定在湘乡境内建设殡仪馆。本项目占地 120 亩，建筑面积 4800 平方米，设置吊唁厅 1800 平方米；办公、单人宿舍 800 平方米；配电室 100 平方米，及公墓其他设施，总投资约 1300 万元"，③ 可见在不久的将来，湘乡也必然成为火葬区。第四章"丧事活动管理"第二十六条还规定："禁止制造、销售冥钞、纸人、纸马、纸房及其他迷信丧葬用品。禁止在实行火葬的地区制造、出售棺木等土葬用品。"④ 第五章"法律责任"第二十九条规定："制造、销售封建迷信丧葬用品或者在火葬区区域内制造、销售土葬用品的"，将受到相应处罚。

如果严格按照政策，湘乡现在虽然处于非火葬区，可以实行土葬，但相关的仪式活动是被定义为"迷信"，不能够开展的。而且不久的将来，湘乡必然也要变为火葬区。现在湖南很多县乡已经是火葬区，却仍按照传统的办法办丧礼。这也就是所谓的当代丧礼大小传统的断裂。跟其他很多仪式不同，国家在场在丧礼仪式中却是非常难自我表述，因为在政策层面上已经有了明确的定义，除了"孝"的观念能与国家意识相一致，其他文化内涵很难被国家重新解读。如今随着现代化进程的加快，将有更多的乡村转变为城市，这套丧礼仪式的存在也成为重要关注点。城市生活中如何传承礼仪文化传统，怎样将殡葬制度与传统丧礼的文化精髓结合成为不容

① 湘乡人民政府网站，殡葬服务，http：//www. xxs. gov. cn/zxfw/banshizhinan/gerenfuwu/zang-fuwu/2011 – 12 – 19/170. html。

② 湘乡人民政府网站，湘乡市殡仪馆建设项目，http：//www. xxs. gov. cn/zxfw/banshizhinan/gerenfuwu/zangfuwu/2011 – 12 – 19/171. html。

③ 湘乡人民政府网站，湘乡市殡仪馆建设项目，http：//www. xxs. gov. cn/zxfw/banshizhinan/gerenfuwu/zangfuwu/2011 – 12 – 19/171. html。

④ 湘乡人民政府网站，殡葬服务，http：//www. xxs. gov. cn/zxfw/banshizhinan/gerenfuwu/zang-fuwu/2011 – 12 – 19/170. html。

忽视的问题。

小结

　　湘乡丧礼实践根植于当地的民间信仰之中，信仰是日常生活的常识，所有社会心理、社会意识的基础或基本内容。信仰作为一种生活状态而产生对各种信仰实践的需求，建构一种社会秩序。而这种社会秩序是一个持续不断的过程，是由人在其持续不断外在化的过程中创造的。① 民间信仰被认为一直以来就有人文主义因素，是以人为主、为人所用的。以人为主体追求天人合一，以人的愿望来协调神人关系。而仪式与活动，都围绕着人的各种需求。民众集体创造、发展民间信仰，以人与自然、社会及自我的整体均衡为和谐之宗旨，将各种神灵进行创造性整合，建构多元化复合的神灵体系。并随着时代、社会变化而调整、改造，开放而变动。而且还有很强的世俗性，神人互通、互惠，信仰植根于世俗生活。② 丧礼中的"孝"的观念、祖先崇拜、超验信仰、功利性祝愿，儒道佛三教复合的信仰，为民众提供了充分的、丰富的满足。民众参与信仰实践，有节奏、有时限、有空间。无论生产方式、生活方式如何发生变化，在此间信仰实践乃与整个日常生活融为一体。民间信仰是认识中国社会团结（social solidality）发生机制的一个核心范畴。由此可见，湘乡当代的丧礼实践恰是一整套多元复合信仰的具体表现，各种知识只是仪式与信仰的一种载体和存在可能。仪式与信仰的背后是一种现实社会的建构，维持一种内在和外在和谐的社会秩序。

　　传统丧礼是对这些基质性问题的思考，并在时间、空间上累积了民众生存的智慧和对生命本体意义的表达。如今随着现代化进程的加快，将有更多的乡村转变为城市，传统丧礼仪的存续也成为重要关注点。"在前现代文化中，生育和死亡的过程当然不会在整个社会的众目睽睽之下进行。……它与传统习俗有着密切联系，同时也与对代际传递的宏观解释紧密相关。而现如今……被当成一种离散的现象来对待。"③ 在现代社会中有

---

① 〔美〕彼得·伯格、托马斯·卢克曼：《现实的社会构建》，汪涌译，北京大学出版2009年版，第45页。

② 王守恩：《民间信仰与现代性》，《宗教学研究》2011年第4期，第221—225页。

③ 〔英〕安东尼·吉登斯：《现代性与自我认同：晚期现代中的自我与社会》，夏璐译，中国人民大学出版社2016年版，第189—190页。

机融入"人生礼仪",关注生命的开始与终结的基本转折点,能以程序化的仪式和集体参与解决现代"个人"因无结构而产生的焦虑;同时,为群体和社会提供团结一致的核心精神与行为规则。① 如何深层挖掘传统丧礼中对生命的重视;对基于时间和空间的礼俗秩序的尊重;对情感的表述;采用更符合现代生活的仪式化方式呈现这种爱与敬,这些都需要在相关政策的允许下,多学科相结合,就不同地区、民族的具体情况展开宏观与微观相结合的深入思考与讨论。

① 〔英〕安东尼·吉登斯:《现代性与自我认同:晚期现代中的自我与社会》,夏璐译,中国人民大学出版社 2016 年版,第 190 页。

第五章　多元一体的丧礼书写与实践

丧礼知识的传承与礼俗秩序建构，在时间上呈现的知识的积累与变化，应对时代的变迁和生活的需求。而在空间则因为地域、民族的差异，而有不同的特色，礼与俗复杂地交织在一起，建构着不同层面的社会秩序。通过文献梳理与田野调查，在当代民间的生活实践中，将丧礼知识传承与礼仪秩序建构置于更广阔的视野中，对不同地区、不同民族的当代丧葬礼仪实践与湖南湘乡进行比较研究。在充分考虑不同地区、民族的丧礼知识传统传承的历史脉络与当代社会发展的情况下，通过差异比较、阐释共性，综合对比研究，能在长时段、跨区域的视角思考丧礼知识传统与礼俗秩序建构的逻辑、过程与变化。本章基于山西闻喜、湖南安化、广西全州、广西百色的田野调查经验为例，结合不同的民间丧礼文献，探讨丧礼知识传统与当代民俗实践，并试图呈现中原、荆楚、岭南丧礼知识与礼俗秩序建构在时空上的关联与变化，同时探讨丧礼知识传统的共享脉络与地方实践。

第一节　山西闻喜礼仪组织与礼仪专家

闻喜位于山西省西南部，运城市北端，总面积为 1167 平方千米，总人口为 393666 人（2006 年）。① 闻喜秦置左邑县。西汉元鼎六年（前111），于桐乡置闻喜县，属河东郡。据《汉书·地理志》云：河东闻喜县，故曲沃也，武帝元鼎六年行过更名。应劭曰："武帝于此闻南越破，改曰闻喜。"东汉、晋不改。北魏属正平郡，隋属绛郡，大业末年改为桐乡县。唐武德元年（618）复为闻喜，属绛州。元和十年（815）属河中府。五代后汉乾祐元年（948）改属解州，宋、金、元明不改。清初属平

---

① 宋万忠编著：《运城市情词典》，运城市三晋文化研究会 2008 年版，第 152 页。

阳府，雍正七年（1729）改属绛州。民国迄今县名不改。故治初在今闻喜县城西南4千米，东汉移治今县城，北周武帝移治今新绛县城西南10千米柏壁村。隋开皇十年（590）移治今闻喜县东南10千米，唐元和十年（815）复还桐乡故城，即今县城东南4千米。五代移治左邑故城，即今县城。①

闻喜县历史悠久，名人辈出，古迹颇多。春秋时期晋国不畏权贵、秉笔直书的史官董狐，三国末魏国大将毌丘俭，魏晋有地图之父裴秀，西晋有著名文学家、训诂学家、风水学者郭璞。唐有中兴贤相裴度，宋有抗金名相赵鼎。清顺治年监察御史朱裴，曾力陈殉葬之弊，使延绵中国几千年的殉葬制度得以禁绝。还有清代"戊戌六君子"之一杨深秀。境内存有唐玄宗所书御碑和韩愈撰文，以及祁隽藻书写的"平淮西碑"。②

闻喜县现辖7镇6乡，有342个行政村、1615个自然村。境内河谷、塬地、丘陵、山地共存。③ 全县地形复杂，山脉、丘陵、原地，河谷交叉分布。中部为河槽区，古称涑水川，涑水河贯穿其中，呈东北—西南走向，中游狭长，上下游宽乎。涑水川北部（县城方向）为峨嵋岭，俗称北垣。④ 地势平坦，广袤20余里。涑水川南部有鸣条岗，自香山庄起，顺涑水蜿蜒，向西南入夏县，呈浑圆状或乎坦状，鸣条岗与中条山间又有一小平川，古称美良川，由三河口河、南河小涧河冲积而成，自东南向西北倾斜。焦山以南的后宫原至河底、庄尔头一带，素称南垣。⑤ 因此闻喜全县分为城关、南垣、北垣、东乡、西乡五片。东南西北四块由于地理的山水隔断，风俗文化上也有了一些差异，日常人们也非常习惯用上面、下面、东边、西边来称谓闻喜县内的其他区域。俗语所谓"东乡人爱看戏，西乡人爱学医，南乡人守住几亩地，北乡人出外做生意"，虽非至论，风俗之别可见一斑。⑥

闻喜民风淳朴，自古尚节俭，喜诗书，勤耕织，多礼仪，婚不尚华，葬不耗费。民崇先贤遗教，谨守绳尺规矩，明晓大义，社稷为重。质朴之风犹然近古，创新精神卓然成气。闻喜自汉武定名，山川灵秀，屡产英

① 宋万忠编著：《运城市情词典》，运城市三晋文化研究会2008年版，第152页。
② 淮占科：《我挚爱的热土 仰望河东·下卷》，山西人民出版社2013年版，第55页。
③ 宋万忠编著：《运城市情词典》，运城市三晋文化研究会出版2008年版，第152—153页。
④ 有的文献中记录为"北原"，有的文献记录为"北垣"，当地人说的是"垣"，以下南原同此。
⑤ 山西省运城地区地方志编纂委员会办公室编：《运城地区简志》，1986年，第403页。
⑥ 闻喜县志编纂委员会编纂：《闻喜县志》，中国地图出版社1993年版，第442页。

贤，官宦文圣，理学名臣，逸民贤达，散见于史者，星罗棋布，彪炳史册。典籍著作，垂不朽后，史称"中原文献"。在这块丰壤沃地，历史悠远，传说神奇，文化积淀深厚，给人以无限的追思和神往。①而赫赫有名的裴氏家族更是对闻喜的礼仪文化有深远影响。

2015 年 7 月，笔者对闻喜县丧葬礼仪传统及其当代传承做了调查。调查以闻喜县东南西北四个区域的丧礼为主要对象；调查主要以深度访谈、参与观察的方式进行，并辅以各类文献资料，访谈的对象主要是闻喜县南垣、北垣、东乡、西乡最有声望的礼宾先生们。

一　民俗礼仪与文化研究会

闻喜县于 2012 年成立民俗礼仪文化研究会，整合了全县东南西北各方的近 450 位礼宾先生。民俗礼仪文化研究会以传承优秀传统礼仪文化为己任，努力在乡村礼仪实践中践行弘扬传统孝道、德行的优秀传统。该研究会每月初一和十五固定在闻喜县文化馆相聚，共同学习、商讨如何推动传统民俗礼仪文化的传承。能整合这么多散落在各个村落，实实在在主持民间礼仪的礼宾先生，确实如其会长所言，不仅是在山西，在全国也是难得的。

研究会的工作主要包括两项：

第一，组织礼宾先生定期培训、交流。因为礼宾先生年龄、受教育程度、礼仪实践经验有较大差异，因此研究会非常重视对各类礼宾的培训。培训的目的是在一起商讨礼仪的规程，如何继承传统，如何适应现在的变化，订立一个基本的礼仪模式，然后让各位礼宾先生在礼仪实践中灵活运用。这样的集中商讨和培训在每个月的初一、十五举行，每次由一位有经验、有声望，以某一种礼仪为主题，介绍按照传统的做法应该如何操作，以及自己在实践中的体会，并与大家交流，要如何将传统与现代更好地结合，更好地发挥礼仪的作用，促使社会更加和谐。研究会每次都做会议记录，将探讨的内容记下来，以更好地承继正统、优秀的传统文化。Z 礼宾先生认为民俗礼仪文化研究会，把礼宾整合起来一起研讨礼仪来源、当代实践，这样对闻喜的社会发展起着很正面的作用。因为社会主义核心价值观就涵盖了传统文化，而礼仪实践中去粗取精是传承优秀的传统非常有效的方法。礼仪的当代实践需要从社会主义核心价值观的角度去理解，比如提倡、重视孝顺。他认为如果每次礼仪实践，不管是红事白事都把当代的

---

① 山西省运城市政协教科文卫体委员会编：《河东文史》第 1 辑，2004 年，第 181 页。

正统意识形态与礼仪传统的共同关注穿插进去，就能使传统礼仪的当代实践达到很好的效果。也就是在以研究会的名义，弘扬孝道、礼仪文化和正气。①

第二，对传统礼仪文献进行搜集、整理。由于各种原因，闻喜礼宾先生目前使用的文本比较零散，而且借助当地礼仪出版物比较多，历史传承的文本比较少。因此，目前研究会正在着手从民间搜集各类礼仪传统文献。一方面，经过搜集、整理能更好地保存、保护这些重要的礼仪文献资料；另一方面，也想整理一批更完整的礼仪文本，再印刷出版，以更好地指导当下的礼仪实践。

研究会会长认为礼仪文化是属于非物质文化，近年来深受国家的重视，而在民间生活中国，礼仪文化起着准法律的作用。会长认为，闻喜礼仪文化的三个特点：第一，是属于儒家正统礼仪，因为长期以来都有着非常正统的传承。裴氏家族践行的礼仪文化就是属此类，而其家族对闻喜的礼仪文化有很大的影响。而且这种传统是其他县都没有，闻喜的礼仪文化比较细腻、比较完整。② 第二，闻喜的礼仪传统对文字要求很高，所以礼宾先生的素养也比较高。第三，礼仪文化属于德行文化，白事、红事都讲究这些，通过仪式教育人。仪式是严肃而有意义的事情，所以必须严肃认真，恭恭敬敬。另外，礼仪研究会的参加人员，是闻喜礼仪文化的倡导者，因此加入研究会必须具备四个条件：本人的德行要好；要谦恭，说话文明，办事文明；必须熟悉诞生、成年、乔迁、婚嫁、丧葬仪式的基本流程、内容；要会写相关礼仪文书。③

由此可见，闻喜礼仪传统有强大的礼仪专家群体，也可知闻喜的民间礼仪生活是多么的丰富。闻喜红白喜事一般都会请礼宾先生，如果不请会被人笑话，会被认为是失礼。乡里乡亲都看着，会评论谁家没弄好。④ 闻喜出了很多有关民俗礼仪文化的书，就说明闻喜在传承传统礼仪方面很有一套，红白喜事有很多规矩和程序。在闻喜当地人看来，无论是红白喜事还是其他的（上梁、满月、过寿等），其实是四种实力的考验：财力，举

---

① 资料 20150715ZGX，访谈对象：礼宾先生 ZGX；访谈人：笔者等；地点：闻喜 XY 村 ZGX 家中；时间：2015 年 7 月 15 日下午。

② 笔者认为，会长意指是遵循的正统的士大夫礼仪传统。

③ 资料 20150714WHY，调查者与研究会部分负责礼宾先生座谈录音。访谈对象：WHY 闻喜民俗礼仪文化研究会会长；访谈人：笔者等；地点：闻喜县文化馆；时间：2015 年 7 月 14 日上午。

④ 资料 20150714QSL，访谈对象：礼宾先生 QSL；访谈人：笔者等；地点：闻喜 Y 村 QSL 家中；时间：2015 年 7 月 14 日下午。

办礼仪是对经济实力的考验；人力，当地人说"红白喜事显人丁"，红白喜事看人多，彰显着家族的兴旺；看有没有文化，而文化素养体现在花馍做得是否精巧、土布织得是否细密、祭品是否周全；看红白喜事请的礼宾先生，礼数到不到。请不到好的礼宾先生也是非常丢脸的事情。过去请礼宾先生，一般要请四个，然后亲戚朋友在祭奠的时候也会带礼宾先生去。

但也有礼宾先生并不认同民俗礼仪文化研究会，比如郭家庄的 Q 礼宾先生，他认为这样的组织没有什么意义，虽然也名列其中，但他说自己是被拉进去的，认为礼仪太烦琐，应该改造。他认为礼仪作为学问研究是可以的，但从发展的角度他认为礼仪是阻碍，因为毛主席说过，开个追悼会就好了。但又指出，其实要简化礼仪很难，因为具体到每个人的时候，大家都觉得人家为什么可以，我为什么不行。而且 Q 礼宾先生同样在实际的民俗生活中主持礼仪活动。①

可见，闻喜民俗礼仪文化研究会作为一个民间礼宾先生的组织，对在当代社会生活中传承、践行礼仪文化有高度的文化自觉。而该组织整合了礼仪专家的力量，使其知识传统在此得以梳理、总结、发展，并有意识地结合当代社会的正统意识形态、积极地回应政府文化政策，以期在日常的礼仪实践中沟通传统与当代。

二　红白理事会与丧礼实践

除了研究会，闻喜各个村还有红白理事会负责村里的婚丧礼仪，虽然各个村落的情况不同，但红白理事会也是村中参与人生礼仪的重要组织。红白理事会一般由三到五人组成，成员主要是村委成员和礼宾先生。红白理事会负责帮助东家策划、主持礼仪活动。红白理事会是村委会的一个分支机构，也就是说其带有鲜明的行政性。比如随着近年来各项规范风纪政策的推行，红白理事会也就自然而然担任起了控制红白喜事规模的角色。红白理事会的限制确实在实际上控制了红白喜事的规模，然而依然被认为与民间实际情况脱节，因为这种含有行政命令性的规范与自下而上的民俗习惯不能自然衔接，大家的习惯不是一道规范就能改变的，因为违反了民众的"常规"。② 随着人们生活水平的提高，和民俗生活中"常规"需要的一直存在，仪式不是说简化就能迅速简化下来的。红白理事会在不同的

---

① 资料 20150715ZXH，访谈对象：礼宾先生 ZXH、礼宾先生 QJH、礼宾先生 QRS；访谈人：笔者等；地点：闻喜郭家庄 QRS 家中；时间：2015 年 7 月 15 日上午。
② 资料 20150714QSL，访谈对象：礼宾先生 QSL；访谈人：笔者等；地点：闻喜 Y 村 QSL 家中；时间：2015 年 7 月 14 日下午。

村落呈现的状态和起到的作用有较大的区别。

Z 礼宾先生说他们村的红白理事会由三种人组成，分管领导都是虚设，因为温饱知礼仪。认为红白理事会并没有起到很好的作用，因为每个人的需求不一样，硬性的规定不容易推行。① P 礼宾先生则指出，他们村的红白理事会一般 3 个人，就是他和 W 老师还有村长或者书记，成立 5 年了，但村的红白理事基本是虚置，大家一般有什么事情直接找礼宾先生。②

裴南村红白理事会是 5 个人，其中 2 人是礼宾先生，20 世纪 90 年代成立的。但是班子一换人就换了，有的合不来就换了。红白理事会直接隶属村委会的领导，但实际上没有村委会的人，都是老百姓。要对红白喜事的流程比较懂，要能操作下来，要不就没有意思了。起码这方面的知识要懂，对民俗要了解，在村里要有一定名望，人缘要好。裴南村的红白理事会遇到村民娶亲、嫁女、上梁、满月、丧葬，就提前去，准备东西，了解仪式的规模、计划要怎么过，进行策划。计划处需要的祭奠的东西，需要招待客人的东西都要策划，告诉东家，东家再去租用。里面有一些民俗的东西，要给人家讲究，需要他家庭办的事情，他们要办，需要礼宾先生要办的事情，礼宾先生办。除了吃饭，还有祭祀什么的，则需要礼宾先生操作。办丧礼、婚礼的桌椅什么的都是租赁的。有的村有得租，有的没有，几个村有一个。包括灶具、餐具，都提供全。红白理事会主要就是策划，没有报酬，就是发个烟什么的。③

根据裴南村村委告示栏贴出的相关文件，可知裴南村红白理事会是在 2015 年 3 月 16 日任命的，组长 1 人，组员 3 人，其中有两位组员是礼宾先生。公告栏中还贴出了《中共裴社乡委员会裴社乡人民政府关于规范农村办理红白事宜的实施意见》，其中具体规定了红白喜事的规模、程序、桌数、席面等内容。还写明了"简化祭奠仪式，提倡发丧当天集体祭奠或举行遗体告别仪式，严禁封棺入殓时请乐队、摆酒席等"。这个规定无疑实际地影响了祭奠仪式的实践，现在殓棺仪式变得简单，甚至直接在亡者去世当天就封殓。

---

① 资料 20150714QSL，访谈对象：礼宾先生 QSL；访谈人：笔者等；地点：闻喜 Y 村 QSL 家中；时间：2015 年 7 月 14 日下午。

② 资料 20150717PKJ，访谈对象：礼宾先生 PKJ；访谈人：笔者等；地点：闻喜 SD 村 PKJ 家中；时间：2015 年 7 月 17 日上午。

③ 资料 20150716MRC，访谈对象：礼宾先生 MRC、村红白理事会理事长 MSH、闻喜民俗礼仪文化研究会河底分会会长 SWW；访谈人：笔者等；地点：闻喜裴南村 MSH 家中；时间：2015 年 7 月 16 日上午。

　　讨论丧礼传统在当代的传承与应用时，不可回避两个研究的维度或者说视角。一方面，讨论丧礼传统，必须将人生礼仪放置于中国社会文化发展的长时段历史中，做系统的、翔实的梳理。这样能更好地理解"传统"之意义，其产生、变化、变迁的节奏、原因、时代背景、后世影响。如此我们在当代所见之丧礼就不是一个单薄的礼仪呈现，而是厚重的积淀产物。另一方面，传统若不立足当代，也无法体现出其对生活实践影响之张力。

　　闻喜礼宾先生及其组织的当代形貌，为我们探讨礼仪的文化整合价值提供了极好的切入点和启示。闻喜有悠久礼仪文化传统，丰富的文脉、延续不断的传承人及其知识体系，为礼仪的传承打好了坚实的基础，也给当代礼仪的研究提供了充足的资源。第一，闻喜礼生数量多，虽然分散于各村落，但联系紧密。他们之间借由私人关系，或民俗文化礼仪研究会而产生的关联，在笔者所见其他地区的礼生而言实属少见。礼宾先生之间的这种联系，使得礼仪知识、礼仪实践更加有系统性和目标性。第二，闻喜礼宾先生有较高的主流意识形态的自觉，他们主动将自己的礼仪知识和礼仪实践与中央的各项文化政策对接，响应党的号召，积极地将社会主义核心价值观的相关内容融入自己的体系。这无疑极大地促进了民俗生活与社会核心价值体系的适应，积极地诠释了礼仪的文化整合方式和价值。第三，闻喜礼宾先生很好地将文献传承与生活实践结合。其个人、集体都积极地尝试梳理礼仪传统，既收集、保存、编撰礼仪文献，又使得礼仪传统的脉络更加清晰。同时，在当代礼仪实践中，既讲究礼仪的传统性，也注重其与当代生活的关联，始终尝试用正统的礼仪、纯良的风俗去规范当代的生活秩序。

　　闻喜礼宾先生及其组织在县域内很好地展现了礼仪传统的文化整合价值，并为我们的研究提供了积极的例证，也为礼仪传承提供了可资借鉴的实例。

三　礼仪专家与丧礼传承

（一）闻喜礼宾先生

　　礼宾先生，即惯常所称的礼生，根据相关研究习惯，一般称主持儒家礼仪的礼仪专家为礼生，但是闻喜当地都习惯性地称呼他们为"礼宾先生"，简称"礼宾"，当地礼生所用的当代编纂的文献中也如此称呼，因此尊重当地习惯，在此称闻喜礼生为"礼宾先生"。笔者访谈了5位礼宾先生，而这5位分属于闻喜东、南、西、北和城关5个区域，是闻喜民俗礼仪文化研究会的副会长和各分片的负责人。这几位礼宾基本是 60 年代出生的,只有 P 礼宾今年 72 岁。他们的职业有教师,有村干部,其中 XY 村的 Z 礼宾还是一位律师。民俗礼仪文化研究会的 450 多位礼宾先生,年龄基本上集中在 50 多岁,最大的 90 岁,最小的 40 岁;这些礼宾先生的文化程度差异也比较大,从初中毕业到大学都有。因此闻喜礼宾先生内部差异较大,实践礼仪的能力也是高低有别。

Q 礼宾认为礼宾先生需要是红人、能人和忙人。所谓"红人",指红白喜事、各种礼仪活动大家都会请礼宾;"能人"指礼宾要上知天文下知地理;所谓"忙人",即村里家家户户办仪式,东家有事,西家有事,都需要礼宾先生主持。Q 礼宾曾经给一位礼宾先生写过这样一副挽联:"婚丧嫁娶你家家帮忙无私奉献精于礼数犹得体,上梁满月世间庆典均户户登门细心筹划挥毫撰联更传情。"他还为另一位礼宾先生写过挽联:"博学多才承孔孟礼数演义民俗民风功底匪浅,大器硕德传鸿儒雅教诠释乡情乡韵造诣颇深。"Q 礼宾认为这是对礼宾先生的正确评价。①

综合有声望、资历的礼宾先生们的看法,对礼宾先生特点、能力有一些共同要求。

一般而言礼宾先生要有如下几项素质:②

第一,必须熟悉、掌握礼仪的基本仪式。懂得闻喜白事的二十四个小礼,殓棺礼、迁柩礼等二十四套,现在不一定用,可以简化,但必须熟知。红事(结婚)按照六礼进行。婚丧之外,还要知道举行上梁、乔迁等仪式。不求精,但起码要知道。比如说,当地若是有讲究的人,请礼宾举行祭土地爷、上土、拜棺、点烛等仪节,则礼宾必须要知道如何践行。

第二,要有基本的古文书写、措辞能力。要有一定的文化基础,比如礼宾会被要求写碑文、贺帖、祭文、对联之类,需要会体例、懂得措辞,不能再另外找人代笔。毛笔字得过关,临场书写,不能打印。

第三,必须懂得农村的称呼,辈分之间要搞得清楚,否则有失礼数。

第四,要有基本的易学知识。闻喜有阴阳先生,但礼宾先生也要懂。礼宾先生要能打课书,时辰、方向、禁忌都要能掐会算。

第五,要懂得音乐。比如埋人(丧礼)的过程中女婿悼念老丈人,就

① 资料 20150714QSL,访谈对象:礼宾先生 QSL;访谈人:笔者等;地点:闻喜 Y 村 QSL 家中;时间:2015 年 7 月 14 日下午。

② 资料 20150714QSL,访谈对象:礼宾先生 QSL;访谈人:笔者等;地点:闻喜 Y 村 QSL 家中;时间:2015 年 7 月 14 日下午。资料 20150717PKJ,访谈对象:礼宾先生 PKJ;访谈人:笔者等;地点:闻喜 SD 村 PKJ 家中;时间:2015 年 7 月 17 日上午。

不能点刘备祭灵的戏。刘备祭的是兄弟，女婿祭岳父母就不能点此戏。还有后娘死了不能点《芦花》。① 这些戏剧知识也要知道。还要知道什么曲子是红事上用的，什么是在白事上用的。比如有个曲子叫《送女》，就不是丧礼上用的。另外还要能触类旁通，灵活机动地解决一些难题。

第六，声音要洪亮，善于调动气氛，基本仪态、气质好。在礼仪实践中必须要有应景的态度。比如在丧礼中，就要善于渲染悲伤、肃穆的气氛。

第七，要聪明机警，能随机应变，解决难题。Q礼宾举了两个例子。第一个是关于称呼的难题。有一年村里有个专门做匾的，生了小孩，父亲要给小孩送匾，这个儿子是给人家做上门女婿的，父亲坚决表示自己不是外祖父，要怎么写呢？于是Q礼宾正文书"恭贺贺府弥月之喜"，而落款写为"王宅祖父全家"。这样解决了困扰匾额店老板一个多礼拜无人解决的难题。还有一个难题是关于服制称呼的。弟兄两个，一对妯娌，哥哥在嫂子死，弟死弟媳在，哥哥跟弟媳结合。原来哥哥嫂子有儿子，弟弟弟媳有儿子，哥哥跟弟媳也有儿子。后来哥哥死了，要怎么称呼呢？母亲死为哀子，父母双亡为孤哀子。第一个儿子是孤子，第二是哀子，第三个孤前哀子。这里面文化含义很深，要运用很麻烦。妻服弟可以，但妻服侄是不行的。还有就是父亲死了，孙代父责，称为承重孙。妻服侄是指的承重孙。因此礼宾先生在礼仪实践中，不能没吃透就照搬，需要灵活运用，增服减服。

（二）礼宾先生的师承、知识构成与礼仪实践

闻喜的礼宾先生的礼仪知识，第一，来源于所拜师父的口承心授。第二，来源于跟前辈礼宾先生参加仪式实践所获得的第一手礼仪知识。第三，来源于各种礼仪书籍，既包括前辈流传下的刻印本，也包括当地人重新收集整理的出版物。第四，来源于闻喜民俗礼仪文化研究会的培训和讨论。② 第五，来源于这些礼生的自我更新。调查中发现，调查的大部分礼宾都有剪报的习惯，而且这种习惯延续了几十年，他们会把《人民日报》《光明日报》《运城日报》《农民日报》，甚至是别人扔掉的报纸中，关于国家文化政策、传统文化、社会主义核心价值观等相关内容剪下来，并把这些运用到自己的礼仪实践中去。

---

① 《芦花》是讽刺后母虐待孩子的民间戏剧。
② 资料20150714QSL，访谈对象：礼宾先生QSL；访谈人：笔者等；地点：闻喜Y村QSL家中；时间：2015年7月14日下午。

P 礼宾的礼仪知识最开始是跟村里的 W 老师学的，W 老师是老一辈的礼宾先生，P 礼宾跟着跟他学了三十多年，近十来年才能出师。而 W 老师是跟他爷爷学的，W 老师兄弟两人都是老师，他们的爷爷以前是在西安给富豪、地主家当账房先生的，所以不同礼节都学回来了。P 礼宾以前学的时候，是先从给 W 老师端盘子开始的（即在礼仪实践中打下手，当执事者）。①

Z 礼宾认为礼仪实践必须有所依据，传承精华的，而将陋习逐渐去掉。他在礼仪实践中就会把"不好的"去掉，而主家完全可以接受，民众也可以接受。比如带有封建色彩的，男女不平等的就是不好的；而比如强调孝顺的就是好的。②

礼宾先生们指出，在礼仪实践中他们努力按照传统、正统、高雅的标准来要求。M 礼宾认为礼仪的践行主要是体现孝心，孝心到了就行了。孝和礼是心中崇敬，心中有就有，心中不尊敬就没有。而《礼记》《孝经》所记载的就是正统的礼和孝，因此当代的礼仪实践要以正统的文本、观念为指导。③ P 礼宾认为，在礼仪实践中，要把文化插进去，才能高雅，才能真正吸引人。假如他作为女婿带去丧礼现场的礼宾，在开场白的时候说：

> 寿终德风在，身去音永存，高风传之邻，亮洁育后人，最近的 XX 村的 XX 礼宾先生，xx 执事者，寺底 xx 公 xx，xx 公 xxx（请潘先生去吴家庄主持仪式的亡者的亲家、女婿）树立堂前，悼念这位劳苦功高、德高望重，平凡而伟大的先生/女士。忽闻其哀，佑灵永慰，昊天不悯，使命达人。行礼记录自言老，祖宗灵台行恭礼。四叩八拜一成礼，难表恩公一片情。而今既成微礼，聊表寸衷。在天有灵，来品来尝。因为风俗不同，礼节不同，在开始以前，先给大家行客行礼。④

---

① 资料 20150717PKJ，访谈对象：礼宾先生 PKJ；访谈人：笔者等；地点：闻喜 SD 村 PKJ 家中；时间：2015 年 7 月 17 日上午。

② 资料 20150715ZGX，访谈对象：礼宾先生 ZGX；访谈人：笔者等；地点：闻喜 XY 村 ZGX 家中；时间：2015 年 7 月 15 日下午。

③ 资料 20150716MRC，访谈对象：礼宾先生 MRC、村红白理事会理事长 MSH、闻喜民俗礼仪文化研究会河底分会会长 SWW；访谈人：笔者等；地点：闻喜裴南村 MSH 家中；时间：2015 年 7 月 16 日上午。

④ 资料 20150717PKJ，访谈对象：礼宾先生 PKJ；访谈人：笔者等；地点：闻喜 SD 村 PKJ 家中；时间：2015 年 7 月 17 日上午。

然后在仪式过程中，他又会适时地加入文辞，比如女儿拜祭时说：

> 披麻出灵前，号啕哭连连。生育恩情重，红巾难生还。临别非弗语，功德说不完。两眼泪万语，泪与千万言。死别这条路，人人都难免。母女在心间，重逢在梦间。①

他认为这样的语言才能够打动人，而仪式的气氛就自然而然会好。他还会将一些传统诗词加入自己的仪式主持，比如引用清朝大诗人郑板桥的《竹石》：

> 咬定青山不放松，立根原在破岩中。千磨万击还坚劲，任尔东西南北风。

> 这位老人经过了多少个坎坎坷坷、风风雨雨，把儿女们养大成人。不仅遇上好日子，改革开放构建和谐社会，转型跨越发展，实现中国梦。本该让母亲幸福地度过百年，但因病溘然逝世，不能不叫儿女们痛心十分难过。这位老人是清清白白的一生；这位老人是兢兢业业的一生；这位老人是勤勤恳恳的一生；这位老人是风风雨雨的一生；这位老人是坎坎坷坷的一生；这位老人是平凡的一生，也是伟大的一生。现在儿女们肃立堂前为您送终。愿您的精神永垂不朽，流芳百世。虔慧子孙，福荫孙子，一路走好。

他认为这样的语言，把传统文化穿插其中，自然而然显得高雅。②

第二节　湖南安化的丧礼文献与礼仪专家

湖南益阳安化县，秦益阳地，历代为梅山地，楚志自汉至五代，皆称梅山。唐属江南西道采访使，潭州长沙郡益阳县地，唐僖宗光启二年（1886），有梅山十峒僚断邵州道，属梅山蛮地。后梁、后唐、后晋、后

---

① 资料 20150717PKJ，访谈对象：礼宾先生 PKJ；访谈人：笔者等；地点：闻喜 SD 村 PKJ 家中；时间：2015 年 7 月 17 日上午。

② 资料 20150717PKJ，访谈对象：礼宾先生 PKJ；访谈人：笔者等；地点：闻喜 SD 村 PKJ 家中；时间：2015 年 7 月 17 日上午。

汉、后周郡属梅山蛮地。宋神宗熙宁五年（1072），收复梅山，置安化县，属荆湖南路安抚司潭州长沙郡，哲宗元符以后，称望县。元属湖广行省湖南道宣慰司，岭北湖南道肃政廉访司天临路。明属湖广布政司长沙府。清属湖南布政司长沙府。① "1922 年，直隶湖南省。1937 年，隶属湖南省第六行政督察区。1940 年，隶属湖南省第五行政督察区。1949 年 6 月 28 日安化解放，9 月 2 日，成立安化县人民政府，隶属湖南省益阳专区。1951年 9 月，县治迁至东坪 1952 年 8 月，改属湖南省常德专区。1962 年底，仍隶湖南省益阳专区（1968 年起专区改称地区）。"② 现在县域地处东经110°43′—111°58′，北纬 27°58′—28°38′，位于资江中游，东邻桃江、宁乡，南接涟源、新化，西邻溆浦，北连桃源、常德，距离益阳市 147 千米，距长沙市 245 千米。③ 安化西南高，东北低，山地占全县面积81.94%，山体高大，群峰密布，千米以上山峰 157 个。属亚热带季风气候，温暖湿润，四季分明，境内江河交织，水资源丰富。矿产资源丰富，野生动植物种类繁多、数量大。

安化是闻名遐迩的梅山文化发祥地，梅山地区介乎沅湘之间，处于资江中游，安化一带为中梅，与上梅、下梅地区统称三峒梅山。④ 历代人才辈出，清代两江总督陶澍、云贵总督罗饶典、著名书法家黄自元都是安化人。20 世纪初，有李燮和、李唐等革命人物，姚炳南、卢天放、刘肇经等大批革命志士前赴后继。⑤ 根据地方志记载，安化"学者勤于礼，耕者勤于力，故虽无甚富亦无甚贫，士知义而好文有屈原遗风，僻在万山其民团聚，士励气节守忠义，急于排难以请托为耻，衣冠文物拟于江淮，声教酝酿文物彬彬而浑厚质朴实甲于诸邑，务农重本俗，尚质朴性刚直，畏犯法，信佛老，尚鬼巫，开设以来固陋渐远，文物浸兴纯庞朴茂犹有三代之遗"。⑥

安化的自然环境和文化传统共同形塑了此地独特的礼俗文化，是探讨丧礼知识传统与礼俗秩序建构的好例子，安化虽然与湘乡都隶属湖南，但

---

① （清）何才焕等纂：《安化县志》同治十一年刻本，载湖南省少数民族古籍办公室主编《湖南地方志少数民族史料》下，岳麓书社 1992 年版，第 514 页。

② 张文范主编：《中国县情大全·中南卷》，中国社会出版社 1992 年版，第 1037 页。

③ 张文范主编：《中国县情大全·中南卷》，中国社会出版社 1992 年版，第 1037 页。

④ 邓建楚、唐海龙主编：《邵阳文库·丙编 034·傅治同的文学世界》，光明日报出版社 2016 年版，第 366 页。

⑤ 湖南安化县人民政府网站，http：//www. anhua. gov. cn/1/5/content_ 586502. html。

⑥ 《中国地方志集成·湖南府县志辑·同治安化县志·卷十·风俗》，江苏古籍出版社 2002 年版，第 244 页。

因为受到梅山文化的影响，礼俗形态又有所不同，在上一节讨论了深受中原文化浸染的闻喜的礼俗实践以后，安化的礼俗实践中"儒教"呈现出旺盛生命力，而佛道仪式传统也一直保留。因此，本节试图将研究重点放在安化"儒教"在礼仪实践中的形态与内涵，形成与前后文中不同调查点的比较，以呈现礼俗实践的变与不变。笔者于 2015 年 8 月前往湖南益阳安化县江南镇展开田野调查，以安化知名礼生为研究核心，阐释民间礼俗文献的书写与仪式实践的互动。

一 丧礼知识传承：《礼文汇》与《儒礼仪文新编》

湖南安化礼生在礼俗实践中使用的工具性文本与湖南湘乡相似，以下以安化礼生使用的《礼文汇》为主要的研究文本，通过与礼生关于《礼文汇》的书写与实践的访谈，试图基于丧礼仪式文本讨论礼俗秩序的建构。另外，当地有名的礼生根据自己长期的礼俗实践，撰写了一本《儒礼仪文新编》，通过书的内容，结合与该礼生的访谈实践展开讨论。《礼文汇》《儒礼仪文新编》均是民间礼生使用的重要礼仪文献，但是，前者的撰述在笔者研究时已经完成，因此在民间礼仪实践中，其作为实践的指导存在，因此，以下从"书写的实践"对其加以阐述；《儒礼仪文新编》是当代礼生在礼仪实践过程中积累而成的撰述，是作为实践的书写，因此，以下从"实践的书写"对其加以阐述。

（一）《礼文汇》[①]：书写的实践

湖南安化搜集的《礼文汇》是完整的本子，清同治甲戌楚沩愚谷居士编次，安化愚江法霖重订。其内容包括冠婚丧祭，但丧礼相关内容占了绝大多数，冠礼 卷一，昏礼 卷二，官礼 卷三，卷四至卷十四，全是丧礼的相关内容。

具体而言：丧礼 卷四 诸式类；丧礼 卷五 奠灵类；丧礼 卷六，包括司命门神类、外神类；丧礼 卷七，包括五方路神类、冥京类、血湖类、杂神类、重丧类、出柩类、安葬类、奠土类、存柩启攒改葬类、化篸类、虞祭卒哭祥禫升主类、丧变礼、诸天类；丧礼 卷八，包括赈孤类、放河灯类、仪注类；丧礼 卷九 祭文类；丧礼 卷十，包括祭先类、祭神类、息宅类、修造类、杂文类；丧礼卷十一，包括星主类、禳灾类、禳蝗类、禳火类、祈晴类、祈雨类、治癫疾类、驱鬼类、补录类；丧礼卷十二是对联，包括

---

① 结合湘乡礼生的访谈和类似的《礼文备录》的版本，安化流传的《礼文汇》与湘乡的《礼文汇》应该是同样的版本，只是刊刻不一样。笔者于 2015 年 8 月 10 日，在安化著名礼生 TWG 家中拍摄了完整的《礼文汇》。

居处类、庆贺类、祭祀类等；丧礼卷十三则专门收录挽联，包括伦纪类、士庶类、妇人类、仕宦类、封翁命妇类、附杂人；丧礼卷十四 称呼，全书完。

湘乡礼生手中没有完整的《礼文汇》，只有完整的《礼文备录》，因此完整的《礼文汇》对于理解民间礼俗知识的传承及其对仪式实践的影响有着重要的价值。

以卷四记载的"礼程"为例。

礼程

第一日 启家神 启司命 请水（沐尸）告沐殓 袭 奠 起水（洒净）启门神 设荡秽将军 设功曹 设庙王 土地 启城隍 启文公 夕奠诸神 告尸开路 迎尸入棺 设灵 成服 题魄帛 盖棺 出煞 殡奠

第二日 荡秽洒净 朝奠诸神 禀文公请印 树幡 挂幡 中奠诸神 奠灵 设荐 望祭冥京 招魂祭路神 告门神 祭引魂童 夕奠诸神 开方 请灵荐 送庙土灯 三招魂 夕奠灵荐

第三日 荡秽洒净 朝奠诸神灵荐 忏水 设天京坤府 客奠 中奠（同上）祭东岳神 祭诏官 祭赦官 夕奠同前 祭诸天

第四日 荡奠同前 设方伯书木主 客奠 祭兴 雪愿 祖道 告方伯 请灵朝祖 犯重丧者送重丧 诸奠同前

第五日 荡秽诸奠同前 发引 谴奠 祭桥（或江）奠路 祔葬告旧基归窆 安灵 望祭武乡侯 祭三十六鬼王 设焰口神主 祭由子 启文公赈孤 赈孤 谢师

第六日 荡秽诸奠同 点主 启水神赈孤 放河灯 启师 拜星主

第七日 荡秽朝中诸奠同 启仓曹 祭夫头 车夫 给票 祭灵宇 撤灵荐 宣功据化赍 谢火神 钱诸神 安门道 息宅 安司命 安家神 安主

此行礼七日之程至日期多少礼节添减在随时斟酌不可拘泥，妇人诵血盆经者次日启血湖满日交经丧事未得吉穴暂停某处添存枢一层礼文，有启文昌诵本愿经者，有启关帝诵桃园经者，当虔诚设位礼用九叩赈孤当禀谢。

结合前文湘乡丧葬礼俗的整个仪式过程，《礼文汇》所记载的仪式过程似乎是一个湘乡道士仪式和礼生仪式的整合，正是一个复合型的仪式指导。在湘乡的田野调查过程中笔者未获得完整的《礼文汇》，但从仪式实践和安化《礼文汇》的书写来看，湘乡丧礼传统应该也是受到了《礼文汇》的影响，而《礼文汇》的书写本身就是复合型丧礼实践的呈现，书写与实践始终是互相影响的。

（二）《儒礼仪文新编》①：实践的书写

湖南安化 T 礼生是安化知名的礼生，他原是中学高级教师，同时作为礼仪专家参与安化及周边，甚至更远地方的以丧礼为主的礼仪实践，退休后更多地参与到礼仪实践之中，他积极地参与地方文化发展，作为礼仪专家也会参与一些学术活动。在长期的礼仪实践中，T 礼生积累了大量的礼仪文献和实践经验，有感于礼仪文本的零散和礼仪实践的混乱，他像历来的地方知识精英一样谋求通过撰写礼仪文献来以礼导民，因此 2008 年编著并出版了《儒礼仪文新编》，全书 20 万字，序言部分除了自序还录了两则旧序，分别是《礼文备录》旧序②和《朱熹儒序》③。在《自序》中 T 礼生一如传统社会中书写地方礼仪实践文本的地方知识精英一样，从周公制礼开始梳理礼仪的脉络，笔者认为这条脉络似乎也正是本书所言之"丧礼知识传统"，无论各种礼仪形态、渊源如何，从礼俗秩序建构的角度而言，却有一条立足于良性社会发展的，从上自下，融合多元文化的礼仪体系在规约着民众的生活。

> 儒家礼仪，源于周公。儒家学说创自孔子，孟子荀子等历代儒宗予以继承发展。宋代朱熹，进一步编定仪注、文辞，将儒家学说用于冠、婚、丧、祭等活动中，儒学便逐步分支出儒教，成为中国儒、释、道三教之尊。《周礼》《仪礼》《礼记》，俗称"三礼"。东汉郑玄《仪礼注》、唐贾公彦《仪礼注疏》、清胡培翚《仪礼正义》等。南宋朱熹、黄干等撰《仪礼集传集注》，北宋王安石尊《周官》，废《仪礼》；朱熹乃以《仪礼》为"经"，而将《礼记》及诸经史杂书中所载古代礼制，附"本经"之下，兼取后儒注疏，加以解释，成家礼、乡礼、学礼、邦国礼各卷；丧、葬二礼由其门人黄干续撰……

---

① 陶稳固编著：《儒礼仪文新编》，香港天马出版有限公司 2008 年版。

② 《礼文备录》的旧序与前文笔者所用《礼文备录》光绪二十年版的序不一样，此处旧序落款是光绪六年撰，光绪八年刊刻，内容也不一样，但在此不详述。

③ 湖南安化县田庄乡高家溪谌介垣（号国章）先生（1893—1976）在 1919 年季春所作，书中说所用的是谌先生弟子陈宗良先生的抄本。文如下："且乎儒学之为教，大矣哉！自朱文公创造以来，诸子百家无不仰其教，公卿士庶无不钦其教。此教之流行天下，可为法、亦可万世师也。当今，儒教科仪亦非，圣教不古。往往欲酬恩于父母者，纵欲致奠开堂，外有堂奠之名，内无堂奠之实，诗文诗句终不得门户而入。斯人也，上有害于亡人，下有惭于孝士。"

《自序》中将儒家文化传统视为"儒教"，"儒教"一说学界尚无定论，在此也不展开，但是 T 礼生关于儒教的阐述却值得思考。在湖南湘乡、山西闻喜、陕西咸阳的礼生书写与实践中，并没有强调儒家丧礼民间化后的"儒教"属性，他们始终以儒家文化之正统在指导仪式实践，与佛道相区别，但湖南安化的礼仪实践中却见明显的"儒教"化。究其原因，笔者认为，根据前文对湘乡丧礼的讨论可知，复合型的丧礼中，礼生只负责处理祭、奠等部分，而超验的礼仪实践由道士完成；山西闻喜深受中原文化影响，没有非常明确的佛道元素参与，礼生也不处理这部分内容。而在湖南安化礼仪实践中，结合地方文献和访谈可知，礼生按照《礼文汇》的内容祭奠亡者、祖先和各种神，一定程度上而言已经整合了儒礼、民间信仰、佛道的部分内容，所以就此而言，似乎能够更好地理解文献和生活中礼生所言之"儒教"。《朱熹儒序》里也说："且乎儒学之为教，大矣哉！"并认为是朱熹创了儒教。安化礼仪实践中有祭祀朱公的环节，可见，儒教之说在湖南安化一带是有一个稳定体系的。

儒学发展成为中国本土宗教之一的儒教。儒教强调经世致用，把儒学和社会实践结合起来，设定各类演礼仪程，教育人民，服务民众，为中华民族大部分人所敬重和钦佩，所以人们常说三教儒为尊。儒教在吉礼、丧葬、祭祀和治煞禳灾等活动中，都被人们尊于佛道。然而，儒教的一些科仪和符咒，是与佛、道相通的，所以又有儒、释、道三教合一之说。儒教学说，联系客观社会现实生活进行文化演示和交流，既能达到悼念、缅怀、祭祀等效果，又能起到教育、团结、鼓舞人民的作用……为了保存文化遗产和适应民俗文化的需要，参阅古籍，结合编者实践，辑成《儒礼仪文新编》，以丧葬仪文为主，也编入了一部分其他科仪和诗文，以及儒教用到的其他方法和部分符咒。因篇幅所限，各类诗文编入不全，仅供借鉴。儒教仪文在湖南以及全国各地基本相同，是国学传统《礼记》文化在民俗中的完整体现。倘若本书所录儒教科仪与各地区有些差异，则施行者必须入乡随俗，不宜强据仪程而不变。只要其劝善育人精髓不变，对促进和谐社会形成就有裨益。

而且《自序》所言也可见，民间礼生确实通过仪式实践看到了民间化后的礼仪的具体社会功能，且清楚地意识到"礼"的这种"眼光向下"的过程。强调书写是为了指导礼俗实践，同时也如历来撰礼者一样强调礼仪的"从宜"原则。《儒礼仪文新编》有冠礼、婚礼、吉礼、丧礼、儒礼常用仪注、儒教的诰符咒法、儒教用到的其他方法、补录类八个部分，最后还有图和表格。

二　丧礼知识与礼俗实践的互动

根据访谈资料，《儒礼仪文新编》是 T 礼生参考了《礼文汇》《礼文备录》结合自己的仪式实践经验和文献积累而写成的，其中很多文就是他在仪式实践中使用过的。访谈的过程中，T 礼生对照着《儒礼仪文新编》依次详细地讲述了文本的使用和仪式的实践，有的文辞部分 T 礼生还现场吟诵，虽笔者在安化的调查过程中未能参与观察具体的丧礼，但与礼生的一系列针对礼文和仪式实践的访谈也对丧礼书写与实践互动具有一定的阐释力。

《儒礼仪文新编》详细目录如下。

冠礼：加冠仪注、告祖、告祖文。

婚礼①：传庚文、女家传庚文、发轿文、于归文、迎喜神、迎喜神文、庙见、庙见文、幼娶文、长娶文、中年娶文、续娶文、娶妾文、赘婿文、转帐文、山村婚礼、宴席客位图。

吉礼：三朝文、周岁文男寿文、女寿文、寿序、双寿序、双寿文、阴寿文承继文、祷子文、析箸文、建新龛祭文、清明祭祖文、清明祭墓文清明合祭父母文、慈母墓志铭、严父墓志铭、建新龛文。

丧礼：

丧礼诸式类——丧礼行礼式、写文式、孝帖称呼、木主式、杖式、铭旌式、云翣、文公幡式、赈孤旗式、招魂旗式、丧礼礼程、治丧小引、榜文、遗裔谱、各种赍封式、初终三覆、敛袭奠、告祖、开路、移尸入棺、封丧停枢、成服、题魂帛、书铭旌、书棂、书主、告特省牲涤器、设文坛

---

① T 礼生对照着文本结合他长期的礼仪实践和日常生活经验指出，湖南安化将冠礼与婚礼结合起来，在结婚的前一天晚上男女各在自己家"做花园"，也就是民间的加冠礼。男方由长辈做道德教育，即将成为一家之主了，要如何勤劳创业，尊敬岳父岳母；女方由长辈教育要勤俭持家，孝顺公婆等。除此之外还有性教育的内容，父母退位，由亲友教育，讲授一些基本的卫生知识。原来"做花园"有一个仪程，现在渐渐免了，顶多拜拜祖宗。堂屋是一家人的家庙，所以"做花园"也要在堂屋中在祖先牌位前叩拜，过去要行两跪六叩首的礼，礼生拖着长长的声音举行三仪。婚礼里各种各样的形式仪节安化都有，缔结婚姻的第一步是对女方八字，有龙凤书，然后要传庚，有传庚文；出嫁当天有发轿文，离开家时要在堂屋告别祖先；新娘还未到时，婚宴的厨子要拿着大公鸡迎着接亲的车子，称为"迎喜神"，也有相应的仪节，由礼生"喊礼"，并有迎喜神文；新娘到屋门口不能直接进门，要"回煞"，要摆供摆三杯酒，送新娘的也要参与接垅宴，每人要喝三杯满满的酒，一杯敬天一杯敬地一杯敬六路诸神以回煞；进门后首先要举行庙见礼，有相应的仪节，由礼生"喊礼"，并有庙见文，还有于归文。根据婚娶的不同情况也有相应的祝文。在婚宴中座次非常重要，因此书的婚礼部分 T 礼生附上了"宴席客位图"。

经坛、诸神牌位、绕棺词。

丧礼礼文录——奠灵类①、福神祖宗类②、司命门神类③、外神类④、文公文昌类⑤、五方路神类⑥、后土类⑦、出柩类⑧、冥京类⑨、化赍类⑩、赈孤类⑪、放河灯类⑫、禳煞类⑬、息宅类⑭。

儒礼常用仪注：昭告仪注、告中宫五祀仪注、朝夕奠仪注、大通礼仪注、亲朋祭奠仪注、朝祖仪注、祭大舆仪注、出殡仪注、发引仪注、大通礼通用仪注、祀祖仪注、安灵位仪注、设土坛飞宫仪注、归窆仪注、安福神香火仪注、安福神香火又法、竖台赈孤仪注、神佛圣像开光仪注。

---

① 包括：告尸开路文、迎尸入棺文、告本主文、奠父文、客奠文悼姑祖母文、奠岳父辞。

② 包括：启福神文、告祖文、朝祖文、存柩告祖文、启攒告祖文、迁柩朝祖文、虞祭卒哭及大小祥朝祖文、禫父告祖文、禫母告祖文、升主告祖文、告迁旧主改题文、安迁旧主文、安五世桃祖文、合告福神祖宗文、合祭福神祖宗文、合安福神祖宗文、祭福神文、安福神文、安祖宗文、安邻家福神文、腊月安家神文。

③ 包括：启司命文、祭司命文、安司命文、安邻家司命文、启门神文、安门神文、安家神及户雷门行文、告中宫文、祭中宫文、禫祭中宫文、谢中宫文、告五祀文、祭五祀文、禫祭五祀文、谢五祀文、告中宫五祀文、祭中宫五祀文。

④ 包括：告水神文、请水沐尸文、请水洒净文、告井文、水忏文、拯溺祭水神文、招溺水魂文、启功曹总文、朝中夕奠文、送功曹文、启土地文启生处土地文、招魂送灯文、祭土地文、送土地文、虞祥祭土地拨夫文、启庙王文、启生处庙王文、送庙灯文、告庙社文、合祭庙社文、送庙社文、迎关圣庙王文、祭关圣庙王文、送关圣庙王文、启城隍文、祭城隍文、望祭城隍文、送城隍文、虞祥祭城隍文、望祭外省城隍文、谢外省城隍文、告力士文合祭诸神文、告河伯桥梁文、祭河伯文、告桥梁文、告江神文、告小溪文、祭小溪文、告道路文、祭道路文、告道路小溪文、祭道路消息文、告荡秽将军文、送荡秽将军文。

⑤ 包括：启文公文、始死告文公文、请印祭文公文、禀文公敕水文、禀文公敕茶文、谢文公赈孤文、封殡祭文公文、停柩祭文公文、立幡祭文公文、赈水孤祭文公文、奠文公文、出殡祭文公文、漏棺祭文公文、赈孤启文公文、谢送文公文、送文公文、启文昌帝君文、奠文昌帝君文、送文昌帝君文。

⑥ 包括：开路、开方总文、祭引魂童文、招魂文、招魂词、招魂开方、初招词、再招词、三招词、升阶词、入门告词。

⑦ 包括：告后土文、祭后土文、祭新山文、地契、奠土府文、奠土文、腊月奠土文。

⑧ 包括：告方相文、出柩祭方相魌头文、祭大舆文。

⑨ 包括：望祭冥京文、望祭东岳大帝文、望祭昭官文、祭赦官文。

⑩ 包括：启仓曹借夫文、祭侍男女文、犒库司文、夫头文凭、开役夫光词、开轿夫光词、谢火神文。

⑪ 包括：祝擎台力士文、谕单、祭武乡侯诸葛先师文、祭三十六鬼王文、启焰口神王文、祭焰口神王文、送焰口神王文、召幽文、赈孤文、施男女诚词、施百灵孤诚词、送孤魂文。

⑫ 包括：启水神赈孤文、招水魂文、告诚词、赈水孤文、放河灯文、赈水孤词、解脱文、送水孤文、谢水神文、总拆文、亮卦文、丧礼毕送神词。

⑬ 包括：禳重丧文、禳三煞文、禳五黄文。

⑭ 包括：迎来龙文、奠九垒星君文、九宫词、设五方文、奠五方文、奠土府文、祭龙神文、祭玉皇文、送玉皇文。

儒教的诰符咒法：文公宝诰、文昌宝诰、文公掌诀、敕水心传、绕棺敕香、水赞香赞烛赞、八大神咒、化身起水安神、紫微讳、出煞断煞、禳重丧、禳三煞、书禳重丧法、敕化米、赈孤施食、封丧法、庚方书讳、开河洛光、亮卦词、洒净词、点方相、出殡发引、人忌临终、通行证。

儒教用到的其他方法：启请咒诰、请神科录、先天咒、玉清咒、上清咒、太清咒、玉皇诰、如来诰、普庵诰、观音诰、圣帝诰、萨君宝诰、王灵官宝诰、土地咒、三十六星总诰、雪山诰、张五郎诰、酬恩疏、祭天符大帝文、起水安神、报犯、断邪煞、拦前断后、不空退煞、斩牲步罡、化身藏身、速用纵横法、卡水、止血、收魂、择天要法四时晴雨表、择日要法。

鲁班先师类：造门总论、鲁班尺诗、鲁班尺式、本门诗、拆屋祭鲁班文、上梁告祖、上梁、新迁、建新祠后奠土、改灶安司命、解木匠魔魅法、奇门藏身法、月厌藏身方。

补录类：祭舜帝文、易经卦序歌、文坛洒净词。

丧礼部分的书写，T礼生说"丧礼诸多式类"与《礼文汇》的记载有所不同，是跟师傅学的，在礼仪实践中真正使用过的文式。

对丧礼部分的书写最值得关注的是其中的"文公文昌类"，T礼生说文公即朱熹，他们将朱熹视为"儒教"的教主①，认为孔子是儒教的发起者，而孔子的礼仪是朱熹发展的，而最终发展成了"教"。结合《朱熹儒序》所言之"儒教"和礼生的访谈，从文献和口述中渐渐凸显出实际存在的"儒教"，而湖南湘乡的文献中虽然有《儒教经忏科》，但礼仪实践和礼生口述中都未见"儒教"的称呼。"从唐代的儒、释、道三教鼎立发展为宋代的三教合一，这个长期的历史过程，也就是儒教在封建政权的支持下逐渐酝酿成熟的过程，也就是儒教在封建政权的支持下逐渐酝酿成熟的过程。"② 根据任继愈的观点，从汉武帝独尊儒术开始儒教已经有了雏形，而经历隋唐的互动交融后，儒家以封建伦理为中心，吸取了佛道的宗教修行方法，而宋明理学的建立则标志着以"天地君亲师"为信奉对象的，将宗法制度与超验世界观有机结合的中国儒教的完成。③ 从湖南安化的礼俗实践来看，确实有鲜明的"儒教"特色，其将宗法制度的规范与对超验世界的理解有机地结合在礼俗秩序的"知识"框架中，而这个框架在《儒文化礼文新编》的目录中就可见一个完整而清晰

---

① 不同于任继愈"儒教的教主是孔子"的观点。
② 任继愈主编：《儒教问题争论集》，宗教文化出版社2000年版，第9页。
③ 任继愈主编：《儒教问题争论集》，宗教文化出版社2000年版，第9—10页。

的两相结合的框架。将朱熹作为"文公"以待神的规格来进行祭祀，因为朱熹是宋明理学的重要代表人物，宋明理学吸收了禅宗"极乐世界不在彼岸而在此岸，不在现实生活之外而在现实生活之中"的观点，"不讲出世，不主张有一个来世的天国，但是却把圣人的主观精神状态当作彼岸世界来追求"，同时，也是因为朱熹缘着《司马书仪》的路径进一步将《仪礼》化繁就简而成《家礼》成为指导民间礼仪实践的重要"知识"，并借由"日用类书""家谱""民间礼书"等各种形式进一步下沉民间，形成广泛的影响力。

　　在安化的丧礼中文公文昌都是要奠的，祭祀的顺序就是按照书中记载的。"五方路神类"的祭祀是将阴阳联想在一起。"后土类"是针对阴宅而展开的。"出枢类"还有很多科仪都要祭祀，而这一类的仪式是只有儒教能做的，道士不可能做。"冥京类"则是儒家和道家都做。"赈孤类"是指祭祀自己的父母的同时，对孤魂野鬼也要赈济，其中的所有过程 T 礼生在仪式实践中全部做过。"放河灯类"是专门赈济因水而亡的，举行仪式的时候要在资江放河灯，原来是用纸做成方框框，里面点上茶油，现在是放上蜡烛，认为漂得越远送得越远，希望不要在地方为患，整个过程非常庄严，也很好看；在出殡的前一天晚上也要烧纸钱、洒酒在地上，也是为了赈孤。"禳煞类"是指仪式的日子不好时就要进行禳解。"息宅类"是指整个仪式举行完毕以后，要安宅。儒教丧礼要有个全过程，一项都不能少，儒教和道教相通，这本书是实践经验的总结，也充分参考了《礼文汇》《礼文备录》，里面好多都是自己在实践经验中用过的。安化过去分为前四乡后四乡，前乡更重视形式上的仪式，讲究仪注，举行完整的丧礼仪式需要 16 个人。而儒教乐队主要是大乐小乐，一段一段，有板有眼，升炮、击磬等，一个都不能少。现在举行大型的丧礼仪式都会要请 T 礼生参与。①

　　可见，礼俗实践"知识"的运用往往是一个根据文献传统、文献撰写、实际需求等各种元素干扰的此消彼长的过程，礼俗秩序的建构围绕着历史传统和生活需要对结构和内容动态性地进行调整。湖南湘乡礼生和道士的礼仪实践在传承中达成微妙的互补性的平衡，而安化礼生传统强大，民间道教文化兴盛，各自都有相对完整的发展，因此在安化的丧葬礼俗实践中礼生将超验的部分与儒家传统礼仪的部分结合，以"儒教"礼俗作为

---

① 访谈 20150808TWG：被访谈人：T 礼生，访谈人：笔者，时间：2015 年 8 月 8 日，地点：湖南安化江南镇。

仪式实践的知识背景将各种民间知识也融入其中。广西湘桂走廊北端全州的民间礼俗实践中也有"儒教"的功能存在，但是其礼仪专家却不被称为"礼生"，仪式实践中也缺少礼文的部分，更多的是民间信仰的内容，与当地的汉族师公、道公一起参与到民间礼仪。

三　复合的丧礼实践

根据安化县记载，丧祭以儒礼为主，"丧男女哭泣尽哀，吊者以散帛为重，好礼之家多遵朱子家礼不作佛事"。① 同时，也有佛道可选择，"作佛事大敛后诵经燃灯谓之开路，丧事即请僧道诵经。贫者，谓之随身或三日或五日，富者至七日，丧至数月之久，仍请僧道诵经有破狱招亡之名"。② 再结合益阳县志能有更详细丧礼仪式信息，也可见在益阳安化一带非常重视丧礼，且既可以选择儒礼也可以选择佛道，而且往往合并在一起举行，这与湘乡复合型丧礼相似。"丧事，群知其重衣衾，棺椁，稍有力者必从厚。男女昼夜哭，齐民或用浮屠，读书讲礼之家多遵用《家礼》，自入殓至出殡，各依仪节。"③

根据地方志记载：

> 丧初成服谓之设奠，亲友吊唁，有酒食布帛之费。将葬致客谓之开吊费多则数千金，少亦不下数百金，力不及者必称贷变产以行之不如是，则群以为俭，其亲贫寒之家，街邻居为之敛贳，置酒击鼓哀歌达旦。次日柩出孝子执引幡导前，亲朋素服执绋送于山。④

> 初丧，讣告亲友，有受吊者则曰以讣闻，有辞不受吊者则曰以讣辞。亲友吊唁有赙仪，致奠有奠轴、香烛、馔羞，盛则羊豕之类。丧家各散帛，款以筵宴，则非礼所宜，重堪舆，严选择，如骤不获吉，有攒殡于家者，有浮厝于山者。其殡于家，必护以土，亦无敢累年，防火灾也。出殡，则行题主礼，设灵座，每日朝夕上供如生

---

① 《中国地方志集成·湖南府县志辑·同治安化县志·卷十·风俗》，江苏古籍出版社 2002 年版，第 245 页。

② 《中国地方志集成·湖南府县志辑·同治安化县志·卷十·风俗》，江苏古籍出版社 2002 年版，第 245 页。

③ 丁世良、赵放主编：《中国地方志民俗资料汇编·中南卷》，书目文献出版社 1991 年版，第 673 页，《益阳县志》（二十五卷·清同治十三年刻本）。

④ 《中国地方志集成·湖南府县志辑·同治安化县志·卷十·风俗》，江苏古籍出版社 2002 年版，第 245 页。

人。终丧行禫礼，乃纳主家龛，谓之"上堂"其用释道，或丧时、葬后建道场，有三、五日至七、九日者。又有每逢七日请僧道诵经烧纸，谓之"应七"，有自一七至七七者。近多知儒教为正，不信佛事，每有自留遗命戒此者，惟妇女辈多瘤信之。而贫窭之家，以儒礼设施较难，二教办理为易，舍此就彼，亦是使然也。①

综合两则地方志记载可知，安化具体仪式过程包括初丧、成服、弔、奠（朝夕）、发引、题主礼、禫。孝家发讣告，宾客相弔，赠赙，孝家散帛、开筵席，互相之间借由礼物的交换以巩固社会网络。举行丧礼的丰俭根据家庭贫富决定，既有遵儒礼的也有采用佛道仪式的。另外，提到有"浮厝"的情况，一般是因为需要找风水好的葬地导致的，这种现象在很多地方均有。下一节中将结合劝葬文来讨论这一现象。

根据访谈，当代湖南安化的丧葬礼仪依然比较传统，儒礼的内容相比湖南湘乡更加复杂。当代的仪式实践中，既可以以儒礼为主，也可以加入佛道的仪式，而且以民间道教仪式为主。就儒礼而言，在仪式中礼生是不可或缺的礼仪专家，与湖南湘乡当代的礼生仪式实践不同，安化的礼生既有文的内容，也有动作的实践。礼生仪式中要走禹步，其中有非常细微的规矩，并根据亡者的性别不同而有所变化。边走边伴随着劝孝的吟诵，内容非常丰富。一个团队的礼生一人诵一句，或者每人读一篇，一般一个仪式中有二十篇。过去礼生会将诵读的所有文辞用毛笔写好张贴出来，而现在借用投影设备将所诵字幕在仪式现场打出来，让参与仪式、观看仪式的人一目了然。文中要夹在很多诗词，都是悼亡的内容。因为仪式祭奠过程中，孝家要一直跪拜，时间长了容易烦躁、疲劳，而这样的祝愿、劝孝的方式能调整整个仪式的气氛和节奏。礼生们能背的东西很多，还需要当场写文章、作诗，并用诗词占领举行丧礼的那个空间。安化的仪式至少需要四个礼生，也有八个的，最多可以有十几个。安化每个乡镇都有几个、十几个不等的礼生，T礼生与周围乡镇的礼生都有联系和交往，常常互相沟通。②

安化礼生礼仪实践的情况很像前文所述湖南湘乡礼生所说的他们过去

---

①　丁世良、赵放主编：《中国地方志民俗资料汇编·中南卷》，书目文献出版社 1991 年版，第 673 页，《益阳县志》（二十五卷·清同治十三年刻本）。

②　访谈 20150807TWG：被访谈人：T 礼生，访谈人：笔者，时间：2015 年 8 月 7 日，地点：湖南安化江南镇。

仪式实践的情况，湘乡后来从业的礼生越来越少，慢慢地很多仪式展演都没有办法践行，于是就仅以祭奠仪式为主。而这种差异也反映在两地礼生所使用的文献上，湘乡礼生文献主要以《礼文备录》为主，笔者所及范围之内《礼文汇》不完整，而安化不仅有完整的较新刊刻的同版《礼文汇》，且有 T 礼生结合当代礼仪实践书写的新的礼仪文献。仪式的实践与礼仪文献的书写往往是互为因果、共同推进的。

第三节　广西丧礼文献与当代民俗实践

广西地处中国南疆，地形独特，林木丰茂，气候温和，物产丰富，经历长期的人口迁徙和民族融合，这里的文化丰富而多元。经此深厚多彩的浸染，广西丧礼文献及其民俗实践皆种类丰富而形态多样。丧礼文献部分以瑶族《过山榜》、壮族《麽经》和"劝葬碑刻"为例，呈现出多样的丧礼文献形态，这些丧礼文献与仪式实践相辅相成，共同建构着多元的礼俗秩序。丧礼实践部分，结合全州大西江镇的田野调查资料，探讨湘桂走廊丧葬礼俗的传统与实践。

一　多元的丧礼文献与仪式实践

（一）瑶族《过山榜》撰述的丧葬礼俗

瑶族历史悠久，文化灿烂，《过山榜》是瑶族历史文化繁荣发展的重要标志。《过山榜》又名《过山照》《过山碟》《评王券榜碟文》《平王券碟书》《盘古圣皇榜文券碟》《盘古凭记过山榜》《评皇券碟》，它是操"勉语"的瑶族人民保存的一种汉文文书。比较详尽地记录了瑶族的起源、迁徙、习俗，以及瑶族人民开发山区所享有的种种权利，是研究瑶族历史与文化不可多得的宝贵文献资料。流传相当广泛，桂、湘、粤、滇甚至海外均有抄藏本，对促进瑶族社会发展、繁荣民族文化具有一定的积极作用。因而其长期、广泛地流传民间，不至失传，成为研究瑶族古代社会历史不可或缺的文献。据统计，我国现已发现《过山榜》131 份。瑶族中族系较多，但《过山榜》主要流传在被称作过山瑶的瑶族中。过山瑶约占瑶族人口的 1/2，分布较广，但以湘南、桂东北、粤北这一地区为主。有研究者认为，《过山榜》最早可能是在隋文帝开皇年间，最晚者为 1951 年的油印本。各种《过山榜》的文字长短不一，最短者 500 余字，长者近 1300 字。人生礼仪一方面联结寻常百姓的人生追求和需要，另一方面联结着受民族文化支配的传统价值观念、宗教信仰，千百年来始终发挥着规范人生、统一教化、情感支撑的作用。通过对《过山榜》记述的丧葬礼俗的研究，将瑶族历史生活方式的外在形式与内在观念形态结合起来考察，有助于从物质生活到精神生活，全面认识民族文化和思维方式，增强文化自觉，促进文化转型。

1. 《过山榜》丧葬记述

表 5 - 1　　　　　　　　　　《过山榜》丧葬礼俗记述①

序号	内容	出处
1	丧葬礼仪 又吩咐群臣，将高皇头级用火焚化，取骨灰入瓦瓶之内，安殡埋葬刚（岗）山秀水［之地］，［受］万人之祭祀也。 寻遍千山万岭，［始］于山溪之畔石崖之下，见护（瓠）身被羚羊角刺身而死，［落在梓木树杈］乃善终身。男女悲泣，扛护（瓠）回家。仍将花衣、花帽、花带、花帕、绣斑衣［各］一件［装束］，以掩其体，一身入与木函。孝男孝女，哀声不绝，忧奏评皇准（陛）下，请恩敕存殁均沾，依木封棺埋葬。［评皇］叮嘱男女，莫违孝道，为送死之大事也。	第 4—6 页：《盘王券牒》【说明】原件是道光年间抄本，1936 年杨成志亲莅广西龙胜各族自治县和平地区白水源头村采访，取来原件，按原件亲笔抄录一份奉还。现搜集的为杨成志亲笔代抄件，道光年间的抄件，现中央民族大学存藏。
2	丧葬礼仪 儿女抱尸痛哭，扛护（犯）国家。仍将花衣、花帕，装束一身，放入木函。孝男率女，哀声不绝，急奏评皇思救殁葬：盘护（抓）王为我始祖，殁于大限，呈奏我主痛惜前勋。评皇旨下叮嘱男女，切莫违孝道，绣五色班（班）衣一套，依水封棺埋葬。	第 15—16 页：《评皇券牒【说明】原为广西龙胜各族自治区三门乡滩底村赵凤俊珍藏。

① 此处《过山榜》来源自黄钰辑注《评皇券牒集编》，广西人民出版社 1990 年版。以下部分榜文是没有丧葬礼俗记述的，为了有一个对比，将榜文概述引用于下：p. 100《盘皇圣牒》道光三十年（1850）十一月十五日，誊写先本盘皇胜（圣）牒，永远防身为记；p. 91《过山照》；p. 96《评王券牒传》；p. 50《评皇券牒榜书》首记大清道光十三年（1833）岁次癸巳，八月初七日，盘扇一郎兄弟四人商议，请到司门口（临桂县宛田地区）匠人石配龄（汉族），抄奉过山榜一帙，子孙存留照看。无论大小官员，严防开看抄录，以防［遗］后（失）；p. 131《评王券牒书传》正（理）忠（宗）景定元年（1260）十月二十日，臣僚俱无承认；p. 141《评皇券牒文录》景定元年十月二十一日；p. 149《平王券牒下山图》景定元年十二月二十一日；p. 152《瑶人出世根源》景定元年十月十一日；p. 169《评王券牒号》景定元年（1260）十二月二十一日；p. 188《评王与高王》；p. 194《十二姓瑶民过山榜文书》；p. 213《盘王过山榜文书》；p. 223《平王牒榜》；p. 245《盘古过山榜》；p. 255《榜牒文书》原存广西融水苗族自治县汪洞乡同练村。

序号	内容	出处
3	丧葬礼仪 且吩咐群臣，将高王头级焚化，取骨灰盛于瓦瓶之内，安埋刚（岗）山秀水之地，享［受］万人之祭祀也。又吩咐群臣将盘护（部）一身迟（遮）掩其体，用绣花［带］一条以缚其腰，用绣花帕一块，以裹其额，用绣花裤一免以藏其服（股），用袖（绣）花布一幅，以裹其胫，旨所（可）迟（遮）掩其身也。 后寻及于石山岩脚之下，见护（瓠）身被陵（羚）［羊］角而刺，乃善终身。男女悲泣，江护（瓠）回家。仍将花衣花帕，装束一身，入与木函。孝男孝女哀声不绝，忧奏评王病惜前勋。评王准下丁属男女，莫违游（孝）道，依木封棺埋葬。绣班衣一件，为送死之大事。	第21页：《过山榜》【说明】过山榜抄件，系本式。原存广西临桂县宛田瑶族乡小河村邓成满家（现为邓昌球家）。文中盖有圆形束色印模多处。券末书有"广西义宁县上北区小河村平安宅平成满子孙万代流传为记"的字样。
4	丧葬礼仪 第33页：又吩咐文武群臣，将高王身首用火焚化，取骨灰入瓦瓶之内安殡，埋葬于龙水凤山之地，山清水秀，永受万人之祭祀也。 第34页：梓木树丛围有白鸟鸣噪，护（瓠）身尸则架于梓木枝上，而为羚羊撞落悬岩乃善终身。男悲女泣，扛负回家，仍将花衣、花裤、花帽、花带、花巾、装束一身，入与木函，付以黄金合葬。孝男孝女，哀声不绝。忧奏评王，痛惜前勋，请恩敕存殁均沾。评王准令丁属男女，莫违孝道，绣五色斑衣一件，封棺埋葬。	《王瑶子孙过山榜》【说明】王瑶子孙过山榜，原流传广西临桂县庙坪地区和龙胜各族自治县大柳地区。原件现存广西临桂县宛田瑶族乡庙坪地区白石村赵贵林之家。抄件为折叠式，盖有长方形、圆形印模多处。
5	丧葬礼仪 又吩咐群臣，将高王头级用火焚化，取骨灰于瓦瓶之内，安殡埋葬江山水秀［性地］，为世人之祭祀也。 第63页：寻及山溪之中山矿（岩）之下，见护（瓠）身被羚羊角刺身而死，乃善终身。男女悲泣扛护（瓠）回家。仍将花衣花帕，装速（束）一身，入与木亟（函）。孝男孝女哀声不绝，游（忧）奏评王，盘护（瓠）始祖命殁大限，存（呈）奏我主痛惜前勋，请恩敕［存］殁均占。评王准下丁属男女，莫为（违）忧（孝）道，绣五色班（斑）衣一件，依木封棺埋葬。	第61页：《过山黄榜》【说明】瑶族过山黄榜，为评皇券牒灵称，原件存广西灵川县清狮坛蓝田堡地区南坳村，是赵炎揆根据景定四年（1263）二月的古本亲笔誊写的。文中凡有（印）字之文即盖有印模的地方。1984年5月，灵川县赵玑瑾、黄云林供稿。
6	丧葬礼仪 第276页：后盘护（瓠）处（游）山转岭次（打）猎，被羚羊杈落石岸（崖）身亡。勒（敕）令十二姓子孙，摇动长鼓，吹笛笙歌，拍（打）鼓板，引出大男小女，连手臂，身穿花衣赤领，惊天动地，唱歌不绝。收得黄命金骨，入于木函中。令伊子孙承奉香火，万代享受无穷功绩，连绵不朽。合具敕牒，条律开具于后。	《评王券牒书传》【说明】评王券牒书传，原存湖南省道县瑶族，具体地点不详。抄稿现存中央民族学院民族研究所。

续表

序号	内容	出处
7	丧葬礼仪 后死葬青山，立有［石］狮子、石马、石羊、石象、石奂（狗）石印，现在常承（存）。游猎为科（生），居住山林。有来（迁）移过往府县，具报名姓，官司给付（验看）公据文牒，任自营生。	《盘古圣皇榜文券牒》【说明】盘古圣皇榜文券牒，原件为石印本，盖有朱色圆形印模多处，流传于广西壮族自治区宜山县石别地区瑶村。1956年，广西举行首届民间文艺会演，瑶族老艺人赵明广献出。
8	丧葬礼仪 第332页：平王赐金银珍珠宝贝，与王瑶子孙游山去（受）用。昔日大人入山捕猎，被山羊权落石岸梓林树上而死，儿孙逐日寻找死尸，将移于七宝洞南方安葬。儿孙连手抱臂，呵呵唱跳，作乐三日三夜，惊天动地，便是平王盘王子孙宗祖。平王山内封官有品，先伏父亡葬在波州石羊县白石山，立有石人、石马、石狮子、石虎、石猪、石牛、石羊、石王。	第330页：《瑶人榜文》【说明】瑶人榜文，原存湖南蓝山县荆竹坪乡荆竹村。
9	丧葬礼仪 第354页：昔日［龙］犬入山捕猎，被石羊角权死，落在石岩梓树上塌（搭）住。儿孙遂（逐）日寻讨（找），死尸移去七贤洞南方安葬。儿孙连手抱臂，呵呵唱跳，作乐三日三夜，惊天动地，便是评王盘王子孙祭祖。	第352页：《瑶人出世根底》【说明】瑶人出世根底，原流传于湖南江华瑶族自治县两岔河。具体地址与存件人不详。
10	丧葬礼仪 第374页：盘王遂封官盘护（瓠）王，子孙世袭司马、大将军、食邑二千户。自后天年已终，盘王亲骨（临）吊慰，大臣代佴御祭口，葬在广州。次子示（赐）封都疑关尚书，死葬在峻州，坟前摆有二十八宿，立有石马、石人、石将、石狮子，八仙贺寿，王母蟠桃，童男童女卫墓，判官把城守龙路。 第375页：贞观三年（六二九），龙犬天子寿尽，护（瓠）王被石羊角误权死，灵尸置千果枣树下，子孙闻知，决以斑锦束裹其身，金棺盛载，抬上鸾（銮）车，安上府仙堂，芝兰金杯，流霞御酒上供，沉香焚烧，宝篆寿花，摆列灵殿。子孙恸悲，叹多哀息，喜各攘臂寿歌，夜寿诗喧赞。平皇闻龙犬归仙，亦亲御酒祭，皆着礼孝服，卜吉日引子孙祭奠，无数绯绕挽歌，车而匆匆（辘辘），百官送葬。	第373页：《白篆敕牒》【说明】是瑶族中山子瑶（蓝靛瑶）支系的过山榜，内容与评皇券牒大致相同。原为广西百色县龙川地区六能屯李树祥家珍藏。目前在蓝靛瑶地区仅搜集两份券牒文献，此为其中之一。

2. 《过山榜》丧葬礼俗记述的阐释

根据《过山榜》记载，即使对待对手高皇的首级，高皇处理的方式也是"将高皇头级用火焚化，取骨灰入瓦瓶之内，安殡埋葬刚（岗）山秀水[之地]，[受]万人之祭祀也"。① 可见，瑶人对生命本身的尊重，妥善地处理死亡、尸体是对生命本身的尊重，而不局限于时势。这样丧葬方式也影响了盘瓠后人的丧葬仪式。盘瓠突然意外身亡，子孙出门寻找，发现"（瓠）身被羚羊角刺身而死，[落在梓木树杈]乃善终身"。② 意外身亡在此不认为是非常糟糕的死亡方式，而称为"乃善终身"，可见瑶族文化对生命的豁达。其子孙"男女悲泣，扛护（瓠）回家。仍将花衣、花帽、花带、花帕、绣斑衣［各］一件［装束］，以掩其体，一身入与木函。孝男孝女，哀声不绝，忧奏评皇准（陛）下，请恩敕存殁均沾，依木封棺埋葬"。③

"评皇旨下叮嘱男女，切莫违孝道，绣五色班（班）衣一套，依水封棺埋葬。"④ 高皇的首级处理的方式是火化，但是盘瓠却是木封棺埋葬，可见土葬是其传统的、正统的埋葬方式。而入棺的穿着跟结婚的时候似乎一样，都是"花"的服饰。而埋葬的地点是要"依水"，也是瑶人对灵魂随水而归的表现。同时"［评皇］叮嘱男女，莫违孝道，为送死之大事也"。⑤ 可见，养生送死当大事，是各族共性，表述人们对生命的尊重。

根据文献记载，盘瑶的丧葬仪节大致如下：⑥

―――――――

① 黄钰辑注：《评皇券牒集编》，广西人民出版社1990年版，第4页。原载《盘王券牒》原件是道光年间抄本，1936年杨成志亲莅广西龙胜各族自治县和平地区白水源头村采访，取去原件，按原件亲笔抄录一份奉还。现搜集的为杨成志亲笔代抄件，道光年间的抄件，现在中央民族大学存藏。

② 黄钰辑注：《评皇券牒集编》，广西人民出版社1990年版，第6页。原载《盘王券牒》原件是道光年间抄本，1936年杨成志亲莅广西龙胜各族自治县和平地区白水源头村采访，取去原件，按原件亲笔抄录一份奉还。现搜集的为杨成志亲笔代抄件，道光年间的抄件，现在中央民族大学存藏。

③ 黄钰辑注：《评皇券牒集编》，广西人民出版社1990年版，第5页。原载《盘王券牒》原件是道光年间抄本，1936年杨成志亲莅广西龙胜各族自治县和平地区白水源头村采访，取去原件，按原件亲笔抄录一份奉还。现搜集的为杨成志亲笔代抄件，道光年间的抄件，现在中央民族大学存藏。

④ 黄钰辑注：《评皇券牒集编》，广西人民出版社1990年版，第15页。原为广西龙胜各族自治区三门乡滩底村赵凤俊珍藏。

⑤ 黄钰辑注：《评皇券牒集编》，广西人民出版社1990年版，第5页。原载《盘王券牒》原件是道光年间抄本，1936年杨成志亲莅广西龙胜各族自治县和平地区白水源头村采访，取去原件，按原件亲笔抄录一份奉还。现搜集的为杨成志亲笔代抄件，道光年间的抄件，现在中央民族大学存藏。

⑥ 《中国民族问题资料·档案集成》编辑委员会编：《〈中国民族问题资料〉档案集成 第5辑〈中国少数民族社会历史调查资料丛刊〉第110卷〈民族问题五种丛书〉及其档案汇编》，中央民族大学出版社2005年版，第356页。

初终要"装洗",沐尸的水需要加一些香料①,"饭含"需用银币含于亡者之口。

小殓,沐尸后将尸体抬至厅堂。

大殓,棺材内木缝必须用树胶填涂,棺壁内裱敷沙纸,外裱五色彩纸。入棺之前需要先请道公作法"净棺"(盘瑶称为"撵寒鬼")。棺内最下层垫几层钱纸,再垫几斤白米,然后让亡者躺在米上,再在上面盖几层纸钱,再盖白米,米上盖一至三层(儿女多的每人盖层)布,布上再盖钱纸和白米,米上再盖夹被(有的地区尸体上下只垫盖白纸和白布各层)。并在亡者腹部用小饭团"压肚饥"。入殓后不封殓,需要等所有亲人瞻仰遗容以后再行加盖,停棺在家少则一天,多则四五天,再择日发引。葬前,每日都要请道公打斋。

落葬,需要孝子先动土。

成服,祖父母或父母死后,子女、孙子女及媳妇、孙媳等都要戴孝。孝布为白色,长短按亲疏长幼不一,长子五尺左右,次子,孙儿女、媳妇依次减短。媳只用小块白布挂头上。服丧期仅限于停棺在家的几天,发引后即将孝布脱下,放在亡者灵位前。

葬后三天、七天、二十一天、满月、四十九天、七十一天都要请道公给亡者举行"送饭"仪式。子女、孙儿女都要回家设祭尽孝。守孝期一般是七十一天最久的不过三个月(有的地区最长四十天)。"如孝期未满而又遇新年,有的人不让不吉利的事拉到新年去,也可缩短守孝的时间,在过年以前烧去葬后为亡者所设的'灵位'同时也把孝布烧掉。此时虽已脱孝,但未满七十一天孝子们到亲友家参加活动时,仍不能坐上席、唱歌和猜拳。如果亡者的家属有人是师公或道公,守孝期最多是四十天,因为在守孝期间他是不能替人卜卦和其他祈禳的。"②

可见,《过山榜》记载的相关内容为我们了解《过山榜》流传区域瑶族民众的丧葬礼俗提供了重要线索,慎重地对待生命的终结,并以一系列有节有度的仪式活动,提供一定的仪式时空来加以处理。具体仪节内容与汉族无异,但道公在丧葬仪式活动中显得非常重要,而没有独立的"礼生"出现于仪式时间之中,从中原到湘楚到岭南,"礼"作为制度的存在

---

① 文中没有注明是什么香料,但是根据广西其他文献和田野材料,经常会在沐尸的水中加入柚子叶之类有芬芳香味,并在功能上被认为有辟邪作用的植物。

② 《中国民族问题资料·档案集成》编辑委员会编:《〈中国民族问题资料〉档案集成 第5辑〈中国少数民族社会历史调查资料丛刊〉第110卷〈民族问题五种丛书〉及其档案汇编》,中央民族大学出版社2005年版,第356页。

似乎越来越弱化，或者说其与地方民间信仰、民族文化传统之间存在一种"协商"式的共存，礼俗以最符合当地民众日常生活的形态呈现。道公、师公、麽公是广西仪式实践中常见的礼仪专家，他们都有各自传承和使用的礼仪文献，而麽公的文献体系尤其系统而有地方、民族特色。

（二）壮族《麽经》丧礼仪式空间的表述与建构

"'麽'为壮族民间信仰的一种形式，其由'布麽'即'麽公'诵经作法，祷神驱鬼，禳除灾变，招魂超度，祈求超度，祈求安生。"① 历史上壮族《麽经》在两个不同阶段有两种传承方式：口承与文字记录。汉文化传入壮族社会以前，《麽经》以口承的方式流传，因此变异比较大；汉文化传入以后，壮族布麽用古壮字传抄《麽经》。《麽经》真正以典籍文献的形式出现并稳定传承是比较晚近的事，对于壮族而言，《麽经》具有重要的文献学意义。② "巫教经书用的是典型的壮族勒脚歌、排歌等格式，把流传在民间的创世史诗加以充实、改造，使之情节更加完整，内容更加丰富，人物更加鲜明，同时又在其中渗入自己的教义，使民间文学成了巫教宗旨的载体。"③

《正一凶事巫书解五楼川送鸦到共集》，副名为《送同·送呼·廷男女》"凶事巫书"，即丧葬仪式中超度亡灵麽（巫）经唱本。"送同"［soŋ⁵toŋ²］，"送"即度送，"同"意为亲密伙伴，指度送至亲伙伴亡灵。"送呼"［soŋ⁵hu³］，"呼"是煞神恶鬼的避讳代称，指抄本中的"送鸦到""送雌雄鬼""送勾魂鬼"等科目内容。"廷男女"［taŋ⁵tsa：i²ȵiŋ²］级全部男女丧葬仪式。"解五楼川"，为壮语［kja：i³ha³lau²çi：m¹］音译。"解"，意为祈禳、禳除、解难、除凶。"送鸦到"，为壮语［soŋ⁵ka1ta：u⁵］音译，意即驱送邪鸦返回。解五楼川巫书［kja：i³ha³lau²çi：m¹mot⁸sθ ̠ i¹］，题意为解除落入五方阴森荒野亡灵《麽经》。④

丧葬仪式的生死"空间"既是物理意义上的，也有观念意义上的。并且不同文化传统丧葬仪式的空间建构和行动表述产生着不同的影响，各种认知与情感都参与其中，并在仪式行动中不断强调、表述这种空间观念。死亡之所以成为社会生活的重要环节，不仅是因为肌体生理的消亡，更重要的是生命的终结所带来的社会关系、情感连接的停止、修复与再造。丧

---

①　《壮族麽经布洛陀影印译注·第八卷》，广西民族出版社 2004 年版，第 2885 页。

②　黄桂秋：《壮族麽文化研究》，民族出版社 2006 年版，第 165 页。

③　张公瑾：《民族古文献概览》，民族出版社 1997 年版，第 227 页。

④　《壮族麽经布洛陀影印译注·第八卷》，广西民族出版社 2004 年版，第 2885—2886 页。

葬仪式空间建构的前提乃是着力于"情感",初衷是要让猝不及防的亲人离世所带来的忧伤、痛苦、失落得到妥当的安放。"壮族民间认为,人的精神灵气能离开形体而存在,这种精神为'灵魂'。'魂'使人具有生命活力,人生重病或死亡,是因触犯某种凶煞神灵或鬼魅作祟,使人的'魂'离开形体而失散所致。故要延请布麽为病者诵经'招魂'、'赎魂',让'游魂归体'而康复;对亡者要举行超度,诵经作法,祈祷亡灵超脱苦难或度送魂归故里,附祭于先祖,入土为安。这样才不致使其变成'游魂'而殃及家人。"①

1. "生"与"死"的区隔与过渡

(1)生活空间与永恒空间的对立

《麽经》尽最大可能保持着原初的信仰内容,从而使得民族文化得到传承与发展,《麽经》构建的彼岸世界的概念与壮族伦理道德关系密切,具有壮族特色和中华民族远古特色。②《正一凶事巫书鲜五楼川送鸦到共集》是葬礼超度的仪式书写,因此空间构建的基础就是生死空间的区分,虽然未有其他信仰中明确的空间名称,但文本中有明确的生活空间与永恒空间的区隔,由亡者灵魂的游走来描绘空间的转换。

死亡以后,要请布麽将亡魂引导到——五楼川,"'五'指五方,即东、南、西、北及中央。'楼川',正文唱词又写作'流川',意为阴森荒野。壮族民间认为,人死后,若其灵魂流落五方的阴森荒野境地,会变成游魂野鬼,将会受难或作祟,必须延请'布麽'或'布道'来诵经赎魂,祭祀度送安葬,使亡灵返回祖籍归宗……意即诵经解脱落于五方阴森荒野的亡灵而求度归宗"。③

死进地是荒野/死日子(是)壬寅癸卯/咒引魂魄进入荒野/死日子(在)甲子甲丑/我(就)进入五方荒野/得住(坐)三回(周)酉时/得住(坐)九回(周)日子/每晚每(次)酒席鸭宴有得吃/七晚七(次)酒席鸡宴/日(天)这(今)来就要超度(送)去山林/来就要送往界神/怕(你)进入卡在地狱还不知道/怕是(被)捆在荒野/儿辈(我)要藤环来套取/儿辈(我)要那伙(鬼魂)来解除④

---

① 《壮族麽经布洛陀影印译注·第八卷》,广西民族出版社2004年版,第2885页。
② 林安宁:《壮族〈麽经〉神话研究》,博士学位论文,华中师范大学,2012年,第134页。
③ 《壮族麽经布洛陀影印译注·第八卷》,广西民族出版社2004年版,第2885页。
④ 《壮族麽经布洛陀影印译注·第八卷·鲜五楼川巫书》,广西民族出版社2004年版,第2894页。

……奉请东方荒野我煞神/南方荒野我煞神/西方荒野我煞神/北方荒野我煞神/中央荒野我煞神①

……祖王死后留下王（儿）/死后进了五方荒野/不得过（去）界仙②

……日子死（的）没有死去/死后进了五方荒野（犯）我煞神③

五楼川是后续超度、处理死亡、引导亡魂归去的中转站。"五方"的空间在各地民间丧葬仪式中比较常见。比如，湖南民间正一派火居道士举行的丧葬仪式中以《开辟玄科》为指导举行"开辟五方"仪式，援请五方神灵帮助超度亡灵。④潮汕丧葬仪式中有"走五方"，即请五方神灵驱魔的仪节。五方代表东南西北中五个方位，象征金木水火土。《麽经》中"五楼川"是比较朴素的五方概念，还没有将神的形象具体化，呈现一个生死对立的空间，死亡即前往五方荒野，而等待超度才能去往永恒之处。

父亲他（的）死了放塘（里）/父亲他（的）死了放田（里）/父亲他（的）死了没有安置/父亲他（的）死了没有留放/死后放给布麽一边堆集/死后放给同伴一边聚放⑤

描绘了早期人们处理死亡的方式，对"尸体"的处理方式跟后来的有极大的差别，"塘""田""山寨""谷地"等是普通的生活空间，还没有实现生死的隔离，因此会引来灾祸。其后文中说描述的羊、蜈沙、蜈难、乌鸦（啄食父母亲肉的乌鸦）也都是由此而引发的不祥的化身。

《度送伙伴再次治丧科目》中生死对立表现为：凡间—天上、下方—上方、这方—那方，而亡故后去往的空间为：坟地里、水深处、水海。抽象的远方的描述，朴素而简单的生死对立空间的建构。

---

① 《壮族麽经布洛陀影印译注·第八卷·鲜五楼川巫书》，广西民族出版社2004年版，第2895—2896页。
② 《壮族麽经布洛陀影印译注·第八卷·鲜五楼川巫书》，广西民族出版社2004年版，第2897页。
③ 《壮族麽经布洛陀影印译注·第八卷·鲜五楼川巫书》，广西民族出版社2004年版，第2899页。
④ 龙晓添、萧放：《民间道教的礼仪传承与实践——以湖南湘乡丧礼为例》，《宗教学研究》2016年第2期，第80页。
⑤ 《壮族麽经布洛陀影印译注·第八卷·鲜送鸦到科》，广西民族出版社2004年版，第2904、2906、2907页。

找你（回）去要埋要葬/寻你（回）去要埋要超度/坟地你（的）葬在水深（处）/那方你（的）葬在水海/命运不好才来（此）遭遇（厄运）/命灵魂永远来驻（此）/来死扑倒将扶住/来死伏倒将翻过来/家我们（的）也照常出（丧）/宗族我们（的）也照样死人/长此死（去）悲切哽咽完全/长久哭悲切哽咽完/原来客人从下方（的）来放出/一起从下方（的）来驻留/来死干枯将灭/来死扑倒（干）根树/我推你往山林①

原籍老同（的）在归德/（就）送老同（回）去归德/邦国老同（的）云南/（就）送老同（回）去云南/原籍老同（的）在中间山人岗上/魂老同（的）（回）去中间山人岗上/原籍老同（的）在地域普省地域蛮方/老同（的）魂去地域普省地域蛮方/原籍老同（的）在地域本地地域外地/老同（的）魂（回）去地域本地地域外地/嘴（言词）我（的）（是）做布道布麼②

（2）生死空间的过渡

死亡不可逃避，但面对死亡的方式却多种多样，从突发到接受死亡的事实，处理因死亡而带来的一系列的困扰需要一个复杂的过程。中国传统丧礼由"初终"仪节开始，循序渐进，由浅入深，而《麼经》通过空间转移的诗意表述来展现生命逐渐衰亡的过程。亡者亡故的过程以非常诗意的空间转移来表述：

变成临近天黑迷蒙/变成黑夜密深沉/变成撑缦帐中间亭舍/变成装木（棺）隔离当中/变成一方黄牛（的）踪迹水牛（的）/变成骑的马无头/变成撑的船没有竹篙/变成那个独脚谷米（半）仓/变成那个仓谷米空的/……/于是倒下归去山谷/于是趴倒归去仙界/……/脱离肉体升上界天③

---

① 《壮族麼经布洛陀影印译注·第八卷·送同重丧科》，广西民族出版社 2004 年版，第 2918—2919 页。
② 《壮族麼经布洛陀影印译注·第八卷·送同重丧科》，广西民族出版社 2004 年版，第 2921 页。
③ 《壮族麼经布洛陀影印译注·第八卷·鲜五楼川巫书》，广西民族出版社 2004 年版，第 2893—2894 页。

《度送伙伴再次治丧科目》也书写了同支宗族"伙伴"生命消逝的过程：

> （走）来两（个）月日子（的）路程/就来投宿（在）山遥（地名）/魂你（的）逃走你（便）漫游/汗水你（的）（冒）出浸满（全）身/夜里你（就）呻吟咿哟/以为你累才呻吟/寻觅给你吃（你）不吃/身子你（的）脱离灵庙/脸面你（的）青紫血色/来死（去）逮下孩子妻子/兄弟客人你（的）（来）找/舅子大客人你（的）（来）寻/找你（回）去要埋要葬/寻你（回）去要埋要超度/坟地你（的）葬在水深（处）/那方你（的）葬在水海①

通过动态的语言，生命的活力随着空间的转移而逐渐消逝，从符合情感和认知的角度展开仪式，由此引出处理死亡的具体方式。

（3）禳除的空间象征

乌鸦被认为是"邪恶变异的怪物，专吃死人肉，使亡灵变成游魂，家人不得安生，在丧葬仪式中要请布麼诵经，驱邪鸦禳除凶恶，送邪鸦去到富庶之地，使其不再作祟，超度亡灵入土为安"。② 对待吃父母肉的乌鸦，除了威胁要射杀以外，还希望能够将其禳除到其他更美好的地方，而这些地方包括"上方天""环周遍地""扬州""底下水坝"，特别是"扬州"的表述很有特色，壮族在此受到汉族的影响也有了将"江南"富庶之地视为"天堂"的象征。

> 上方天（有）千万（种）花/环周遍地（有）千万（条）路道路乌鸦的/去扬州（找）吃容易/那边扬州吃（的）有余/对岸河（的）有肠子水牛（的）/底下水坝有鸭鹅/撒（网）要一笼两笼③

此外，乌鸦被视为不是属于此空间，因此，认为其来自"远方"，除了劝诱其去更好的地方以外，还劝其归去。

---

① 《壮族麼经布洛陀影印译注·第八卷·送同重丧科》，广西民族出版社 2004 年版，第 2918 页。

② 《壮族麼经布洛陀影印译注·第八卷》，广西民族出版社 2004 年版，第 2885—2886 页。

③ 《壮族麼经布洛陀影印译注·第八卷·解送鸦到科》，广西民族出版社 2004 年版，第 2913 页。

　　　祖辈你（的）住在疆域央人（的）／送你去疆域央人（的）／乌
鸦斑纹（的）住在疆域交趾（的）／送你去疆域交趾（的）／乌鸦黑
色（的）住在者岸／送你去界域山岭／我有一桌肉供祭（的）／有鸡死
来供奉／跨步出作法那方阴界属天界／晃摇衣服返回那方阳界属地界／
说件事这实实在在／现在事情这我祷送时辰这个①

　　因为"乌鸦"将干扰亡魂的正常过渡，因此禳除的空间是在仪式空间
以外的，不是将其封闭在某个空间内，而是引导其去更美好，或者原来的
空间。既体现了壮族早期的信仰形态，也是其崇尚生命自然的自然观、人
观的一种表现。

　　2. 仪式实践沟通

　　（1）沟通的媒介

　　"在壮语中，麼经叫司麼［θ ̰ w¹mo¹］，'司'即书。麼公叫布麼［pou⁴
mo¹］，即麼教神职人员，做麼教法事叫古麼［ku⁶ mo¹］。壮族麼经具有明确
的宗教功能，这一功能归纳起来就是敬请布洛陀降临人间，帮助人类驱邪
赶鬼，消除灾难，化解冤仇，保佑赐福。而要实现这一功能，就必须有麼
教神职人员，这就是布麼。在壮族的观念中，布麼就是布洛陀的替身和代
言人，通过喃诵麼经，为民众消灾祈福。……布洛陀就通过喃诵布洛陀经
书，为世间芸芸众生驱邪赶鬼，消灾除难，化解冤仇。而布麼则是以布洛
陀替身和代言人的身份，以布洛陀的名义，通过喃诵麼经为民消灾祈福
的。麼经是一种符号，是具有特定宗教意义的符号。"②

　　在《正一凶事巫书解五楼川送鸦到共集》中布麼就是引导生死沟通的
重要媒介，"自认受命于天地神灵，声称主家发生水稻失收，财路不通，
父子病重以致死亡等灾变，均缘于邪鬼恶神作祟，致使家人六畜失魂，亡
灵落入'楼川'"。③ "延请布麼来辩说／延请布道来拨弄（作法）／来吃
（喝）酒旁边火堂／来打开经书察看灵怪。"④

① 《壮族麼经布洛陀影印译注·第八卷·解送鸦到科》，广西民族出版社2004年版，第
　　2904、2906、2914—2915页。
② 容小宁主编：《红水河民族文化艺术考察研究》，广西人民出版社2005年版，第34页。
③ 《壮族麼经布洛陀影印译注·第八卷》，广西民族出版社2004年版，第2886页。
④ 《壮族麼经布洛陀影印译注·第八卷·解五楼川巫书》，广西民族出版社2004年版，第
　　2893页。

　　有奴婢纸（的）替代担当①/有茆郎替代/得听到话音我（的）一出就降临②/……

　　儿辈有棉织布卷厚重（的）/儿辈有壮锦花纹凤凰（的）③

　　布麽的沟通需要借助很多物品，祭祀"须备鸡鸭酒品，祭祀五方'楼川'煞神，诵经作法解难，用银钱、厚布、壮锦、茆郎（纸人）等代祈赎魂，从五方'楼川'中赎取死人魂，度送安葬，招取活人魂、鸡魂、鸭魂、羊魂、牛魂归来，祈求安生"。④

　　（2）沟通的动作

　　布麽"辩说""拨弄（作法）""打开经书看灵怪"，《度送伙伴再次治丧科目》也记述了处理死亡的过程，描述了布麽引导亡魂的空间转换与仪式动作，布麽诵经、动作、步伐似乎都形象可见。

　　我推你往山林/你说（要）麽诵门口堂屋/门口堂屋有人把守/你说（要）往口门/口门有个社神/有个社神把守衙门/盘问索取钱币房子新（的）/人客走路街上/我任由让你（走）过去/挥朝下方三回/舞向上方三次/给开门路府城/地方圩市府城也不齐全/下梯子走踉跄/水牛忽地走跃步/（就）不怕干活（不）怕事情/兄弟客人你（的）（来）抬/有杠杆苦竹木棍芦苇⑤

　　……

　　同伙我（的）做人度送/我将编织篱笆/我将撩拨灰水/度送老同要去（做）完全年/说是做冤做家/说这事我（的）倒（是）实在/现在事这我（来）度送先吧⑥

　　《正一凶事巫书鲜五楼川送鸦到共集》很多处都有比较完整的招魂记

---

① 原著注释，小奴婢指用纸剪成用来赎魂的小纸人。
② 《壮族麽经布洛陀影印译注·第八卷·鲜五楼川巫书》，广西民族出版社 2004 年版，第 2895 页。
③ 《壮族麽经布洛陀影印译注·第八卷·鲜五楼川巫书》，广西民族出版社 2004 年版，第 2900 页。
④ 《壮族麽经布洛陀影印译注·第八卷》，广西民族出版社 2004 年版，第 2886 页。
⑤ 《壮族麽经布洛陀影印译注·第八卷·送同重丧科》，广西民族出版社 2004 年版，第 2918—2919 页。
⑥ 《壮族麽经布洛陀影印译注·第八卷·送同重丧科》，广西民族出版社 2004 年版，第 2922 页。

载，还有丧葬的鸡卜描述。

《麽经》以朴素的方式在丧葬仪式中处理死亡带来的灵魂的脱离，要引领灵魂去往合适的空间，描述了布麽用纸人、青符作为媒介引导亡魂的过程。

> 要（招）魂人我们（的）回来/寻找魂钱财我们（的）回来/来吧魂来吧/来吧命来吧/拔鸡（毛）要（拔）得干净/骨鸡要取得块状（完整）/青符挥下寻找魂返回/青符挥扬招呼魂回来/钱奴（我的）交纳到牢里/银奴（我的）缴到库里/那位拿钥匙倏然张开/那位持锁倏然打开/开（牢）门要魂出来/拍（牢）门取魂回来/来吧魂来吧/来吧命来吧/转脸过来抵达峒场/转过背后来便到家里……他们不挥招取魂场面法事/我要（招）魂场面法事/他们不念咒招取魂面前神龛/我要（招）魂前面神龛/来吧魂来吧/来吧命来吧/来（躲）人背处衣服白色/来（避）进仓衣棉①

《解送勾魂鬼科目祝词》道：

> 他人没有讲述世道历来/奴（我）就来讲述世道历来/他人没有述说世道从前/奴（我）就来述说世道从前/造禁戒三支箭/造出人间郎詠丧事/造出坡地祝祷那个地方/造出坡地高处那个社神/造出供香奉火那个佛事/时代从前没造麽事/超度（亡）父（亡）母去丛林/拥抬（亡）父（亡）母去山林/三天（里）父亲王（的）生病/八天（里）儿子王（的）患疾/杀帮哪也不消退/惩罪帮哪也不好转/去求问布洛陀/去祈问麽渌甲/布洛陀就回话/麽渌甲就说/变成勾魂鬼就来咒祷②

而"阿咏"决心改变此前粗鄙的丧葬习俗，创立"仪礼"以后，丧葬仪式的动作变得更加系统、丰富，表述了亲情的关联，如文中所言"他们才懂得孝道"。阿咏改变了此前嗜好品尝尸肉的陋习，从山上取来木头为母亲设架装棺，折纸钱、祷祝于神坛。由此，改变了处理尸体的方式，相应的纪念、哀悼也发生了变化。

---

① 《壮族麽经布洛陀影印译注·第八卷·解五楼川巫书》，广西民族出版社 2004 年版，第 2900—2903 页。

② 《壮族麽经布洛陀影印译注·第八卷·送可科句》，广西民族出版社 2004 年版，第 2934—2935 页。

阿咏就创制那些仪礼／阿咏就丢弃些（旧仪）那／肉母亲（的）就不（再）吃／脚母亲（的）就不（再）嚼／肉父亲（的）他人（的）分（得）到／阿咏搁在烘篮取来留放／……母亲咏（的）去稻田不见回来／阿咏就（便）创始那些仪礼／阿咏就抛弃些（旧仪）那／刀架在上面将插下去／刀鞘举起又转架肩头／米饭干粮背（于）腰脊后背／阿咏去进入丛林宽阔／阿咏去寻找丛林大／瞧见一丛楠竹修长／瞧见丛生（的）楠竹老／就伐树木做成段／于是锯木头做成条状／……木头（修）出直条便成平面（状）／放在上面肩咏（扛）回来／到那天安装将架起／阿咏拿着杠木上到家中／……阿咏就（来）祷祝那方神坛／阿咏就（来）呼应那方灵崖①

神龛、神坛，家中有了一个神圣的空间，成为沟通、祈祷，举行各种仪式的重要场所。

雌鬼（请）来（坐）在上方桌子／雄鬼（请）来（坐）在上面竹笪／王才（就）追逐那伙（邪鬼）来／王才（就）寻那伙（邪鬼）祷送／疾病儿子王（的）便除尽／病儿子王（的）便好／连同那个儿子寄养（的）／以至整个人们一世后面（的）／来到我们一代这／来到主人一家／来到这方主人酒席／这才跌倒（在）旁边水车／这才躺倒在家（里）／得聚在三回（周）酉时／得聚在九回（周）日子／这才超度（送）去丛林／这才拥抬（送）往山林／此鬼（请）来（坐）在上方桌子／雄鬼（请）来（坐）在上面竹笪／这才追逐那伙（邪鬼）来／值此才寻那伙（邪鬼）祷送／鹅老（的）上供麼诵笼子／鹅两个上供麼诵天界／送你们上（到）界天／送你们往扬州／说事情这到此实在／现在事情这我（来）度送②

《麼经》丧葬经文建构出符合人们认知和情感表述的差异性空间，由生活空间出发，将生活间以外的区域建构为灵魂去往之所，"远方"用朴素而具体的方式表述出来，为灵魂的导向提供了一定的依据与可

---

① 《壮族麼经布洛陀影印译注·第八卷·送同重丧科》，广西民族出版社 2004 年版，第2925—2929 页。

② 《壮族麼经布洛陀影印译注·第八卷·送同重丧科》，广西民族出版社 2004 年版，第2931—2932 页。

能。除了内容建构层面的意义以外，《麼经》丧葬仪式经文利用语言的引导性起到的叙事性治疗作用也是不可忽视的。随着经文的诵读，灵魂仿佛随着布麼的引导得以顺利超度，去到合适的空间，让生活空间再次回归平静。

（三）劝葬碑刻：俗的冲突与礼的沟通

远离中原的广西长期以来都是民族交融的重地，独特的地域、民族特色也孕育了独特的丧葬礼俗。一方面，风俗的形态总是有起有落，并不稳定，难以一直保持良性运行的状态；另一方面，受汉文化影响的文人、官员在岭南遭遇独特的丧葬礼俗时也将面临一定的"文化震惊"。广西各地留有一些"劝葬碑"，系外地来桂文人、官员撰写的移风易俗的劝葬文。笔者认为，通过这些材料能够在一定程度上管窥礼俗发展中的矛盾、冲突与问题，理解礼俗秩序的建构始终是一个动态的过程。

桂林现存宋代碑刻《张仲宇代范成大撰谕葬文》①记载了其时丧葬的一些"乱象"，碑文毁损比较严重，内容不是很连贯，但能知其大意：时任静江知府的范成大看到长久停厝的现象，而劝当地民众要及时安葬亡者，使其入土为安。其中提到长久停厝的原因为"妄称家力不办、风水不吉、日月未利、兄弟相仿之类"，而地点为寺舍、岩穴或荒园林木之间，停厝的时间一般为"少者五年、七年，多者二三十年"，范成大限期一个月让家人妥善处理这些过久的停厝，否则就要予以处罚，而且明确规定不能以"改葬"为借口，而当时桂林确实有因为过久停厝而无人处理的尸骨，对于这种情况范成大提出要由官府出钱"类聚收葬"以使得"俾幽魂

---

① 杜海军辑校：《桂林石刻总集辑校》，中华书局 2013 年版，第 206—207 页，见《中国西南地区历代石刻汇编》第四册《广西博物馆卷》，第 124 页。原文如下："经略范公劝谕。（碑额）契勘：守令民之师□□□□□□刑□□化莫急于□□□□□下□□□□引用不葬其父母骨肉，妄称家力不办、风水不吉、日月未利、兄弟相仿之类，只将棺柩寄留寺舍，或置嵓穴，或薧殡于荒园林木之间，少者五年、七年，多者二三十年，不与安厝。又信于巫卜，因生事小不如意即归罪坟陇，不问□又便行□掘，棺柩破毁，骸骨暴露，或弃草野、□犬豕食□，或□□□□□□□□今推□□虽久无□认□就□永无□□之时，□□□□□□□□□□今以力□□苦□□□□□亦觉□□梗行下诸乡村保商后□□□□□有此□骨肉超□□□□□未曾收葬者，并限榜到一月□止□□□□不□许本保之诸邑人陈告，赏钱伍拾□□。犯人既无孝心，即是禽兽□□□□依条断罪，定不恕减，拘籍，家财充还官赏。仍自今后仍不得以改葬为名，发掘先□。更仰僧□司□所管，□□观庵舍，保正长□所管园林嵓穴内有遗弃尸体，并限伍日报本主还归，依限安葬。先具实数，申府照应。其有久年不辨主名，无人识认者，别具数目，供申外县，委知县在府，即知府自行各支官钱、赶逐官地，类聚收葬，俾幽魂有归矣。乾道九年六月一十八日，榜示靖江都督府。"

有归"。此处的"改葬"① 有可能与"二次葬"习俗有关，这是一种具有民族、地方特色的丧葬方式，然而没有共同文化背景，对这种丧葬习俗非常难理解，其蕴含着独特的生命逻辑和认知传统，难以以单一的标准加以评述。但是在民间礼俗实践中，也确实会因为各种具体的问题而长久停厝导致"无归"。根据文献记载，知静江时期范成大励精图治，对民族、地区文化也持有开放的态度，颇受静江民众欢迎。② 其所作《桂海虞衡志》开地方民族志书写之新体例，记载了大量宝贵的岭南粤西民族文化。劝葬文写后两个月，范成大又写了一份针对此事，为无人埋葬的尸骨举行安葬仪式，并撰有祭文，表达了范成大对丧葬礼俗的态度。《张仲宇代范成大撰举葬文》：③

> 维乾道九年八月乙酉，集英殿修撰、知静江军府事、兼本路经略安抚使范成大，谨遣左迪功郎临桂县令陈舜韶、左迪功郎司法参军郑郾奠祭于新冢诸君之灵。呜呼！圣人有言，卜其宅兆而安厝之，则凡死无宅兆者，不得其安可知也。形魄降于地，骨肉复于土，然后其魂气无不之也。故人死曰鬼。鬼者归也。不得其安，不得其归，魂羁而无托，天下之至悲也。桂林之俗或不葬所亲，寓其骨于浮厝，而颡莫泚也。与夫远游客死、遗骸委骼、狼藉散乱而弗收者不知其几也。呜呼！若尔诸君，生何罪于天，而今乃至于此也？太守之来，恻然动乎其心，若己手之弃也。属吾同僚出公币，营燥刚，实觉华之原，钟官之墟，郁然砥然，以为诸君之基隧也。举凡无归之骨而竁之域，于前列者，有官君子也，分封于两旁者，姓氏不传、冥漠君之类也。祭之虽非其亲，藏之虽非其里，有以安而归之，何异于其亲与里也？日吉辰良，肴芬而酒旨，魂兮即安，无南无北，无东无西。牛羊弗践，樵

---

① "改葬"条即为"捡骨葬"，见陈勤建主编《中国风俗小辞典》，上海辞书出版社 2008 年版，第 218 页。

② 獣子《桂林旧事日志》可见在南宋乾道年间一段桂林旧事中，范成大的各种事迹占了主要篇幅，是他在桂林勤政爱民的例证（光明日报出版社 2016 年版，第 80—82 页）。比如："（三月）知静江府范成大进城交接公务。广西财政收入拮据，和平时期仰赖湖北及封桩钱 70 余万缗神补岁计，此外只靠盐货。""（三月）范成大对桂林的第一印象：风气清淑，果如所闻；岩岫奇绝，习俗淳古；官府雄胜，过于所闻。""（六月）范成大颁布《谕葬文》，限 5 日内认领各处遗弃尸体，过期则由官府统一收葬。""桂林之俗，或不葬所亲，寓其骨于浮厝。"范成大指派临桂县令陈舜韶和司法参军郑勖，负责收葬遗骸。"修坟两座：一有姓氏官职者；一无名百姓者。范成大作《举瘗文》。"

③ 杜海军辑校：《桂林石刻总集辑校》，中华书局 2013 年版，第 207—208 页。

薪避焉。诏于终古，勿毁勿夷也。

其中关注于落葬之"安"，认为骨肉归于土，魂气才能有所归属，不会离散，并所言"恻然动乎其心，若己手之弃也"，可见，范成大以移风易俗为目的的劝葬文，并不着力于强行规范或谴责，而是以生命的情感来与人共情，且选择吉日良辰，备酒祭奠，而且具体的埋葬费用、人力之耗费也是由官府开支。劝葬文的背后是一场因势利导、积极沟通的移风易俗的行政行为。

桂林现存还有一块清代的劝葬碑《周维城撰劝葬碑》①，也记录当时地方官员对久停厝的劝解，并由个人出资具体处理的过程。无独有偶，根据地方志记载晚清广东也有类似的劝葬文，广东广宁知县曾经撰写"劝葬文"以移风易俗，"晚清时期，在本县南街附近的居民丧制中仍保留一种停棺的古旧风俗。凡较富裕人家，把家里已故的老人（较尊崇或后裔繁盛的）殓葬棺椁抬到村边棺屋停厝……停棺不葬，一是为方便七七修斋设吊和初一、十五或节日的拜祭、上灯，以示孝心；二是待先人风化枯骨后，将它放进骨塔（瓦罐）再迁葬到牛眠吉地，有的因未寻得'风水宝山'，故棺椁一停就搁置不理。……董知县就撰写了一篇《劝葬文》广为张贴，规劝世人移风易俗"。②

丧葬礼俗受各种文化传统影响，具体到不同地区差异很大，一直是处在变动之中的，而移风易俗也是长期以来，官方、文人希望通过因势利导良性的礼俗秩序，既充分体达情感，尊重传统，又健康积极，公序良俗的秩序建构一直以来都是动态的过程。

二　湘桂走廊丧葬礼俗传统与实践

湘桂走廊丧礼传统与实践以笔者 2016 年 7—8 月在广西壮族自治区桂林市全州县大西江镇的田野调查为例。全州位于广西东北部，湘桂走廊北

---

① 杜海军辑校：《桂林石刻总集辑校》，中华书局 2013 年版，第 979—980 页。原文如下："盖闻灵台瘗骨，永昭西伯之恩膏；校尉埋棺，久传东汉之仁泽。睹孤魂之累累，啼断白杨；看白骨之燐燐，暴露紫陌。恻隐动念，触处堪悲；矜恤存心，随时施惠。用是共襄义事，感动善缘，即于城北城南，虞山古刹万寿享堂，起年久无依之灵榇，使夜台有栖。安埋道旁剥蚀之残骸，使牲畜无践踏之扰，约计修葺安埋者，不下三十冢。并以有余之金，为两寺殿前修补之费。是举也，皆蒙钱太夫人乐善好施，以垂此阴德于不朽也。周子维城倡其议，汤子似村董成其事，是为记。嘉庆十五年六月谷旦立。"

② 中国人民政治协商会议广宁县委员会《广宁文史》编辑组编：《广宁文史》第 11 辑，1993 年，第 98 页。

端，湘江上游。① 全州历史悠久。县境地域宽广，自然资源丰富。②

　　全州在广西文化发展史上是颇具特色之地，有较丰厚的文化积淀。人杰地灵，人文荟萃，在历史上出过不少知名的文人、学者和官宦名流。③全州民风淳朴，全州人素以忠厚、耿直、友爱、礼让、敬业、勤劳的秉性受人赞许。④ 据地方志记载，自宋代以来，全州本地进士及第就有 143 人，举人 1570 人，这在广西数十县中是首屈一指的。昔时全州人仕者多以直臣、谏臣声名于世。全州历史上兴建了许多书院、学堂、寺庙、宗祠，当年的那些标志性建筑至今仍保留着恢宏、壮观的气度。民居多轩童瓦舍，方砖铺地，马头高墙，一派江南风韵。⑤ 大西江镇境内以土山为主，越城岭支脉横亘西北，并环绕至东部，形成三面环山，地势自西北向东南倾斜，最高海拔 1844 米。属亚热带地区，气候温和，雨量充沛。旅游资源丰富，自然风光独特、秀丽，景点多。炎井温泉、王家村的千年古樟、明代万历年间修建的香林寺、清朝光绪年间建造的精忠祠、五星的玫瑰岩洞原名童母岩、双江口林场度假休闲山庄，整个景点路线南与才湾镇天湖景区、兴安乐满地相连，北与湖南崀山、舜皇山景点相望，起到了桂林大旅游圈与湖南景区相衔接的桥梁作用。⑥ 近年来，大西江镇始终坚持"生态立镇、工业强镇、农业稳镇、旅游兴镇、和谐安镇"工作思路。⑦

　　（一）礼俗时空秩序的建构

　　1. 空间秩序

　　从空间的角度来看，大西江的礼俗秩序展开的主要空间是个人家庭中的家堂，以及公共空间中的土地庙、庵堂和公祠。家堂是家庭中拜访祖先牌位，供奉神位的地方，举行祭祀、仪式的重要场所，后文中将会重点介绍。以下先介绍土地庙、庵堂和公祠。

　　土地庙在大西江镇各个桥头、路口常见，形制简陋，一般只有一个小

①　唐楚英主编：《全州县志》，广西人民出版社 1998 年版，第 25 页。

②　全州县人民政府网站，全州概况，http：//www.glqz.gov.cn/bencandy.php? fid = 49&id = 3975。

③　潘琦撰：《全州历史文化丛书·总序》，载（明）蒋冕著，唐振真、蒋钦挥、唐志敬点校，蒋钦挥主编《湘皋集》上，广西人民出版社 2001 年版，第 7—8 页。

④　唐载生等编：《全县志》，成文出版社 1975 年版，第 163—164 页。

⑤　潘琦撰：《全州历史文化丛书·总序》，载（明）蒋冕著，唐振真、蒋钦挥、唐志敬点校，蒋钦挥主编《湘皋集》上，广西人民出版社 2001 年版，第 7—8 页。

⑥　全州县人民政府网站，大西江镇，http：//www.glqz.gov.cn/bencandy.php? fid = 54&id = 4567。

⑦　《大西江：全力打造"全国生态乡镇"和"广西名镇"》，全州县人民政府网站，http：//www.glqz.gov.cn/bencandy.php? fid = 32&id = 1046。

殿，里面供着土地公和土地婆。民众在去庵堂活动时会去顺便祭拜土地庙。比如，WJ 村上村的风雨桥前面就有一座水口庙，庙门前有两块小碑，但是字迹模糊难以辨认。庙门外左边供奉着桥头菩萨，右侧屋外侧大石头上供奉着灶堂菩萨，现在都只有神位，而没有神仙，曾经是有神仙的，"文化大革命"时期被毁掉了。① 庙内正中间供奉着城隍、土地、关公。②

庵堂是大西江镇当地民众对广泛分布与各个村落的庙、庵、寺、殿的统称，不同的庵堂供奉不同的主神，庵堂也常常以所供奉的主神命名。庵堂不是道观或者寺庙，而是佛道神像都一起供奉的民间信仰场所。庵堂在固定的日子举行相应的祭神仪式，初一、十五有少量人来烧香，平日则关门，钥匙由专人管理。每座庵堂祭祀的主神不一样，因此活动的时间也有差异，后文将详述时间分布。每座庵堂都有庙祝和会首，管理庵堂的日常事务和仪式活动，仪式时会援请儒教师傅前来念经，春秋也会在此打醮。大西江镇原来有三十多座庵堂，每个行政村都有一个，多的有两座到三座，比如 WJ 村就有两座，沙子坪有三座。这些庵堂曾遭到破坏，近二十年以来，随着社会政策的宽松和民众生活水平的提高，民众开始自发组织捐款重修这些庵堂，恢复仪式活动。政府没有阻拦，有的村干部也会捐款，在谈及此事时，当地很多民众都表示现在政策好，政策宽松。重建庵堂可以捐钱也可以捐工，捐钱少则几元、几十元，多则几百元、上千元，捐 30 元以上名字就可以上碑。捐工就是帮忙建造庵堂，以天为计，少则一天，多则十几天，甚至几十天，"捐工捐物表心态，钱多钱少尽善心"③。而且这些捐赠并不限于本村、本庵堂的信众，而是互助性质的。庵堂重修都会在其他庵堂贴倡议书，大家也都纷纷捐钱。现在，三十多座庵堂已经恢复了 24 座。比如，DSJ 村有关帝殿；炎井村有朝阳庵、地母殿；WJ 村有禅林庵、集贤寺；MJ 村有形山庵，是大西江镇最早的庵堂，有四五百年历史了，主神是地母；GCY 村的崇善寺，主神是灶王，据说求子非常灵验。但也有不少没有重建的，比如 JJ 村的寿台寺就没有重建，里面过去还有座宝塔。④ 或者重建以后没有信仰活动的，比如 FMSX 村的万泉寺，现

---

① 访谈 20160722JQL。被访谈人 JQL，访谈人：笔者，时间 2016 年 7 月 22 日早上，地点：WJ 村水口庙。

② 左右以在屋内对着门为标准，以下所有描述都以此标准。

③ WJ 村禅林庵墙上捐工、捐钱登记表上的原话。

④ 访谈 20160724JCH，被访谈人：儒教师傅 JCH，访谈人：笔者，时间：2016 年 7 月 24 日，地点：大西江镇 DSJ 村 JCH 师傅家中。平时笔者访谈的大西江民众所言也如是，只是 JCH 所言更加详细、具体。

在是老中年活动中心。根据寺内的碑刻万泉寺戏台在 2006 年捐资修建过，目前基本的建筑在，但是没有供奉神像，更没有什么仪式活动。戏台下有纳凉、打牌的村民，戏台上有孩子们在玩耍。

庵堂的仪式活动除了初一、十五例行的烧香外，共同会有仪式活动的日子是二月十九观音生日、六月十九观音成道日、九月十九观音出家日和十二月二十三灶王上天日。其他的祭祀日子要根据每座庵堂所供奉的主神而有所差异，后文会详述。还有就是春秋的不定时的打醮日。

祠堂被认为是中华民族的文化创造，也是传统文化深层内涵的重要表征，大西江镇目前也保留了很多祠堂，广泛分布于各个村落，而且这些祠堂跟庵堂一样经过"历史变迁"①，也跟庵堂一样又经过重新修缮，目前依然有仪式活动。也就是说公祠跟庵堂一样，经过重建重新回到民众的生活之中，继续传承活态的民俗文化。大西江镇的祠堂形制基本一致，青砖白墙，颇有古风，正堂中供奉祖先牌位，两侧走廊，中间天井，对面是祠堂大门，两侧有小门。跟庵堂一样，祠堂钥匙也由专人保管，他们一般是附近的常住居民，负责举行祠堂的日常管理。祠堂一般在正月、清明、七月十五举行祭祀活动，具体的日期不定。按道理祠堂还是当地民众举行红白喜事的地方，比如《文宪公宗祠管理规定》② 上说："有利于后裔子孙进行祭祀祖先，红白喜事和文化娱乐活动……"但规定中禁止"放置棺木"，以前确实有人在祠堂中举行红白喜事，还能将棺材摆在里面，实际上现在并没有人愿意在祠堂中办婚丧仪式。③

2. 时间秩序

生命周期时间，就是指人从出生到死亡经历的各个有代表性的节点，如出生、成年、结婚、死亡，与之相应都有一定的仪式活动，我们称之为人生礼仪，如诞生礼、成年礼、婚礼、丧礼。现在大西江镇民间信仰也体现在这些生命周期时间中，孩子诞生前会有祈子的仪式，婚礼前要合婚，丧礼所承载的民间信仰内容尤其丰富，下文会做详细描述。另外，很多民

---

① "历史变迁"是在笔者问及庵堂、祠堂建于何时、毁于何时、重修于何时时，大西江镇民众经常会提到的。他们将民国到 1949 年后的四清，再到"文化大革命"一系列对庵堂、祠堂的破坏总结为"历史变迁"。原话一般为：经过历史变迁，毁破不堪，所以大家捐钱重建。而这个词也频繁见于各庵堂、祠堂的重修碑上，也算是一种书面表达与口头表达的互渗，"历史变迁"似乎是一个对庵堂、祠堂命运多舛的复杂、精练又准确的表达。

② DSJ 村蒋氏上三房祠堂内，墙上所书《文宪公宗祠管理规定》，2016 年 7 月 24 日，笔者誊抄。

③ 访谈 20160723WQL，被访谈人：WJ 村村民 WQL，访谈人：笔者，时间：2016 年 7 月 23 日，地点：大西江镇 DSJ 村。

众还会借着寿诞的机会，请师傅打寿醮，以消灾解难、延年益寿。

一年周期时间分布。大西江镇民间信仰以年为周期的时间分布主要有两种形式，一种是与岁时节日统一的，比如清明、七月半的祭祀祖先的仪式；另一种则是与民间信仰空间分布紧密关联的时间分布，依据不同庵堂供奉的不同主神的各种纪念日为时序。

（二）丧葬礼俗传统及其特点

根据清嘉庆年地方志记载，全州丧礼"亲丧居厅事，三日大殓，朝夕上食。讣告于亲友，亲友乃吊，致祭赙，共为铭旌以赠。卜葬日，刻志，以纸竹作明器，及窆乃题主。遵制持服二十七月。然类多崇尚浮屠，拘忌时日，或有久停亲丧者。其准紫阳《家礼》而行者，不过数族焉"。① 可见与传统丧礼制度的基本内容相似，但也提到很多人崇尚用佛教的丧葬仪式，并有根据停葬的习俗。虽然基本的丧礼仪节与传统礼仪制度一致，根据儒礼规范遵行的并不多。紫阳《家礼》即以朱熹《家礼》为其根据，明确作出礼仪实行规定，既表达出对朱熹的尊重，也体现了新安理学世俗化的一面。"因为倘若它纯粹是一种思辨化的学问，那是难以成为百姓世俗生活中的行为规范的。"② 由此给佛道丧礼提供了很多空间，或者说，在丧葬礼仪传承的过程中，全州有更多的文化元素参与进来。

根据民国时期地方志记载，全州丧葬仪式包括初终、报丧、大小殓、成服、朝夕奠、葬、覆土、祭祀等。初终"将属纩，亲属男妇必齐集榻前，谓之'送终'"。"既绝，乃哭寝之地而后殓。即时报告三党，姻眷齐赴丧家，谓之'观像'，然后盖棺。""三日成服，设魂帛，作木主，安灵座。晚送帛至死者榻上，以被覆之，谓之'送帛'；朝奉帛挂灵座上，谓之'接帛'，至四十九日方罢。设主后，即朝夕上食，至三周年送主入祠后方罢。初死二七内，必讣告戚友，并订期开吊，俾戚友同日致赙，以便招待，遍发头腰白布，谓之'会客'。"③

仪式除了按照传统儒家丧礼的基本程序进行外，"或延僧道至家诵经，谓之'做道场'"。下葬前照例要请风水先生先选定，并按照算定的日子下

---

① 丁世良、赵放主编：《中国地方志民俗资料汇编·中南卷》，书目文献出版社1991年版，第996页，《全州志》十二卷，清嘉庆四年刻本。

② 陈支平、刘泽亮主编：《展望未来的朱子学研究——朱子学会成立大会暨朱子学与现代跨文化意义国际学术研讨会论文集》，厦门大学出版社2012年版，第264页。

③ 丁世良、赵放主编：《中国地方志民俗资料汇编·中南卷》，书目文献出版社1991年版，第998—999页，《全县志》十三编，民国三十一年铅印本。

葬，所以会有停葬的现象。"葬无定期，有信形家言迁延以俟，终日随地师跋山涉水左顾右盼者，谓之'寻龙'；得地后，辩论土色、砂水，持罗针往来审视，谓之'点穴'；又有以年命山向，选择日时，一听术士臆说者，谓之'主葬'，事后均须称家之有无以为报酬。及葬，亲朋齐集奠送，又各给布帛，并设筵以款之。"然后有祭奠和点主的仪式，而此时援请的是礼生，"请礼生四人赞引行礼。客有备猪羊或肴馔以致祭者，谓之'上祭'。又须选聪颖童子一人代孝子主祭，谓之'祝童'。或延乡党中有名望者题主，谓之'点主'，并借用他氏官衔以题铭旌"。发引、落葬，"发靷（引）时，鼓乐爆竹前导，孝子在枢前向枢哭拜，谓之'拜路'；亲朋咸走，谓之'送殡'。或延有德位者于前祭告山神，谓之'祠后土'。穴葬四周用砖甃砌，下枢后纳铭旌于圹中，其上以火砖拱之，然后封土，亦有不用砖而以松脂和土坚筑者。葬后三期，亲属男妇齐至坟上，各加以土，谓之'覆土'。"①

20 世纪 90 年代的地方志中，丧葬仪式则简化了很多，"报丧殓埋人将死，亲属环守其旁，俗称'送终'，咽气后烧纸钱，放鞭炮致哀。农村习俗，在老人逝后即用竹竿向屋瓦捅开一个天窗，意为让死者灵魂升天成神，然后移尸中堂，沐尸穿戴寿衣寿帽，以纸钱盖住面部，接着由孝子沿街（村）挨户向亲友磕头报丧。县城各街有神庙，有的丧家依俗去请庙祝敲'报丧钟'，按死者的年龄如数撞击若干响。入殓时用草木灰制作灰包，垫放在尸体头、背、足部（灰包按死者寿龄一岁一包）。富裕人家要开吊、守灵、做道场，请县官'点主'（将死者之神主牌中的'主'，写成'王'字，请县官加上殊笔一点成'主'字）。官绅巨富，有的停枢三年后殡葬，一般是三天出殡。此俗至今残存"。② 除了下葬前的这些习俗以外，全州还非常重视做"七"，亡者逝后七日，俗称"头七"。依次类推至四十九天，为"满七"日。全州"每'七'必祀亡灵，至'满七'之日，丧家延巫师做法事，亲友馈冥锭往贺，孝子备筵谢宾。死者三周年忌日为'满服'，丧家守孝至此始告结束。至次年春节书写春联时，始可用红纸代替白色、蓝色纸张"。而"解放后，除巫师绝迹外，诸种旧习相沿未改。……本地历来兴木棺土葬。解放后，科学知识渐进，专业的'风水先生'虽已消失，但不少丧家仍请人看风水、定墓穴。70 年代地方木材奇缺，木棺价

---

① 丁世良、赵放主编：《中国地方志民俗资料汇编·中南卷》，书目文献出版社 1991 年版，第 998—999 页，《全县志》十三编，民国三十一年铅印本。

② 全州县志编纂委员会编，唐楚英主编：《全州县志》，广西人民出版社 1998 年版，第 886 页。

昂，丧家一度购钢筋水泥棺以代，不久仍兴木棺。80 年代邻县兴安建成火葬场，亦有丧家遵照死者遗嘱，将尸体运至兴安火化，但为数不多"。①

（三）当代丧葬礼俗的文献与实践

全州一带参与丧礼实践的礼仪专家包括师公、道公、儒教师傅，师公和道公是广泛存在于广西各地的礼仪专家，但是由于文化源头、民族、融合民间信仰的程度不一样，而呈现较大的差异，笔者参与仪式所接触到的师公和道公是汉族的，融合了道教正一派传统和广西民间信仰。道公和师公所使用的丧礼文献整体而言与各地大同小异，系统完整而内容复杂。全州还有一种自称儒教师傅的礼仪专家，具体而言又分为两类，一类是以男性为主，另一类以女性为主，但是在丧礼中使用的礼俗文献是相似的，前者可以代替师公主持丧礼仪式；后者则不会参与一般意义上的丧礼仪式，主要负责丧礼核心仪式以外的葬后祭的仪式。而前者所使用的丧礼仪式文献与礼生类似，还包括《观音宝忏》《十万宝忏》《报恩宝忏》等，他们所使用的文献非常复杂，儒释道民间信仰混杂在一起，版本也非常多，但能满足当地民众复杂的信仰需求。

大西江丧礼繁简的程度和举行的时间有所差别。无论是哪种情况，不举行仪式都会被认为是不可思议的。② 目前大西江的丧礼一般为三天两夜或两天一夜，整体丧礼设置与传统保持一致。初终、报丧、小敛、大殓、出殡、下葬、安宅。丧礼会援请师公超度法事或者儒教师傅念经，也会请中乐、西乐队演奏，夜晚会请师傅唱孝歌。中乐队有时由师公、儒教师傅代替，有时则另请中乐队演奏。西乐队和演唱者一起，在仪式现场呈现现代流行歌曲。全州孝歌与湖南一带的夜歌子同属于守灵时所唱的劝孝的歌曲，有一些传统的篇目，以劝孝为主，但现在孝歌常常跟现代歌曲混在一起，有的甚至就由现代歌曲代替。

邻里亲朋好友会来帮忙烧水、煮茶、做饭，中午晚上设流水席招待亲友，筵席不请专业厨师，都是大家帮忙做，如果是请儒教师傅念经则筵席为斋饭。地方志记载："丧筵昔以豆腐为主，习称'豆腐酒'。近年县城丧筵，鸡鸭鱼肉，所费已超过往昔。"③ 但现在的仪式中并未见所谓的"豆腐酒"。

---

① 全州县志编纂委员会编，唐楚英主编：《全州县志》，广西人民出版社 1998 年版，第 887 页。

② 访谈 20160728JCH，被访谈人：儒教师傅 JCH，访谈人：笔者，时间：2016 年 7 月 28 日，地点：大西江镇 DSJ 村 JCH 师傅家中。

③ 全州县志编纂委员会编，唐楚英主编：《全州县志》，广西人民出版社 1998 年版，第 887 页。

礼物的交换照例是丧礼中非常重要的环节，礼物主要有三种形式。其一是礼金，宾客根据与孝家的亲疏、人情往来的情况赠送礼金，丧礼现场设专门的账房先生，将送礼者的姓名和礼金登记在人情簿上。其二是礼物，比如纸钱、花圈、祭幛（被子、被单），这个也要登记在人情簿上，并会摆放在灵堂之中。其三，大西江丧礼中舅家和女婿家扮演着重要的角色，除了孝家办的丧礼和相关的仪式外，舅家和女婿家都会组队前来，阵势庞大。舅家和女婿家之前会跟孝家沟通，带来一些表演的队伍，比如带来一个西乐队之类，他们会随着音乐的演奏，带着祭幛一同前来拜祭。这无疑是为孝家彰显了社会地位和经济实力，表现出除了血亲实力雄厚，姻亲也非常给面子，是加强亲缘网络、巩固宗族实力的重要方式。关于礼物的交换，全州当地有"散茶"和"烧茶"之说，老人去世后，亡者已嫁的女儿、侄女、外孙女会准备好茶食带去孝家，俗称"烧茶"，把这些茶食发给前来陪伴守灵的人，叫"散茶"，一般每人准备茶食的种类最少有四类。①

对待正常死亡和非正常死亡，无论是认知还是处理上均有着非常大的区别。非正常死亡的人不能在家中设置灵堂，而是在田中空旷的地方搭建灵堂。另外在丧礼仪式上也有较大的区别，非正常死亡的人被认为不能顺利进入轮回，而为了避免造成亲族、社区秩序的混乱，大西江都会援请师公超度亡灵，使亡者能够顺利过渡，不至于形成危害，因为师公能处理好这种异常的情况。而正常死亡的则既可以请师公超度，也可以请儒教师傅念经。②

小结

通过对山西闻喜、湖南安化、湖南湘乡、广西全州这几个不同地区、不同民族的地方的丧礼传统与实践的对比，可见一条时空维度的仪式传统与礼俗秩序变迁的脉络，文化的多种元素在时空中舒展开，仪式及其背后的礼俗秩序建构的逻辑也渐渐清晰。湖南湘乡丧礼呈现出的儒、道、民间多元复合的仪式形态，正是中原文化、湘楚文化等多元文化碰撞、平衡的

---

① 访谈 20180428JTT，被访谈人：全州籍大学生 JTT，访谈人：笔者，时间：2018 年 4 月 28 日，访谈媒介：QQ。
② 访谈 20160709JCP 师公班，被访谈人：JCP 师公班，访谈人：笔者，时间：2016 年 7 月 9 日，地点：大西江镇 LT 村丧礼现场。

结果。当代实践中山西闻喜的例子是比较典型的中原丧礼形态的片段遗存；湖南安化呈现出梅山教对当地礼俗的深刻影响；湖南湘乡呈现出多元文化的特色；位于湘桂走廊上的全州则呈现了中原文化、湘楚文化与岭南多元民族文化的交融。

　　"礼"与"俗"在民众生活中长期以来浑然一体地相互影响，制度的规范、复杂的生活、文化传统、民间信仰等有机地交织在一起，共同建构着社会秩序。这种建构方式既有历史传统，也曾断裂，如今之复兴是因为民众生活的需要，且知识传统仍存在。民俗实践的丧礼仪式作为一种地方民众生存方式和生活状态的表现，有着无法割裂的历史脉络，又基于一些生活恒久性的本质问题，因此不可能在短时间内从根本上被取代。

第六章　丧礼知识与礼俗秩序的
现代价值及其转化

　　丧礼知识传统历代以来既作为独立的文献体系存在，同时承载着礼治的理想和民间文化生活的张力。文本的书写与礼仪的实践共同建构着社会的秩序。然而，随着社会的发展，生活的变化，礼俗秩序被改变，传统也面临传承的危机。如何在现代生活中去传承传统，让传统积极参与协调现代生活呢？如何在现代生活中理解传统丧礼知识及其建构的礼俗秩序？本章尝试将文本与生活、传统与现代的讨论放置于历史的视角，从世代生成的时间的角度去看待丧礼，探寻其提供的认同感与归属感；并以丧礼"生死"空间建构为切入点，讨论丧礼所呈现的中国人对生命的理解；从情感与认知的层面探讨传统丧礼中爱与敬的表达，在现代语境中阐释其对焦虑的牵制作用，挖掘其当代意义与价值。

第一节　丧礼："世代生成"式的传统

一　传统：对过去感受力的生成

　　传统是讨论现代化的重要对照维度，也是本书讨论的重要元素，那么丧礼知识传统的生成方式究竟是什么呢？以下以希尔斯的《论传统》为主要讨论框架，思考传统的生成方式，为本部分的讨论提供理论支撑。

　　希尔斯认为在大多数国家中，理性化的努力都加剧了社会混乱。而都市生活方式带来的社会混乱，以及地方性权威的失落，使实质性传统受到损害，它们被削弱，或部分削弱，但又时刻会死灰复燃。而其继续存在是因为大多数人天生就需要它们，否则无法生存。传统不是任意创造的，而是严肃的事物，即使其接受者只是浮泛而随便地遵奉。"任何传统的大多数拥护者都只是些随风而倒的人……对知识传统的依属都有某种时尚因素在里面。"① 然而传统是关于严肃事物的，并不能像时尚那样无规则地变异。于是知识传统表层上的时尚需要，和表层下的稳定、缓慢之间往往会有矛盾，使其在表层的表达中被扭曲和夸大。②

五四新文化运动在中国社会掀起了一场持久的文化革命，中国的"传统"遭受到了极大的冲击，固有的文化秩序和生活方式都发生了极大的改变。而这种文化革命在严格意义上被认为是日常生活的革命，是对日常生活秩序和行为方式的具体否定，以及对其文化传统的总体否定。③ "传统"被置于进步、民主、文明的对立面被批判，却并未因此消亡，中国近二十年以来各种传统文化的复苏就是个很好的例证。其实传统似乎从未在民众日常生活中彻底消失，且一直与日常生活休戚相关。对于中国这样一个有着悠久文明的国家而言，传统始终在历史维度关联着日常生活。

希尔斯认为，只要作为连续发展的认识体系的科学还存在，传统就也将存在，实质性传统永远不会终结。即使是现代反传统的知识传统的兴起，也未能使之消亡。只要人类还有爱的能力和性的欲望；宇宙还有神秘性；只要对众人行动的持久制度还有需求；只要还有权威，传统就不会消失。④ 传统的意义在于，人们的生活"必须具有一段作为整个社会之过去的历史"，尽管社会共享的种种传统的形成、发展会有很多障碍，但不仅社会个体成员需要它，其后代的生活也需要它。社会是一种"跨时间"的现象，它历时地存在，需要一种时间跨度。而若是在历史维度与过去割裂，个人和社会就会在时间维度上失去秩序，出现时间维度的失范（anomie）。⑤ 因此，如今保护、复兴、重建传统成为中华民族的一项重要任务，如何阻止时间维度的失范，弥合鸿沟，成为关注的焦点。

人们总是既需要传统又不断挑战传统，传统既持续又断裂，且与人们所处的社会紧密相关。而"即便是最优良的传统也是不完善的，甚至这些

① 〔美〕爱德华·希尔斯：《论传统》，傅铿、吕乐译，上海人民出版社 2014 年版，第 330 页。

② 〔美〕爱德华·希尔斯：《论传统》，傅铿、吕乐译，上海人民出版社 2014 年版，第 330 页。

③ 高丙中：《中国的非物质文化遗产保护与文化革命的终结》，《开放时代》2013 年第 5 期，第 147 页。

④ 〔美〕爱德华·希尔斯：《论传统》，傅铿、吕乐译，上海人民出版社 2014 年版，第 345—346 页。

⑤ 〔美〕爱德华·希尔斯：《论传统》，傅铿、吕乐译，上海人民出版社 2014 年版，第 351—352 页。

传统也要以牺牲其他有价值的传统为代价"。① 那么当传统断裂后，当社会在历史维度留下鸿沟，如何复兴、重建传统呢？希尔斯认为，实质性传统就值得保存、积极培植和精心保护，因此对传统的维护，既要关注个人意识、日常生活，又要从整体的角度对此有所规划。

培养个人历史意识的心理机能，为传统的延续和重建提供基础。了解历史的愿望源于历史意识，它能通过唤起对历史人物和文物、历史事件和信仰的回忆，历史知识加强了人们的历史意识。通过创造、唤起一种"想象中的过去的依恋"，促使个体与遥远的过去建立联系。这种联系不是要让人们重建过去的生活方式，而是在现代的生活中以历史的关联建构一种历史感。

礼俗传统的传承，既依赖于"制度化"，但更重要的是植根于普通百姓一代又一代在日常生活经历中的"言传身教"。礼仪习俗得以传承不替，其更本质的根源来自普通百姓的日常生活，来自相对"非制度化"的家庭与社区内部的"耳闻目染"。生命历程的不同阶段举行的仪式，传达了不同的时间、社会讯息，社会角色发生不同的转变。从传统到当代，人生礼仪的很多元素都发生了改变，但本质性的、内核性的关于对个体生命的重视、社会责任的强调等皆一以贯之。随着现代化进程的深入，我们越来越发现，很多社会现象都要从社会的日常生活中去寻找原因。理解了自己的共同体的生活世界，才有望理解自我，达到文化自觉。现代化的设计应该与中国人的生活紧密相关。日常实践的领域是蕴含着共同体的普通人的本源性文化价值的基本领域。礼俗生活连接着个体生活与社会生活，现实体验与文化观念，个体记忆与社会情感、价值，是私人领域和公共领域的中介。家族观念与社会观念通过人生礼仪传递给个体，成为一种价值观，并不断传承。

正如希尔斯所说，传统从来就没有处在通衢大道上，如果它没有遇到艰难曲折，也就不会经历如此巨大的发展。传统经历的发展和变迁，就是它不断被丰富，不断被削弱的过程。② 而无论如何我们一直处在"过去的掌心中"，坦荡、谨慎地面对传统的稳定与变迁，就是对我们过去、现在和未来最负责任的态度。

---

① 〔美〕爱德华·希尔斯：《论传统》，傅铿、吕乐译，上海人民出版社 2014 年版，第348 页。

② 〔美〕爱德华·希尔斯：《论传统》，傅铿、吕乐译，上海人民出版社 2014 年版，第345 页。

二　"世代生成"式认同感与归属感的建构

生命的有限是人类最根本的一个困境和价值所在，在漫长的时间中人们一直在寻求解释生命的方式。如何看待死亡，是我们理解生命的非常重要的方式，也决定着人们如何看待、安放生命，如何建构认同感、归属感等问题。随着时代的发展，人类寿命的延长、风险社会的到来，20 世纪六七十年代，死亡教育成为欧美、日本现代教育学关注的对象。① 死亡教育并不仅是濒临死亡的教育，而是一种生活的知识和情感的教育，可以是学校的正式教育，也包括生活中潜移默化，长期积累的对生死的理解。中国现代化转型时代到来，现代性诸多现象，人口老龄化、生育意愿的减弱，推动我们关注生命的起承转合。中国传统文化长久以来被人们认为是忌讳谈论死亡的。然而，传统仪式和节日却是非常关注死亡的，人们从参加仪式和过节中得以感受、理解死亡，潜移默化地参悟生命的意义。教化功能被认为是民俗非常重要的社会功能之一，其在人类个体的社会化过程中对其起着教育和模塑的作用。"人一出生，就进入了民俗的规范……人生活在民俗中，就像鱼生活在水中一样，须臾不可离开。"② 因此，当代中国的"生命教育"不能绕开民众长期以来日常生活中的死亡教育的形式与内容。传统丧祭仪式、祭祖的节日都积累了丰富的"生命教育"资源，当代社会大可充分利用这些资源，结合现代生活的元素实现死亡教育。为了更好地阐明这些传统仪式与节日对于"生命教育"的价值，在此借用现象学，特别是黑尔德"世代生成的时间"加以讨论。

生死是一个与时间和存在有着密切关系的话题。海德格尔认为，"缘在"（Dasein）是一种既有生有死，又对自身死亡界限有着清晰认知的存在形式。认为死亡是"缘在"的最深层次的可能性，使得"真实的生命"成为一种选择。对这种有限的认知使得人类能认识到他们"作为面向死亡的存在（beings-unto-death）的时间本质"。③ "在克尔凯郭尔看来，'主体

---

① 对于"生命教育"学者们有不同的定义。Wass 等 1980 年界定为：以教导死亡这个课题为主题的正式教学或教学团体，也包括广义的非正式的、偶发的、自然的、定期和不定期的，和非直接的与死亡相关的教学。中国台湾黄天中认为，死亡教育是要教育人们明白和接纳死亡，具备处理死亡带来种种问题的知识和能力。中国台湾教育界在20 世纪末将死亡教育引入，称为"生命教育"（见彭兰闵《从"念佛救度"和"中阴得度"看佛教死亡教育》，《法音》2009 年第 8 期，第 5—6 页）。

② 钟敬文主编：《民俗学概论》，上海文艺出版社 1998 年版，第 28 页。

③ Martin Heidegger, *Being and Time*, Oxford：Blackwell, 1962, pp. 143 – 145.

性死亡'则是一种'绝对的不确定',即对某物我们完全无法从本质上加以理解。而人类所面临的存在性问题便是如何接近主体性死亡。……如果我们无法理解'主体性死亡',那么死亡就仅仅是从本质存在向非本质存在的过渡。"①

黑尔德指出,现象学的早期代表,胡塞尔、海德格尔都曾着力研究人们是如何原始地经验时间。黑尔德沿此理路试图提出一种可以由其而注意到"时间"存在的,并促成"时间"概念构成的原始的时间经验。② 人生经受的日复一日的变化,在黑尔德看来就是关于时间的原始经验,因而注意到日常性是生活的形式,于是便得知有时间的存在。然而,黑尔德又指出,日常生活是个体面对生命保存的必然方式,而这种必然性又必须保存于"种类"(genera)之中。于是,代际必须周期性地更新,实现"世代再生"(re-generieren)。因此,生命状态的两种形式即"日常性"与"世代生成性"(Generativität)。通过这两种形式,生命力不断消耗又不断周期性再生,以实现对生命的保存。③ 黑尔德还提出了"度日"的时间经验来与之对照。"度日的时间经验使人首先注意到时间,但同时,这种经验也使人受日子所束缚,从而无法看到包括个人生命的整体,也包括众多个人生命的相继序列的整体的时间。只有当人把自己的生存和他人的生存置于当时那个世代之中时,人生的整体性才能被注意到从而被"叙述"④。

黑尔德认为海德格尔《存在与时间》中,死亡意味着一种随时存在的可能性,虽然也谈到从生到死的生命整体,但未探究这种整体性的具体展开方式。黑尔德认为正是世代生成的生命通过过渡性的"死亡"将代际关联。不仅是认识到死亡的自然必然性,而是对世代生成性的死亡的肯定,一种发自整个心情的肯定;不仅是思想性的,而是情绪和感情的驱动,包含着对我们这一代人的死亡以及我们自己的死亡的统一,是本真状态的具体形态,是对日常状态的超越。⑤

---

① 〔英〕安东尼·吉登斯:《现代性与自我认同:晚期现代中的自我与社会》,中国人民大学出版社 2016 年版,第 46 页。

② 〔德〕克劳斯·黑尔德:《世界现象学》,倪梁康等译,生活·读书·新知三联书店 2003年版,第 242 页。

③ 〔德〕克劳斯·黑尔德:《世界现象学》,倪梁康等译,生活·读书·新知三联书店 2003年版,第 242—244 页。

④ 〔德〕克劳斯·黑尔德:《世界现象学》,倪梁康等译,生活·读书·新知三联书店 2003年版,第 245 页。

⑤ 〔德〕克劳斯·黑尔德:《世界现象学》,倪梁康等译,生活·读书·新知三联书店 2003年版,第 258—261 页。

虽然有学者指出黑尔德"世代生成的时间经验","似乎忽视了世代生成的时间经验本身受制于不同文化和不同世代中对时间之世代性的叙述"。[1] 但也有学者认为黑尔德的论断为中国传统文化的世代生成提供了坚实的基础,"时"成为无所谓过去与现在的区分的、前后相续的有机整体。成为中国式的"时机",由此生命能实现"死而不亡""死而不朽"的生死衔接,从而超越永恒,"正是基于这种对生命及其过程的独特体验,才使中国古人有所谓'以似以续'、所谓'慎终追远'之说,不是把个体的苟活持存而是生者与死者的对话以及种族的绵延视为生命的首要宗旨"。[2]

传统丧礼面对死亡,解决死亡带来的危机,然后将死亡转化,生命的曾经存在和"以似以续"的怀念也在不断被叙述。通过仪式实践,民众一次次耳濡目染什么是死亡,进而理解生命的意义与形态。由此,在"度日"之外产生一种"世代生成"式的对生命的理解。

三 丧礼展演的"生命"及其意义

(一)展演的时序、设置、角色与舞台

丧葬仪式是"人生礼仪"的终曲,顺应人类的生理逻辑。然而却远非人生的终结,"慎终"的是此生的生命,而开启的是漫长时间里的"追远"。因此,丧葬仪式是要通过哀思的合适表述,实现人生的过渡,由普通生命通往永恒的中转。每个人的丧礼只有一场,然而死亡是从出生开始的注定。这也是现象学所关注的,存在的形式从一定意义上就是通过"生死"展开的。

死亡如果得到正常的转化,亡者将跻身于祖先的行列,获得祭祀的资格。"死"了以后成为祖先,受到后人供奉,香火袅袅不仅意味着生者的兴旺,也表述着亡者的荣德。仪式展演着有生而死之后的去往,并将最广泛的世代关联在同一个主题之中。

仪式过程和内容都是经过长期的传承发展而来的,有非常丰富的内涵与价值。丧葬仪式从初终、小殓、大殓、出殡、下葬,有一套非常精致的仪式安排,虽然历经世代变化,各地风俗相异,但基本的仪式环节一样。确认死亡、面对死亡、处理死亡、告别死亡、转化死亡,丧礼有一套非常符合生命逻辑、情感表达、社会结构的内容设置。

---

① 柯小刚:《黑尔德"世代生成的时间经验"与儒家"慎终追远"的祭礼空间——对中国伦理"井源"的一个政治现象学—解释学探入》,载倪梁康等编著《中国现象学与哲学评论·第7辑·现象学与伦理》,上海译文出版社2005年版,第211页。

② 张再林:《中国古代宗教观的身体性》,《人文杂志》2006年第6期,第34页。

丧礼上对亡者的祭祀不能称为"祭"而只能称"奠",因为未下葬,未经历一段充足的哀悼的时间,亡者还未能称为祖先,不能接受祭礼。二次葬习俗的地区认为一次葬在肉坟中的亡者还处在过渡之中,不能和祖先一起接受祭祀,只能二次葬以后才能与祖先归于一类。

仪式作为一种"文本"需要并置于"具体的语境"中,并配合具体化的角色、舞台、布景才能得以实现和被理解,甚至在对仪式没有整体认识的时候,民众更多的是通过这些了解仪式内涵的。仪式"生命教育"的展演又是借助哪些具体的语境呢?

丧祭仪式以血缘关系为基本纽带,从家人、族人、族群向外辐射。传统丧葬仪式主要在家中举行,整个社区也有参与,布景、道具主要包括香烛、纸钱。角色、舞蹈、道具,仪式为我们展演,生死空间的"彼""此",表述亡者的离开,祖先的生成、达成生死沟通与供奉,实现"生命教育"。民众在这种沟通中,期望一种与更辽阔时空的关联,在世代生成的时间观念中,确认自己的可能与局限,并通过代际传承的实现寻求自己与祖先的价值。

(二)记忆与认同

西方社会记忆研究可分为三个阶段,而当代中国的记忆研究归纳为:国家权力视角、社会群体视角、历史变迁视角,进而提炼出国家在场、底层立场和制度变迁三个中国记忆研究特点。[1] "记忆与认同总是密不可分。共享的记忆或纪念仪式所营造的时间和空间上的归属感成为群体和国家认同的基石。"[2]

传统仪式"生命教育"在个人、家庭、家族、宗族、族群的不同层面,非常有效地完成了记忆与认同,通过仪式和节日的关联,"我"与代际、群体形成纵横交错的广泛联系,个人的一生、一代人的一生、几代人的一生被层层叠叠于仪式和节日的实践中,记忆成为他们所共有的。

在丧葬仪式中,"祭文"是实现记忆的非常重要的手段,特别是在家奠仪式中,礼生要撰写千字祭文,述说亡者生平,并在仪式中通过"喊礼"念诵出来。在场的儿女、子孙跪拜聆听。有很多后人,特别是孙辈常常会感慨,原来根本就不知道自己的长辈一生经历了这么多。虽然有些遗憾,但无论如何这是一个人被完整表述的极好方式,其人生也许会成为世

---

① 钱力成、张翮翾:《社会记忆研究:西方脉络、中国图景与方法实践》,《社会学研究》2015 年第 6 期,第 216、223 页。

② 钱力成、张翮翾:《社会记忆研究:西方脉络、中国图景与方法实践》,《社会学研究》2015 年第 6 期,第 221 页。

代相传的记忆。①

"亡者"到"祖先"，通过丧祭仪式形成巧妙的转化，而"祖先"正是联结共同记忆的关键，通过不断地叙述"祖先"，让家族、族群、民族拥有一个世代生成的记忆与认同，年复一年我们能够不断地确认自我的来源、价值与责任。

（三）"世代生成"的生命教育

丧礼的"生命教育"，并不是仅仅停留于认识死亡，感念先祖，而更是要向另一个方向延伸对生命的理解，在世代生成的时间中不断确认"死亡"的事实及生命的有限，并在当下生命历程的远处理解生命的意义。

死亡为人的生命设定了期限，反而给了人超越有限性的可能，谋求在生命之中建立死亡不能消解的意义。因此在仪式和节日中，参与者被不断展演的死亡提醒生命的短暂和珍惜生命的重要性。从亡者的寿终、人生经历中，他人可以看到浓缩的人生，生命似乎就在仪式的展演中划过。"死亡既是人生价值的终结，同时更是对生命意义的原点和复归。因此，对死亡的超越就成为人生的根本目的。"② 而在死亡之后，"祖荫"成为一种重大的责任，个体生命与整个家族、宗族、族群的生命相关联，个人生命的意义被置于长时段的意义之网中。

"不忍之心"则是丧礼仪式的根本意义，寄托情感，表达哀思。一系列的丧服制度与丧祭仪式过程也以此为起点，死亡的仪式成为亡者身份的过渡。丧礼充分地表达哀痛，使因死亡导致的危机顺利过渡，同时在仪式中通过严格的亲疏尊卑区隔，借仪式以巩固社会结构、家族秩序。《论语》曾子所言之"慎终追远，民德归厚"被认为是儒家对待丧祭的基本态度。"慎终"在于尽哀，"追远"意在怀念。《礼记·问丧》："尽哀而止矣。心怅焉怆焉，心绝志悲而已矣。祭之宗庙，以鬼享之，侥幸复反也。"③ 稳健内敛的儒家如此克制地通过仪式表达，在民间文化中，因各种文化传统的承继，吸纳多种元素，仪式中表现出各种各样的形态，比如丧礼中的超度、哭丧、夜歌子、二次葬，但核心内涵都是表达对亡者、祖先，乃至整个族群的爱与敬。

故去的和活着的是一体两面，丧礼通过对祖先的情感表述来确认对当

---

① 根据田野调查资料，2012 年 8 月、2013 年 3—5 月在湖南湘乡丧葬仪式现场的家奠祭文。

② 王世巍：《生死有命与向死而生——论孔子的生死观》，《孔子研究》2016 年第 5 期，第 35 页。

③ （清）孙希旦撰，沈啸寰、王星贤点校：《礼记集解》，中华书局 1989 年版，第 1350—1351 页。

下生命的情感。这种爱与敬是善意与敬畏的不分离，"人类在其早期生活中所习得的日常惯例以及熟稔掌握这些惯例的形式，不仅仅是人们针对给定的他人与客观世界的调适模式，而且是在情感上对'外在世界'这一现实的接受。如果没有这种接受，人类便不可能有安全的生存环境。同时，这种接受是通过对非我的认识所形成的自我认同的根源"。① 因此，在广泛的时空中表达情感，其实是对自己生活的确证，对祖先的爱与敬其实是对自己的爱与敬的另一种表述，拉长时段、超越空间的情感让生活更平顺地进行下去。②

第二节 "生死"空间的建构及其意义

一 空间：丧礼意义建构的要素

仪式的研究常常借用范·热内普的"过渡仪式"（rites de passage）③来阐释，是行之有效而广泛采用的研究范式，通过"阈限"（liminal phase）来理解随着仪式的实践而实现"状态"的转化，特纳进一步通过结构—反结构—结构的模式来阐释了这种过渡。"阈限"是一种象征手段，不清晰，不明确，多种多样的混合体。④ 如何厘清仪式实践的混合体，更好地阐释礼俗呢？礼俗的实践与传承在一定意义上基于人们对"空间"的理解，"空间"由复杂的文化传统、文献书写、社会变迁共同动态地建构，并体现在仪式实践中。因此，在长时段中关注礼仪空间的文献书写、实践表述是探讨礼仪传承发展内在原因的重要切入点。礼仪中的空间问题研究由来已久，有学者从礼学的角度切入讨论中国文化的左右之辨。⑤ 有学者

---

① 〔英〕安东尼·吉登斯：《现代性与自我认同：晚期现代中的自我与社会》，中国人民大学出版社 2016 年版，第 39—40 页。

② 吉登斯所言跟马尔克斯在《霍乱时期的爱情》中所言："他还太年轻，尚不知道回忆总是抹去坏的，夸大好的，而也正是由于这种玄妙，我们才得以承担过去的重负"，两种说法有异曲同工之处。

③ 根据范·热内普的定义："伴随着每一次地点、状况、社会地位，以及年龄的改变而举行的仪式。"

④ 〔英〕维克多·特纳：《仪式过程：结构与反结构》，黄剑波、柳博赟译，中国人民大学出版社 2006 年版，第 95 页。

⑤ 彭美玲：《古代礼俗左右之辨研究：以三礼为中心》，"国立"台湾大学出版委员会，1997年版。

在研究中国古代空间文化时专门对礼仪空间展开讨论。① 还有从不同视角对礼仪空间与礼制呈现的研究，② 以及针对区域仪式文化与空间讨论的研究。丧礼作为中国礼仪体系中非常重要的一部分，体现着民众长期以来的思维方式、社会建构、象征逻辑等。有学者认为丧礼的书写实现着早期经典礼仪文献所要体现的内在逻辑，并在一定程度上持续关注于此，基于此，详细地分析了先秦文献礼仪书写中的非显性的仪式行为及其内涵，力图找出推动礼仪实践的内在原因。③ 中国丧葬礼俗实践很难以特纳的"生命危机仪式""地位提升仪式"统一阐释，丧葬礼俗秩序的空间建构以及仪式展演对于仪式研究有着重要的价值和意义。在此，尝试借用空间研究理论成果作为支撑，以丧礼仪式为视角，从生死"空间"的表述与建构对礼俗实践的形态与逻辑展开讨论。

　　空间和时间标示自然、宇宙的存在，且是人类社会得以存在的根本形式，因此也是理解社会的重要视角。20 世纪中后期以来，在列斐伏尔、福柯、吉登斯、哈维、索佳、卡斯特、布迪厄等社会理论家的共同推动，逐步实现空间问题的转向，"空间转向将空间概念社会本体论化，它具有借鉴并超越传统的客观环境论和主观空间论，以及反客观主义、反普遍主义和反历史主义的主导特征"。④ 前空间转向的社会学理论包括马克思理论中隐含的空间维度的讨论；涂尔干社会决定论出发的空间理论；齐美尔对心灵划界的空间化的关注；戈夫曼"戏剧化"理论的空间视角等，此阶段的空间研究虽然切入点各有不同，但是都将空间视为客观的物理环境。而现象学提出了不同的空间思考，海德格尔看来："空间受限并不是一个物理的环境，它是以人类主体的存在为中心来加以组建的人与事物之间的前理论的关系状态。"⑤ 而梅洛-庞蒂的空间现象学更清晰地强调："我不在空间和时间里，我也不思考空间和时间；我属于它们，我的身体与它们相结合，并且包含着它们。"⑥ 在梅洛-庞蒂认为："身体的空间性正是身体在世界之中存在的展开方式，由此身体才成其为一个身体。"⑦ 巴什拉则尝试

① 张杰：《中国古代空间文化溯源（修订版）》，清华大学出版社 2016 年版。
② 余欣主编：《中古时代的礼仪、宗教与制度》，上海古籍出版社 2012 年版。
③ Albert Galvany，"Death and Ritual Wailing in Early China：Around the Funeral of Lao Dan"，*Asia Major*，THIRD SERIES，Vol. 25，No. 2（2012），p. 16
④ 郑震：《空间：一个社会学的概念》，《社会学研究》2010 年第 5 期，第 173 页。
⑤ 郑震：《空间：一个社会学的概念》，《社会学研究》2010 年第 5 期，第 173 页。
⑥ Merleau-Ponty，M.，*Phenomenology of Perception*. Trans. by Colin Smith，London &New York：Routledge，2002，p. 162.
⑦ 郑震：《空间：一个社会学的概念》，《社会学研究》2010 年第 5 期，第 175 页。

以诗歌中的空间形象来研究空间，侧重心理因素占主导地位的内心领域空间研究，通过研究空间语言编码创造有关空间的话语。

而 20 世纪 70 年代后的空间转向研究则对此前的空间研究进行了反思和批判。列斐伏尔力图构建空间本体论的社会理论框架，他反对时间和空间分离，并赋予时间和空间不同的社会历史地位。[①] 福柯则认为"空间是权力的战略不可或缺的重要工具，权力只有在空间中才能够作为权力来发挥作用"。[②] 20 世纪后期空间研究是从相对空间、绝对空间走向身体空间；从经验空间、先验空间走向亲历空间；从客观空间、主观空间走向关系空间。而从空间的思想谱系看，是社会关系的重组与再生产的过程；是具有生成性的、社会秩序实践性的构建过程；是有行动能力的活的实践空间。而社会空间的理想图景主要体现为实践空间。[③]

在此讨论的"生死"空间是指基于认知和文化传承而构建和累积的人们对生命的理解，所形成的对生命边界的态度，对亡者身份的界定方式以及对各种关系走向的定夺。而由此对"生死"空间的理解和认知在仪式活动中通过布景和仪式展演被表述出来。对"生死"空间的认知是仪式实践的基础，而仪式活动的"空间"表述又不断地强化着这种认知。丧礼仪式的生死"空间"既是物理意义上的，也是观念意义上的，两者互相对应；而不同文化传统对丧礼仪式的空间建构和仪式展演产生着不同的影响，儒释道以及各种民间知识体系都参与其中，并在仪式中不断强调、表述这种空间观念。丧礼仪式的生死"空间"经历了历史的积累，又有明显的地区、民族差异，充分地体现了民众的生死观念与社会结构的变迁。在生死观念的广泛意义上构建区隔于现实生活的空间，并在具体的仪式实践中通过行动得以表述。丧礼借由宏观仪式空间的建构和具体仪式行动身体的、亲历性的、关系性的表述得以达成其功能与价值，也正符合空间研究的转向趋势，由此阐释尝试以丧礼仪式为视角回应空间研究的开放性实践。因此，对丧礼生死"空间"建构及其仪式展演的阐释，有利于更好地理解丧礼，也有利于深入理解"空间"这一概念体系，并以此为切入点，探讨丧礼传统与现代生活的深度关联。

---

① Lefebvre, H., *Critique of Everyday Life*（vol. 3）: *From Modernity to Modernism*（*Towards a Metaphilosophy of Daily Life*）, Trans. by Gregory Elliott, London and New York: Verso, 2005, p. 71.

② 郑震：《空间：一个社会学的概念》，《社会学研究》2010 年第 5 期，第 184 页。

③ 文军、黄锐：《"空间"的思想谱系与理想图景：一种开放性实践空间的建构》，《社会学研究》2012 年第 2 期，第 51—56 页。

二　对立与关联：丧礼"空间"建构的逻辑与实践

死亡之所以成为社会生活的重要环节，不仅因为肌体生理的消亡，更重要的是生命的终结所带来的社会关系、情感连接的中止、修复与再造。对于中国人而言，死亡不是关系的终结而是转换，生命的希望通过死亡仪式转化成另一种形式的存在。于是，在丧礼中亡者即将去往的空间被建构出来。有所去有所从，生命终结而其意义依然留在被建构的关联中，维系、规范着各种社会关系。然而出于各自的立意与目的，儒、释、道、多民族传统、民间文化都依据自己的知识系统对死亡的所去有所建构，但无论路径如何，基本的"此"与"彼"空间设计逻辑是一样的。

根据《仪礼》郑注曰："天子以下死而相丧，衣服、年月、亲疏、隆杀之礼。不忍言死而言丧，丧者，弃亡之辞，若全存居于彼焉，已亡之耳。"① 可见，儒家礼仪谈论死亡之时也论及死后的去所，"居于彼"，彼相对于此，两者皆是空间概念，因此死亡不过是弃此达彼的过程。又根据"贾疏《曲礼》云：'天子曰崩，诸侯曰薨，大夫曰卒，士曰不禄，庶人曰死'，《尔雅》曰'崩、薨、卒，不禄'皆训'死也'，是士以上为义称，庶人言死，得其摠名，而郑注《曲礼》云：'死之言澌，精神澌尽'，又案《檀弓》孔子云'丧欲速贫'，《春秋左氏传》鲁昭公出居乾侯，齐侯唁公于野井，公曰：'丧人其何称？'是弃亡之辞，弃于此，存于彼，是孝子不忍言父母精神尽澌，虽弃于此，犹存于彼。以此郑义言之，其丧之去声读之。人或以平声读之者，岁不与同，义亦通也。死者既丧，生人制服……"② 由此可知，儒家建构的由生到死的"彼此"起点虽然并不涉及赎罪、轮回等超验元素，但不舍亲人离开的情感却是一致的。《礼记·檀弓上》郑注云："死之言澌也。事卒为终，消尽为澌。"③ 死亡表示与生者所处空间的分离，"身形澌灭"不可避免，而"不忍之心"则是建构亡者所往空间的起点，于是有了"彼"的空间，以寄托情感，表达哀思。一系列的丧服制度与丧祭仪式过程也以此为起点，死亡的仪式成为亡者身份的过渡，"祖先"处于一个能够让怀念、寄托、祝福得以满足的不言自明的空间。丧礼的意义在于，对亡者的逝去充分地表达哀痛，使因死亡导致的

---

① （汉）郑玄注，（唐）贾公彦疏：《仪礼注疏·丧服第十一》，上海古籍出版社2008年版，第859页。

② （汉）郑玄注，（唐）贾公彦疏：《仪礼注疏·丧服第十一》，上海古籍出版社2008年版，第860—861页。

③ （清）孙希旦：《礼记集解·檀弓上第三之一》，中华书局1989年版，第187页。

危机顺利过渡，同时在仪式中通过严格的亲疏尊卑区隔，借仪式以巩固社会结构、家族秩序。因此丧服以五服为基本等级，以人伦社会中最根本的亲亲、尊尊关系为基本原则，配合名分、长幼与从属等关系的转换，将人与人之间各种亲疏远近、情谊厚薄的相对关系涵盖其中。一般情况下，亡者也借由仪式的转换作用晋升祖先的行列，生者也逐渐接受亡者由"此"离开，并相信有某个"彼"的空间得以安放，安放亡者的身份与生者的哀思。

《论语》中记载曾子所说"慎终追远，民德归厚"被认为是儒家对待丧祭的基本态度。钱穆评注："明知其人已死，而不忍以死人待之，此即孟子所谓不忍之心。于死者尚所不忍，其于生人可知。故儒者就理智言，虽不肯定人死有鬼，而从人类心情深处立教，则慎终追远，确有其不可已。"① 儒家丧礼空间建构的前提乃着力于"情感"，以此为基点达成秩序的建构。初衷是要让猝不及防的亲人离世所带来的忧伤、痛苦、失落得以妥当的安放。"慎终追远"是对亡者一生的真切哀思与深情追忆，也是对"孝"的深化，稳固一种由家及国的道德基础。以礼导民，通过制礼"抚世道而厚人心"。所谓慎于终，是要"毁瘠不形，视听不衰，哀容称其服，颜色称其情"。② 并且在丧礼进程中不断演进慎终的节奏："始死，充充如有穷；既殡，瞿瞿如有求而弗得；既葬，皇皇如有望而弗至。"③ 据郑注，在丧礼过程中"仁者可以观其爱焉，知者可以观其理焉；强者可以观其志焉"。④ 而追远则"虑事必豫"，要考虑周全"齐齐乎其敬业，愉愉乎其忠也，勿勿诸其欲其飨之也"。⑤ 通过慎终追远的践行来达到忠信孝悌的永固。而"慎终追远"之所以能够达成，其起点是为亡者所离与所往的空间进行仪式性分离。

"此"与"彼"的生死空间划分是丧礼空间建构的基本起点，并随着时间的推移不断丰厚、具体，使得其后中国丧祭仪式空间从抽象到具体，从亲疏划分到性别区隔，从内到外，皆呈现出非常复杂的关系与状态。"礼制的高度继承性的发展，进一步使古代中国空间与器物文化在跨越几千年的时空尺度上显示出惊人的体系性。"⑥ 而宋代朱熹对《仪礼》的化

---

① 钱穆：《论语新解》，巴蜀书社 1985 年版，第 12 页。
② （清）孙希旦：《礼记集解·曲礼上》，中华书局 1989 年版，第 75 页。
③ （清）孙希旦：《礼记集解·檀弓上》，中华书局 1989 年版，第 187 页。
④ （清）孙希旦：《礼记集解·丧服》，中华书局 1989 年版，第 1210 页。
⑤ （清）孙希旦：《礼记集解·祭义》，中华书局 1989 年版，第 1469 页。
⑥ 张杰：《中国古代空间文化溯源（修订版）》，清华大学出版社 2012 年版，第 128 页。

繁为简，更是在家族空间之外专门设立了可供丧祭的祠堂，为"此""彼"空间之间的沟通提供专属的场所。

儒家丧葬礼仪如此，佛、道和其他民间信仰对死后的空间建构则更加形象，并对其有非常详细的描述，彼岸、极乐、西天、黄泉、地狱，各种相应的设置、角色，共同构成完整的系统。神话中大幽之国、幽都山被认为是亡者所往之地，汉代认为人死后归于泰山下的蒿里。道教的死亡观念基本来自中国古代思想世界，又受求仙观念影响。道教兴起后以北阴鬼狱取代了蒿里。《无上秘要》就已经对丰都山的可怕有所描述，虽然此时"阴间"设置还是简单，但已建构了人们对死后堕入地狱的恐惧。《太平经》中说生死是基本法则，而要避免死后的痛苦，则需要修道成仙长生不死。佛教讲究人生的因果轮回，《心地观经》所言："有情轮回六道生，犹如车轮无始终"，于是六道成为佛教中生死转换的去处。学者指出唐代中国丧葬活动中，死者的状况，起先只有模糊的概括，而后来经由故事、经文、节日的嵌入，加入了有震慑性的细节的解释。① 而《目连救母变文》为社会各群体建构了一套强调冥间审判与折磨的宇宙观，并依照社会结构为这个世界设立了复杂的官僚机构。这种阴阳两隔的空间观念在丧葬礼仪中有着深远的影响。② 然而，据记载，苏轼病重弥留之际，"殆将属纩，闻惟琳叩耳大声曰：'端明宜勿忘西方。'先生曰：'西方不无，但个里著力不得。'"③ 惟琳法师在苏轼病重期间相伴左右，并用偈语对答，而此时他以佛教之"西方"为苏轼往生之所去。苏轼平生学佛，但在此与彼的生死空间的根本问题上，仍以儒家学说为本源，即使认为有"西方"，其也不是一个与此生彻底分离的空间，认为所谓的彼岸式的自在与快乐应该是与此生的生活一体的。可见，儒家之所以在生死空间上以此彼为界限，而不再往前，正是因为力求把握真实生活的存在，以此为基础，追求积极入世的人生价值。

佛教的传入促使道教的死亡观念有所改变。于是道教也谈及"轮回""报应"等，《道藏·洞玄部本文类洞玄灵宝诸天世界造化经》的《天尊说经开叙品第一》就仿照佛教列出了死后的"五道"，丧礼中道教对空间具体建构也非常丰富，比如，坛场联语中所云："九天仙乐，迎归妙有之

---

① 〔美〕太史文：《中国中世纪的鬼节》，侯旭东译，上海人民出版社 2016 年版，第 179 页。

② 〔美〕太史文：《中国中世纪的鬼节》，侯旭东译，上海人民出版社 2016 年版，第 153—154 页。

③ （宋）苏轼著，李之亮笺注：《苏轼文集编年笺注·诗词附·七》，巴蜀书社 2011 年版，第 21 页。

堂；五色彩云，捧诣太虚之馆。证玄之又玄之道，与道合真；登上极无极之天，后天不老。闻经悟法，消除累劫之愆；削死上生，超度九霄之境。"① 神仙何来，亡者何往，皆有明确的空间。在当代民间道士主持的丧葬礼仪的表述中，依然有一个非常清晰的生死转换的空间观念。如度桥仪式的榜文中说："闻经听忏登上品，据此早登大乐天。""亡者经过，稳步从容。高超三界，魂渡朱陵。济度坛开架法桥，天涯咫尺路非遥……永别尘凡上九霄……据此早生极乐天。"②《开辟玄科》云："奉送五方隅道神，威风凛凛镇乾坤，祥光直射辉地府，滞魄沉沦脱苦海，奉送五方五圣真，风云庆会返道宫，是时恭凭三宝力，开烁关防悉遍通，诚法众等高举玉音五方旋绕，吾今开辟到东南西北（方）中央，青赤白黑黄帝将军降坛场骑青赤白黑黄。"③ 而朝参十殿仪节更是非常清晰地展现了十殿地狱空间，掌管者以及具体管理的内容。

不同的民族在丧葬礼仪的空间建构中也有自己的特色，但都是依照各自的文化传统、族群认同、社会结构进行分类的结果。侗族对族人长者逝世时举行丧礼念诵的悼念词，就有祝愿死者在"天堂"得到幸福的内容。④侗族还有用黑色糯米饭祭祀牛神，用黄色糯米饭供奉祖先，而白色的糯米饭祭鬼魂的习俗。通过这三种色彩的糯米饭祭祀不同的鬼神来区分空间。壮族二次葬体现了壮族民众的生死观念，至今仍有很深的影响。第一次下葬的坟被称作"肉坟"，表示亡者还"睡"着，灵魂还没有到"天堂"，是"新鬼"，所以要为其在堂屋中另外设立灵位，不能与祖先们共香炉。二次葬"净化"以后，灵魂才能顺利到达天堂，成为祖先，享用祭祀。纳西族东巴在给死者送葬的仪式中，送凡人逝者的经书是普通的《送葬经》，给东巴送葬用的经书是专门的东巴《送葬经》，而凡人的灵魂被送上了欢乐祥和的天堂，东巴的灵魂则被送往了传说中东巴教的始祖东巴沙拉（又译东巴什罗）在天堂建造的三十三层浮屠和众活佛、菩萨居住的仙境。⑤

总之，无论是此与彼，还是西天、极乐、洞、仙境、天堂，儒家出于

---

① 《藏外道书·第16册》，巴蜀书社1996年版，第591—594页。

② 资料20120813—15湘乡东郊乡DQ村丧礼照片，照片说明：沐浴榜；时间：2012年8月14日。资料20120813—15湘乡东郊乡DQ村丧礼照片，照片说明：渡桥榜；时间：2012年8月14日。

③ 资料20130327—29湘乡BX村丧礼照片，照片说明：龙泉观开辟玄科；拍摄时间：2013年3月27日。

④ 何立荣、覃晚萍：《西部民族地区农村法治与和谐社会的构建：以法人类学为视角》，中国法制出版社2015年版，第24页。

⑤ 《中国社会语言学》编委会编：《中国社会语言学》，商务印书馆2015年版，第72页。

寄托情感、表达哀思的"不忍"，佛道观念渗入后与复杂立体的信仰体系相协调的死后空间，或者民间信仰、民族文化对此更具体、细腻、多元的建构，基于生死二元对立而建构的空间区隔与沟通，是丧礼得以成立的基础，也使其仪式的进程、观念、变迁具有根本性的意义。无论是抽象的"彼岸"，还是具体而不断拓展的死后世界，其存在都是中国丧礼复杂而多元，延绵而丰厚的根本原因。而除了这种二元对立的空间建构，丧礼中还有其他的衍生的空间分类，以对应社会结构，比如亲疏空间和性别空间等。空间建构在仪式实践中通过各种行动表述，以下通过仪式空间的沟通媒介、动作和表演来展开讨论。

三　丧礼"空间"的仪式展演

生死"空间"在丧礼中有一定的明确的物质表述，比如，灵堂、灵案、食案、坛场、土地庙、桥等，但这些空间设置是为了通过仪式实践展演"生死"空间，以形象地呈现使得民众从中理解"空间"的存在及其意义。《仪礼》到《家礼》的丧礼记述都以"慎终追远"为基调，以"孝"为基础的道德追求，实现社会秩序的维护。以仪式践行"爱敬之实"。而佛道、民间丧葬仪式中可借用的沟通方式、沟通行为则更加丰富，且呈现出更加多样的民族性、地域性。无论是基于何种学说、思维模式，都是通过虔诚、慎重地对待丧事，追祭祖先，来实现情绪的安抚和民心的敦厚。通过对丧礼各个仪节的身体力行，让参与者体悟"爱"和"敬"。表述丧礼空间的行动本质是一种沟通，并且在仪式中是基于"身体"实现"生死"空间的表达。

丧礼仪式的达成，有赖于一系列"物"的沟通，通过与日常不同的沟通方式的达成，建构出丧礼的"空间"。祭品，是丧礼中最常见的一种沟通媒介。祭品在很多仪式中都会用到，但是丧礼的祭品有所不同，因为其标注的是一种生者与新亡者的关系，使用"奠"有一种鲜明的"过渡"性质，是对亡者灵魂的祭奠，"以生者饰死者也，大象其生以送其死"①，是要送亡者去往"彼"，实现终结与转换。而当亡者已经顺利进阶为"祖先"时，就是以祭礼与之沟通了。如孙希旦云："盖葬前殡宫有朝夕奠，犹用生死之礼，至反哭以虞易奠，然后以鬼神之道享之也。"②"以鬼神之道"就已经表明了"空间"的转化，祭文的吟诵伴随着仪式的动作，"尚

---

① 张觉撰：《荀子译注》，上海古籍出版社1995年版，第416页。
② （清）孙希旦撰，沈啸寰、王星贤点校：《礼记集解》，中华书局1989年版，第1351页。

飨""来格来歆"请亡者享用祭祀时即已经表明亡者已经离去。但丧礼中的"奠"与祭的"祭"的区别就在于，此时亡者还在身份转换之中，依然在路上。所以此时亡者受享也按照日常吃饭的频率，《仪礼》朝夕奠，而在湖南湘乡的丧礼实践中，除了出殡前一天的客奠、堂奠，每天都按一日三餐举行朝中夕奠，在丧礼宴席之前举行奠礼，参加仪式的人开饭前要一起跟着礼生喊三声"高升"，以祝愿亡者"转换"顺利。丧礼中也少不了纸钱和纸扎。丧礼中的纸钱专供生死"彼""此"沟通，而民间丧礼中的各种纸扎用品也意在通过焚烧能在"生死"空间转换中被"带走"，成为能够沟通生死的媒介，能充分传达生者的希望与寄托。湘乡丧礼初终之时，烧"起身钱"，扎"起身轿"，"顺风""千里"抬着亡者的灵魂前往西天，类似的还有幡、引魂童子、纸桥等。

仪式的展演是"空间"建构最核心的方式，展演的起承转合贯联着整个仪式，使得"仪式感"得以达成，实现仪式的各个层面的价值。仪式展演的"空间"通过仪式现场的布景、陈设、行动共同建构。《仪礼》中有明确的祭奠仪式的空间方位移动的规定，动作形成一个系列的身体移动，虽然并不连贯，但推动仪式的进程。《士丧礼》《既夕礼》《士虞礼》，从初终到被祭祀，随着物理意义上的空间的变化，抽象意义上的生死空间也逐渐建构出来。当代民间儒家丧礼实践通过礼生的"喊礼"①的引导，仪式展演而实现空间转化。而在吸纳了佛、道文化以后的民间丧礼展演的更多元，连贯的绕行、跪拜、祭祀，加上各种道具、布景、音乐就成为内容丰富的仪式表演。通过展演"生死"空间的转化被更明确标注出来，亡者一步步从日常生活中离去，借由仪式过渡到另一个空间。这些仪式行动的表述，从道具、动作，到整体的表演，一方面表达对亡者的崇敬，另一方面以差序而区分、强调亲疏格局。这些动作在传统的礼俗生活中并不罕见，虽程度有不同，但都属于一般的礼节的基本构成。但在现代社会中，这些动作完全异于民众的日常生活，可以说仅仅通过这些动作就能形成"阈限"。民众在完成这些动作的过程中，获得更强烈的仪式感。通过仪式的多层面的空间建构，确证亡者的已往，消除因死亡带来的不安。

丧礼的生死"空间"除了明确的物质表述，更多的是通过仪式行动本身得以形象地展现，并使得民众从这些行动中更好地了解"空间"的存在及其意义。丧礼中的空间既是抽象的，又是具象的，既受制于物理环境，

---

① 礼生行礼的整个实践过程被称为喊礼，喊礼是一种演唱传统礼俗的民俗活动，除了演礼规则和仪式过程外，还有内容和音乐。

又更复杂而详细地通过人、物之间的关系呈现。丧礼空间中有人、有关系、有生死观念，而这种复杂的内涵在仪式中往往借由身体来表述。从空间理论的视角能够更有机地回应作为"过渡仪式"的丧礼，仪式本身就是通过各种复杂的"空间"转换而实现对死亡危机的处理。在中国文化之中，各地、各民族、各种文化源流中最终都以非常相似的基本仪式框架去建构丧礼仪式的"阈限"，通过仪式呈现"此"与"彼"的连接、分割、更悠远的连接。而其"空间"意义就在于，通过仪式的传承促使当代社会中的个人持续与一种相对永恒的意义相关联，建立贯通生物性与社会性的自我认同。

第三节　丧礼传承的当代困境与价值

一　丧礼传承：对生命的爱与敬

移风易俗、殡葬改革、人生礼仪传统的重建似乎都有一个不可忽视的问题，或繁或简其实都只是表象，对丧礼生死"空间"建构的理解与阐释却是一个非常重要的问题。丧礼最终需要的是实现"空间"的转换，既是身体的空间，也是情感的空间，还是未来追思的空间。因此，丧礼不仅是要"告别"，也要"送往"。

第一，丧礼要符合情绪、情感的基本原则，哀伤、思念需要被表述和发泄出来，需要有一个"空间"让人们传达情感，并互相安慰。

第二，无论是基于什么信仰、文化元素、民族传统的影响，一个社会成员的离世造成的缺位都需要被修复，需要有仪式"空间"在顺应当代生活的前提下，以基于文化传统的，实现归属感、认同感的智慧去处理。

第三，在传统丧礼依然正常运行的地方，应对仪式加以引导，使其符合当代和谐健康的生活节奏，而不应该强行干预；而在现代生活场域中，仪式的"空间"需要被重新有机地建构起来，给民众一个"过渡"的机会，让哀伤的情感得到抒发，让缺位的社会网络重新修复。因此，面向现代社会的丧礼仪式空间亟待建构，而具体如何操作还需要更多的思考与实践，中国香港、中国台湾，以及东南亚一带的华人社区仪式实践已经有了一定的积累与经验，也许能给我们一些建议。丧礼空间是一种基于对自然、生命的思考而建构起来的，经过漫长的文化传承，其中聚集的不仅是纷繁复杂的仪式表象，而更重要的是仪式内核中处理情感、情绪、社会关系，实现爱与敬的教育的智慧与思考。

二　基于情感与认知的死亡仪式研究

仪式的研究，常常从社会结构、关系网络、仪式表演等视角展开，而以身体为出发的情感理论、认知科学能为我们思考丧礼提供更开阔的认识论和方法论。

情感对于仪式也是复杂多元且不可忽视的完整体系，可以作为一种研究仪式的独立视角，能为仪式传承与发展的研究提供更加开阔的探索路径。仪式研究的情感维度基于"爱"，从情感"向度"阐释的礼俗的内涵与传承。其中涉及民众对生命、身体、亲密关系、传承等的认知与情感向度，并以对生命的认知与理解为基础，以各种衍生的社会设置为保障。"过渡礼仪"是研究仪式的传统且重要的理论维度。丧葬礼仪的显著特点就是它不仅是普通意义上的"过渡"，其中涉及的是生命的终结、转换，与人本体性的身体局限密切相关。丧葬仪式解决的不是普通意义上的转化，而是首先要接受"死亡"的事实，再将亡者的过渡为"先人"。因此，丧礼的过渡显得非常特殊，维度也多元而复杂。

情感向度是研究人的主体性的不可忽视的维度，20 世纪 70 年代起西方人类学对非西方社会中的情感问题展开研究，以此反思理性/非理性的二元结构下对情感的认知。[①] 而 20 世纪 90 年代研究者们又开始关注基于身体的情感，认为将情感转化为话语是一种简化。涉身性理论"有效地避免了话语理论对个体体验的忽视，使情感人类学回归情感本身。……通过提升身体体验的地位进一步提升了情感的地位。……通过取消文化与生物性、社会与生物性的区分，相对有效地解决了之前人类学对情感的二元认知模式"。[②] 身体的相关研究恰能够与情感研究呼应。身体理论将身体视为未完成的生物的和社会的现象，这种身体观为我们提供了一种超自然主义的和社会建构主义的观点的还原论倾向的研究方法，有助于解释为什么身体对现代人变得特别重要。特别是那些从死亡的视角对身体展开的讨论，克里斯·希林（Chris Shilling）在整理身体、自我认同与死亡的相关理论时指出分析身体与自我认同将死亡严肃对待的理论都兼顾了人的生物性和社会性。彼得·伯格（Peter Berger）从哲学人类学探讨了人类概念化死亡

---

① 宋红娟：《情感人类学及其中国研究取向》，《中南民族大学学报》（人文社会科学版）2012 年第 6 期，第 26 页。

② 宋红娟：《西方情感人类学研究述评》，《国外社会科学》2014 年第 4 期，第 124 页。

的过程，通过具体表达的行为而与行动的社会意义关联，满足人的心理需求；而安东尼·吉登斯（Anthony Giddens）用身体和死亡的关系来验证现代社会让个人面对死亡时变得非常艰难，现代社会让人们失去传统社会那种处理死亡的方式，因而人们应该更进一步加深与自我身体的关系；埃利亚斯（Norbert Elias）、布迪厄（Pierre Bourdieu）等人认为当人们将死亡视为现代具体表达形式出现的新问题而不是一个跨时空的普遍问题时，身体的个体化和理性化强调了现代社会将死亡组织化（by the organization of death）的必要性。① 这些理论为我们理解死亡仪式的传承，以及阐释其当代意义与路径提供了思路。

　　情感的表达在中国社会中也起着重要的作用，建构、维持社会关系，维持与外在社会秩序间的张力，甚至预示着中国乡村社会中个人观念的出现与兴起。② 情感本身原发于身体，而死亡仪式是联结身体与情感的重要仪式，在传统的丧葬仪式中，仪式的自然发生解决着身体自然规律带来的不可抗逆的危机，重构自我认同，建构并维系社会秩序。

　　而在探讨传统的具有模式化的仪式时，认知科学的发展也受到了民俗学者的关注，认知科学的主要目标是基于基础的认知过程建立模型。"民间""民间知识""民间科学""民间分类"，类似的东西总是频繁地出现在对这个过程的讨论中。③ 认知语言学家认为转向认知科学领域的探索能深化和拓展民俗学的研究。④ 认知语言学的相关研究也为从认知科学的角度阐释民众生活提供了可能。而认知人类学以探究文化与思维间的关系为研究对象，形成于 20 世纪 50 年代，聚焦于"不同人怎样组织文化、如何利用文化，认为每一种文化特有的标准决定了其对象所在的事件、物质生活和思想"。⑤

　　心理学实证研究也证实了死亡仪式具有心理治疗的价值。心理学研究认为哀伤是修复人成长过程中不可避免的丧失的重要途径，而为此举行的祭奠仪式"有着重要的心理动力学意义，表现为：通过固定的仪式，提供

---

①　Chris Shilling, *The Body and Social Theory*, Sage Publications, 1993, pp. 173 – 177.

②　Lee Haiyan, *Revolution of The Heart: a Genealogy of love in China 1900 – 1950*, Stanford, Calif.: Stanford University Press, 2007.

③　Gregory Schrempp, "Folklore and Science: Inflections of 'Folk' in Cognitive Research", *Journal of Folklore Research*, Vol. 33, No. 3 (Sep. -Dec., 1996), pp. 191.

④　Lakoff, George, and, Mark Turner, *More Than Cool Reason: A Field Guide to Poetic Metaphor*, Chicago: University of Chicago Press, 1989, pp. 174 – 179.

⑤　王丽慧、张君：《从语言到心智：认知人类学的理论进展》，《自然辩证法通讯》2008 年第 4 期，第 94 页。

了一个特定的时间和空间，完成与丧失的客体的分离；众人聚集得以分享和获得支持，也是为了社区的一种对丧失与死亡的修通；所致悼词和个人对死者的哭诉，个体的冲突和痛苦用社会和文化可以接受的方式得以表达；清明节的祭扫，是一种有规律性的看望，也是和过去、和失去的亲人的一种连接方式。精神分析与世俗的悼念仪式有着类似的心理功能，而它为丧失者提供了特别的哀伤过程"。[1] 亲人离世被认为是创伤性应激时间，处理不当会导致延长哀伤障碍（prolonged grief discorder）或复杂性哀伤（complicated grief）。[2] 而丧葬礼俗仪式所提供的特定时空被心理学研究者认为，"通过相对固定的仪式化的哀伤行为帮助丧亲者走出丧亲的阴影，具有心理宣泄、转移注意、团体心理辅导、体验丧失的现实感、在心理上完成与逝者的分离、重建生者与逝者的情感联系、减轻丧亲者的自责与愧疚等心理治疗价值"。[3] 死亡心理的核心内涵是外部防御和内在成长，对死亡的抽象认知产生死亡焦虑，而具体认知产生死亡反省，在死亡教育应以积极开放的态度为重点，将更好地面对且成长。应充分挖掘和利用文化世界观中积极应对死亡的资源。[4]

由此可见，传统丧礼现代价值的阐发可以从民俗学的视角切入，结合情感、认知等相关理论成果展开，从深层的内在需求的角度去结合社会发展来探讨死亡仪式。

三　焦虑的牵制与归属感的建构

传统仪式中其实有大量可以借鉴、利用的解决现代焦虑的机会与素材。而这些资源被忽视的根本原因就是传统到现代的社会转型，特别是家庭结构的变化、城市化的进程，以及传统文化中有大量被毁坏的难以修复和重建的部分。

首先，是"世代生成的时间"在中国长久以来是以家庭为单位的，但是当代中国社会"家"的结构发生了极大的变化。于是以家庭为单位的"以似以续"便出现了危机。家族成员分布越来越分散，家庭成员越老越

---

[1] 贾晓明：《从民间祭奠到精神分析：关于丧失后哀伤的过程》，《中国心理卫生杂志》2005年第8期，第569页。

[2] 尉玮、王建平、何丽等：《哀伤认知问卷在中国丧亲者样本中的修订》，《中国临床心理学杂志》2014年第2期，第246—249页。

[3] 邱小艳、燕良轼：《论农村殡葬礼俗的心理治疗价值》，《中国临床心理学杂志》2015年第5期，第946页。

[4] 韦庆旺、周雪梅、俞国良：《死亡心理：外部防御还是内在成长?》，《心理科学进展》2015年第2期，第346—347页。

少，再伴随着结婚率的降低、生育意愿的减弱，"家"已经很难作为一个进行广泛死亡教育的单位了。

其次，就是所有现代社会都正在经历和面对，即吉登斯所说的现代社会对死亡的封存。而由于这种封闭，死亡逐渐被根本性的恐惧和焦虑所困扰。然而过去，死亡并不是一件被隐藏的事情，"死亡已经变成一种技术性事务……死亡的内涵已经变为在某具体时刻从各类不同的身体功能停止运行的意义上宣布某人已处于死亡状态"。[1] 另外，由于文脉的断裂，相关的文献、口头传统也渐渐没有了，若是消失后再重构就非常困难了。

因此，在这样不可逆的社会趋势之下，如何利用传统来实现适应于现代生活的秩序建构呢？丰富的传统死亡教育资源自然不能随意丢弃，也不能照搬，而是要撷取其中的精神内涵。世代生成式的关于死亡的思考与智慧在当代生活中可以为人的来源提供认知基础，实现个人、群体认同，能够缓解、牵制现代化进程中产生于自我身份认知困惑的"焦虑"。这种焦虑在传统社会中是有相应的稳定机制牵制的，但在现代生活中，随着传统的逐渐弱化，日常生活习俗所能成功牵制住的焦虑喷涌而出。这种焦虑其实就是恐惧，并且其紧张氛围表现为"内在危险"。导致一种极为琐碎的潜伏于日常行为和话语的无序状态，而且不仅是指组织上的无序，更是人们对事物与他者的真实感本身之丧失。[2] 传统的仪式能缓解这种焦虑，将其继续牵制住，且呈现的不仅是一种关联性，而是功能性的效果。"死亡仍然是有关人类存在的巨大外部性因素，故而它不能被拉入现代性内部指涉性体系中进行考量。"[3]

通过仪式的展演，基于隐喻的符号转换的多重空间异质同构，不断地传达着生命的内涵，将复杂的有关生死的文化意义较完整地呈现。而通过仪式的展演，个人与群体的记忆被不断建构，归属感被不断确认；从传统丧礼中民众能够更好地理解延绵的、长时段的生命的意义；而爱与敬的内核也不断被传达与承继。当代社会中，传统仪式面临各种"被封存"的困境，被其牵制的焦虑也有渐渐膨胀的危机。然而，家庭结构的变化、现代化的转型却是不可逆的。因此，要发挥传统仪式的功能并不是要完整地复

---

① 〔英〕安东尼·吉登斯：《现代性与自我认同：晚期现代中的自我与社会》，中国人民大学出版社 2016 年版，第 151 页。

② 〔英〕安东尼·吉登斯：《现代性与自我认同：晚期现代中的自我与社会》，中国人民大学出版社 2016 年版，第 41、36 页。

③ 〔英〕安东尼·吉登斯：《现代性与自我认同：晚期现代中的自我与社会》，中国人民大学出版社 2016 年版，第 151 页。

原，而应该谋求抽象层面的挖掘，将其中的情感元素、认知元素与当代生活关联。懂得死亡，才能懂得生命与爱的意义，从而更好地生活。

小结

传统经历的发展和变迁，不断被丰富，又不断被削弱。而无论对我们过去、现在和未来最负责任的态度，就是丧礼通过实现对祖先的情感表述来确认对当下生命的情感。这种爱与敬是善意与敬畏的不分离，在广泛的时空中表达情感，其实是对自己生活的确证，对祖先的爱与敬其实是对自己的爱与敬的另一种表述，拉长时段、超越空间的情感让生活更平顺地进行下去。

对丧礼仪式的生死"空间"建构及其行动表述的阐释，有利于更好地理解丧礼仪式，也有利于深入理解"空间"这一概念体系，并以此为切入点，探讨丧礼传统与现代生活的深度关联。基于生死二元对立而建构的空间区隔与沟通，是丧葬礼仪得以成立的基础，也使其仪式的进程、观念、变迁具有根本性的意义。无论是抽象的"彼岸"，还是具体而不断拓展的死后世界，其存在都是中国丧葬礼仪复杂而多元、延绵而丰厚的根本原因。

而在现代社会中，有关死亡的仪式与节日对焦虑的牵制可以抽象为超越家庭结构、医疗程式之上的情感的表达，以情感的恰当表述去融合现代与传统的各种冲突，让"爱"与"敬"继续在传统丧礼中得到延伸，使人们有机会在"世代生成的时间"中去看待、理解自己。"实践性仪式是本体安全感的认知依托和情感依托，而本体安全感又是所有文化中大部分人类活动的基本特征。"① 因此，我们在当代生活中依然需要有合适的机会，借用传统仪式，在不与当代生活冲突的情况下，创造牵制"焦虑"的机会。充分利用仪式在时间和空间上创造可能，对其不要停留于表面的理解，而应挖掘仪式在记忆与认同、生命理解、爱与敬的情感表述上的价值和意义。

---

① 〔英〕安东尼·吉登斯：《现代性与自我认同：晚期现代中的自我与社会》，中国人民大学出版社 2016 年版，第 36 页。

结语　礼俗知识传承与生活秩序建构

一　代代重构的礼俗知识传统的生成

从儒家经典文献《仪礼》《家礼》，到国家礼典、宋元明清日用类书，再到民间礼生礼书、家谱，都有详细的丧礼书写。尽管内容、形式上不断变化，但丧礼基本框架一以贯之。这套记述形成了内容丰富、体系完整的丧礼知识传统，体现着制礼者建构社会的理想，并通过丧礼的展演在生活实践中不断地实现社会建构。或者说，从礼仪的角度，由繁到简，由上到下，由单一到复合，各种变化从未停止，但丧礼仪式基本的框架从《仪礼》就已经奠定，并一直延续到当代的民俗实践中。而从礼义的角度，通过丧礼仪式践行以"孝"为核心的家族伦理、维护社会秩序的礼的基本精神从未改变。

人类活动不断重复形成模式而习惯化。习惯化的活动被视为当然，为人类活动赋予意义。习惯化活动的类型化（typification）生成制度。[①] 礼仪书写首先体现了制礼者的社会理想。制礼源于维护社会秩序、实现社会建构的考量，在吸纳礼俗的同时，将大量制礼者的需求融入其中，通过文字记载将礼制确定下来。而书写的目的在于以此指导礼仪实践，来最终达成社会建构。而且过去的礼仪书写往往成为后来者制礼的依据。于是礼俗知识体系既是社会建构的重要记载，也是社会建构的重要手段。

宋代是中国社会承前启后的转型时期，儒家学者在倡导"修身齐家治国平天下"的思想方面，始终不遗余力。"朱熹是儒家伦理的躬行实践者，

---

① 赵万里、李路彬：《日常知识与生活世界：知识社会学的现象学传统评析》，《广东社会科学》2011 年第 3 期，第 203 页。

用礼来协调与维持人类的种种关系，把礼治作为法治的重要补充。"① 宋代礼制将社会成员区分为皇帝和宗室、品官、庶人三个阶层，庶人阶层虽然占据社会人口的绝大多数，承担重要的生产活动，也是文化的重要创造者，但在礼制中却被忽视。三个阶层上重下轻，甚至颠倒。系统地整理、规范庶民之礼成为维护社会秩序的当务之急。于是朱熹将礼仪化繁就简，使其适宜于大众，《家礼》自觉地更新传统礼仪以适应当时更广大民众的生活实践，"从而改变民众习染佛道的状况，改变儒家学说在民间地位被削弱的状况，重振古礼以匡正社会秩序，在社会稳定中求得发展与自强"。② 通过推广普及《家礼》这样的礼仪读本来改变"礼不下庶人"的古制，让更多的人知道儒礼的具体内容和操作程序。

《家礼》成功地在庶民阶层推广和践行了儒礼，儒礼实践成为民众生活的重要内容，并成为后世制礼的重要依据。除了文人礼书、国家礼典外，日用类书是自宋开始的另一种"礼"的重要载体，使得儒礼的具体内容和操作程序为更广大的民众所熟悉，并成为重要的礼仪实践依据。日用类书将冠昏丧祭等礼俗分类刊登，为民众日常生活提供便利。日用类书中的丧礼记述沿用儒礼的基本形制，但书写方式更加简单，阅读难度减弱，操作性增强，其目的是供四民大众随时查阅，方便生活。因此日用类书中的丧礼记述以更贴近民众生活的方式，指导着礼仪实践。

湘乡家谱、礼生礼书等丧礼知识的记述将纵贯的丧礼知识传统，具体落实到湘乡的民俗实践。家谱是家族成员的行为规范，也是家族礼制的重要记载。家谱中丧礼记述延续儒礼传统，重视礼仪的操作性，又融入了诸多民间信仰、地方习俗的内容。而礼生礼书则是当地礼生主持丧礼仪式的重要文本参考和礼仪范本。

丧礼知识的文本书写凝结了世代的集体记忆，而其依照"代代重构"的形式存在。记忆的再现并非依靠浅表的逐字逐句的记忆，而是叙述宽度以及叙事结构在起着主要作用。③ 总而言之，《仪礼》搭建了一套形式完善，内容翔实、精确、意义深远的丧礼知识体系的基本框架；《家礼》将礼制推广，重视使庶民熟悉其内容与操作；国家礼典呈现了礼的多元构成与功能；日用类书的工具书性的丧礼知识书写简单、明了；地方家谱、礼生礼书丧礼知识重操作、包容性强。尽管本书所用的文献只是丧礼文献的

① 郑春主编：《朱子〈家礼〉与人文关怀》，福建教育出版社 2010 年版，第 5 页。
② 郑春主编：《朱子〈家礼〉与人文关怀》，福建教育出版社 2010 年版，第 8 页。
③ 参考杰克·古迪在《人类》中的观点，载〔法〕雅克·勒高夫《历史与记忆》，方仁杰、倪复生译，中国人民大学出版社 2010 年版，第 64 页。

一部分，但梳理这些文献的目的并不在于整理所有的丧礼知识文献，而在于呈现一条从先秦到当代，中国社会中一以贯之的丧礼书写脉络。由此可见，从古至今大量的礼俗书写形成了一套礼俗知识传统，而礼俗知识传统的生成，始终源于社会建构的需要，并始终蕴含着礼与俗、书写与生活实践的深刻互动。丧礼知识传统一直在通过生活建构社会，且建构的内容从古至今，并无根本性的变化。即在宗族（家族）内部倡导一种以"孝"为核心的人伦之爱，通过宗族（亲族）内部的礼物交换、人情往来，巩固群体团结，维护社会秩序。

二　多元统一的知识实践与秩序建构

"礼"是中国文化秩序之核心，是整个规范性社会政治秩序的黏合剂，是行为规范，"包括仪式、庆典、仪态或一般行为举止。这些行为在家庭之内、人类社会之内以至超乎自然的神圣领域之内，形成人神互动角色的网络，将人类与神灵连接起来"。① 在儒家理论中，礼是安排国家秩序和创造稳定阶层社会的手段。仪式是促进秩序和防止混乱的工具。传统丧礼仪式记忆的演化与文本书写有关，但根本上还是依靠社会的演化，随着社会的需求，文字记载被不断地付诸生活实践，社会发展又导致新的书写形式的出现。②

所有知识，特别是有关同一对象的一般性知识，都以某种方式决定着社会的本性。而所有知识也是由这个社会及其特有的结构共同决定的。③ 丧礼知识目的在于建构社会，但要将"礼"运用于复杂、庞大的社会，则需要有效的手段，比如提倡一套标准化的丧礼仪式过程和丧服制度，因此丧礼书写强调仪式的具体的操作。仪式除了表现贵贱、亲疏、性别、长幼之别，也借由动作进行有关忠孝等伦理的教化，即透过动作来教导信仰。④

---

① Benjamin Schwartz, *The World of Thought in Ancient China*, The Belknap Press of Harvard University Press Cambridge, Massachusetts and London, England, 1985, p. S67.

② 参见安德烈·勒鲁瓦 - 古朗关于记忆的演化与文字出现、传播的阐述，载〔法〕雅克·勒高夫《历史与记忆》，方仁杰、倪复生译，中国人民大学出版社 2010 年版，第 67 页。

③ 〔德〕马克斯·舍勒：《知识社会学问题》，艾彦译，译林出版社 2012 年版，第 65 页。舍勒进一步说明，启蒙时代的人们只是以某种片面的方式把知识看作是社会存在的条件。而看到知识的存在也需要某种社会条件，则是 19 世纪和 20 世纪的人们形成的一种重要认识。

④ 〔美〕罗友枝：《一个历史学者对中国人丧葬仪式的研究方法》，《历史人类学学刊》2003 年第 1 期，第 144 页。

仪式模式化的动作，"彰显了原则和行为的知识之间的关联。在遵循这些原则和行为之下，帮助学习者将这种关连变为习惯。他们所代表的是付诸行动的原则"。① 在丧礼知识传统的指导下，中国丧礼仪式自古以来形成一套基本的程序与动作，构成丧礼的基本结构，并深刻地体现"中国人"的行为、思维模式。一直以来丧礼知识传统推动的是正确行动，而不是正确信仰。丧礼知识传统得以实现的标准化仪式，创造、维系着一个统一的中国文化，社会阶层和地域背景不同的中国人，都能接受和容忍依据礼仪知识传统而建构的同质化（homogenization）的安排。②

　　丧礼知识传统以其操作性的特征深入民众生活，在指导民间礼仪实践的同时，又不断地自我建构。丧礼知识在服务于社会理想建构的同时，更重要的在于不断地建构着民俗生活。丧礼知识的实践体现着极大的差异性与一致性，中国各地的丧礼细节大不相同，但仪式的整体结构却是大致相同的。而这就是中国方式的文化标准化精髓所在，高度包含的一统结构中允许高度的差异。③ 湘乡复合型的丧礼仪式，恰恰是丧礼知识传统与地方生活实践互动的结果。复合型丧礼并不是湘乡独有的，在湖南、湖北常见这样以儒礼为框架，复合佛道等的丧礼仪式。这无疑与地域文化特征有重要关联，"虽然在北方诸夏眼中，楚人是蛮夷，有时，他们也自称'我蛮夷也'，可在三苗之类土著蛮夷面前，他们又俨然诸夏。楚人实际上夹在北方诸夏和南方蛮夷之间，真正的身份'非夷非夏'，'亦夷亦夏'，楚人走的是一条'混一夷夏'的路线"。④ 楚文化研究者张正明指出："成熟型的楚文化，是以萌芽型的楚文化为本源，随着楚国疆域的扩大和民族的增多，在楚国的集权统治和开放政策的推动下，以华夏文化为主干，以蛮夷文化为助力，在这些文化交流，化合的过程中发展起来的。"⑤ 先楚文化最后结局："在中央集权的统一的国家中，以楚文化为表率的南方文化终于同北方文化融合，成为水平比它们更高，范围比它们更广的汉文化了。"⑥ 因此楚人才会说出"抚有蛮夷……以属诸夏"（《左传·襄公十三年》）这

①　Donald J. Munro, *The Concept of Man in Contemporary China*, Ann Arbor: University of Michigan Press, 1977, p. 138.

②　〔美〕华琛：《中国丧葬仪式的结构——基本形态、仪式次序、动作的首要性》，《历史人类学学刊》2003 年第 2 期，第 98—114 页。

③　〔美〕华琛：《中国丧葬仪式的结构——基本形态、仪式次序、动作的首要性》，《历史人类学学刊》2003 年第 2 期，第 111 页。

④　刘洪涛：《湖南乡土文学与湘楚文化》，湖南教育出版社 1997 年版，第 58—59 页。

⑤　张正明：《楚文化史》，上海人民出版社 1987 年版，第 64 页。

⑥　张正明：《楚文化史》，上海人民出版社 1987 年版，第 320 页。

样的话来。楚人始终是将苗瑶等当地文化"化外"，而向诸夏看齐，于是区域文化内部的不平衡和差异使丧礼仪式具有复合型特色。而这种规范化在礼仪在各地、各民族间呈现的是一种生动的统一与差异。儒家丧礼立足于哀，参与活动的人们始终表现得十分沉痛、哀伤。而湘楚之地，经过儒文化与楚文化的长期互动后，丧礼有了自己独有的特色。将哀乐、祭祀与娱乐结合起来，与传统的中原文化大相径庭。楚地丧礼哀乐与共，"他们对于失去养育自己，朝夕相处的亲人、长者，自然是痛切、忧伤的。不过，他们是朴素的唯物者，知道人死不能复生，不能沉湎于哀伤，更重要的要着眼于生者，着眼于未来的日子，因而，南方一些少数民族地区及偏远山区的丧葬礼仪是哀乐与共的，即先哀后乐，祭祀与娱乐结合起来。这种丧俗所体现的传统文化，也是与中原文化大相径庭的"。① "牵合三教"被认为是湖南民间丧礼的特点之一，即做佛事、闹丧，僧、道、巫三家都混合出场，且难分彼此。民间治丧"儒教与释道教有同焉者，有异焉者，并有混焉者"。这种现象源于湖南多神信仰的传统，特别是在楚国屈原时代就形成的"丑神就是鬼，好鬼便是神"的辩证神鬼意识，对湖湘文化深远，于是逐渐形成"道士作佛""巫迎灵起鼓"以及"牵合三教"同时登场的局面。②

礼仪的制定渗透着制礼者的社会理想，承继着历史的传统，而这种知识传统在民俗实践中则变得复杂、浑融。生活如一池活水，亦清亦浊，难辨义理、缘由，但却用包容的智慧践行着自身的逻辑。"死亡"无疑是人生的、宗族的、家族的一场重大危机。但丧礼则是要将危机化解，并贯彻"孝"的伦理规范，维护社会秩序。丧礼知识在生活实践中建构社会秩序，但并非仅为一种工具性的表达，而是通过精美的设置传达对人的爱与尊重。"儒家提倡道德修养与自律，最注重人文关怀与心灵慰藉。人文关怀就是对人的生存状态的关怀、对人的尊严与符合人性的生活条件的肯定，人性的解放与自由的追求。"③ 丧礼中任何亡者都被视为一个重要的"人物"，此时此地，他（她）的一生被述说，被聆听，在儿孙围绕中往生他界荣升祖先，人生被丧礼画上圆满的句号。长久以来，中华各地、各族承继一以贯之的文化传统，又为应对不同时期的变化而变化，以各层面知识建构着柔软而坚韧的礼俗规范。看似分散、各异的礼俗事象，并非彼此割

---

① 巫瑞书：《南方民俗与楚文化》，岳麓书社1997年版，第162页。
② 赵玉燕、吴曙光：《湖南民俗文化》，湖南师范大学出版社2010年版，第200—201页。
③ 郑春主编：《朱子〈家礼〉与人文关怀》，福建教育出版社2010年版，第21页。

裂，而是蕴含着密切的内在关联，呈现着整体化的文化特征。而那些被人诟病，看似粗糙的丧俗背后却本应该有着精美而温良的礼仪设置。礼俗规范约束着社会交往、维系社会网络，同时，将归属感、仪式感、历史感凝结在每一个人的生命中，以应对死亡的绝对。

最后，需要说明的是，本书并非要整理所有的丧礼历史文献，也不试图用梳理的丧礼知识传统及其实践去解释整个中国的丧礼仪式。而是以传统为线索梳理丧礼知识，并借由广泛的丧礼文献搜集与整理，及更多民族、区域的丧礼实践的调查和研究，探讨丧礼知识传统与礼俗秩序建构的关联，阐释如何在现代生活中阐发传统丧礼的价值，如何借用情感和认识等理论，挖掘丧礼的内在价值以建构现代人的归属感，牵制无法避免的焦虑，而其后笔者也还将继续拓展以更深入阐释这些问题。

参考文献

一　著作

常建华主编:《中国社会历史评论》第112卷,天津古籍出版社2011年版。

陈建平主编:《谱牒、碑文、祭文赏析》,兰州大学出版社2009年版。

陈力祥:《王船山礼学思想研究》,巴蜀书社2008年版。

陈寅恪:《陈寅恪文集·隋唐制度渊源略论稿·唐代政治史述论稿》,生活·读书·新知三联书店2015年版。

邓建楚、唐海龙主编:《邵阳文库·丙编034·傅治同的文学世界》,光明日报出版社2016年版。

邓子琴:《中国礼俗学纲要》,中国文化社1947年版。

丁鼎:《〈仪礼·丧服〉考论》,社会科学文献出版社2003年版。

丁凌华:《中国丧服制度史》,上海人民出版社2000年版。

方克立:《中国哲学史上的知行观》,人民出版社1982年版。

冯友兰:《中国哲学史》,上海书店出版社1990年版。

葛兆光:《道教与中国文化》,上海人民出版社1987年版。

顾颉刚、刘万章:《苏粤的婚丧》,"国立"中山大学语言历史学研究所1928年版。

郭于华:《死的困扰与生的执着:中国民间丧葬仪礼与传统生死观》,中国人民大学出版社1992年版。

何彬:《江浙汉族丧葬文化》,中央民族大学出版社1995年版。

何立荣、覃晚萍:《西部民族地区农村法治与和谐社会的构建:以法人类学为视角》,中国法制出版社2015年版。

何联奎:《中国礼俗研究》,台湾中华书局1983年版。

胡道静:《中国古代典籍十讲》,复旦大学出版社2004年版。

黄桂秋:《壮族麽文化研究》,民族出版社2006年版。

贾绍兴：《喊礼——湘西神秘婚丧礼俗考察记》，学苑出版社 2009 年版。

姜广辉：《中国哲学》，辽宁教育出版社 2000 年版。

焦杰：《性别视角下的〈易〉、〈礼〉、〈诗〉妇女观研究》，中国社会科学出版社 2011 年版。

雷绍锋、张俊超：《汉族丧葬祭仪旧俗谭》，武汉出版社 1998 年版。

李安宅：《〈仪礼〉与〈礼记〉之社会学的研究》，商务印书馆 1931 年版。

李道和：《民俗文学与民俗文献研究》，巴蜀书社 2008 年版。

李如森：《汉代丧葬礼俗》，沈阳出版社 2003 年版。

李玉洁：《先秦丧葬制度研究》，中州古籍出版社 1991 年版。

李振声：《钱穆印象》，学林出版社 1997 年版。

林素英：《古代生命礼仪中的生死观：以〈礼记〉为主的现代诠释》，文津出版社 1997 年版。

林素英：《丧服制度的文化意义：以〈仪礼·丧服〉为讨论中心》，文津出版社 2000 年版。

刘芳：《中西服饰艺术史》，中南大学出版社 2008 年版。

刘师培：《周末学术史序》，1934 年宁武南氏校印。

刘铁铭：《湘军与湘乡》，岳麓书社 2008 年版。

龙海清主编：《湖南民俗》，甘肃人民出版社 2003 年版。

卢国龙、汪桂平：《道教科仪研究》，方志出版社 2009 年版。

陆建华：《先秦诸子礼学研究》，人民出版社 2008 年版。

罗冈：《挽联概说》，中南大学出版社 2004 年版。

毛峰编著：《不可不知的中国传统文化常识》，中国妇女出版社 2008 年版。

闵智亭：《道教仪范》，宗教文化出版社 2004 年版。

牟宗三：《历史哲学》，广西师范大学出版社 2007 年版。

彭美玲：《古代礼俗左右之辨研究：以三礼为中心》，"国立"台湾大学出版委员会 1997 年版。

彭兆荣：《人类学仪式的理论与实践》，民族出版社 2007 年版。

蒲朝军、过竹主编：《中国瑶族风土志》，北京大学出版社 1992 年版。

钱穆：《论语新解》，巴蜀书社 1985 年版。

任继愈主编：《儒教问题争论集》，宗教文化出版社 2000 年版。

任宗权：《道教科仪概览》，宗教文化出版社 2012 年版。

容小宁主编：《红水河民族文化艺术考察研究》，广西人民出版社 2005 年版。

宋抵：《社会反三和弦：民族、民俗与中国政治》，吉林教育出版社 1993

年版。

唐浩明：《曾国藩嘉言钞》下，岳麓出版社 2007 年版。

万建中：《中国历代葬礼》，北京图书馆出版社 1998 年版。

王贵民：《中国礼俗史》，文津出版社 1993 年版。

王鹤鸣：《中国家谱通论·绪论》，上海古籍出版社 2010 年版。

王铭铭：《社会人类学与中国研究》，广西师范大学出版社 2005 年版。

王正华：《艺术、权力与消费：中国艺术史研究的一个面向》，中国美术学院出版社 2011 年版。

韦政通：《荀子与古代哲学》，台湾商务印书馆 1992 年版。

巫瑞书：《荆楚民间文学与楚文化》，岳麓书社 1996 年版。

吴丽娱：《唐礼摭遗——中古书仪研究》，商务印书馆 2002 年版。

吴丽娱主编：《礼与中国古代社会》，中国社会科学出版社 2016 年版。

吴樵子主编：《曾国藩家书》第二卷，京华出版社 2006 年版。

吴秋林、靖晓莉：《居都：一个仡佬族文化社区的叙述》，贵州人民出版社 1997 年版。

吴永章：《中国南方民族文化源流史》，广西教育出版社 1991 年版。

徐吉军：《中国丧葬史》，江西高校出版社 1998 年版。

徐建华：《中国的家谱》，百花文艺出版社 2002 年版。

徐杰舜、周耀明：《汉族风俗文化史纲》，广西人民出版社 2001 年版。

许嘉璐主编：《中国古代礼俗词典》，中国友谊出版社 1991 年版。

杨匡民、李幼平：《荆楚歌乐舞》，湖北教育出版社 1997 年版。

杨树达：《汉代婚丧礼俗考》，上海古籍出版社 2000 年版。

余欣主编：《中古时代的礼仪、宗教与制度》，上海古籍出版社 2012 年版。

曾祥委：《田野视角：客家的文化与民性》，黑龙江人民出版社 2005 年版。

张公瑾：《民族古文献概览》，民族出版社 1997 年版。

张杰：《中国古代空间文化溯源（修订版）》，清华大学出版社 2016 年版。

张捷夫：《中国丧葬史》，文津出版社 1995 年版。

张士闪：《礼与俗：在田野中理解中国》，齐鲁书社 2019 年版。

张士闪、李松主编：《中国民俗文化发展报告·2016 版》，山东大学出版社 2018 年版。

张士闪主编：《中国民俗文化发展报告·2014 版》，山东大学出版社 2015 年版。

张正明：《楚文化史》，上海人民出版社 1987 年版。

张紫晨主编：《中外民俗词典》，浙江人民出版社 1991 年版。

章景明：《先秦丧服制度考》，台北中华书局 1971 年版。

赵纪彬：《中国知行学说简史》，中国文化服务社 1943 年版。

赵世瑜：《小历史与大历史：区域社会史的理念、方法与实践》，生活·读书·新知三联书店 2006 年版。

赵志凡编：《韩姓史话》，江西人民出版社 2000 年版。

《中国社会语言学》编委会编：《中国社会语言学》，商务印书馆 2015 年版。

钟敬文：《建立中国民俗学派》，黑龙江教育出版社 1999 年版。

钟敬文主编：《民俗学概论》（第二版），高等教育出版社 2010 年版。

钟敬文主编：《中国民俗史·民国卷》，人民出版社 2008 年版。

仲富兰：《现代民俗流变》，生活·读书·新知三联书店 1990 年版。

周高德：《道教文化与生活》，宗教文化出版社 1999 年版。

周星：《乡村生活的逻辑：人类学视野中的民俗研究》，北京大学出版社 2011 年版。

周汛、高春明：《中国古代服饰风俗》，陕西人民出版社 2002 年版。

周作人著，张明高，范桥编：《周作人散文集》第一集，中国广播电视出版社 1992 年版。

〔法〕阿诺尔德·范热内普：《过渡礼仪》，张举文译，商务印书馆 2010 年版。

〔德〕埃利亚斯：《文明的进程》，王佩莉、袁志英译，上海译文出版社 2010 年版。

〔英〕艾瑞克·霍布斯鲍姆：《下层历史》，载刘北成、陈新编《史学理论读本》，北京大学出版社 2006 年版。

〔美〕爱德华·希尔斯：《论传统》，傅铿、吕乐译，上海人民出版社 2014 年版。

〔英〕安东尼·吉登斯：《现代性与自我认同：晚期现代中的自我与社会》，夏璐译，中国人民大学出版社 2016 年版。

〔美〕保罗·康纳顿：《社会如何记忆》，纳日碧力戈译，上海人民出版社 2000 年版。

〔美〕彼得·伯格、托马斯·卢克曼：《现实的社会构建》，汪涌译，北京大学出版 2009 年版。

〔英〕杜德桥：《妙善传说——观音菩萨缘起考》，李文彬等译，巨流图书公司 1990 年版。

〔美〕杜维明：《道学政：论儒家知识分子》，上海人民出版社 2000 年版。

〔日〕渡辺欣雄：《民俗知識論の課題——沖縄の知識人類学》，日本東京：凱風社 1990 年版。

〔美〕费正清、赖肖尔：《中国：传统与变革》，陈仲丹等译，江苏人民出版社 1992 年版。

〔美〕费正清、麦克法夸尔主编：《剑桥中华人民共和国史》，王建朗等译，上海人民出版社 1990 年版。

〔美〕费正清：《伟大的中国革命：1800—1985》，刘尊旗译，世界知识出版社 1999 年版。

〔法〕福柯：《性经验史》，余碧平译，上海世纪出版社 2009 年版。

〔荷〕高延：《中国的宗教系统及其古代形式、变迁、历史及现状》，芮传明译，花城出版社 2018 年版。

〔法〕葛兰言（Marcel Granet）：《古代中国的节庆与歌谣》，赵丙祥、张宏明译，广西师范大学出版社 2005 年版。

〔德〕古德利尔：《礼物之谜》，王毅译，上海人民出版社 2007 年版。

〔美〕海登·怀特：《形式的内容：叙事话语与历史再现》，董立河译，天津出版社 2005 年版。

〔美〕韩森：《变迁之神——南宋时期的民间信仰》，包伟民译，浙江人民出版社 1999 年版。

〔英〕杰拉德·德兰迪等主编：《历史社会学手册》，李霞等译，中国人民大学出版社 2009 年版。

〔德〕卡尔·曼海姆：《意识形态与乌托邦》，黎鸣、李书崇译，商务印书馆 2002 年版。

〔美〕克利福德·格尔兹：《文化的解释》，纳日碧力戈等译，上海人民出版社 1999 年版。

〔美〕克利福德·吉尔兹：《地方性知识——阐释人类学论文集》，王海龙、张家瑄译，中央编译出版社 2004 年版。

〔法〕列维－斯特劳斯：《结构人类学》卷一，张祖建译，中国人民大学出版社 2006 年版。

〔美〕罗伯特·雷德菲尔德：《农民社会与文化——人类学对文明的一种诠释》，王莹译，中国社会科学出版社 2013 年版。

〔德〕罗梅君：《北京的生育、婚姻和丧葬：19 世纪至当代的民间文化和上层文化》，王燕生等译，中华书局 2001 年版。

〔德〕马克斯·舍勒：《知识社会学问题》，艾彦译，译林出版社 2012 年版。

〔美〕欧达伟:《中国民众思想史——20 世纪初期—1949 年华北地区的民间文献及其思想观念研究》,董晓萍译,中央民族大学出版社 1995年版。

〔英〕帕特里克·贝尔特:《二十世纪的社会理论》,瞿铁鹏译,译林出版社 2005 年版。

〔法〕皮埃尔·布迪厄:《实践感》,蒋梓华译,译林出版社 2003 年版。

〔美〕太史文:《中国中世纪的鬼节》,侯旭东译,上海人民出版社 2016 年版。

〔美〕托马斯·库恩:《科学革命的结构》(第四版),金吾伦,胡新和译,北京大学 2012 年版。

〔英〕维克多·特纳:《仪式过程:结构与反结构》,黄剑波、柳博赟译,中国人民大学出版 2006 年版。

〔日〕吾妻重二:《朱熹〈家礼〉实证研究》,华东师范大学出版社 2012年版。

〔法〕雅克·勒高夫等编:《新史学》,姚蒙编译,上海译文出版社 1989 年版。

〔法〕雅克·勒高夫:《历史与记忆》,方仁杰、倪复生译,中国人民大学出版社 2010 年版。

〔挪〕亚佛烈德·舒茨:《社会实在问题》,霍桂桓、索昕译,华夏出版社 2001 年版。

〔挪〕亚佛烈德·舒兹:《社会世界的现象学》,卢岚兰译,台湾:久大文化股份有限公司 1990 年版。

〔比〕钟鸣旦:《礼仪的交织:明末清初中欧文化交流中丧葬礼》,张佳译,上海古籍出版社 2009 年版。

Adam Kuper ed. , *The Social Anthropology of Radcliffe-Brown*, London; Boston; Routledge&Kegan Paul, 1977.

Benjamin Schwartz, *The World of Thought in Ancient China*, The Belknap Press of Harvard University Press Cambridge, Massachusetts and London, England, 1985.

Bourdieu, P. , *The Logic of Practice*. Stanford University Press, Stanford, CA. 1990.

Catherine Bell, *Ritual*: *Perspectives and Dimensions*, Published by Oxford University Press. Inc, 1997.

Catherine Bell, *Ritual Theory*, *Ritual Practice*, Published by Oxford University

Press. Inc, 1992.

Chris Shilling, *The Body and Social Theory*, Sage Publications, 1993.

C. Lindholm, *Generosity and Jealousy*: *The Swat Pukhtun of North Pakistan*, New York: Columbia University Press, 1998.

Constance Classen, *The Color of Angels*: *Cosmology*, *Gender and the Aesthetic I-magination*, London and New York: Routledge, 1998.

Constan Classen, *World of Sense*: *Exploring the Senses in History and Across Cultures*, London and New York: Routledge. 1993.

F. Connell, *Power and Intimacy in the Christian Philippines*, Cambridge University Press, 1999.

Foucault M. , "The Order of Discourse ", in M. Shapiro, *Language and Politics*, Oxford Basil Blackwell, 1970.

Foucault, *The Archaeology of Knowledge*, New York: Pantheon Books, 1972.

James L. Waston, Evelyn S. Rawski, *Death Ritual in Late Imperial Modern China*, Berkeley: University of California Press, 1988.

Kristofer M. Schipper, "The Written Memorial in Taoist Ceremonies", in *Religion and Ritual in Chinese Society*, ed. , Arthur P. Wolf, Stanford: Stanford University Press, 1974.

Lakoff, George, and, Mark Turner, *More Than Cool Reason*: *A Field Guide to Poetic Metaphor*, Chicago: University of Chicago Press. 1989.

Lee Haiyan, *Revolution of The Heart*: *a Genealogy of love in China 1900 – 1950*, Stanford, Calif. Stanford University Press, 2007.

Lefebvre, H. , *Critique of Everyday Life* (*vol. 3*): *From Modernity to Modernism* (*Towards a Metaphilosophy of Daily Life*), Trans. by Gregory Elliott, London and New York: Verso, 2005.

Le Goff, J. and Nora, P. , *Constructing the Past*: *Essays in Historical Methodology*, Cambridge: Cambridge University Press, (1985) [1974].

Max Gluckman, *Politics*, *Law and Ritual in Tribal Society*, Oxford : Basil Blackwell 1965.

Merleau-Ponty, M. , *Phenomenology of Perception*, Trans. by Colin Smith, London & New York: Routledge, 2002.

M. Foucault, Language, *Counter-memory*, *Practice*: *Selected Essays and Interviews*, Basil Blackwell, 1977.

Michelle Rosaldo, "Toward an Anthropology of Self and Feeling", in Richard

Shweder &Robert Le Vine（eds.），*Culture Theory*：*Essays on Mind*，*Self and Emotion*，Cambridge：Cambridge University Press，1984.

M. Z. Rosaldo，*Knowledge and Passion*：*Ilongot Nations of Self& Social Life*，Cambridge：Cambridge University Press，1980.

Patricia Ebrey，*Confucianism and Family Rituals in Imperial China*：*A Social History of Writing about Rites*，Princeton：Princeton University Press，1991.

Radcliffe-Brown，A. R. "Religion and Society"，in Adam Kuper ed.，*The Social Anthropology of Radcliffe-Brown*，London：Routledge. 1977（1945）.

Robert Desjarlais，*Body an Emotion*：*The Aesthetics of Illness and Healing in the Nepal Himalayas*，Philadelphia：University of Pennsylvania Press，1992.

Skinner，G. William，"Cities and the Hierarchy of Local Systems"，in Arthur Woolf ed.，*Studies in Chinese Society*，Stanford：Stanford University Press，1978（1974）.

二　论文

安国楼：《朱熹的礼仪观与〈朱子家礼〉》，《郑州大学学报》（哲学社会科学版）2005 年第 1 期。

巴战龙：《地方知识的本质与构造：基于乡村社区民族志研究的阐释》，《西北民族研究》2009 年第 1 期。

蔡锋：《先秦时期礼俗的发展历程及其界说》，《山西大学学报》1991 年第 3 期。

陈彩云：《朱子〈家礼〉中的禁奢思想及对后世的影响》，《孔子研究》2008 年第 4 期。

陈春声、陈树良：《乡村故事与社区历史的建构》，《历史研究》2003 年第 5 期。

陈怀祯：《中国婚丧风俗之分析》，《社会学界》1934 年第 8 卷。

陈克伦：《〈仪礼·士丧礼〉中所见丧葬、祭奠器物考略》，《郑州大学学报》（哲学社会科学版）1989 年第 3 期。

成晓军：《曾国藩与湘乡述论》，《湖南科技大学学报》（社会科学版）2011 年第 1 期。

崔载阳：《野人的生与死》，《民俗》1928 年第 13、14 期。

董晓萍：《民俗文献史：现代化与民族性》，《广西民族学院学报》（哲学社会科学版）2003 年第 7 期。

杜静元：《从知识的视角理解福柯的话语观——兼论福柯对文化人类学的

影响》，《内蒙古社会科学》（汉文版）2011 年第 3 期。

冯友兰：《儒家对于婚丧祭礼之理论》，《燕京学报》1928 年第 3 期。

高丙中：《中国的非物质文化遗产保护与文化革命的终结》，《开放时代》2013 年第 5 期。

高丙中：《中国人的生活世界：民俗学的路径》，《民俗研究》2010 年第 1 期。

高丙中：《作为非物质文化遗产课题的民间信仰》，《江西社会科学》2007 年第 3 期。

郭强：《知识与行动：社会学理论永恒主题的承继与创新》，《中共福建省委党校学报》2008 年第 5 期。

何汝泉：《邓子琴史学成就述略》，《西南师范大学学报》（人文社会科学版）2000 年第 9 期。

黄涛：《按社会情境界定当代中国民俗之民》，《中国人民大学学报》2004 年第 4 期。

黄向春：《民俗与史学转型》，载陈支平主编《林惠祥教授诞辰：100 周年纪念论文集》，厦门大学出版社 2001 年版。

贾晓明：《从民间祭奠到精神分析：关于丧失后哀伤的过程》，《中国心理卫生杂志》2005 年第 8 期。

简涛：《民俗事象的社会学和历史学的研究》，《民俗研究》1990 年第 2 期。

柯小刚：《黑尔德"世代生成的时间经验"与儒家"慎终追远"的祭礼空间——对中国伦理"井源"的一个政治现象学—解释学探入》，载倪梁康等编著《中国现象学与哲学评论·第 7 辑·现象学与伦理》，上海译文出版社 2005 年版。

科大卫、刘志伟：《"标准化"还是"正统化"？——从民间信仰与礼仪看中国文化的大一统》，《历史人类学刊》2008 年第 1、2 期合刊。

赖德霖：《〈仪礼·士丧礼〉所反映的建筑空间观念与陕西周原周代建筑空间试析》，"第三届中国建筑史学国际研讨会"论文，北京，2004 年 8 月。

李丰懋：《礼生、道士、法师与宗族长老、族人：一个金门宗祠奠安的图像》该文发表于 2001 年，载王秋桂、庄英章、陈中民主编《金门历史、文化与生态国际学术研讨会论文集》，汉学研究中心 2001 年版。

李丰懋：《礼生与道士：台湾民间社会中礼仪实践的两个面向》，载王秋桂、庄英章、陈中民主编《社会、民族与文化展演国际研讨会论文集》，汉学研究中心 2001 年版。

刘安志：《关于〈大唐开元礼〉的性质及行用问题》，《中国史研究》2005
　　年第 3 期。

刘永华：《明清时期的礼生与王朝礼仪》，《中国社会历史评论》2008 年第
　　1 期。

刘永华：《亦礼亦俗：晚清至民国闽西四保礼生的初步分析》，《历史人类
　　学学刊》2004 年第 2 期。

刘志琴：《礼俗互动是中国思想史的本土特色》，《东方论坛》2008 年第
　　3 期。

柳诒徵：《中国礼俗史发凡》，《学原》1947 年第 1 卷第 1 期。

娄子匡：《土葬风水源流考》，《大陆》1932 年第 1 卷第 4 期。

聂玉文：《巫风蛮俗语宗教的兼容并蓄——湘中丧葬风俗调查》，载上海民
　　间文艺家协会编《中国民间文化：人生礼俗研究》第 7 集，学林出版社
　　1992 年版。

钱力成、张翮翾：《社会记忆研究：西方脉络、中国图景与方法实践》，
　　《社会学研究》2015 年第 6 期。

清浊：《牛和湘乡人——湘乡的民性和语言》，载李继锋主编《1934：沉寂
　　之年》，山东画报出版社 2003 年版，原载《申报月刊》第四卷，第
　　四号。

邱小艳、燕良轼：《论农村殡葬礼俗的心理治疗价值》，《中国临床心理学
　　杂志》2015 年第 5 期。

盛晓明：《地方性知识的构造》，《哲学研究》2000 年第 12 期。

史向前：《朱子〈家礼〉与道德建设》，载龙念主编《朱子学研究：2008
　　卷》，安徽大学出版社 2008 年版。

宋红娟：《西方情感人类学研究述评》，《国外社会科学》2014 年第 4 期。

田耀农：《陕北礼俗音乐的调查与研究》，博士学位论文，中国艺术研究
　　院，2002 年。

王丽慧、张君：《从语言到心智：认知人类学的理论进展》，《自然辩证法
　　通讯》2008 年第 4 期。

王世巍：《生死有命与向死而生——论孔子的生死观》，《孔子研究》2016
　　年第 5 期。

王守恩：《民间信仰与现代性》，《宗教学研究》2011 年第 4 期。

王晓丽：《民间信仰的庞杂与有序》，《西北民族研究》2009 年第 4 期。

王振忠：《明清以来徽州的礼生与仪式》，载中山大学华南研究中心、历史

人类学研究中心合编《华南研究资料中心通讯》，2005 年 4 月。

韦庆旺、周雪梅、俞国良：《死亡心理：外部防御还是内在成长？》，《心理科学进展》2015 年第 2 期。

尉玮、王建平、何丽等：《哀伤认知问卷在中国丧亲者样本中的修订》，《中国临床心理学杂志》2014 年第 2 期。

文军、黄锐：《"空间"的思想谱系与理想图景：一种开放性实践空间的建构》，《社会学研究》2012 年第 2 期。

吴宝琪：《试论宋代育婚丧俗的成因》，《北京师范大学学报》1989 年第 5 期。

吴恩荣：《明初"五礼"体系的重建与唐宋以来的礼制趋向》，《史林》2018 年第 6 期。

吴蕙芳：《民间日用类书的内容与运用——以明代〈三台万用正宗〉为例》，《明代研究通讯》2000 年 10 月。

吴蕙芳：《民间日用类书的渊源与发展》，《"国立"政治大学历史学报》2001 年第 18 期。

吴蕙芳：《"日用"与"类书"的结合——从〈事林广记〉到〈万事不求人〉》，《辅仁历史学报》2005 年第 16 期。

吴蕙芳：《〈中国日用类书集成〉及其史料价值》，《近代中国史研究通讯》2000 年第 30 期。

吴羽：《〈政和五礼新仪〉编撰考论》，《学术研究》2013 年第 6 期。

萧放：《文化遗产视野下的民间信仰重建》，《探索与争鸣》2010 年第 5 期。

萧放：《中国历史民俗学的理论与方法论纲》，《北京师范大学学报》（社会科学版）2012 年第 2 期

杨华：《踊辟礼综考》，载冯天瑜主编《人文论丛》（2001 年卷），武汉大学出版社 2002 年版。

杨志刚：《〈司马氏书仪〉和〈朱子家礼〉研究》，《浙江学刊》1993 年第 1 期。

虞和平：《理论与方法：历史学与社会科学的关系及其他》，《历史研究》2004 年第 4 期。

张勃：《民俗学视野下历史民俗文献研究的意义》，《民俗研究》2010 年第 2 期。

张国刚：《独立与包容：历史学与社会的关系略说》，《历史研究》2004 年第 4 期。

张金光：《商鞅变法后的家庭制度》，《历史研究》1988 年第 2 期。

张丽梅、胡鸿保：《没有历史的民族志》，《社会学研究》2012 年第 2 期。

张伟明：《历史记忆与人类学研究》，《广西民族研究》2005 年第 3 期。

张亚辉：《田野工作中的口述史困境》，《西南民族大学学报》2008 年第 4 期。

张猷猷、奉莹：《情感人类学的发展理路与现状释义》，《北方民族大学学报》2015 年第 1 期。

张再林：《中国古代宗教观的身体性》，《人文杂志》2006 年第 6 期。

章景明：《儒家对于丧礼的基本观念与态度》，载李日刚等著《三礼研究论集》，黎明文化事业股份有限公司 1981 年版。

赵克生：《修书、刻图与观礼明代地方社会的家礼传播》，《中国史研究》2010 年第 1 期。

赵澜：《〈大唐开元礼〉初探——论唐代礼制的演化历程》，《复旦学报》1994 年第 5 期。

赵世瑜、李松、刘铁梁：《"礼俗互动与近代中国社会变迁"三人谈》，《民俗研究》2016 年第 6 期。

赵世瑜：《历史人类学：在学科与非学科之间》，《历史研究》2004 年第 4 期。

赵万里、李路彬：《日常知识与生活世界：知识社会学的现象学传统评析》，《广东社会科学》2011 年第 3 期。

赵万里、穆滢潭：《福柯与知识社会学的话语分析转向》，《天津社会科学》2012 年第 5 期。

郑震：《空间：一个社会学的概念》，《社会学研究》2010 年第 5 期。

周海霞：《"父母之命，媒妁之言"下的春秋女性婚姻》，《前沿》2010 年第 24 期。

朱东安：《曾国藩与传统文化》，《近代史研究》1997 年第 1 期。

朱汉民、吴国荣：《曾国藩的礼学及其经世理念》，《中国哲学史》2007 年第 1 期。

朱人杰：《〈朱子家礼〉从文本到实验》，载《〈人文与价值〉朱子学国际学术研讨会暨朱子诞辰 880 周年纪念会论文集》，2010 年。

〔日〕渡边欣雄：《民俗知识的动态研究》，梁景之译，色音校，《民族译丛》1994 年第 6 期。

〔美〕华琛：《中国丧葬仪式的结构——基本形态、仪式次序、动作的首要性》，《历史人类学学刊》2003 年第 2 期。

〔美〕罗友枝：《一个历史学者对中国丧葬仪式研究的方法》，《历史人类学学刊》2004 年第 1 期。

〔日〕木田知生：《略论宋代礼俗思想——以司马光〈书仪〉和〈家苑〉为主》，载漆侠主编《宋史研究论文集：国际宋史研讨会暨中国宋史研究会第九届年会编刊》，河北大学出版社 2002 年版。

〔法〕施舟人：《道教的现代化》，载郭武主编《道教教义与现代社会国际学术研讨会论文集》，上海古籍出版社 2003 年版。

〔法〕施舟人：《高延等欧洲人类学家对汉人社会的研究》，李焕才译，载庄孔韶主编《人类学经典导读》，中国人民大学出版社 2008 年版。

〔美〕巫鸿：《明器的理论和实践：战国时期礼仪美术中的观念化倾向》，梅枚译，载《时空中的美术》，生活·读书·新知三联书店 2009 年版。

Albert Galvany, "Death and Ritual Wailing in Early China: Around the Funeral of Lao Dan", *Asia Major*, THIRD SERIES, Vol. 25, No. 2（2012）.

Gregory Schrempp, "Folklore and Science: Inflections of 'Folk' in Cognitive Research", *Journal of Folklore Research*, Vol. 33, No. 3（Sep. -Dec., 1996）.

Sakai Tadao, "Confucianism and Popular Education Works", in William de Bary, ed., *Self an Society in Ming Thought*, New York: Columbia University Press, 1970.

T. Maschio, "The Narrative and Counter-Narrative of the Gift: Emotional Dimensions of Ceremonial Exchange", *Journal of the Royal Anthropological Institute*, No. 4, 1998.

三　历史文献资料

（一）经典礼书文献

（汉）贾谊：《贾谊集》，上海人民出版社 1976 年版。

（宋）黎靖德：《朱子语类》，中华书局 1986 年版。

（宋）司马光：《资治通鉴》，中华书局 1956 年版。

（宋）司马光：《司马氏书仪》，中华书局 1985 年版。

（清）皮锡瑞：《经学通论》，中华书局 1954 年版。

（清）孙诒让：《周礼正义》卷四九《引》。原文见《经韵楼集》，《清经解》卷六六三，缩印本第 4 册，上海书店 1988 年版。

李学勤主编：《仪礼注疏》，北京大学出版社 1999 年版。

杨天宇：《礼记译注》，上海古籍出版社 2004 年版。

杨天宇:《仪礼译注》,上海古籍出版社2004年版。

张建业主编:《李贽全集注》,社会科学文献出版社2010年版。

张觉撰:《荀子译注》,上海古籍出版社1995年版。

朱杰人、严佐之、刘永翔主编:《朱子全书》,上海古籍出版社、安徽教育
　　出版社2002年版。

　　(二) 通俗礼书、国家礼典文献

(唐) 萧嵩:《大唐开元礼》,"鼎秀古籍全文检索平台",版本为清文渊
　　阁四库全书本。

(宋) 陈元亮编:《事林广记》,中华书局影印本,1963年,此影印本和本
　　书采用的是元至顺间 (一三三〇——三三三) 建安椿庄书院刻木影印,
　　此本题名是:《新编纂图增类群书类药事林广记》。

(宋) 郑居中等奉敕撰:《政和五礼新仪/政和御制冠礼》,"鼎秀古籍全文
　　检索平台",钦定四库全书。

(明) 陈继儒纂辑:《增补万宝全书》,清嘉庆十八年 (1813) 刻本,藏北
　　京大学图书馆古籍特藏库。

(明) 徐企龙编:《新刻搜罗五车合并万宝全书》,明万历四十二年
　　(1614) 序刊本,收入坂出祥伸、小川阳一编《中国日用类书集成》(第
　　8—9卷),酒井忠夫监修,东京:汲古书院2001年版。

(明) 徐一夔:《明集礼》,"鼎秀古籍全文检索平台",明嘉靖九年内府
　　刻本

(明) 余象斗编:《新刻天下四民便览三台万用正宗》,明万历二十七年
　　(1599) 书林双峰堂文台余氏刊,收入坂出祥伸、小川阳一编《中国日
　　用类书集成》(第3—5卷),酒井忠夫监修,东京:汲古书院2000
　　年版。

(清)《钦定大清通礼》,"鼎秀古籍全文检索平台",清刻本。

(清) 黄本骥:《三礼从今》,"鼎秀古籍全文检索平台",清道光二十四年
　　刻本。

不明编者:《居家必用事类全集》,明刻本,载《北京图书馆古籍珍本丛
　　刊》(第61册,子部,杂家类),书目文献出版社1988年版。

　　(三) 地方志

(清) 汤鹏撰:《湖湘文库·汤鹏集》,岳麓书社2011年版。

(清) 谢启昆修,(清) 胡虔纂:《广西通志》,广西人民出版社1988
　　年版。

(民国) 鲁式毂编:《民国当涂县志》,"鼎秀古籍全文检索平台",民国钞

本，民政志。

丁世良、赵放主编：《中国地方志民俗资料汇编·中南卷》，书目文献出版社 1989 年版。

湖南省少数民族古籍办公室主编：《湖南地方志少数民族史料》下，岳麓书社 1992 年版。

《湖南资料手册》编纂委员会编纂：《湖南资料手册 1949—1989》，中国文史出版社 1990 年版。

淮占科：《我挚爱的热土　仰望河东·下卷》，山西人民出版社 2013 年版。

李跃龙主编，湖南省地方志编纂委员会编：《湖南省志》，五洲传播出版社 2005 年版。

山西省运城地区地方志编纂委员会办公室编：《运城地区简志》，1986 年。

山西省运城市政协教科文卫体委员会编：《河东文史》第 1 辑，2004 年。

宋万忠编著：《运城市情词典》，运城市三晋文化研究会出版 2008 年版。

谭日峰编：《湘乡史地常识》，湘乡县教育会 1935 年版。

唐楚英主编，全州县志编纂委员会编：《全州县志》，广西人民出版社 1998 年版。

田阳县志编纂委员会编：《田阳县志》，广西人民出版社 1999 年版。

闻喜县志编纂委员会编纂：《闻喜县志》，中国地图出版社 1993 年版。

湘乡市地方志办公室：《同治刊湘乡县志》，内部资料，1987 年。

湘乡县志编纂委员会编：《湘乡县志》，湖南出版社 1993 年版。

张文范主编：《中国县情大全·中南卷》，中国社会出版社 1992 年版。

《中国地方志集成·湖南府县志辑·同治安化县志》，江苏古籍出版社 2002 年版。

中国人民政治协商会议广宁县委员会《广宁文史》编辑组编：《广宁文史》第 11 辑，1993 年。

（四）家谱

《高冲彭氏三修族谱》1942 年，藏中国国家图书馆。

《和家埠王氏五修族谱》，1945 年，藏中国国家图书馆。

《涧山李氏三修族谱》，龙西堂刊，1947 年，藏中国国家图书馆。

《湄水匡氏五修族谱》，1950 年，藏中国国家图书馆。

《上湘大育乡视物冲郭氏三修族谱》，浣阁族公刊，1937 年，藏中国国家图书馆。

《上像赫名楼张氏五修族谱》，1999 年，藏中国国家图书馆。

《天堂李氏三修族谱》，龙门堂梓，1946 年，藏中国国家图书馆。

《湘乡测水江氏五修族谱》，江氏笔在堂出版，江云衢主修，1943 年，藏中国国家图书馆。

《湘乡戴氏四修族谱》，1943 年，藏中国国家图书馆。

《湘乡洞井刘氏三修族谱》，敦伦堂梓，1924 年，藏中国国家图书馆。

《湘乡华厦周氏重修族谱》，乾隆壬寅（1782）敦伦堂梓，道光己亥重修，藏中国国家图书馆。

《湘乡蜡子山谢氏续修族谱》，崧锡堂校刊，1916 年，藏中国国家图书馆。

《湘乡龙泉许氏五修族谱》，1932 年，藏中国国家图书馆。

《湘乡泥湾晏氏三修族谱》，1948 年，藏中国国家图书馆。

《湘乡桃林陈氏三修族谱》，德星堂辑，1946 年，藏中国国家图书馆。

《湘乡周氏三修族谱》，尊让堂梓，1921 年，藏中国国家图书馆。

《中华族谱集成·张氏·第二十卷》，《花桥张氏四修族谱》，藏中国国家图书馆。

（五）在湘乡、安化、闻喜、全州、田阳田野调查中搜集到的民间礼书

《报恩宝忏》。

《参案玄科》。

《城隍宝忏》。

《解结科》。

《开辟玄科》。

《礼文汇》。

《莲灯玄科》。

《殓棺玄科》。

《民间婚丧礼仪应用全书》。

《青玄法忏》。

《请光玄科》。

《请圣玄科》。

《儒教经忏科》。

《儒礼文新编》。

《儒礼仪文新编》。

《三元水忏》上下册。

《圣经集要》。

《血盆宝忏》。

《灶王宝忏》。

《增补礼文备录》，宣统己酉汉文局刊。

（六）其他

（宋）苏轼著，李之亮笺注：《苏轼文集编年笺注》，巴蜀书社 2011 年版。

（宋）周去非撰：《岭外代答》，商务印书馆 1936 年版。

（清）郭嵩焘：《郭嵩焘日记》，湖南人民出版社 1981 年版。

（清）汤鹏：《湖湘文库》，岳麓书社 2011 年版。

（清）曾国藩：《曾文正公家书》卷六，中国书店 2011 年版

《藏外道书》，巴蜀书社 1996 年版。

《道藏》，文物出版社、天津古籍出版社、上海书店 1988 年版。

《道藏要籍选刊》，上海古籍出版社 1989 年版。

杜海军辑校：《桂林石刻总集辑校》，中华书局 2013 年版。

国家民委《民族问题五种丛书》编辑委员会、《〈中国民族问题资料〉档
　案集成》编辑委员会编：《〈中国民族问题资料〉档案集成》，中央民族
　大学出版社 2005 年版。

黄钰辑注：《评皇券牒集编》，广西人民出版社 1990 年版。

蒋冕：《湘皋集》，广西人民出版社 2001 年版。

《壮族麽经布洛陀影印译注》，广西民族出版社 2004 年版。

四　网址

湘乡网（湘乡市委政府门户网站）：www. xiangxiang. gov. cn。

湖南统计信息网：http：//www. hntj. gov. cn。

湖南省湘乡云门寺网站：www. xxyms. com。

湖南安化县人民政府网站：http：//www. anhua. gov. cn/1/5/content＿586
　502. html。

全州县人民政府网站，全州概况：http：//www. glqz. gov. cn/bencandy.
　php？fid＝49&id＝3975。

后　记

　　书稿付梓距离博士毕业已经七载有余，时间如一道光影划过。北师大读博艰辛的三年，如今似乎只记得电脑前勤奋地码字，田野里收获的激动，以及与师门、同学之间诚挚的情谊与砥砺。

　　说到普通人如何尽情体验生活，民俗学应该最懂，一朝一夕，春夏秋冬，文献里，田野里，各个时空的民众用智慧的方式直面人生的酸甜苦辣、悲欢离合，怎么生活，每一个勇敢地与之真诚面对的老百姓最有经验。

　　博士刚刚入学不久就拟定了以丧礼作为研究主题，还没入学时只设想论文要将文献与田野调查结合在一起。当时导师萧放先生正在做礼仪的课题，前后几届同门都以礼仪为主题展开研究，最初打算做相见礼，觉得能很好地实现在当代时空中阐释礼仪实践的目的，但是查了一段时间的资料，毫无头绪。那会儿师姐们已经在做祭礼和婚礼的研究，我们常常在一起读书、讨论，做婚礼研究的斯琴说，不妨试试丧礼，历来文献很多，民间实践也丰富。此后，我查阅了一些资料，觉得丧礼资料丰富而妙趣横生，于是下定了决心。某一次历史民俗学课后，在北师大教九逼仄的电梯里，我鼓足了勇气，很忐忑地跟萧老师说自己要做丧礼研究，没想到老师欣然同意了，且一副喜出望外的神情。其实定下研究主题以后也没有什么头绪，但因师门有一个礼仪研究团队，得益于已有的研究脉络和大大小小的讨论，慢慢有了思路。我们几个做礼仪研究的都从经典礼仪文献入手，渐渐延伸到民间文献，并结合田野调查，每一个阶段都能共享一些资源，共同解决一些困惑，不断推进。而田野点也是机缘巧合选了湖南湘乡，最开始是想在长沙周边的村落进行田野调查，但没找到合适的联系人。跟家人说起自己的苦恼时，突然想起可以联系外公外婆老家湘乡的亲戚，湘乡是一个文化传统保存很好的地方。于是，在亲戚的帮助下，2012 年暑假，我到湖南湘乡做了丧礼的预调查，有了一些收获和线索，也就定下将湘乡作为论文的田野调查点。2013 年 3 月，我再次前往展开正式的田野调查。

梳理文献和田野调查的过程中，经过老师的指点，渐渐呈现出一条丧礼知识传统，作为社会制度的"礼"与地方、民族、民间的文化不断融合，建构出一套礼俗秩序，规范、维系着民众的生活。因此，最后博士论文以丧礼知识传统及其民俗实践作为主题。

博士毕业以后，我任教于广西师范大学文学院，来到民族文化五彩多元的广西，走入历史悠久风景秀美的桂林画卷，继续着历史民俗学视角的丧礼研究，当遇到更多田野实践，读到更多民间文献时，更想知道是什么在推进礼俗秩序的建构，礼仪实践的当代传承又应该着力于何？而最终想要搞懂的是民众的生命观究竟是怎样的，传统到现代，其中的关联有没有被割断，什么在延续，民众最终怎么去面对死亡、处理死亡。2019 年在美国俄亥俄州立大学东亚语言文学系访学时，同在美国访学的丽平师姐鼓励我再申报一次国家后期资助项目，纠结了下，还是跨洋申请了。这段关于丧礼的探寻伴随着我近十年的学术实践，未来也将继续，回想整个过程，常常有人问，做丧礼的研究害怕吗？但事实上，在收集文献和田野调查的过程中，我从未感受到过恐惧。人生有无数不确定，但只有"死"是确定的，其实我们的文化中积累了很多面对死亡的智慧，由此能更好地读懂生命的意义。民众处理生命绝对性的智慧非常迷人，各类民间文献承载着这种智慧，珍贵而有趣，民间的丧礼实践更是传统而多样。研究中还有很多问题，源于自己的无知与懒惰，但我会持续不断地慢慢推进、完善。

非常幸运，感谢导师萧放先生，谢谢他让我做了这么一个有意思的主题，而且给予持续不断的指导、支持。谢谢陶立璠老师、董晓萍老师、吕微老师、高丙中老师、户晓辉老师、朱霞老师的赐教。感谢硕导徐少舟老师引领我进入民俗学研究的大门，感谢朱炳祥老师的指导和鼓励。谢谢师门之间的砥砺，祝福亲爱的兄弟姐妹们。谢谢博士同学的陪伴，一起吃过的学五、北邮小吃街，一起逛过无数遍的小小的师大校园，一起数着字数写完的博士论文，亲爱的蓉爷、灰灰、边爷和木木。谢谢丽平师姐的鼓励和辛勤的编辑。谢谢亲爱的学生，祝你们前程似锦，生活幸福。谢谢田野调查中相遇的礼生、道士、师公，谢谢湘乡的敏敏姐和宋哥，感谢田野里给予帮助的所有人。感谢国家社科后期资助项目的资助，感谢评审专家们的宝贵意见，感谢广西师范大学、中国社会科学出版社。感谢多姿多彩的广西，秀美芬芳的桂林，以及在这里遇到的有趣的人们。

感谢我的家人，祝你们健康平安，爱你们。感谢我的好朋友们，为天涯海角的友谊干杯。感谢鲜活美味的家乡长沙。

感慨在新冠疫情期间完成这一段关于死亡仪式的探索，直面死亡的绝对性一定程度上能消解当下的焦虑与执念，能更通达纯粹地爱生命。古典音乐黄金一代传奇大师伊夫利·吉特里斯于 2020 年去世，享年 98 岁，他对小提琴的热爱贯穿一生，以至于忘却老去，岁月流淌而依然热忱专注。晚年被问及是否设想过自己的死亡，他说："我就想简单地死去，人可是要花费一辈子的时间才能死去。"人生没有什么非要得到，也没有什么一定不能失去，"腐骨一矣，孰知其异？且趣当生，奚逢死后？"

　　愿世界健康和平。

于桂林画卷
2021 年 11 月